Internationalisierung
der mittelständischen Wirtschaft

Internationale Märkte

Herausgegeben von
Prof. Dr. Herbert Strunz

Band 4

PETER LANG
Frankfurt am Main · Berlin · Bern · Bruxelles · New York · Oxford · Wien

Herbert Strunz/Monique Dorsch

Internationalisierung der mittelständischen Wirtschaft

Instrumente zur Erfolgssicherung

PETER LANG
Europäischer Verlag der Wissenschaften

Die Deutsche Bibliothek - CIP-Einheitsaufnahme

Internationalisierung der mittelständischen Wirtschaft : Instrumente zur Erfolgssicherung / Herbert Strunz/Monique Dorsch. - Frankfurt am Main ; Berlin ; Bern ; Bruxelles ; New York ; Oxford ; Wien : Lang, 2001
(Internationale Märkte ; Bd. 4)
ISBN 3-631-38866-7

Die Rechte an den für die Umschlaggestaltung verwendeten Fotos verbleiben bei Dipl. Kffr. Monique Dorsch. Der Umschlagentwurf stammt von Frau Dorsch.

Gedruckt mit Unterstützung des Bundesministeriums für Bildung, Wissenschaft und Kultur in Wien.

ISSN 1435-473X
ISBN 3-631-38866-7

www.peterlang.de

Vorwort

Das vorliegende Buch versteht sich als „Werkzeugkasten“ – hochtrabender formulierende Zeitgenossen würden es eventuell Handbuch nennen – für die Unterstützung der Internationalisierung von Unternehmen der mittelständischen Wirtschaft. Es bietet allerdings keine „Patentrezepte“, mehr eine Vielzahl von Instrumenten zur Analyse und Prognose der Chancen und Risiken, die sich auf internationalen Märkten als Herausforderung stellen. Darüber hinaus werden zahlreiche Techniken thematisiert, die helfen sollen, den Unternehmenserfolg auch langfristig zu sichern. Das Motto ist: Risiken rechtzeitig erkennen, Chancen nützen! Angesprochen ist der Praktiker, wiewohl gedacht ist, im Sinne der Methodenkompetenz auch den Zwecken der Lehre und angewandten Forschung zu dienen.

Die Auswahl der behandelten Schwerpunkte und angebotenen Instrumente muß angesichts der Vielfältigkeit der Thematik zwangsläufig subjektiv bleiben, ein Anspruch auf Vollständigkeit oder universale Gültigkeit – etwa einer bestimmten Verfahrensweise – kann nicht erhoben werden. Ausgewählt wurde mit Hinblick auf die Praktikabilität der Instrumente, besonders für die mittelständische Wirtschaft. Es kann auch kein bestimmtes Instrument ohne Vorbehalte empfohlen werden, alle haben ihre Vor- und Nachteile, oft sind sie sogar nur bedingt anwendbar. Dennoch: Es ist wie beim berühmten Flug im Nebel ohne Navigationsgeräte – man kann zwar auch so ans Ziel kommen, die Wahrscheinlichkeit einer sicheren Landung ist mit Hilfe geeigneter Instrumente jedoch ungleich höher.

Das Buch ist entlang der „Bausteine“ Strategie, Marketing, Finanzen und Personal aufgebaut. Diese stellen auch in der Praxis des internationalen Geschäfts traditionell die wesentlichen Aspekte dar.

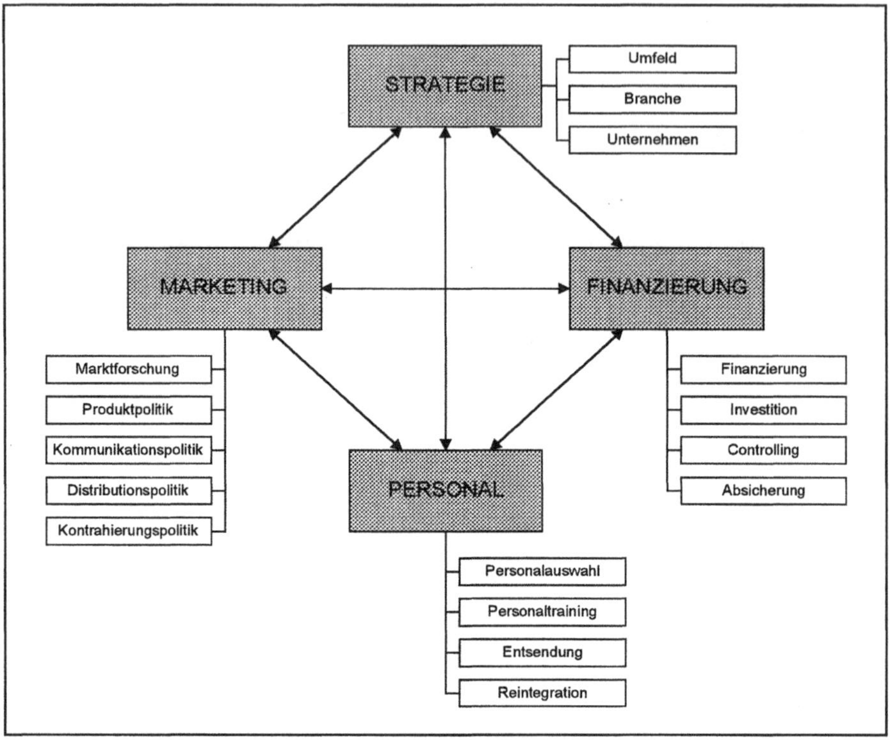

Die vielfältigen Zusammenhänge zwischen diesen wichtigen betrieblichen Funktionsbereichen sowie auch ihren Inhalten im Detail sind offenkundig.

An dieser Stelle sind darüber hinaus einige Benützungshinweise angebracht:

- Viele der Instrumente werden – der besseren Verständlichkeit wegen – unter Einbeziehung von Beispielen behandelt und erklärt;
- die zahlreichen Checklisten und Anwendungen sind als Vorschläge gedacht, die nach eigenem Ermessen, Bedarf und Prioritäten flexibel abgeändert werden können;
- in ihrer Gesamtheit ergeben die Checklisten eine gewisse Geschlossenheit, die als *questionnaire* für vielfältige Überlegungen in

Hinblick auf die Möglichkeiten und Grenzen einer internationalen Geschäftstätigkeit Anwendung finden können;

- vor jedem Abschnitt befindet sich – neben grundlegenden Übersichten – ein Verzeichnis der jeweils relevanten Instrumente samt entsprechender Seitenangabe;
- im Stichwortverzeichnis am Ende des Buches finden sich alle behandelten Instrumente nochmals fettgedruckt und alphabetisch geordnet.

Ein besonderer Dank gilt der Westsächsischen Hochschule Zwickau für die großzügige Gewährung eines Forschungsfreisemesters im WS 2000/01 und die damit verbundene Möglichkeit zu grundsätzlichen Reflexionen und Arbeiten.

Herbert Strunz & Monique Dorsch

Zwickau und Wien, im Juli 2001

Inhalt

Teil A: Strategie 13

1 Konzeption strategischer Entscheidungen 21
1.1 Umfeldanalyse 38
1.1.1 Politisch-rechtliches Umfeld 38
1.1.2 Ökonomisches Umfeld 40
1.1.3 Technologisches Umfeld 48
1.1.4 Gesellschaftliches Umfeld 48
1.1.5 Natürliches Umfeld 55
1.2 Branchenanalyse 72
1.2.1 Nachfrage 75
1.2.2 Angebot 75
1.2.3 Wettbewerbssituation 79
1.3 Unternehmensanalyse 91
1.4 Dimensionen der Marktattraktivität 97
1.4.1 Standortattraktivität 97
1.4.2 Markteintrittsbarrieren 100
1.5 Strategieentwicklung mittels SWOT-Analyse 102
2 Umsetzung strategischer Entscheidungen 118
2.1 Möglichkeiten des Markteintritts 118
2.2 Export und Import 119
2.3 Lizenzen, Franchising und BOT-Contracts 132
2.4 Direktinvestitionen 136
2.4.1 Auslandsbeteiligung 136
2.4.2 Joint Ventures 137

Teil B: Marketing 143

1 Marktforschung 150
1.1 Instrumente zur Datenerhebung 151

1.2 Instrumente zur Datenauswertung 153
1.3 Marktsegmentierung 154
2 Produktpolitik 163
2.1 Permanente Notwendigkeit – Innovation 164
2.1.1 Gewinnung und Bewertung neuer Ideen 168
2.1.2 Produktentwicklung und Markterprobung 171
2.2 Markenpolitik 173
2.3 Produkt- und Programmanalysen 176
3 Kommunikationspolitik 187
3.1 Gestaltung der Werbebotschaft 188
3.2 Bestimmung des Werbeetats 190
3.3 Timing von Werbemaßnahmen 191
3.4 Werbemittel und Werbeträger 193
3.5 Werbepretests 194
3.6 Durchführung und Erfolgskontrolle 196
4 Distributionspolitik 205
4.1 Distributionspartner 206
4.2 Marketing-Logistik – Just-in-time 209
4.3 Persönlicher Verkauf 214
4.3.1 Aufgaben des persönlichen Verkaufs 214
4.3.2 Verkaufspolitische Entscheidungen 215
4.3.3 Verkaufsgespräch 218
4.3.4 Verkaufsabschluß 223
5 Kontrahierungspolitik 232
5.1 Kostenorientierte Preisbildung 233
5.2 Preisstrategien 236
5.3 Psychologische Preisgestaltung 238
5.4 Konditionenpolitik 240

Teil C: Finanzen 249

1 Finanzierung 255
1.1 Kurzfristige Außenhandelsfinanzierung 256
1.2 Mittel- und langfristige Außenhandelsfinanzierung 258
1.3 Projektfinanzierung 259
1.4 Bankgarantien 262

1.5 Zahlungsformen 265
2 Investition 272
2.1 Instrumente zur Vorbereitung optimaler Investitionsentscheidungen 274
2.1.1 Statistische Verfahren 274
2.1.2 Dynamische Verfahren 283
2.2 Verfahren zur Prognose von Handlungskonzepten 288
2.2.1 Qualitative Verfahren 289
2.2.2 Quantitative Verfahren 292
2.2.3 Spezielle Berechnungsverfahren 294
3 Controlling 304
3.1 Finanzplan 311
3.2 Liquiditätsplan 313
3.3 Cash-flow-Prognoserechnung 314
3.4 Advanced Controlling – Balanced Scorecard 316
3.5 Krisen erkennen und vermeiden 318
3.6 Kennzahlen zur Finanzanalyse 324
4 Absicherung 328
4.1 Risiken im internationalen Geschäft 329
4.2 Absicherung von Transportrisiken 331
4.3 Absicherung von Preis- und Wechselkursrisiken 332
4.4 Exportkreditversicherung 333

Teil D: Personal 335

1 Interkulturelles Bewußtsein im Auslandsgeschäft 338
2 Personalauswahl 341
3 Training und Entwicklung von Mitarbeitern 346
4 Entsendung und Reintegration von Mitarbeitern 351

Abbildungen & Tabellen 363

Literatur & Quellen 371

Stichwortverzeichnis 379

Teil A:
Strategie

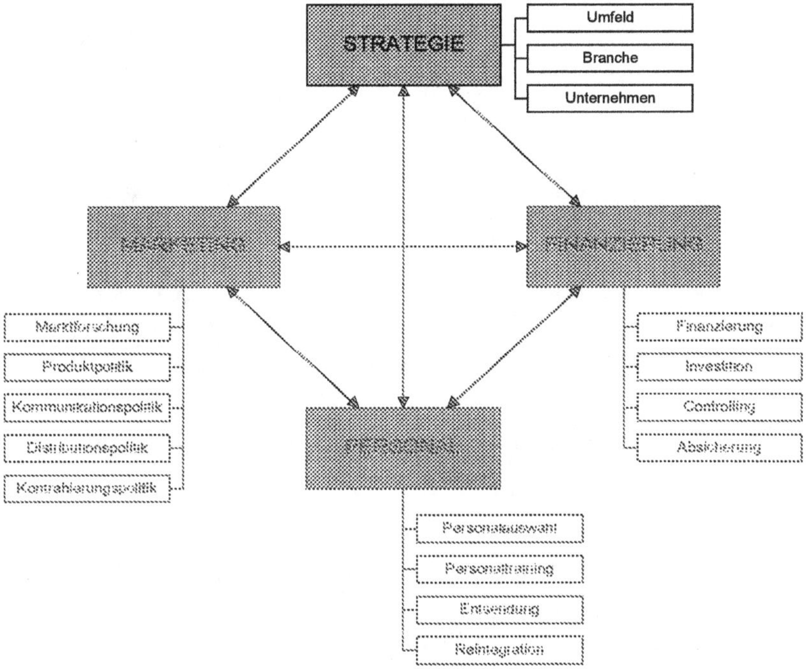

Leitfragen – Strategie im internationalen Kontext

Analyse und Interpretation der politischen Entwicklung

- Wie ist die derzeitige politische Situation im betrachteten Land?
- Womit sind die gegenwärtigen und bisherigen Verhältnisse im betrachteten Land zu begründen?
- Welche Faktoren bewirkten diese Entwicklung/trugen zu dieser Entwicklung bei?
- Welche Rolle spielen gesellschaftliche Strukturen und Werte in diesem Zusammenhang?
- Wie stellt sich eine Mehrebenenanalyse der Gesellschaft dar?
- Wer sind die *keyplayers* in Politik und Wirtschaft des betrachteten Landes?
- Worauf basiert deren Einfluß/Macht?
- Welche Ereignisse/Faktoren könnten zu einer Verbesserung/Verschlechterung der derzeitigen politischen Situation beitragen?
- Welche Handlungsspielräume und wahrscheinlichen künftigen Handlungen lassen sich aus der politischen Situation ableiten?
- Sind aufgrund der politischen Situation kurz, mittel- und langfristig Umstrukturierungen (vgl. Transformationsprozeß) zu erwarten?
- Welche Vergleichsmöglichkeiten, Szenarien, Einschätzungen und Interpretationen lassen sich aus der politischen Lage ableiten?
- Welche Prognosen lassen sich daraus erstellen?

Analyse und Interpretation der ökonomischen Entwicklung

- Wie ist der gegenwärtige Stand der ökonomischen Entwicklung allgemein; welche Probleme gibt es?
- Wie läßt sich die makroökonomische und wirtschaftspolitische Grundstruktur des betrachteten Landes umreißen:
  – Wirtschaftssektoren,
  – Wirtschaftsleistung,
  – Konjunktur,
  – Arbeitsmarkt,
  – Budget,
  – Verschuldung,

- Währung,
- Außenhandel,
- Finanzmärkte?

- Wie entwickel(te)n sich die einzelnen Wirtschaftszweige konkret?
- Wo liegen die wichtigsten *imbalances* der Ökonomie des Landes und deren wahrscheinlichste Folgewirkungen?
- Welche makroökonomischen und wirtschaftspolitischen Handlungsspielräume und künftigen Handlungen lassen sich aus der ökonomischen Situation ableiten?
- Sind aufgrund der ökonomischen Situation kurz, mittel- und langfristig Umstrukturierungen (vgl. Krisenmanagement, Sanierungsmaßnahmen) zu erwarten?
- Welche Maßnahmen sind diesbezüglich zu erwarten?
- Welche Chancen und Risiken können sich daraus ergeben?
- Welche wirtschaftlichen Großvorhaben sind zu registrieren (z.B. Umstrukturierung, Privatisierung, staatliche Investitionen)?
- Welches Kooperations-, Investitions- und Lieferpotential ergibt sich für interessierte ausländische Unternehmen?
- Welche Vergleichsmöglichkeiten, Szenarien, Potentiale, Einschätzungen und Bewertungen lassen sich aus der ökonomischen Situation ableiten?
- Welche Prognosen können daraus erstellt werden?

Analyse und Interpretation des Marktes und der Branche

Welche Gründe veranlassen Unternehmen, auf internationalen Märkten als Exporteure und/oder Investoren tätig zu werden?

- Lassen sich die Gründe, warum Unternehmen einer internationalen Tätigkeit nachgehen, nach bestimmten Kriterien kategorisieren?
- Inwieweit variieren die Gründe nach Märkten, Branchen und Unternehmensgrößen?
- Können bei den im Ausland tätig werdenden Unternehmen eher aktive oder reaktive Beweggründe bzw. Handlungsmuster festgestellt werden?

- Wie lassen sich die Erwartungshaltungen der Unternehmen im Zusammenhang mit ihrer Tätigkeit im Ausland umreißen?

Welche Bestimmungsgründe definieren für Unternehmen die Attraktivität von internationalen Märkten?

- Anhand welcher Kriterien läßt sich die Marktattraktivität/Standortattraktivität für Unternehmen beschreiben?
- Mit welchen Instrumenten läßt sich die Qualität bzw. das Ertragspotential von Märkten einschätzen?
- Anhand welcher Handlungsmuster wird der jeweiligen Konkurrenzsituation begegnet?
- Wie können Veränderungen im Bereich des Umfeldes der internationalen Märkte prognostiziert werden?
- Wie kann die Entwicklung speziell krisenbehafteter Märkte analysiert und prognostiziert werden?

Welche Chancen veranlassen ein Unternehmen, eine internationale Geschäftstätigkeit aufzunehmen?

- Welche Chancen/Alternativen bietet der betrachtete Markt einem Unternehmen (Exporteur/Investor)?
- Wer/was könnte diese Chancen beeinträchtigen?
- Welche Maßnahmen/Strategien könnten zu einer Verbesserung dieser Chancen beitragen?
- Unter welchen Voraussetzungen kann ein Unternehmen auf dem betrachteten Markt erfolgreich agieren?
- Wodurch kann ein dauerhafter Erfolg auf dem betrachteten Markt abgesichert werden?
- Welche weiteren Chancen könnten sich aus einer erfolgreichen Tätigkeit auf dem betrachteten Markt ergeben?

Wodurch entstehen Wettbewerbsvorteile für Unternehmen – welche Potentiale lassen sich mobilisieren?

- Anhand welcher Kriterien lassen sich Stärken und Schwächen von Unternehmen, insbesondere jene der mittelständischen Wirtschaft, umreißen?

- Wie lassen sich spezielle Wettbewerbsvorteile von Unternehmen umschreiben?
- In welcher Weise kann an der Weiterentwicklung von Wettbewerbsvorteilen systematisch gearbeitet werden?
- Wie können vorhandene Wettbewerbsvorteile und Potentiale in optimaler Weise genutzt werden?

Mit welchen Problemen sind Unternehmen bei der Erschließung und Bearbeitung internationaler Märkte konfrontiert?

- Welche Probleme treten für Unternehmen im Rahmen ihrer internationalen Tätigkeit auf bzw. in welcher Weise lassen sich diese kategorisieren?
- Inwieweit können wirkungsvolle Instrumente zur nachhaltigen Bewältigung der Probleme entwickelt bzw. angewendet werden?
- Wie könnten Vermeidungsstrategien in bezug auf die genannten Probleme formuliert werden?

Wie lassen sich die Elemente einer erfolgreichen Auslandsstrategie für Unternehmen beschreiben?

- Wie kann eine erfolgreiche Auslandsstrategie entwickelt werden bzw. was ist zu deren nachhaltiger Umsetzung notwendig?
- Unter welchen Voraussetzungen kann ein Unternehmen erfolgreich auf internationalen Märkten agieren?
- Wodurch kann ein dauerhafter Erfolg auf einem ausländischen Markt sichergestellt werden?
- Wie könnte ein für Unternehmen geeignetes Frühwarnsystem zur rechtzeitigen Erkennung von Risiken formuliert werden?

Welche Empfehlungen können für an internationalen Märkten interessierten Unternehmen gegeben werden?

- Wo bestehen derzeit regelmäßig noch spezielle Informations- bzw. Handlungsdefizite?
- Wie können Unternehmen bei der Erschließung und Bearbeitung internationaler Märkte besser unterstützt werden?

Instrumente zur Erfolgssicherung im internationalen Geschäft I – Strategie		
Instrumente	**Zweck***	**Seite**
Kurz-Diagnose zur Aufnahme einer internationalen Geschäftstätigkeit	A/P	26f
Analyse von Zusammenhängen und Wirkungsbeziehungen	A/T	28
Analyse der Wirkungszusammenhängen	A	29
Analyse der Wirkungsstärken	A/T	30f
Intensitätsportfolio	A/P/T	31f
Kriterien der Umfeldanalyse	A	39
Ausgewählte ökonomische Indikatoren – wichtige Zusammenhänge	A/P/T	45
Trendanalyse – Ökonomische Indikatoren	A/P	46f
Bereiche der Gesellschaft – Gestaltungsfelder der Politik I	A/P	49
Bereiche der Gesellschaft – Gestaltungsfelder der Politik II	A/P	50
Trendanalyse – Entwicklungen in Gesellschaft und Politik	A/P	51ff
Checkliste zur Beurteilung der Attraktivität eines Standortes	A/P	56f
Bedrohungsfaktoren der Markt- und Standortsicherheit	A/P	58
Checkliste zur Bewertung von Gefahrenpotentialen und Bedrohungen der Markt- und Standortsicherheit	A/P	59f
Entwicklung von Szenarien/Szenarien-Tableau	P	63ff
Checkliste zur Evaluierung des politischen Länderrisikos	A/P	69ff
Kriterien zur Analyse einer Branche	A	73
Trendanalyse – Branchenentwicklung	A/P	74
Checkliste zur Branchenanalyse	A/P	76f
Prognose der Chancen und Risiken einer Branche	P	78
Kriterien der Wettbewerbssituation	A/P	79
Checkliste zur Konkurrenzanalyse	A/P	80f
Stärken-Schwächen-Analyse	A	82
Benchmarking	A	82
7-W-Analyse	A	84
ABC-Analyse	A	84
Bewertungsverfahren	A/T	84
Brainstorming	T	84
Checklistentechnik	A/P/T	84
Delphi-Methode	A/P/T	84
Entscheidungsbaumverfahren	T	84

Instrumente	Zweck*	Seite
Entscheidungsbilanz	T	84
GAP-Analyse	A	84f
Grundlagenanalyse	A	85
Indirekte Kontrolle	A	85
Kepner-Tregoe/Hoshin-Kanri	T	85
Kostenvergleichsrechnung	T	85
Managementsimulation	P/T	85
Mind-Mapping	A/T	85
Morphologische Methode	A/T	85
Netzplantechnik	T	85
Optimierungsmodelle	T	85
Portfolio-Analyse	A/P/T	86
Prüf-Matrix	A/T	86
Risikoanalyse	A/P	86
Schwachstellenanalyse	A	86
Simulationsverfahren	P/T	86
Szenariotechnik	P/T	86
Wertanalyse	A	86
Zero-Base-Budgeting	T	86
Entscheidungsmodell von Vroom und Yetton	T	86ff
Checkliste für die Bewertung des Potentials eines Kunden	P	89f
Analyse der Umwelteinflüsse (Wirkungsmatrix)	A/T	90
Kriterien der Unternehmensanalyse	A/P	92
Checkliste zur Unternehmensanalyse (Beurteilung von Stärken, Schwächen und Wettbewerbsvorteilen)	A/P	93
Künftige Entwicklung der Stärken und Schwächen nach Unternehmensbereichen – Kritische Erfolgsfaktoren	P	94
Erfolgssicherung nach Unternehmensbereichen (Maßnahmen)	P	95
Stärken-Schwächen-Profil	A/P	96
Checkliste zur Beurteilung der Attraktivität eines Marktes	A/P	99f
SWOT-Analyse (Portfolio-Analyse)	A/P/T	102
Grundfragen zur Analyse und Prognose von Entwicklungen in Gesellschaft, Politik und Wirtschaft	A/P	117
Problemstellungen beim Export I – Unternehmensinterne Risiken	A	122
Problemstellungen beim Export II – Unternehmensexterne Risiken	A	123

Instrumente	Zweck*	Seite
Checkliste zu möglichen Problemen beim Export I (Unternehmensinterne Risiken)	A/P	124
Prognose der Entwicklung der Stärken und Schwächen beim Export	P	126
Maßnahmen zur Erfolgssicherung beim Export	P	127
Checkliste zu möglichen Problemen beim Export II (Unternehmensexterne Risiken)	A/P	128f
Prognose der kurz-, mittel- und langfristigen Entwicklung beim Export	P	129
Checkliste zur Messung des Exporterfolgs	A/P	130
Exportprobleme und Wünsche von kleineren und mittelständischen Unternehmen	A	131f
Kriterien einer Feasibility-Study	A/P/T	134ff
Mögliche Probleme bei einer Investition im Ausland	A	139
Checkliste für eine Direktinvestition im Ausland	A/P	140
Prognose der Chancen und Risiken einer Direktinvestition im Ausland	P	141
Maßnahmen zur Erfolgssicherung bei einer Direktinvestition im Ausland	P	142
* A – als Analyseinstrument (besondere Eignung); P – als Prognoseinstrument (besondere Eignung); T – als Technik		

Tabelle 0-1 *Übersicht der Instrumente zur Erfolgssicherung im internationalen Geschäft I – Strategie*

1 Konzeption strategischer Entscheidungen

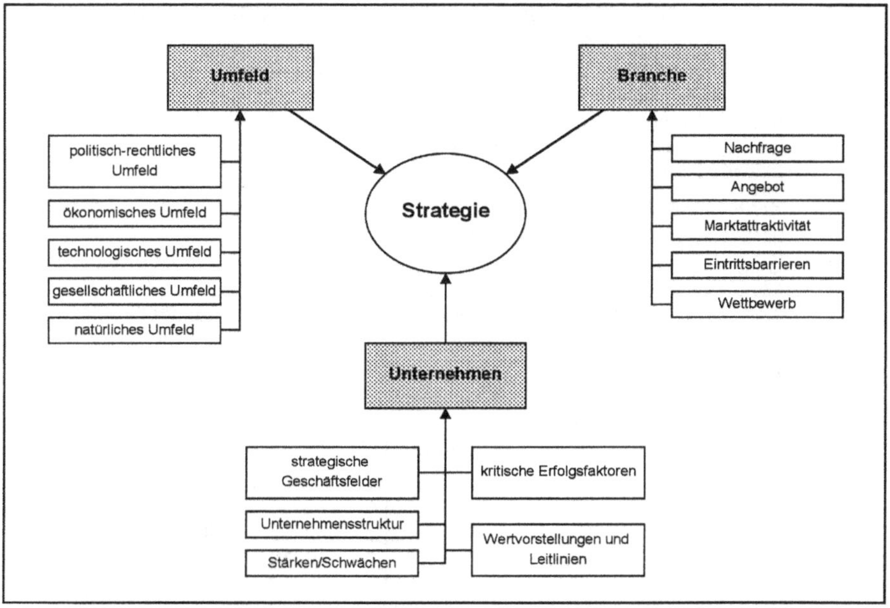

***Abbildung 1-1** Das Unternehmen und sein Umfeld*

Die **Globalisierung** der Wirtschaft hat zunehmend dazu geführt, daß nicht nur internationale Unternehmen, sondern auch mittelständische Firmen in zahlreichen Ländern und Märkten tätig sind. Die Beweggründe für eine grenzüberschreitende Tätigkeit von Unternehmen ergeben sich aus den sich jeweils bietenden einzelwirtschaftlichen Möglichkeiten. Primär sind dies die **Gewinnchancen** und die **Ausweichmöglichkeiten**, die sich durch die Tätigkeit auf fremden Märkten bieten. Freilich sieht die Situation für Großunternehmen und Mittelständler unterschiedlich aus.

Großunternehmen	Mittelständische Wirtschaft
• Mehrzahl von Fertigungsstätten, häufig auch mehrere Tochtergesellschaften mit eigenen Verwaltungen	• einzelne Fertigungsstätte mit einer Verwaltung, die mit dieser räumlich und personell eng verbunden ist

• Netz internationaler Verkaufsstellen, Niederlassungen und Tochtergesellschaften in vielen Teilen der Welt	• in der Regel keine oder allenfalls wenige vergleichbare Engagements
• im Auslandsgeschäft erfahrende Mitarbeiter in größerer Zahl	• kaum auslandserfahrenes Personal
• volkswirtschaftliche Abteilungen, die über die Entwicklung der Weltwirtschaft und die ökonomische Lage einzelner Länder der Unternehmensleitung detaillierte Analysen liefern	• keine vergleichbaren Organisationseinheiten
• Planungskapazitäten, die im Aufbau und in der Überwachung von Auslandsgesellschaften jahrzehntelange Erfahrung besitzen	• keine vergleichbaren Kapazitäten
• weltweiter Bekanntheitsgrad des Firmennamens und der Produkte des Unternehmens	• häufig nur geringer Bekanntheitsgrad der Firma und ihrer Produkte
• umfassende Finanzierungsmöglichkeiten nicht nur im In-, sondern auch im Ausland durch Nutzung der internationalen Kapitalmärkte	• keine vergleichbaren Finanzierungsmöglichkeiten
• hohes Potential an Forschung und Entwicklung, verbunden mit einem speziell für die Auslandsmärkte attraktiven Know-how	• ist hier zwar auch, jedoch in wesentlich geringerem Umfang gegeben; häufig sehr spezialisiert
• großzügige Möglichkeit der zeitweiligen oder ständigen Entsendung qualifizierter Mitarbeiter aus den heimischen Werken in Auslandsgesellschaften	• ist nur in begrenztem Umfang möglich
• Aus- und Fortbildung lokaler Fach- und Führungskräfte im Mutterhaus	• prinzipiell möglich, jedoch nur in begrenztem Umfang praktiziert
• zeitweilige Übernahme der mit Auslandsengagements verbundenen Risiken durch Verrechnung mit den Gewinnen des Mutterhauses	• nur äußerst begrenzte Fähigkeit zum Risikoausgleich innerhalb des Unternehmensverbundes
• Entscheidungen aufgrund systematischer Vorbereitung und nach Abwägung aller Vor- und Nachteile	• häufig spontane Entscheidungen und Abhängigkeit der Entwicklung des Auslandsengagements von der Einstellung und Einschätzung des Inhabers bzw. des Managements
• Bereitschaft zur Übernahme lokaler Partner, ohne deswegen die Führungsfunktionen aufgeben zu müssen	• häufig nur geringe Bereitschaft, lokale Partner aufzunehmen, verbunden mit der Sorge um Verlust der Führungsfunktion

***Tabelle 1-1** Unterschiede zwischen mittelständischen und großen Unternehmen bei internationaler Geschäftstätigkeit (Weber/Kabst 2000, 10f)*

Trends und Veränderungen im Umfeld der Unternehmen

Ökonomischer Bereich

- Zunahme der internationalen Konkurrenz (neben USA und Japan besonders auch Schwellenländer), Verschiebung der internationalen Arbeitsteilung
- Tendenzen zunehmender protektionistischer Maßnahmen (bei steigender Exportabhängigkeit)
- Währungsturbulenzen (z.B. enorme Ausschläge des USD als zentraler Währung), Instabilität (Börsencrashs)
- Zuspitzung der Schuldenkrise in den Entwicklungsländern
- ungebrochene Konzentrationsprozesse
- verstärkte Verflechtung (Kooperation, strategische Allianzen, Beteiligungen, Aufkäufe)
- Globalisierung, europäischer Binnenmarkt
- neue Betriebsformen
- Marktsättigungstendenzen auf traditionellen Märkten, entstehen neuer Wachstumsmärkte, Suche nach Marktnischen, Wandel im Kaufverhalten, zunehmende Artikelvielfalt
- Erschöpfung und Verknappung einiger Rohstoffe, unsichere Preisentwicklung bei Rohstoffen
- Grenzen des quantitativen Wachstums bei gleichzeitig steigender Umweltbelastung (Überlegungen ex-ante, statt Maßnahmen ex-post)
- Zunahme des langfristig (in Forschung und Investition) gebundenen Kapitals
- strukturelle Flexibilisierungsüberlegungen (selbständige Teileinheiten, flache [„lean"], dezentrale, netzwerkartige, temporäre Strukturen, flexible Arbeits- und Sozialleistungsmodelle)

Technologischer Bereich

- Innovationsschübe durch neue Basistechnologien
- Durchgängiger Einsatz der Mikroelektronik
- Zusammenwachsen von Daten- und Nachrichtentechnik
- Informations- und Technologiemanagement als Schlüsselfaktoren
- neue Zahlungsformen

Politisch-rechtlicher Bereich

- Erweiterung der ordnungspolitischen Rahmengesetzgebung
- zunehmende Bedeutung der EU

- Erweiterung im Bereich der Rechtsvorschriften und des Arbeitnehmerschutzes
- zunehmende Verrechtlichung des gesellschaftlichen Lebens, Bürokratisierung

Gesellschaftlicher Bereich

- rasch wachsendes Umweltbewußtsein breiter Bevölkerungskreise, Erkennen der industriellen Umweltbelastung (Ökonomie versus Ökologie)
- aktives Steuern gegen (oder Blockieren von) Unternehmensaktivitäten durch Verbände, Bürgerinitiativen usw.
- Forderung nach stärkerer Erfüllung der gesellschaftlichen Verantwortung des Unternehmens (vgl. soziale Standards)
- Arbeitszeitverkürzung, Arbeitszeitflexibilisierung
- Folgen der demographischen Entwicklung (stagnierende Geburtenrate, Zunahme älterer Jahrgänge)
- gesellschaftlicher Wertewandel/Wertedynamik
  - Autoritätsverfall traditionell „sinnstiftender" Institutionen
  - Verlust von Orientierung
  - Zunahme der Ansprüche, „postmaterielle" Werthaltung
  - „Gespaltene Gesellschaft", alternative Lebensformen, Hedonismus von Yuppies usw.
  - Wandel in der Einstellung zur Arbeit/Leistung
  - Suche nach Selbstverwirklichung und Bewußtseinsentfaltung
  - Freizeit als Lebensmittelpunkt
  - sinkende Fortschrittsgläubigkeit
  - zunehmende vs. abnehmende Ideologisierung
- strukturell hohe (Dauer-)Arbeitslosigkeit

Entscheidet sich ein Unternehmen, internationale Aktivitäten aufzunehmen, ist zunächst eine detaillierte Betrachtung der unternehmensexternen Umwelt und des unternehmensexternen Kontexts vorzunehmen, um eine entsprechende Strategie zu formulieren und damit den Unternehmenserfolg langfristig sicherzustellen.

Dazu gehört nicht nur, daß Unternehmen bzw. deren Manager in der Lage sind, erfolgversprechende Unternehmenskonzepte auszuarbeiten. Sie sollten auch mit den spezifischen Gegebenheiten der internationalen Märkte, in denen sie aktiv sind, vertraut sein, um letztlich entscheiden zu können,

- ob ein (bestehendes) Konzept unverändert auf einen anderen Markt übertragen werden kann,
- ob Anpassungen an lokale Marktgegebenheiten notwendig sind oder
- ob ein Konzept jenseits der Landesgrenzen überhaupt nicht eingesetzt werden kann.

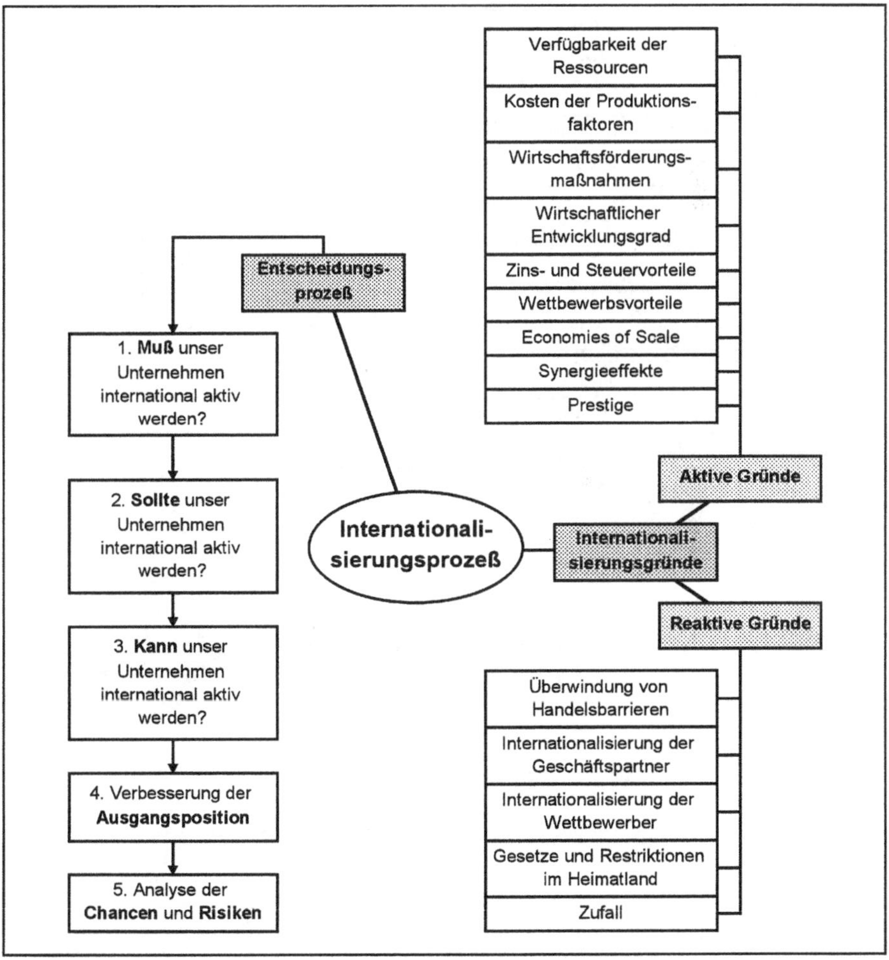

Abbildung 1-2 *Gründe für eine Internationalisierung und deren möglicher Prozeßverlauf*

Motiv	Bedeutungsgrad
Erschließung neuer Märkte	3,39
Sicherung bestehender Märkte	3,03
Größe und Dynamik des Auslandsmarktes	2,68
Marktpflege, Wartung, Service	2,51
Vorbereitung auf den gemeinsamen Markt	2,17
Niedrige Arbeitskosten	1,78
Vorteil des Standorts als Exportbasis	1,69
Niedrigere Steuerbelastung	1,60
Überwindung von Importbarrieren	1,57
Höhere Renditen	1,41
Minderung des Wechselkursrisikos	1,22
Bessere Einkaufs- und Beschaffungsmöglichkeiten	1,20
Weniger administrative Hindernisse	1,16
Höhere Flexibilität des Arbeitsmarktes	1,12
Zugang zu öffentlichen Aufträgen	1,01
Höhere Produktivität	0,94
Staatliche Investitionsförderung	0,87
Versprung bei Technologie und Forschung	0,45
Bessere Infrastrukturausstattung	0,45
Bessere Qualifikation der Arbeitskräfte	0,38
Bewertung: 0 = keine Bedeutung bis 4 = große Bedeutung	

Tabelle 1-2 *Rangordnung der Motive deutscher Unternehmen im Ausland (Beyfuß/Kitterer 1990, 44)*

Welche Vorbildung bzw. bisherige Erfahrungen habe ich zur Aufnahme einer internationalen Geschäftstätigkeit? Wo liegen meine persönlichen Stärken und Schwächen?	
Strategie	
Marketing	
Finanzen	
Personal	

Welche Gründe veranlassen mich zur Aufnahme einer internationalen Geschäftstätigkeit? Welche Interessen verbinde ich speziell damit?	
Strategie	
Marketing	
Finanzen	
Personal	
Welche Chancen bzw. Vorteile erwarte ich? Was soll die internationale Tätigkeit meinem Unternehmen bringen?	
Strategie	
Marketing	
Finanzen	
Personal	
Verfüge ich bzw. mein Unternehmen über die für eine Tätigkeit auf internationalen Märkten notwendigen Ressourcen? Welche Ressourcen werden voraussichtlich benötigt?	
Strategie	
Marketing	
Finanzen	
Personal	
Welche Probleme könnten entstehen? Wie lassen sich diese vermeiden bzw. bewältigen?	
Strategie	
Marketing	
Finanzen	
Personal	

Tabelle 1-3 *Kurz-Diagnose zur Aufnahme einer internationalen Geschäftstätigkeit*

Analyse von Zusammenhängen und Wirkungsbeziehungen

Die vielfältigen Zusammenhänge zwischen den in diesem Buch zugrunde gelegten, im Rahmen der internationalen Geschäftstätigkeit wesentlichen Funktionsbereichen, stellen sich wie folgt dar:

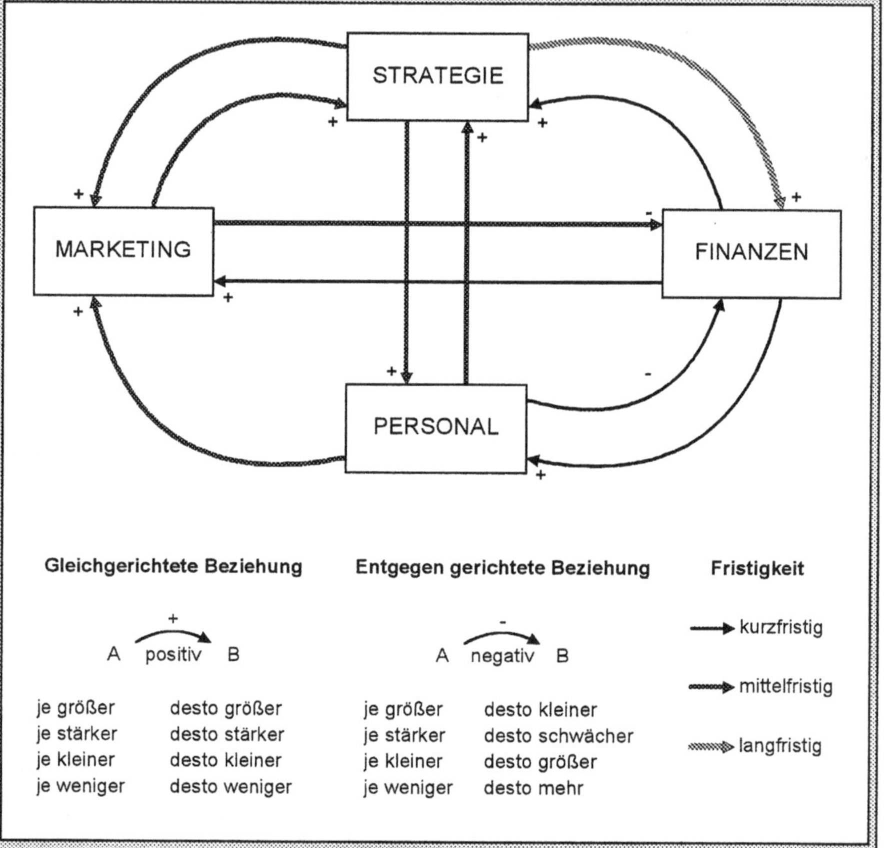

***Abbildung 1-3** Aufzeigen der Wirkungszusammenhänge zwischen den Funktionsbereichen im Rahmen der internationalen Geschäftstätigkeit*

Die festgestellten Wirkungsbeziehungen zwischen den einzelnen Funktionsbereichen können in einem nächsten Schritt wie folgt interpretiert werden.

Wirkungsbeziehungen		Erläuterung der Zusammenhänge	Fristigkeiten
Strategie	→ Marketing	je besser die Strategie, umso besser das Marketing	mittelfristig
	→ Finanzen	je besser die Strategie, umso besser die finanzielle Lage	langfristig
	→ Personal	je besser die Strategie, umso mehr qualifiziertere Mitarbeiter werden an einer Tätigkeit im Unternehmen interessiert sein	mittelfristig
Marketing	→ Strategie	je mehr Marketingmaßnahmen erfolgreich sind, umso fundierter lassen sich weitere strategische Überlegungen anstellen	mittelfristig
	→ Finanzen	je mehr finanzielle Mittel für Marketingmaßnahmen ausgegeben werden, umso stärker sind die Finanzen belastet	mittelfristig
Finanzen	→ Strategie	je mehr finanzielle Mittel zur Konzeption von Strategien zur Verfügung stehen, umso fundiertere Überlegungen können angestellt werden	kurzfristig
	→ Marketing	je mehr finanzielle Mittel zur Verfügung stehen, umso mehr kann in Marketingmaßnahmen investiert werden	kurzfristig
	→ Personal	je mehr finanzielle Mittel zur Verfügung stehen, umso mehr kann in Personalbeschaffung, Aus- und Weiterbildung bzw. Lohn-/Gehaltserhöhungen investiert werden	kurz-/ mittelfristig
Personal	→ Strategie	je besser das Personal qualifiziert ist, umso weitsichtigere strategische Konzeptionen können erstellt werden	mittelfristig
	→ Marketing	je besser das Personal qualifiziert ist, umso erfolgreichere Marketingmaßnahmen können ergriffen werden	mittelfristig
	→ Finanzen	wird Personal abgebaut, kann die finanzielle Lage verbessert werden	kurzfristig

Tabelle 1-4 *Analyse der Wirkungszusammenhänge*

Über die einfache Erfassung der Wirkungszusammenhänge hinaus können diese im weiteren auch hinsichtlich ihrer Stärke bewertet werden (vgl. dazu die von Vester und v. Hesler im Rahmen ihres Sensivitätsmodells 1980 entwickelte Wirkungsmatrix). Bei der folgenden Interpretation werden auch die detaillierten Inhalte der einzelnen Funktionsbereich in die Betrachtung einbezogen.

Wirkung von / auf		Strategie: Umfeld	Strategie: Branche	Strategie: Unternehmen	Marketing: Marktforschung	Marketing: Produktpolitik	Marketing: Kommunikationspolitik	Marketing: Distributionspolitik	Marketing: Kontrahierungspolitik	Finanzen: Finanzierung	Finanzen: Investition	Finanzen: Controlling	Finanzen: Absicherung	Personal: Personalauswahl	Personal: Training	Personal: Entsendung	Personal: Reintegration	**Zeilensumme**
Strategie	Umfeld	x	3	3	2	3	3	3	3	2	3	2	3	2	1	1	1	**35**
	Branche	1	x	3	2	3	3	3	3	3	3	1	2	2	1	1	1	**32**
	Unternehmen	0	1	x	3	3	3	3	3	3	3	3	3	3	3	3	3	**40**
Marketing	Marktforschung	0	0	3	x	3	3	3	3	0	1	1	1	0	0	0	0	**18**
	Produktpolitik	0	1	3	0	x	2	2	2	3	2	1	0	1	0	0	0	**17**
	Kommunikationspolitik	0	1	3	0	2	x	2	2	3	2	0	0	1	0	0	0	**16**
	Distributionspolitik	0	1	3	0	2	2	x	1	3	3	1	1	0	0	0	0	**17**
	Kontrahierungspolitik	0	1	3	0	2	1	2	x	3	0	1	3	0	0	0	0	**16**
Finanzen	Finanzierung	0	0	3	2	3	3	3	3	x	3	0	1	1	2	1	0	**25**
	Investition	0	1	3	3	3	3	3	0	3	x	1	0	3	3	1	0	**27**
	Controlling	0	0	0	2	1	1	1	1	3	3	x	3	2	2	2	1	**22**
	Absicherung	0	1	3	0	0	0	1	3	3	2	3	x	0	0	0	0	**16**
Personal	Personalauswahl	0	0	3	1	1	1	1	1	2	2	0	0	x	3	3	3	**21**
	Training	0	0	3	1	1	1	1	1	2	2	0	0	0	x	3	3	**18**
	Entsendung	0	0	0	0	0	0	0	0	1	1	0	0	3	3	x	3	**11**
	Reintegration	0	0	0	0	0	0	0	0	1	1	0	0	0	1	1	x	**4**
Spaltensumme		**1**	**10**	**36**	**16**	**27**	**26**	**28**	**26**	**35**	**31**	**14**	**17**	**18**	**19**	**16**	**15**	x

Bewertung von 0 = keine oder sehr geringe Wirkung bis 3 = sehr starke Wirkung

***Tabelle 1-5** Analyse der Wirkungsstärken*

Die Detailergebnisse lassen sich nun wie folgt zusammenfassen:

Wirkung von / auf	Strategie	Marketing	Finanzen	Personal	Zeilensumme
Strategie	x	3	3	2	**8**
Marketing	2	x	3	0	**5**
Finanzen	1	3	x	2	**6**
Personal	1	1	1	x	**3**
Spaltensumme	**4**	**7**	**7**	**4**	x
Bewertung von 0 = keine oder sehr geringe Wirkung bis 3 = sehr starke Wirkung					

Tabelle 1-6 *Analyse der Wirkungsstärken – Übersicht*

Im nächsten Schritt der Überlegungen werden die Ergebnisse aus der Wirkungsmatrix in ein „Intensitätsportfolio" (Vester/v. Hesler 1980) übertragen. Dieses Portfolio klassifiziert die Einflußfaktoren in vier verschiedene Kategorien: kritische, aktive, reaktive und träge Faktoren.

Kritische Faktoren wirken stark auf andere Faktoren und werden selbst auch stark von anderen Faktoren beeinflußt. Sie sind daher als eine Art „Initialzündung" geeignet. Steuerungseingriffe sollten hierbei jedoch äußerst vorsichtig vorgenommen werden, da durch unkontrolliertes Aufschaukeln auch das gesamte System aus dem Gleichgewicht gebracht werden kann.

Auch **aktive Faktoren** wirken stark auf andere Faktoren, werden allerdings selbst weniger von anderen Faktoren beeinflußt. Steuerungseingriffe sollten hier ebenfalls vorsichtig erfolgen, da dies (mitunter unvorhergesehene) Auswirkungen auf das System nach sich ziehen kann.

Reaktive Faktoren beeinflussen anderen Faktoren nur schwach, werden aber selbst stark von anderen Faktoren beeinflußt. Steuerungseingriffe bei diesen Faktoren haben im allgemeinen keine nennenswerten Auswirkungen auf das System. Diese Faktoren eignen sich jedoch gut, um Auswirkungen von Steuerungseingriffen bei anderen Faktoren einzuschätzen.

Träge Faktoren wirken nur schwach auf andere Faktoren und werden auch nur wenig von diesen beeinflußt. Eingriffe bei solchen Faktoren beinhalten ein relativ geringes Risiko und können gut überschaubare Veränderungen bei anderen Faktoren bewirken.

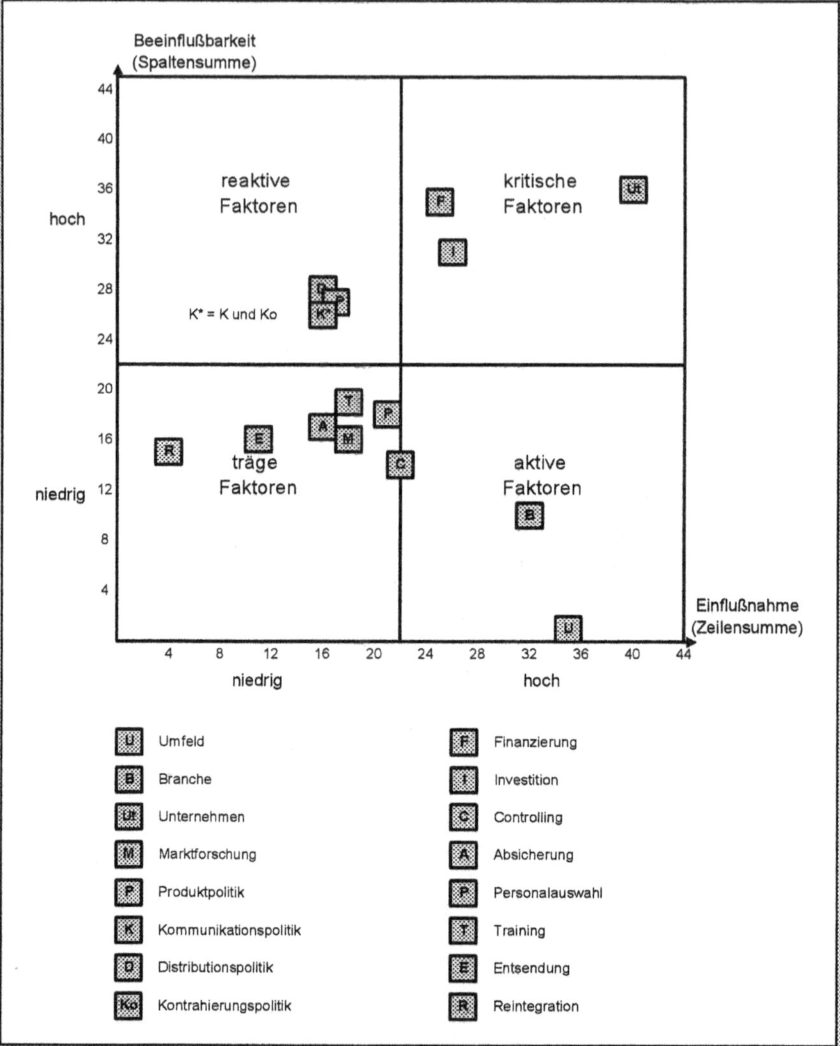

***Abbildung 1-4** Intensitätsportfolio*

Im wesentlichen gibt es vier Strategietypen, nämlich Marktdurchdringung, Marktentwicklung, Produktentwicklung und Diversifikation. Jegliche strategische Überlegungen von Firmen lassen sich letztlich einer dieser vier Typen zuordnen. Eine Gesamtstrategie kann natürlich auch Elemente von mehreren Typen beinhalten, zumal wenn z.B. ein Konzern in mehreren Märkten/Ländern tätig ist und dabei spezifische Strategien verfolgt.

		Produkte	
		alt	neu
Märkte	alt	**Marktdurchdringung** Intensivere Bearbeitung des Stammarktes mit den bisherigen Produkten	**Produktentwicklung** Bearbeitung des Stammarktes mit neuen Produkten
	neu	**Marktentwicklung** Erschließung neuer Märkte mit den bisherigen Produkten	**Diversifikation** Expansion mit neuen, anderen Geschäftsfeldern zusätzlich zur bisherigen Tätigkeit

Tabelle 1-7 *Strategietypen*

Folgenden Fragen sollte jede Strategie standhalten können (Staehle 1989, 117):

- Ist eine durchgängige Strategie erkennbar und allen Beteiligten auch kommuniziert worden?
- Berücksichtigt die Strategie alle Möglichkeiten, die der inländische und internationale Markt heute und in Zukunft bietet?
- Paßt die Strategie zu den Möglichkeiten, über die das Unternehmen verfügt, also zu den derzeitigen und künftigen Ressourcen?
- Sind die einzelnen Teile der Strategie sowie die Ziele und Politiken konsistent?
- Ist das einzugehende Risiko kalkulierbar und vereinbar mit den ökonomischen Möglichkeiten der Firma?
- Wird die Strategie von allen Beteiligten mitgetragen und bietet sie Anreize für deren engagierte Mitarbeit?

Das Beispiel der neu formulierten Strategie eines Maschinenherstellers zeigt anschließend, wie die vorangegangenen Überlegungen im Ergebnis aussehen können.

Beispiel: Strategie eines Maschinenherstellers (Auszug)

Leitidee (Vision)

Wir sind weltweit die Nr. 1 in der Entwicklung und Produktion von Hochleistungsmaschinen zur Herstellung von konservierenden Verpackungen für die Nahrungsmittelindustrie.

Nutzenpotentiale

- **Marktpotential**: Wir wollen die weltweite Nachfrage nach qualitativ hochstehenden Maschinen zur Herstellung von konservierenden Verpackungen für die Nahrungsmittelindustrie intensiver ausschöpfen. Insbesondere streben wir eine stärkere Nutzung des Marktpotentials in Südamerika und Südostasien an.
- **Kooperationspotential**: Wir wollen die sich zur Zeit bietenden Möglichkeiten zur Zusammenarbeit mit ausländischen Partnern nutzen, um das Marktpotential optimal und zeitgerecht auszuschöpfen.
- **Innovationspotential**: Wir wollen die neuen Möglichkeiten in der thermischen Verpackungstechnologie konsequent ausnützen.

Multiplikatoren

Zur Erzielung von Umsatz-, Kosten- und Zeitvorteilen streben wir folgendes an:

- Wir wollen die in Europa bewährten **Produktionssysteme** auch in Südamerika und Südostasien übernehmen.
- Wir wollen unsere **Kooperationsfähigkeiten** verstärken, indem wir mit ausländischen Partnern Joint Ventures und andere strategische Allianzen eingehen.
- Wir wollen die bisher in der konservierenden Verpackungstechnologie angewandten **Innovationsprozesse** auch auf andere Organisationsprozesse übertragen.

Strategische Erfolgsfaktoren (Stärken)

Zur Erschließung der anvisierten Nutzenpotentiale müssen wir insbesondere folgende Stärken aufbauen bzw. weiterentwickeln:

- **Innovation**: Wir heben uns von der Konkurrenz ab durch die Entwicklung innovativer, kundenspezifischer Produkte. Diese Fähigkeit beruht auf bereichsübergreifenden Innovationsprojekten und einer starken Zusammenarbeit mit Kunden und Lieferanten bei der Entwicklung neuer Lösungstechnologien.
- **Weltweite Marktpräsenz**: Wir heben uns von der Konkurrenz ab durch eine höhere Verfügbarkeit, kundennahe Beratung/Betreuung und individuelle Problemlösung. Wir stützen diese Fähigkeit auf ein computer-

gestütztes Marktinformationssystem und eine kundennahe Verkaufs- und Serviceorganisation.
- Fähigkeit, durch Kooperation unsere Aktivitäten geographisch auszuweiten.

Leistungs-/Marktprioritäten

1. Leistungsprogramm
- neu aufbauen: Maschinen Typ A, ...
- fördern (Marktanteil gewinnen): Maschinen Typ B, ...
- halten (Marktanteil sichern): Maschinen Typ C, ...
- abbauen (Marktanteil preisgeben): Maschinen Typ Z, ...

2. Geographische Ausdehnung
- neu aufbauen: 1. Argentinien, Chile, Brasilien; 2. Thailand, Singapur, Korea, Taiwan, Malaysia; 3. China, Indonesien, Philippinen
- fördern: Japan, Osteuropa
- halten: Westeuropa

3. Marktsegmente
- fördern: Fast Food, ...
- halten: Segment B, ... usw.

Funktionale Grundsätze und Politiken

1. Marketing
- Marktleistungsgestaltung: Wir bieten ein marktgerechtes Sortiment von individuell gestaltbaren, ausbaufähigen Verpackungsanlagen mit höchster Verfügbarkeit für den Kunden. Mit einem starken Kundendienst stellen wir eine hohe Kundenbindung sicher. Unsere Produkte zeichnen sich aus durch ...
- Preispolitik: Aufgrund unserer klaren Differenzierung gegenüber der Konkurrenz betreiben wir grundsätzlich eine Hochpreispolitik (diese ist nach oben begrenzt, um keine Konkurrenten großzuziehen). Zur Gewinnung von Marktanteilen in den neu anvisierten Märkten sind wir bereit, eine flexible Preispolitik anzuwenden.
- Verkauf: Der Verkauf erfolgt über einen professionellen Außendienst.
- Kommunikation: Wir konzentrieren unsere Werbung auf ...
- Distribution: Wir vertreiben unsere Produkte ausschließlich über den eigenen Außendienst.

2. Innovation, Forschung und Entwicklung
- Wir entwickeln und konstruieren alle strategisch wichtigen Bauteile im Hause.

- Die Entwicklung neuartiger Kundenlösungen erfolgt immer bereichsübergreifend und durch starke Zusammenarbeit mit Kunden und Lieferanten.
- Wir verfolgen die neuesten Entwicklungen in der thermischen Technologie sehr aufmerksam und prüfen erfolgversprechende Anwendungen.

3. Produktion

- Oberstes Prinzip der Fertigung ist die Ausführungsqualität.
- Zweites Prinzip ist eine möglichst wirtschaftliche Fertigung.
- Wir produzieren alle strategisch wichtigen Bereiche im eigenen Unternehmen.

4. Führung und Organisation

- Die vier Maschinentypen A, B, C und D führen wir als Profitcenter.
- Wir führen nach dem Prinzip der Delegation und Dezentralisation. Funktionen werden nur dann zentral ausgeübt, wenn dies aus Effektivitäts- bzw. Effizienzgründen angebracht ist.
- Wir betreiben eine offen, innovationsfördernde und unbürokratische interne Kommunikationspolitik.

5. Personal

- Unsere Strategie können wir nur mit hochqualifizierten Mitarbeitern (v.a. im Bereich Technik und Marketing) realisieren. Die dazu notwendige Personalentwicklung stellen wir sicher durch ...
- Unsere Mitarbeiter werden nach dem Leistungsprinzip honoriert. Die Beurteilung dazu muß auf die oben definierten Stärken ausgerichtet sein.

6. Kooperation, Beteiligungen

7. Informatik

8. Gewinn, Kosten, Finanzierung

Zeitbezogenes Vorgehen/Maßnahmen

- Ausbau des Außendienstes in Südamerika bis ...
- Entwicklung eines auf der Grundstrategie basierenden Marketingkonzepts bis ...
- Einführung des neuen Maschinentyps D bis ... in der Schweiz und in Deutschland.
- Joint Venture in China bis ... geregelt.
- Einführung eines neuen Honorierungs- und Belohnungssystems bis ...

Nachfolgend wird der Entscheidungsprozeß beschrieben, den ein Unternehmen durchläuft, das die Aufnahme bzw. Ausdehnung internationaler Aktivitäten beabsichtigt.

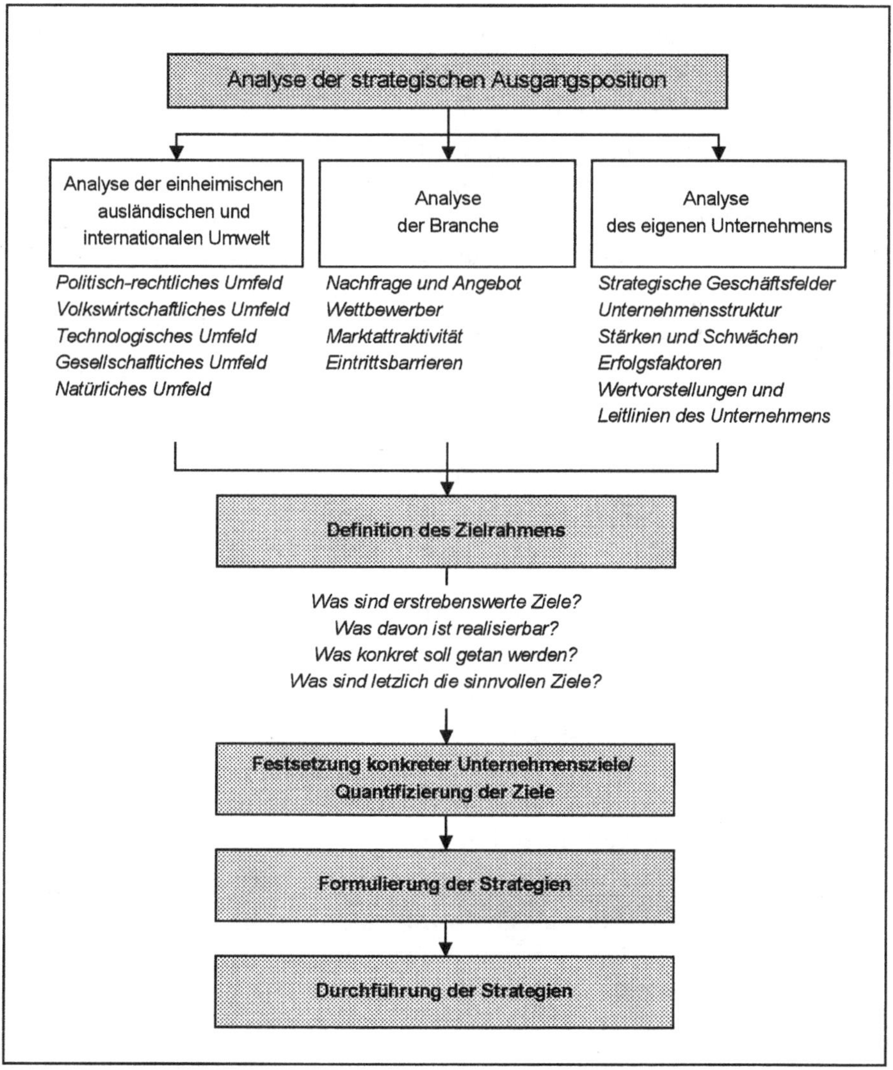

Abbildung 1-5 *Ablauf eines strategischen Entscheidungsprozesses*

1.1 Umfeldanalyse

Das **Makroumfeld** eines Unternehmens setzt sich aus dem politisch-rechtlichen, volkswirtschaftlichen, technologischen, gesellschaftlichen und natürlichem Umfeld zusammen. In dieses komplexe Umfeld sind das Unternehmen, seine Zulieferer, Kunden und Konkurrenten gleichermaßen eingebunden und den einwirkenden Kräften und Entwicklungstrends ausgesetzt.

Das Unternehmen selbst kann diese Kräfte und Trends, die sowohl förderlich als auch bedrohend erscheinen können, nicht bzw. nur schwer beeinflussen. Auch wenn diese Variablen weitgehend unkontrollierbar sind, kann das Management dennoch auf sie einwirken – beispielsweise mit Hilfe von Lobbyisten.

Die (unternehmens-)**internen** Variablen kann das Management beeinflussen und gezielt steuern. Produktionsfaktoren (Mensch, Kapital und Rohstoffe) sowie Produktion und Marketingaktivitäten müssen dementsprechend auch so organisiert und kontrolliert werden, daß jederzeit auf Veränderungen bei den externen Variablen reagiert werden kann (vgl. auch Ball/McCulloch 1996, 16f).

1.1.1 Politisch-rechtliches Umfeld

Die strategischen Maßnahmen eines Unternehmens müssen stets auf die **politische Situation** im jeweiligen Land abgestimmt sein. In den westlichen Industriestaaten stellt dies meist kein großes Problem dar. In politisch weniger gefestigten Staaten sollte die Situation allerdings einer genaueren Analyse unterzogen werden, um potentiellen **Risiken** entsprechend begegnen zu können.

Zu den für Unternehmen unbeeinflußbaren Faktoren gehören auch die **Rechts- und Wirtschaftsordnung** eines Staates. Der Handlungsspielraum ist diesbezüglich in einer staatlich dirigierten Planwirtschaft wesentlich kleiner als in einer Marktwirtschaft.

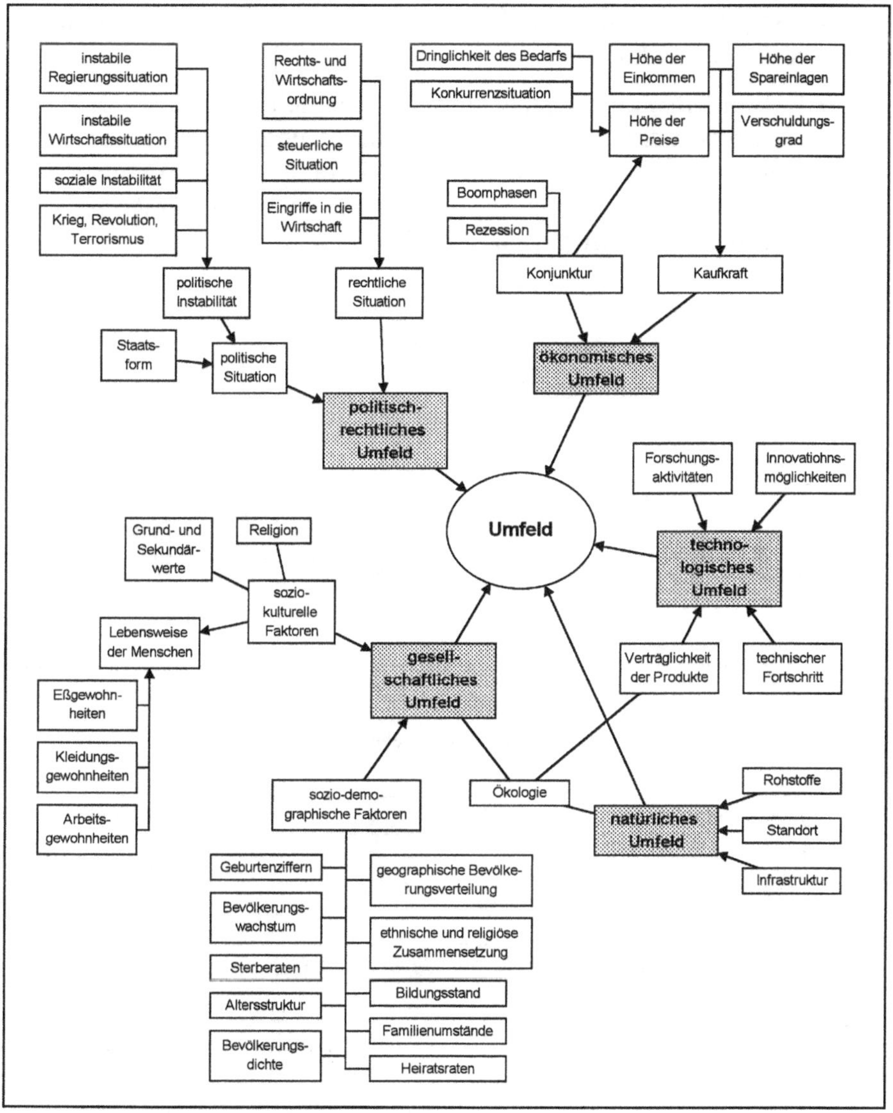

Abbildung 1-6 *Kriterien der Umfeldanalyse*

Für ein Unternehmen nicht minder von Bedeutung ist die **steuerliche Situation**, wobei insbesondere die – länderspezifisch äußerst unterschiedlichen – gesetzlichen Bestimmungen zu Einkommen-, Körperschaft-, Umsatz- bzw. Mehrwert-, Vermögens- sowie Verbrauchssteuern von Relevanz sind.

Als Problem können sich mitunter staatliche **Eingriffe** in die Wirtschaft sowie andere Kontrollmaßnahmen und Restriktionen erweisen. Branchen von besonderem staatlichen „Interesse“ sind meist der infrastrukturelle Bereich, die Exportindustrie sowie die strategisch wichtige Grundstoffindustrie (z.B. Erdöl).

1.1.2 Ökonomisches Umfeld

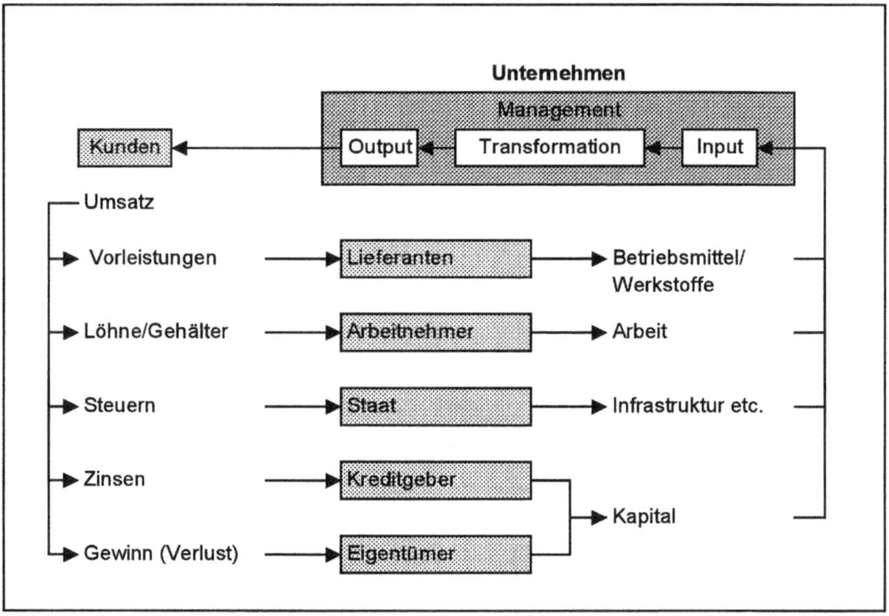

Abbildung 1-7 *Das Unternehmen und die an ihm interessierten Gruppen (vgl. Staehle 1989, 46)*

Entscheidende Variablen bei der Beurteilung des volkswirtschaftlichen Umfeldes sind die Wirtschaftskraft eines Landes, damit zusammenhängend die Kaufkraft seiner Bevölkerung sowie die jeweilige Konjunktur.

Die **Kaufkraft** ist von maßgeblicher Bedeutung für das Wirtschaftsleben eines Landes. Die Kaufkraft eines Marktes wird in besonderem Maße von der **Einkommensverteilung** beeinflußt. Der Kauf von Gütern setzt das Vorhandensein ausreichender Geldmittel voraus. Erst wenn die Konsumenten über entsprechende finanzielle Mittel verfügen, kann sich ein reger Austausch von Waren, Dienstleistungen und Kapital entwickeln.

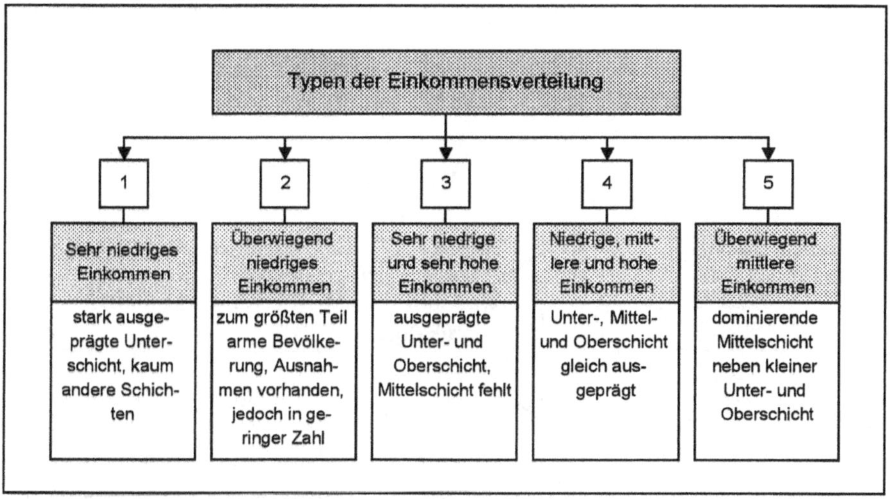

Abbildung 1-8 *Typen der Einkommensverteilung*

Preise und Lebenshaltungskosten

Die Preise von Waren und Dienstleistungen resultieren aus verschiedenen wirtschaftlichen Faktoren. Zu diesen Faktoren zählen

- die Dringlichkeit des Bedarfs, d.h., wie wichtig für den Konsumenten die Befriedigung eines bestimmten Bedürfnisses ist,
- die Konkurrenzsituation, d.h., wie viele vergleichbare Erzeugnisse auf dem Markt angeboten werden und
- die konjunkturelle Situation in der Volkswirtschaft, d.h., ob sich die Volkswirtschaft in einer wachsenden, stagnierenden oder zurückgehenden Phase befindet.

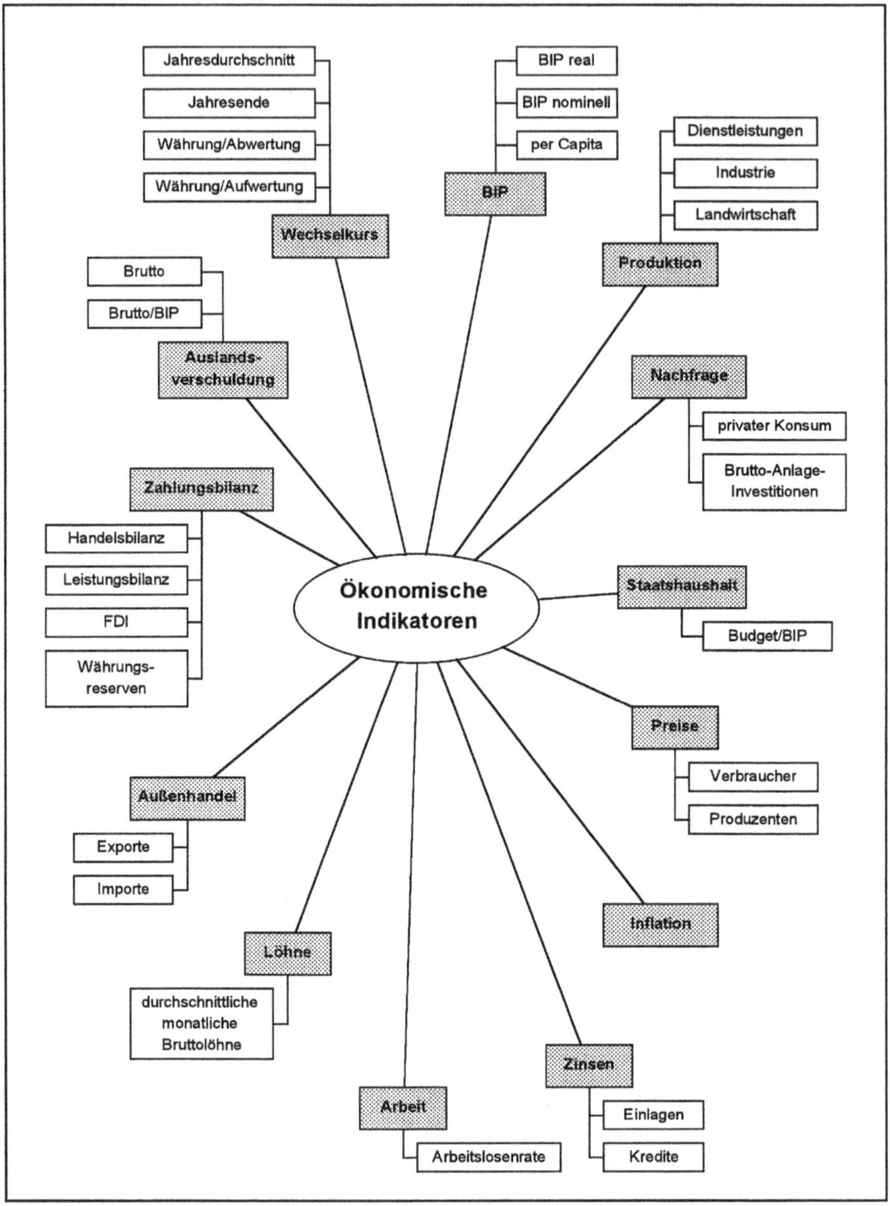

Abbildung 1-9 *Ausgewählte ökonomische Indikatoren*

Steigt das Preisniveau einer Volkswirtschaft bei gleichbleibendem Einkommensniveau, erhöhen sich die **Lebenshaltungskosten** für die Bevölkerung. Die Kaufkraft sinkt, ein Rückgang der Nachfrage wird folgen. Sparen bzw. die **Sparneigung** sowie der **Verschuldungsgrad** sind weitere die Kaufkraft beeinflussende Faktoren.

Bei der Erschließung neuer Märkte ebenfalls relevant ist die **konjunkturelle Situation**. Sie läßt Aussagen darüber zu, wie sich die Nachfrage nach Gütern entwickelt. In Zeiten der **Rezession** stagniert die Nachfrage oder ist rückläufig, in Aufschwung- und **Boomphasen** nimmt die Nachfrage rasch (wieder) zu. Entscheidend sind dabei die Erwartungen der Verbraucher. Gehen diese z.B. von einem baldigen wirtschaftlichen Abschwung aus, so wird ihre Sparneigung zunehmen und ihre Konsumneigung folglich zurückgehen.

Beispiel: Slowenien – Ökonomische Indikatoren

Slowenien			1997	1998	1999	2000	2001*
BIP	nominell	Mrd. USD	18,2	19,5	19,7	18,1	20,3
	real	% Veränd.	4,6	3,8	5,0	4,3	4,5
Industrieproduktion, real		% Veränd.	6,2	4,2	4,9	6,8	5,9
Privater Konsum, real		% Veränd.	3,3	2,9	6,2	1,4	2,7
Brutto-Anlage-Investitionen, real		% Veränd.	11,3	11,1	17,0	4,2	6,0
Budget/BIP		%	-1,2	-0,8	-0,6	-1,2	-1,1
Sparquote		%[3]	24,0	25,1	24,8	25,0	25,3
Verbraucherpreise		% Veränd.	9,1	7,9	6,1	8,9	8,3
Produzentenpreise		% Veränd.	6,1	6,0	2,1	7,0	6,0
Geldmenge M2		% Veränd.	34,1	25,4	18,7	10,6	10,0
Kreditzinsen[1]		%	21,3	17,3	14,2	17,4	16,0
Einlagezinsen[2]		%	13,2	10,5	7,2	9,9	9,3
Arbeitslosenrate		%	14,4	14,5	13,6	12,1	11,6
Ø monatliche Bruttolöhne		1.000 SIT	144	158	173	192	214
Warenexporte		Mrd. USD	8,4	9,1	8,6	8,7	9,6
Warenimporte		Mrd. USD	9,2	9,9	9,8	9,9	10,7
Handelsbilanz		Mrd. USD	-0,8	-0,8	-1,2	-1,2	-1,1
Leistungsbilanz		Mrd. USD	0,0	0,0	-0,9	-0,7	-0,7

Ausländische Direktinvestitionen		Mrd. USD	0,3	0,2	0,2	0,1	0,2
Währungsreserven (ohne Gold)		Mrd. USD	4,4	4,8	4,1	4,0	4,0
Brutto-Auslandsverschuldung		Mrd. USD	4,2	5,0	5,5	5,8	5,9
Brutto-Auslandsverschuldung/BIP		%	23,0	25,6	28,0	32,1	29,0
Wechselkurs	Jahresdurchschnitt	SIT/USD	159,7	166,1	181,5	223,7	224,2
	Jahresende	SIT/USD	167,7	160,4	196,1	226,5	224,4
Wechselkurs	Jahresdurchschnitt	SIT/EUR	180,6	186,1	193,6	206,7	219,7
	Jahresende	SIT/EUR	186,4	188,0	197,0	213,6	224,4
* Prognose, [1] Langfristige Kredite, [2] 30-90 Tage, [3] % des verfügbaren Einkommens							

***Tabelle 1-8** Slowenien – Ökonomische Indikatoren (Quelle: Creditanstalt (Hrsg.): Central European Quarterly IV/2000, 62)*

Woran erkennt man eine Transformation (*transition*)?

- privates Eigentum wird sukzessive zugelassen, private Unternehmen erlaubt
- Privatisierung von Staatseigentum, u.U. in großem Stil (z.B. Verkauf der Staatsindustrie)
- Umbau der bestehenden Betriebe (z.B. Führung nach marktwirtschaftlichen statt planwirtschaftlichen Grundsätzen)
- Liberalisierung der Preise; umfassende Preisregelungen werden aufgehoben
- Liberalisierung des Außenhandels und des Wechselkurses (Exporte und Importe können individuell durchgeführt werden, fixierte Wechselkurse werden aufgehoben)
- Wettbewerb wird – im Zusammenhang mit dem nunmehrigen Privateigentum – zugelassen
- Reform des Bankensektor, Geschäftsbanken werden zugelassen; Liberalisierung der Zinsen
- Etablierung von Finanzmärkten (z.B. Börsen, Nicht-Banken)
- Gesetze zur Regelung und Förderung von Investitionen (FDI) werden erlassen

(vgl. EBRD 1995, 12f)

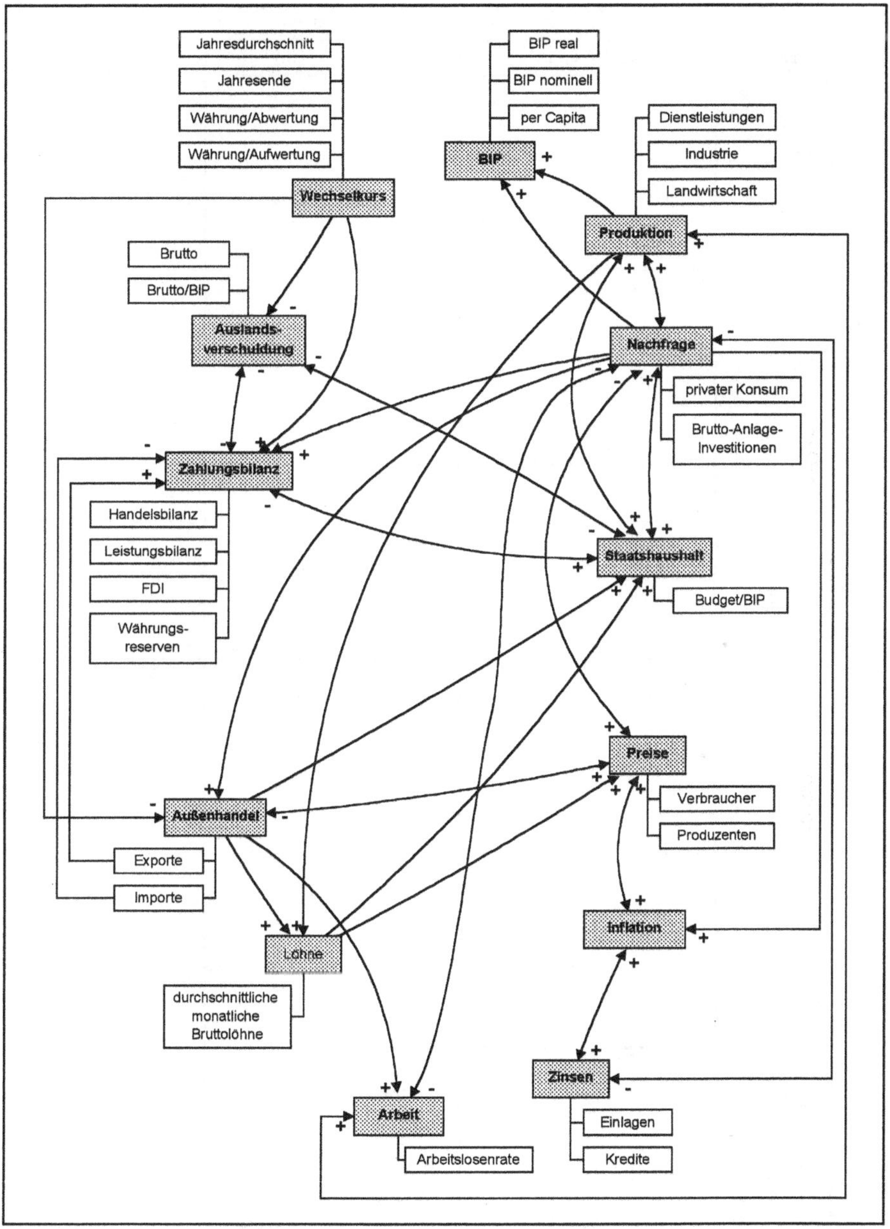

Abbildung 1-10 *Ausgewählte ökonomische Indikatoren – wichtige Zusammenhänge*

Bereich	Zeitrahmen		
	kurzfristig	mittelfristig	langfristig
BIP			
Nachfrage			
Staatshaushalt			
Preise			
Inflation			
Zinsen			

Beschäftigung			
Löhne			
Außenhandel			
Zahlungsbilanz			
Auslands-verschuldung			
Wechselkurs			

Tabelle 1-9 *Trendanalyse – Ökonomische Entwicklungen*

1.1.3 Technologisches Umfeld

Alle Bereiche – von der Elektronik über die Energiewirtschaft bis zur Medizin – unterliegen einem raschen technologischen Wandel. Die **Innovationsmöglichkeiten** scheinen unbegrenzt. Hinsichtlich der Höhe der F&E-Ausgaben liegen die USA weltweit an der Spitze, europaweit nimmt Deutschland die Spitzenposition ein. Die **Forschungsaktivitäten** konzentrieren sich dabei in den Branchen Maschinen- und Fahrzeugbau, Elektronik, Optik und Chemie (Forschungsausgaben bis 8 % des Umsatzes), am wenigsten wird in der Leder-, Textil- und Bekleidungsbranche sowie im Baugewerbe geforscht (weniger als 1 % des Umsatzes).

Die Möglichkeiten des **technischen Fortschritts** stellen sich dem Verbraucher nicht selten auch als Gefahr dar, wie die Diskussionen über gentechnisch veränderte Lebensmittel und die Kernkraft zeigen. Auch dem gestiegenen Umweltbewußtsein der Verbraucher gilt es Rechnung zu tragen. Aus der Forderung nach Sicherheitsgarantien resultierend, wurden im Laufe der Zeit strengere Regelungen in bezug auf Sicherheit und **Verträglichkeit der Produkte** erlassen. Potentiell gefährliche Produkte, wie z.B. bestimmte Pflanzenschutzmittel, wurden aus ökologischen Gründen verboten.

1.1.4 Gesellschaftliches Umfeld

Sozio-demographische Faktoren haben einen sehr starken Einfluß darauf, wie sich Menschen am Markt verhalten und Produkte und Dienstleistungen wahrnehmen. Um das Verbraucherverhalten richtig einzuschätzen und diesbezügliche Entwicklungstrends auszumachen und interpretieren zu können, muß ein Unternehmen über die sozio-demographischen Gegebenheiten des Zielmarktes informiert sein. Bedingt durch das **Bevölkerungswachstum** steigt – etwa in den Entwicklungsländern – zwar der Bedarf, allerdings verfügen viele Länder meist nicht über die entsprechende Kaufkraft, so daß Bevölkerungswachstum nicht gleichzeitig ein Wachsen des Marktes bedeuten muß. Nur mäßiges Bevölkerungswachstum bzw. ein Rückgang ist demgegenüber in den industrialisierten Staaten zu verzeichnen.

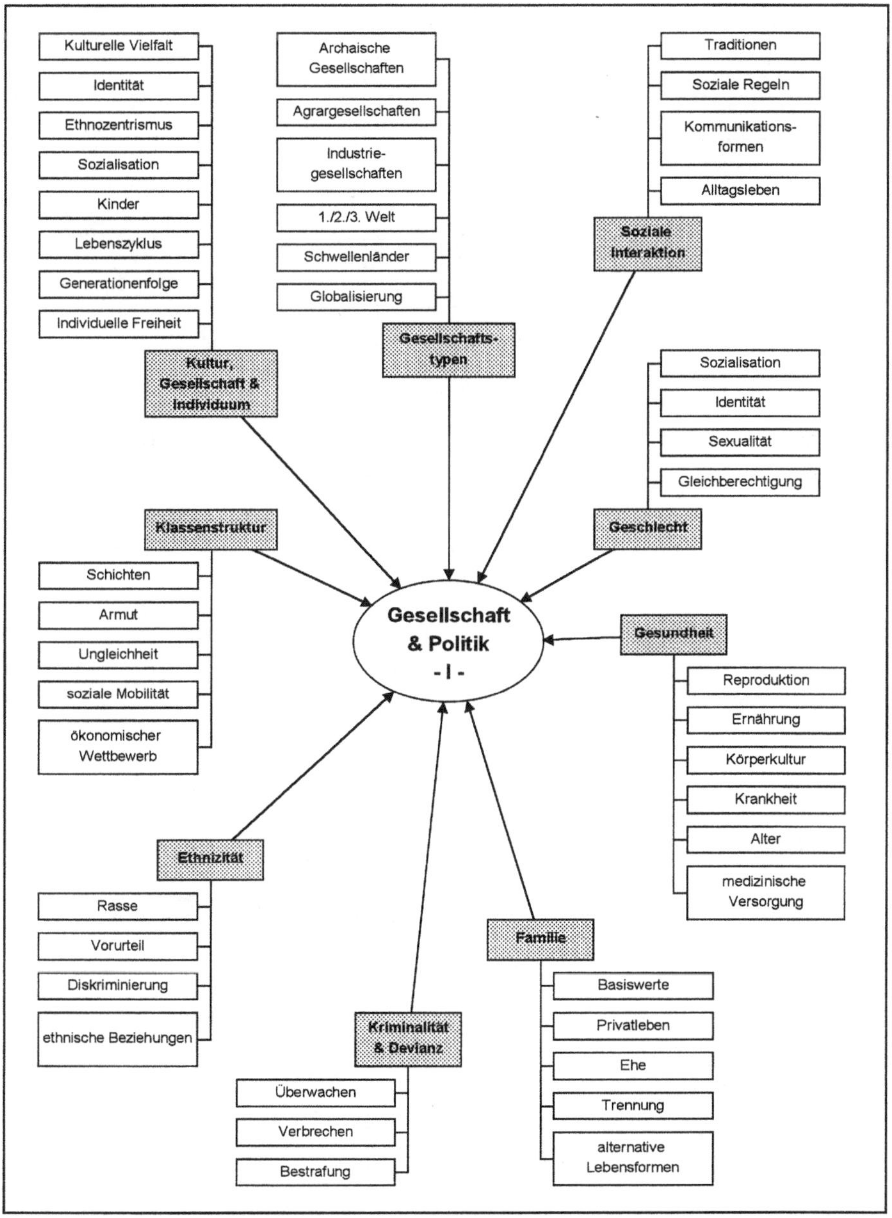

Abbildung 1-11 *Bereiche der Gesellschaft – Gestaltungsfelder der Politik I*

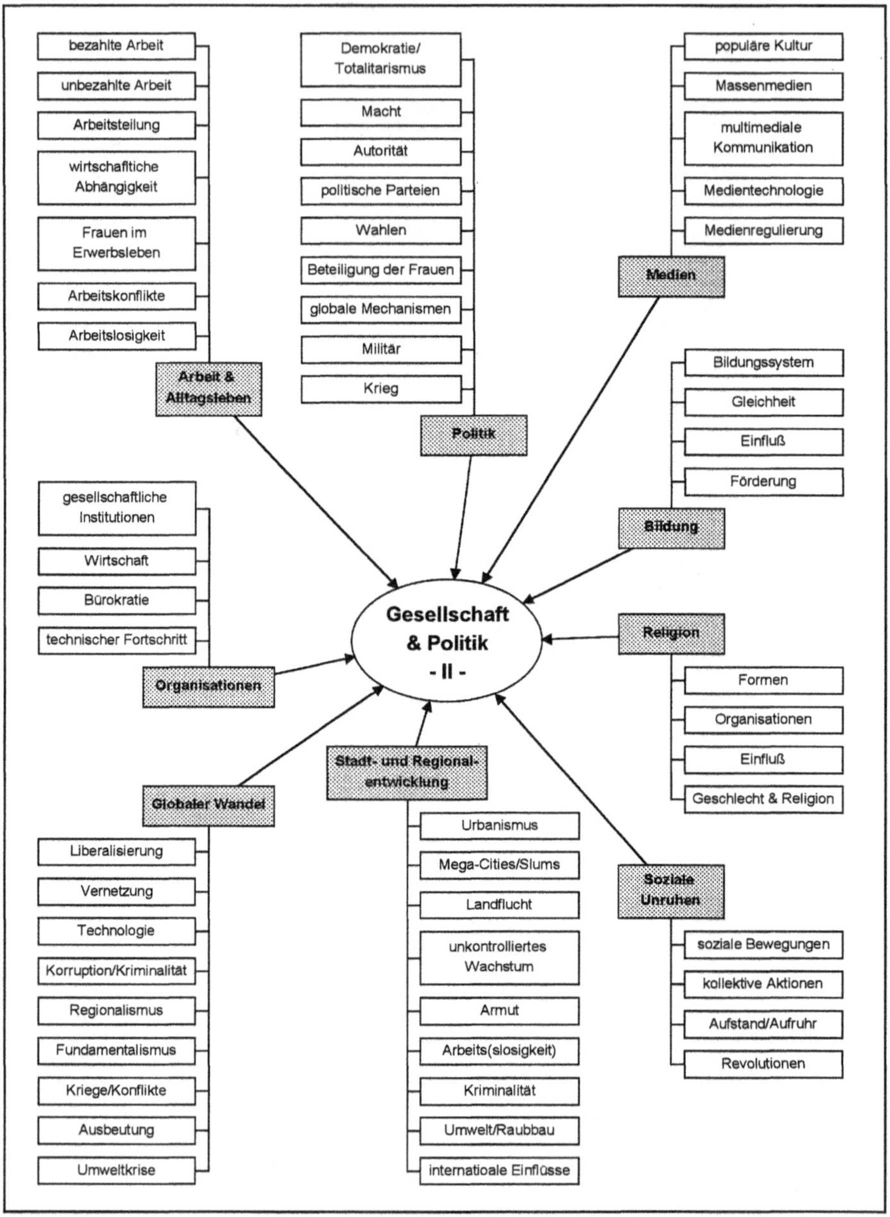

***Abbildung 1-12** Bereiche der Gesellschaft – Gestaltungsfelder der Politik II*

Bereich	Zeitrahmen		
	kurzfristig	mittelfristig	langfristig
Kultur, Gesellschaft & Individuum			
Gesellschafts-typen			
Soziale Interaktion			
Geschlecht			
Gesundheit			
Familie			

Politik	Arbeit & Wirtschafts-leben	Organisationen	Klassenstruktur	Ethnizität	Kriminalität & Devianz

Globaler Wandel	Soziale Unruhen	Stadt- und Regional-entwicklung	Religion	Bildung	Medien

***Tabelle 1-10** Trendanalyse – Entwicklungen in Gesellschaft und Politik*

	Libya	World	Industrial Countries (OECD)	Least Developed Countries
Life expectancy at birth (years) 1998	72.2	66.9	76.4	51.9
Adult literacy rate (%) 1998	78.1	78.8	97.4	50.7
Combined first-, second- and third-level gross enrolment ration (%) 1998	92	64	86	37
GDP per capita (PPP$) 1998	6,697	6,526	20,357	1,064
Life expectancy index	0.75	0.70	0.86	0.45
Education Index	0.83	0.74	0.94	0.46
GDP index	0.70	0.70	0.88	0.39
Human development index (HDI) value 1998	0.760	0.712	0.893	0.435

Tabelle 1-11 *Soziale Indikatoren – Beispiel Libyen: Human Development (UNDP 2000)*

Aus der Analyse der **Altersstruktur der Bevölkerung** kann ein Unternehmen ableiten, wie viele potentielle Abnehmer sich auf dem Markt befinden und wie sich die Zusammensetzung in Zukunft entwickeln wird. Entsprechend der Struktur und möglichen Trends müssen sich die Unternehmen dann eventuell auf neue Zielgruppen orientieren und/oder auch zielgruppenrelevante Produktinnovationen auf den Markt bringen.

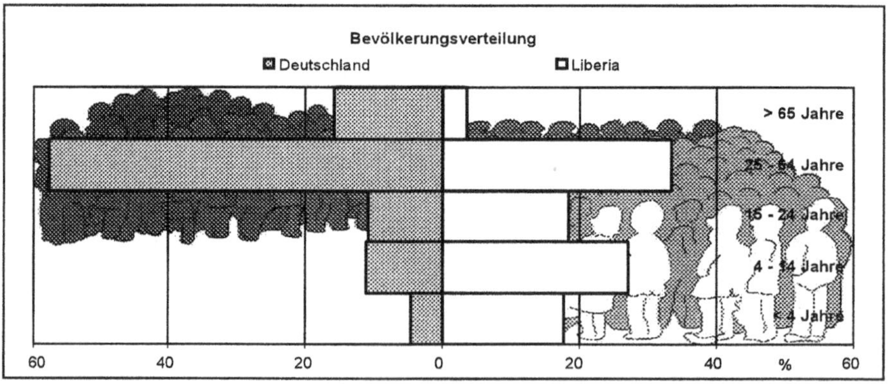

Abbildung 1-13 *Bevölkerungsverteilung Liberia – Deutschland im Vergleich (Quelle: World Populations Prospects der UNO, in: Encarta Weltatlas 1999, Microsoft Corporation, eigene Darstellung)*

Von ebenso wichtiger Bedeutung im Rahmen des gesellschaftlichen Umfeldes sind die **sozio-kulturellen Faktoren**. Komponenten wie Religion, Grund- und Sekundärwerte haben einen großen Einfluß darauf, was Menschen als wünschenswert, akzeptabel oder inakzeptabel empfinden.

Sozio-kulturelle Faktoren bestimmen die Lebensweise der Menschen. Sie haben Einfluß auf Eß-, Kleidungs- und Arbeitsgewohnheiten. Was in einem Land oder in einer bestimmten Bevölkerungsgruppe einen besonderen Wert hat, kann anderswo unbedeutend oder gänzlich unüblich sein. Wertvorstellungen sollten deshalb besonders genau analysiert werden, um gegebenenfalls Anpassungen der geschäftlichen Überlegungen vornehmen zu können.

1.1.5 Natürliches Umfeld

Zum natürlichen Umfeld zählen die Oberflächengestaltung der Lebensräume, das Klima, die natürlichen Ressourcen und die Infrastruktur. In großem Maße verantwortlich für den Stand der wirtschaftlichen Entwicklung sind Klima und Oberflächenstruktur.

Für die **Rohstoffe** verarbeitende Industrie sind die Ressourcen eines Landes von besonderer Bedeutung. Nur an solchen Standorten, die die benötigten Ressourcen im erforderlichen Umfang aufweisen und ihre Förderung nicht zu kostenintensiv ist, lohnt die Ansiedlung eines rohstoffabhängigen Unternehmens.

Zudem sollte ein attraktiver **Standort** über eine entsprechende **Infrastruktur** verfügen bzw. der Anschluß an bereits bestehende Transportnetze mit nicht allzu hohem Aufwand verbunden sein.

Standortfaktoren	Gewichtung	Bewertung					Wert
		1	2	3	4	5	
Politisch-rechtliches Umfeld							
Politisches System (z.B. Demokratie/Diktatur)							
Stabilität der politischen Situation							
Stabilität der Wirtschaftssituation							
Behördliche Auflagen (Genehmigungsverfahren, Gebühren usw.)							
Staatliche Eingriffe (z.B. Gewerbefreiheit, Vertragsfreiheit)							
Staatliche Förderprogramme (z.B. Zuschüsse, Investitionsbegünstigungen)							
Unterstützung durch öffentliche Stellen (Ämter, Behörden, Kammern usw.)							
Investitionsschutz							
Ökonomisches Umfeld							
Preis- und Währungsstabilität							
Zinsniveau							
Bankensektor							
Stetigkeit und Vorhersehbarkeit der Wirtschaftspolitik							
Steuer- und Abgabenbelastung (Unternehmensgewinne, Löhne)							
Verfügbarkeit von qualifiziertem Personal							
Regionale Tarif- und Lohnunterschiede							
Arbeitseinstellung und Mentalität							
Arbeitsfrieden (vgl. Streikrisiko)							
Gewerkschaftlicher Einfluß							
Gesetzliche oder tarifliche Einschränkungen personalpolitischer Maßnahmen (vgl. Löhne, Arbeitszeiten, Entlassungsmöglichkeiten)							
Konkurrenzsituation							
Nachfragepotential							
Kaufkraft der Bevölkerung							
Technologisches Umfeld							
Innovationsnotwendigkeit							
Innovationspotential							
F & E-Möglichkeiten							

Patentrecht/Schutzmöglichkeiten							
Natürliches Umfeld							
Klimatische Bedingungen							
Geographische Restriktionen							
Möglichkeiten der Informationsbeschaffung							
Verfügbarkeit und Preise von Gewerbeflächen (Gebäude und Grundstücke)							
Verfügbarkeit und Preise von Rohstoffen							
Verkehrsinfrastruktur (Verfügbarkeit und Zustand von Bahn, Straße, Flugplätzen, Schiffahrtswegen usw.)							
Tarife des privaten/öffentlichen Nahverkehrs							
Preise überregionaler Verkehrsmittel							
Kommunikationsinfrastruktur (Verfügbarkeit und Zustand von Post, Telefon, Funk usw.)							
Preise für Kommunikationsdienste (z.B. Post)							
Sicherheit bei Versorgung (z.B. Strom, Gas, Wasser) und Entsorgung (Abfall, Abwasser)							
Tarife für Ver- und Entsorgung							
Räumliche Nähe zu Kunden							
Räumliche Nähe zu Lieferanten							
Beratungsangebot (z.B. Werbung, Steuerberatung, Unternehmensberatung)							
Bildungsangebot (z.B. Schulen, Hochschulen, Weiterbildung)							
Gesellschaftliches Umfeld							
Soziale Stabilität							
Ethnische und religiöse Spezifika							
Familienstrukturen							
Gesundheitswesen							
Kriminalität							
Sicherheitsstrukturen (z.B. Polizei, Militär)							
Bestehen von Institutionen (z.B. Medien, staatliche Organisationen, NGOs, Wahlen)							
Zivilgesellschaftliche Strukturen							
Summe (Vergleichsbasis)							
Bewertungskriterien von 1 (schlecht) bis 5 (ausgezeichnet)							

Tabelle 1-12 *Checkliste zur Beurteilung der Attraktivität eines Standortes*

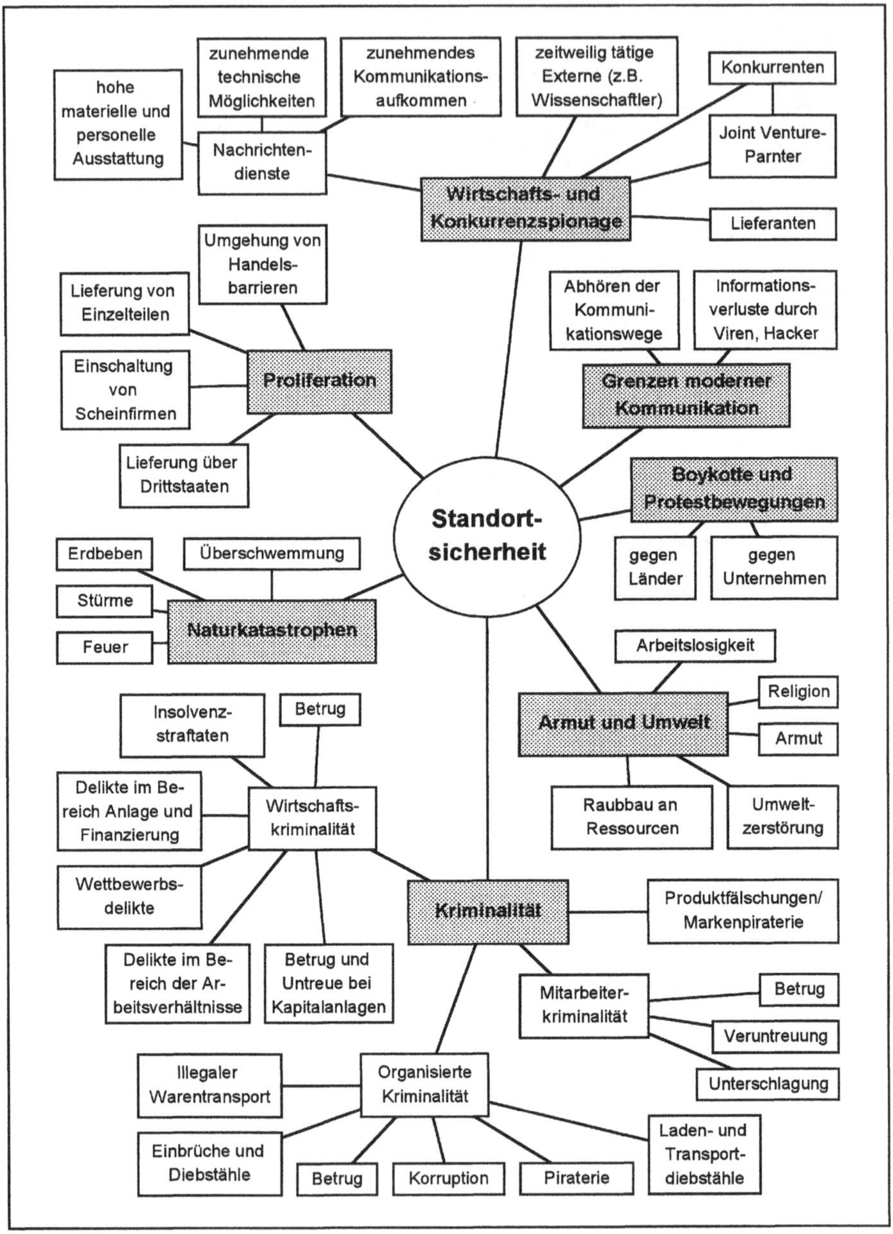

***Abbildung 1-14** Bedrohungsfaktoren der Markt- und Standortsicherheit*

Kriterien der Standortsicherheit	Gewichtung	Bewertung					Wert
		1	2	3	4	5	
Naturkatastrophen							
Überschwemmung							
Erdbeben							
Stürme							
Feuer							
Kriminalität							
Wirtschaftskriminalität							
Betrug							
Insolvenzstraftaten							
Delikte im Bereich Anlage und Finanzierung							
Wettbewerbsdelikte							
Delikte im Bereich der Arbeitsverhältnisse							
Betrug und Untreue bei Kapitalanlagen							
Organisierte Kriminalität							
Illegaler Warentransport							
Einbrüche und Diebstähle							
Betrug							
Korruption							
Piraterie							
Laden- und Transportdiebstähle							
Mitarbeiterkriminalität							
Betrug							
Veruntreuung							
Unterschlagung							
Produktfälschungen/Markenpiraterie							
Armut und Umwelt							
Armut							
Arbeitslosigkeit							
Religiöser Fundamentalismus							
Umweltzerstörung							
Raubbau an Ressourcen (z.B. Rohstoffe, Humankapital)							
Boykotte und Protestbewegungen							
Gegen Länder							

Gegen Unternehmen							
Streikrisiko							
Grenzen moderner Kommunikation							
Abhören der Kommunikationswege							
Informationsverluste (z.B. Viren, Hacker)							
Wirtschafts- und Konkurrenzspionage							
Zeitweilig tätige Externe (z.B. Wissenschaftler)							
Joint Venture-Partner							
Konkurrenten							
Lieferanten							
Nachrichtendienste							
Möglichkeit der Nutzung nachrichtendienstlicher Informationen							
Bedrohung des eigenen Unternehmens durch Nachrichtendienste							
Proliferation							
Umgehung von Handelsbarrieren (z.B. Embargobruch)							
Umgehung von Restriktionen durch Einschaltung von Scheinfirmen							
Umgehung von Restriktionen durch Lieferung über Drittstaaten							
Umgehung von Restriktionen durch illegale Lieferungen (z.B. Waffenlieferungen als „getarnte" Einzelteile)							
Summe (Vergleichsbasis)							
Bewertungskriterien von 1 (sehr risikobehaftet) bis 5 (wenig risikobehaftet)							

***Tabelle 1-13** Checkliste zur Bewertung von Gefahrenpotentialen und Bedrohungen der Markt- und Standortsicherheit*

Beispiel: Einschätzung der gegenwärtigen und künftigen Situation Libyens

Versucht man eine Einschätzung der gegenwärtigen und künftigen volkswirtschaftlichen Situation Libyens, scheint es günstig, ausgewählte Indikatoren und in Zusammenhang damit ein Risikoprofil des Landes zu betrachten. Die nachfolgende Abbildung bzw. Tabelle zeigt in bezug auf das *country risk* aus internationaler Perspektive kurz- bzw. mittelfristig eine nicht ungünstige Lage. Dies resultiert aus verschiedenen Faktoren, die in der Folge im einzelnen erläutert werden.

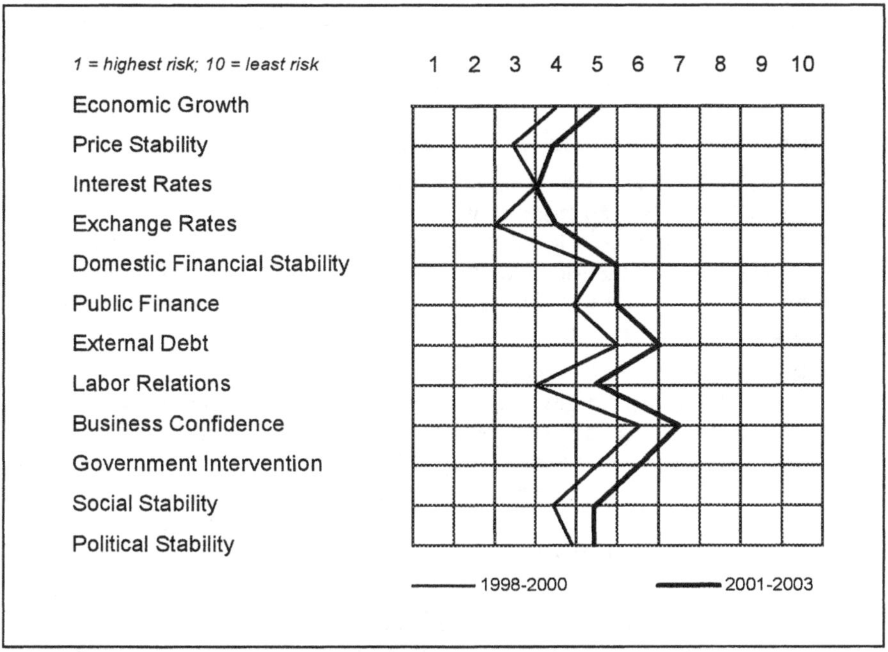

Abbildung 1-15 *Risikoprofil Libyens (Quelle: erstellt nach WEFA Country Monitor Libya, März 2001)*

Wirtschaftswachstum: Von internationalen Beobachtern der Situation Libyens in Hinblick auf das künftige Wirtschaftswachstum wird derzeit – aufgrund der zuletzt positiven Entwicklung des Ölpreises – das vor einiger Zeit noch befürchtete Risiko einer Rezession als nicht mehr allzu hoch eingeschätzt. Derzeit zu beobachten ist ein Aufwärtstrend der allgemeinen wirtschaftlichen Aktivitäten.

Preisstabilität: Aufgrund der beschriebenen Tendenzen des Wirtschaftswachstums besteht nach wie vor ein gewisses Inflationsrisiko, das im Falle seines Eintretens das wirtschaftliche Umfeld destabilisieren könnte.

Zinsniveau: Ein gewisses Risiko höherer Zinssätze kann aus der gegenwärtigen weltweiten Entwicklung der Zinsen abgeleitet werden. Auch von den derzeit relativ starken Bewegungen der Devisenmärkte könnten mittelfristig u.U. destabilisierende Wirkungen ausgehen.

Wechselkurse: Nach wie vor besteht auch das Risiko einer stärkeren Währungsabwertung und/oder das Risiko von Wechselkurskontrollen zum Schutz vor unrealistischen Wechselkursen.

Staatshaushalt: Die allgemeine wirtschaftliche Entwicklung, speziell aber auch die jüngsten Tendenzen des Preisanstiegs im Erdölsektor, üben derzeit eher positive Impulse auf den staatlichen Haushalt aus. Dies bezieht sich in weiterer Folge auch auf die derzeit nicht ungünstige Situation in bezug auf die *Auslandsverschuldung*.

Arbeitsmarkt: Gewisse Risiken im Bereich des Arbeitsmarkts sind vor allem in folgenden zu beobachtenden Tendenzen zu sehen – Streikrisiko, höhere Lohnkosten, Unzufriedenheit aufgrund starrer Lohnstrukturen und inflexibler Arbeitszeiten bzw. rigide Arbeitsmarktbedingungen im allgemeinen. Darüber hinaus ist Libyen wiederholt in Gefahr eines akuten Mangels an qualifizierten Arbeitskräften.

Vertrauen der (ausländischen) Geschäftswelt: Insbesondere in bezug auf Geschäftsmöglichkeiten und ausländische Direktinvestitionen ist das gegenwärtige Klima, das bisher von traditionell politischen Unsicherheiten, aber auch von der andauernden Sanktionspolitik gekennzeichnet war, aufgrund der Aussetzung der Sanktionen und Boykottmaßnahmen und dem signalisierten starken Interesse von libyscher Seite derzeit außerordentlich günstig. Die Aktivitäten der Handelspartner entfalten sich aufgrund des nicht unbeträchtlichen Bedarfs weit unbeschränkter als bisher.

Staatliche Interventionen: In einem Land wie Libyen ist das Risiko staatlicher Eingriffe generell hoch. Davon können allgemein, im gegebenen Fall selten wirklich vorhersehbar, die Regulierung der Geschäftstätigkeit, die Verstaatlichung privater Unternehmen oder die Rücknahme wirtschaftlicher Reformen betroffen sein. Kurzfristig ist eine diesbezügliche Gefahr aufgrund der politischen Annäherungstendenzen und der Belebung der Wirtschaftsbeziehungen sicher nicht gegeben.

Soziale Stabilität: Die soziale Stabilität sieht sich folgenden allgemeinen Gefährdungen ausgesetzt – zunehmende Gesetzwidrigkeiten, erhöhte Kriminalität sowie teilweise nicht zu unterschätzende ethnische Konflikte.

Politische Stabilität: Eine gewisse Chance, aber auch gleichzeitig ein nicht zu unterschätzendes Risiko, kann stets von Veränderungen im politischen Regime ausgehen. Derartige Tendenzen können generell das gesamte wirtschaftliche Umfeld in oft beträchtlichem Ausmaß beeinflussen.

Insgesamt ist die kurz- und mittelfristige volkswirtschaftliche Situation Libyens sicherlich in starkem Zusammenhang mit den gegenwärtigen politischen Umständen zu sehen. Dabei sind das nach wie vor eher ungünstige – aber gegenwärtig in einem Prozeß der Verbesserung befindliche – internationale Image Libyens, andererseits die wegfallenden Restriktionen aufgrund der Sanktionspolitik und die in letzter Zeit für das Land positiven Entwicklungen auf dem Erdölsektor die wichtigsten und auch die Zukunft stark bestimmenden Faktoren.

Entwicklung von Szenarien

Mit Hilfe von Szenarien können künftige Entwicklungsmöglichkeiten einer gegenwärtig gegebenen Situation antizipiert werden. Dadurch soll es dem Betrachter möglich werden, sich auf Veränderungen vorzubereiten und die davon betroffenen eigenen Ziele und Maßnahmen entsprechend anzupassen.

Die Vorgehensweise soll am Beispiel einer ausländischen Direktinvestition illustriert werden. Dabei ist für einen Investor von besonderer Bedeutung, wie sich das Umfeld der Investition künftig entwickeln könnte. Derartige Szenarien können gleichermaßen für kurz-, mittel- oder langfristige Zeiträume entwickelt werden.

Umfeldfaktoren		Entwicklung	
		Trendaussage	**Wirkung auf Investition**
Politisches Umfeld	Politische Stabilität	(O) gegeben	+
		(P) nicht gegeben	-
		(W) gegeben	+
	Risiko staatlicher Interventionen	(O) gering	+
		(P) hoch	--
		(W) mittel	-
	Rechtssicherheit	(O) sicher	+
		(P) unsicher	-
		(W) unsicher	-
	Unterstützung durch öffentliche Stellen	(O) gut	++
		(P) schlecht	-
		(W) mittel	+
Ökonomisches Umfeld	Wirtschaftswachstum	(O) positiv	+
		(P) negativ	-
		(W) positiv	+
	Preisstabilität	(O) bleibt	+/-
		(P) gefährdet	-
		(W) gefährdet	-
	Zinsniveau	(O) bleibt	+/-
		(P) steigt	-
		(W) steigt	-

Ökonomisches Umfeld	Wechselkursschwankungen	(O) nicht gegeben	+
		(P) gegeben	-
		(W) gegeben	-
	Staatshaushalt/ Auslandsverschuldung	(O) günstig	+
		(P) ungünstig	-
		(W) günstig	+
	Arbeitsmarkt: Streikrisiko	(O) gering	+
		(P) hoch	--
		(W) mittel	-
	Arbeitsmarkt: Verfügbarkeit qualifizierter Arbeitskräfte	(O) gut	+
		(P) sehr schlecht	--
		(W) sehr schlecht	--
Technologisches Umfeld	Innovationspotential	(O) hoch	++
		(P) gering	-
		(W) mittel	+
	F & E-Möglichkeiten (Infrastruktur)	(O) gut	+
		(P) schlecht	-
		(W) schlecht	-
	Schutzmöglichkeiten (z.B. Patente, Investitionen)	(O) gut	++
		(P) schlecht	-
		(W) mittel	+
Gesellschaftliches Umfeld	Soziale Stabilität	(O) gegeben	+
		(P) nicht gegeben	-
		(W) nicht gegeben	-
	Bedrohung durch religiösen Fundamentalismus	(O) gering	+
		(P) hoch	-
		(W) gering	+
	Kriminalität	(O) gering	+
		(P) hoch	-
		(W) gering	+
	Sicherheitsstrukturen	(O) ausgebaut	+
		(P) wenig ausgebaut	-
		(W) ausgebaut	+
	Bestehen von Institutionen (z.B. Medien, staatliche Organisationen, NGOs, Wahlen)	(O) vorhanden	+
		(P) nicht vorhanden	+/-
		(W) nicht vorhanden	+/-
	Gesundheitswesen	(O) ausgebaut	+
		(P) wenig ausgebaut	-
		(W) ausgebaut	+

Natürliches Umfeld	Klimatische Bedingungen	(O) günstig	++
		(P) ungünstig	-
		(W) mittel	+
	Möglichkeiten der Informationsbeschaffung	(O) gut	++
		(P) schlecht	-
		(W) mittel	+
	Verfügbarkeit und Preise von Gewerbeflächen (Gebäude und Grundstücke)	(O) gut	++
		(P) schlecht	-
		(W) mittel	+
	Verfügbarkeit und Preise von Rohstoffen (außer Erdöl)	(O) gut	+
		(P) schlecht	-
		(W) schlecht	-
	Verkehrsinfrastruktur (Verfügbarkeit und Zustand von Bahn, Straße, Flugplätzen, Schiffahrtswegen usw.)	(O) sehr gut	++
		(P) sehr schlecht	--
		(W) schlecht	-
	Kommunikationsinfrastruktur (Verfügbarkeit und Zustand von Post, Telefon, Funk usw.)	(O) gut	+
		(P) schlecht	-
		(W) schlecht	-
	Sicherheit bei Versorgung (z.B. mit Strom, Gas, Wasser) und Entsorgung (z.B. Abfall, Abwasser)	(O) gut	+
		(P) schlecht	-
		(W) gut	+
	Räumliche Nähe zu Kunden (vor Ort)	(O) gut	+
		(P) schlecht	-
		(W) gut	+
	Räumliche Nähe zu Lieferanten	(O) gut	+
		(P) schlecht	-
		(W) schlecht	-
	Beratungsangebot (z.B. Werbung, Steuerberatung, Unternehmensberatung)	(O) gut	+
		(P) schlecht	-
		(W) schlecht	-
	Bildungsangebot (z.B. Schulen, Hochschulen, Weiterbildung)	(O) gut	++
		(P) schlecht	-
		(W) mittel	+
(O) optimistisches Szenario (P) pessimistisches Szenario (W) wahrscheinliches Szenario		Beurteilung der Wirkungen: ++ (sehr gut), + (gut), +/- (neutral), - (schlecht), -- (sehr schlecht)	

Tabelle 1-14 *Szenarien am Beispiel Libyens (Karbach/Dorsch 1999, 13f und Strunz/Dorsch 2000)*

Umfeldfaktoren	Entwicklung	
	Trendaussage	Wirkung auf Investition

(O) optimistisches Szenario (P) pessimistisches Szenario (W) wahrscheinliches Szenario	Beurteilung der Wirkungen: ++ (sehr gut), + (gut), +/- (neutral), - (schlecht), -- (sehr schlecht)	

Tabelle 1-15 *Tableau zur Entwicklung von Szenarien*

Analyse und Prognose von Krisenpotentialen

Bereich	Krisenpotential allgemein – Krisenauslöser
Demographie	• ungleicher Bevölkerungsanstieg • Entstehung einer „neuen Armut" • Polarisierung durch Migration • Ressourcenverknappung
Macht- und Ordnungspolitik	• Auftreten neuer Pluralismen • Entstehung eines neuen Nationalismus und gleichzeitig eines Regionalismus • Hervortreten alter Ethnien („Ethno-Nationalismen") • Religion als „Nische" und Problemlösungshilfe mit einem starken Ideologisierungsgrad • Entstehen einer „Machtlücke", die terroristische und mafiöse Gruppierungen zu füllen versuchen
Ökonomie	• Wissenspoolung führt zu einer Machtkonzentration in den Händen von relativ wenigen Personen • Wissen als Wettbewerbsfaktor im negativen Sinn („*Sorting Out*") • Wissen als Basis für die Entstehung neuer Bedrohungspotentiale
Ökologie	• Ressourcenkonflikte • Lebensraumverknappung • Umweltmigration
Technologie	• globale Vernetzung • neue Technologien bzw. die unsachgemäße Nutzung bereits existierender Technologien werden als Druckmittel verwendet
Militär	• Militärpotential • Änderung Personalstärke • Änderungen Rüstungsbereich • Dislokation • Ausbildung • Sonderkapazitäten • Prioritätenzuordnung Teilstreitkräfte

Tabelle 1-16 *Bereiche, aus denen krisenhafte Entwicklungen resultieren können (Feichtinger/Jureković/Riemer 1999, 15ff)*

Kriterien für die Beurteilung einer Branche	Gewichtung	Bewertung					Wert
		1	2	3	4	5	
Fade Signals							
Demographie							
Bevölkerungsstruktur (Alterspyramide)							
Geographische Verteilung der Bevölkerung nach Ethnien							
Macht- und Ordnungspolitik							
Abgespaltetsein von anderen Systemen							
Grundlegende Divergenzen in Schlüsselfunktionen							
Clanismus und Klientelismus							
Ökonomie							
Know-how-Defizite							
Monolitische Strukturen							
Ökologie & Technologie							
Know-how-Defizite							
Militär							
Änderung der Häufigkeit von Übungen							
Installierung neuer Waffensysteme							
Schulungen							
Quotenregelung (z.B. nach Ethnien)							
Alternativdienst							
Weak Signals							
Demographie							
Überdurchschnittlicher Anstieg einer ethnischen Minderheit							
Binnenmigration							
Emigration/Immigration							
Minderheitenschutz in der Verfassung							
Urbanisierung							
Verdrängungsängste der ethnischen Bevölkerungsmehrheit							
Geographische Ghettobildung							
Macht- und Ordnungspolitik							

Multidimensionaler Dualismus in einem Staat (d.h., es existieren zwei oder mehrere Institutionen in einem Staat, die Schlüsselfunktionen parallel einnehmen und so zu einer Teilung des Staates beitragen)							
Unterminierung über mittelbare Instrumente							
Unangekündigte Umbesetzungen in Schlüsselfunktionen							
Ökonomie							
Strukturelle Defizite in Kombination mit Know-how-Defiziten							
Ökologie & Technologie							
Ressourcenverknappung							
Einschaltung internationaler Organisationen in Problemlösungen							
Militär							
Waffensystemänderungen							
Verstärkung existierender Anlagen/Positionen							
Veränderungen im Integrationsgrad der Armee							
Veränderung in den Regelmechanismen							
Erweiterung der Wehrpflicht							
Rekrutierungsprobleme							
Ethnisch-proportionale Verteilung im Offiziers- und Unteroffizierskorps							
Änderungen der Aufgabenzuordnung							
Aufstellung von Spezialverbänden							
Änderungen bei der internen Budgetverteilung							
Strong Signals							
Demographie							
(Starkes) Bevölkerungswachstum							
Macht- und Ordnungspolitik							
Instrumentalisierung von Minderheiten							
Permanente und persönliche Attacken zwischen Spitzenpolitikern							
Presse- und Medieninstrumentalisierung							

Unterdrückung von Minderheiten							
Autonomiebestrebungen von Minderheiten							
Grenzüberschreitende Vereinigungsbewegungen							
Entscheidungsschwächen der Eliten (bewußte Verzögerungen, Koordinationsschwäche)							
Ökonomie							
Rapide Verschlechterung der ökonomischen Rahmendaten ohne konkrete Gegenmaßnahmen der Regierung							
Ökologie & Technologie							
Konkrete Auswirkungen von Ökologie- und Technologiedefiziten auf die Bevölkerung							
Militär							
Waffensystemänderungen							
Änderung des Wehrsystems							
Aufmarsch an den Grenzen							
Aufrüstungsprogramme							
Antrag bzw. Beitritt zu Sicherheitsorganisationen							
Abschlußhäufung von bilateralen Abkommen							
Änderungen in der Mittelzuteilung							
Hyper Signals							
Demographie							
Gezielte und politisch motivierte Zwangsumsiedelungen							
Genozide							
Bevölkerungsaustausch (Flüchtlingsströme)							
Macht- und Ordnungspolitik							
Dezidierte Abspaltungsankündigungen von Minderheiten							
Armee- und Polizeieinsatz gegen Proteste, Minderheiten							
Wahlverhinderungen							
Gezielte Wahlbeeinflussungen							
Ökonomie							
Einstellung von internationalen Krediten							

Permanente Proteste der Bevölkerung gegen Belastungen							
Ökologie & Technologie							
Umweltkatastrophen							
Zwangsumsiedelungen wegen Umweltprogrammen							
Militär							
Waffensystemänderungen							
Stationierung fremder Truppen im Inland							
Austritt aus bilateralen Abkommen							
Ausschluß bzw. Rücktritt aus internationalen Organisationen							
Beschaffung von A/B/C-Systemen							
Auftreten von Söldnertruppen							
Summe (Vergleichsbasis)							
Bewertungskriterien von 1 (hohe Eintrittswahrscheinlichkeit) bis 5 (geringe Eintrittswahrscheinlichkeit)							

Tabelle 1-17 *Checkliste zur Evaluierung des politischen Länderrisikos (vgl. Feichtinger/Jurekovič/Riemer 1999, 41fff)*

1.2 Branchenanalyse

Die **Marktgröße** bzw. die eines Marktsegments wird von der Anzahl der potentiellen Käufer bestimmt, also der Anzahl der Verbraucher, die ein echtes Interesse am Produkt haben. Auf die Menge potentieller Käufer und das **Nachfragevolumen** kann beispielsweise durch Kundenbefragungen oder eine kontinuierliche Beobachtung des Absatzes – auch von Konkurrenzprodukten – geschlossen werden (vgl. Trends).

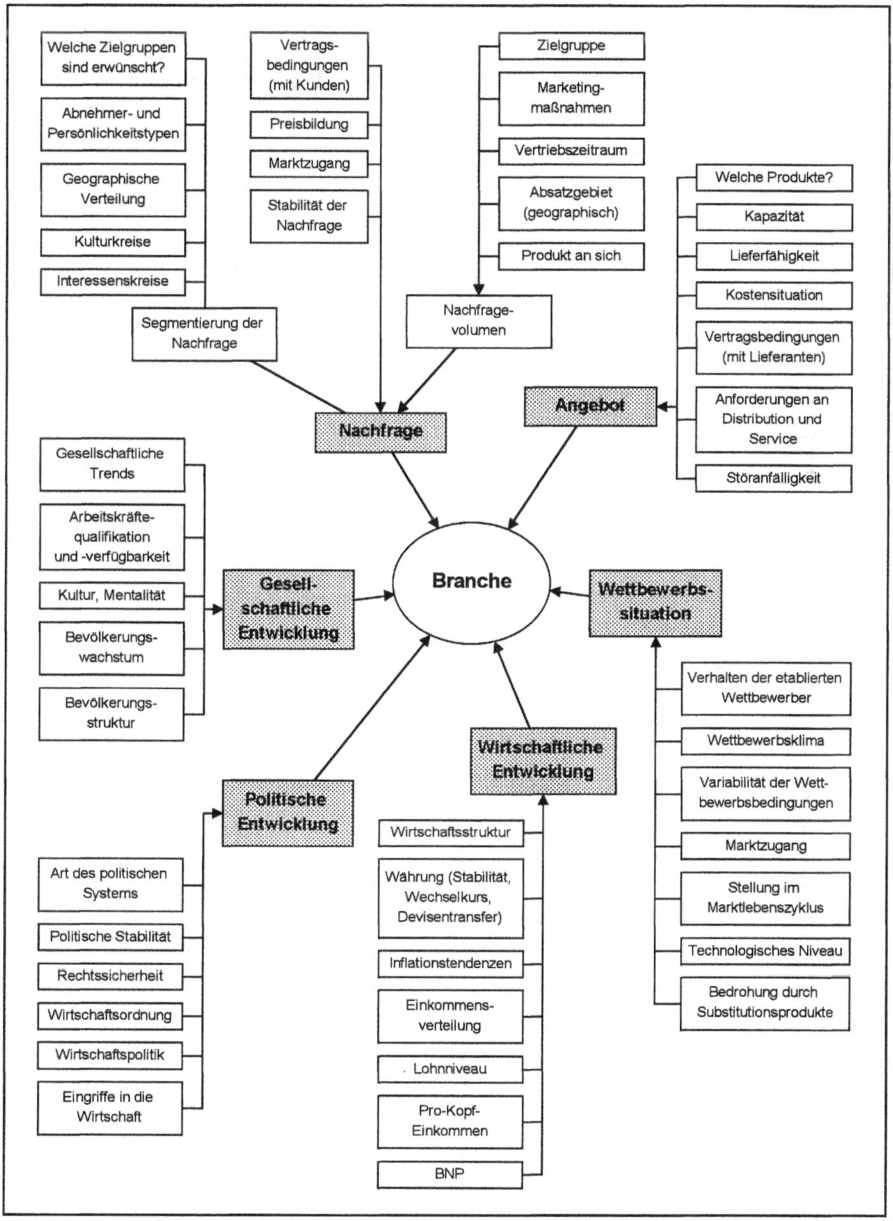

Abbildung 1-16 *Kriterien zur Analyse einer Branche*

Bereich	Zeitrahmen		
	kurzfristig	mittelfristig	langfristig
Nachfrage			
Angebot			
Wettbewerbs-situation			
Wirtschaftliche Entwicklung			
Politische Entwicklung			
Gesell-schaftliche Entwicklung			

Tabelle 1-18 *Trendanalyse – Branchenentwicklung*

1.2.1 Nachfrage

Die Nachfrage orientiert sich an verschiedenen Bestimmungsgrößen. Dabei ist das Produkt an sich ein wesentlicher Aspekt, des weiteren das geographische Absatzgebiet, entsprechende Marketingmaßnahmen sowie Vertriebsüberlegungen, um geeignete Kundengruppen zu erreichen.

Die Geschäftspolitik wird nur dann ihr Ziel erreichen, wenn sie direkt auf die Zielgruppe(n) zugeschnitten wird. Ziel einer **Segmentierung der Nachfrage** ist das Erkennen homogener Gruppen und die Bereitstellung der notwendigen Informationen für eine zielgruppenorientierte Marketingpolitik. Was sind sinnvolle Kriterien für eine Einordnung der Abnehmer in homogene Gruppen?

- Interessenkreise (z.B. gleiches Hobby, gleiche Einstellung zu Familie, Mode)
- Kulturkreise (z.B. gleiche Lebensformen, gleiche Bevölkerungsschicht)
- Geographische Verteilung (z.B. Stadt, Land, Flachland, Bergland)
- Abnehmer- und Persönlichkeitstypen (z.B. Hausfrauen, Manager, Rentner)
- Welche Abnehmergruppen sind (weniger) erwünscht?

Erst nachdem für ein Produkt eine konkrete Zielgruppe definiert ist, können Strategien für die Bearbeitung der Zielgruppe entwickelt werden.

1.2.2 Angebot

Die **Verfügbarkeit von Ressourcen** steht in engem Zusammenhang mit der Standortwahl. Für fast jede produzierende Branche sind **Rohstoffe** von Bedeutung. Die Knappheit von Rohstoffen drückt sich über ihren Preis aus, der sich auch im Endprodukt niederschlägt. Ebenso gehört die menschliche **Arbeitskraft** zu den wesentlichen Ressourcen (vgl. Niedriglohnländer). Neben Rohstoffen und Arbeitskraft spielen zudem die am Standort vorhandene **Infrastruktur** sowie die **Transportkosten** eine bedeutende Rolle.

Der Erfolg eines Unternehmens ist in nicht unbedeutendem Maße auch vom **Verhalten der Lieferanten** abhängig. Von besonderer Bedeutung sind dabei die Qualität der gelieferten Rohstoffe und Fabrikate, die Liefertreue und nicht zuletzt der Preis. Starke Lieferantengruppen können sich – im Sinne der Marktmacht – für einen Abnehmer als durchaus problematisch erweisen. Wenige Anbieter, mangelnde Substituierbarkeit der Zulieferungen und ihre Bedeutung für das Endprodukt sowie etwaige Umstellkosten sind dabei die heikelsten Faktoren.

Kriterien für die Beurteilung einer Branche	Gewichtung	Bewertung					Wert
		1	2	3	4	5	
Gesellschaftliche Entwicklung							
Bevölkerungsstruktur							
Bevölkerungswachstum							
Kultur/Mentalität							
Arbeitskräftequalifikation							
Arbeitskräfteverfügbarkeit							
Gesellschaftliche Trends							
Politische Entwicklung							
Art des politischen Systems							
Politische Stabilität							
Rechtssicherheit							
Wirtschaftsordnung							
Wirtschaftspolitik							
Staatliche Eingriffe in die Wirtschaft							
Wirtschaftliche Entwicklung							
BNP							
Pro-Kopf-Einkommen							
Lohnniveau							
Einkommensverteilung							
Inflationstendenzen							

Währung (Stabilität, Wechselkurs, Devisentransfer)							
Wirtschaftsstruktur							
Nachfrage (Wie stellt sich der Markt dar?)							
Bedarf an Produkten							
Marktvolumen							
Marktwachstum							
Stabilität der Nachfrage (Dauerhaftigkeit, Substituierbarkeit)							
Marktzugang							
Preisbildung							
Vertragsbedingungen (Verträge mit den Kunden)							
Angebot (Unter welchen Bedingungen kann ich anbieten?)							
Produktspektrum							
Kapazität							
Lieferfähigkeit							
Kostensituation (Rentabilität der Branche, Kapitalintensität)							
Vertragsbedingungen (Verträge mit den Lieferanten)							
Anforderungen an Distribution und Service							
Energie- und Rohstoffversorgung (Störungsanfälligkeit)							
Wettbewerbssituation							
Verhalten der etablierten Wettbewerber							
Wettbewerbsklima							
Variabilität der Wettbewerbsbedingungen							
Marktzugang (Markteintrittsbarrieren)							
Stellung im Marktlebenszyklus							
Technologisches Niveau/ Innovationsbedüftigkeit							
Bedrohung durch Substitutionsprodukte							
Summe (Vergleichsbasis)							
Bewertungskriterien von 1 (schlecht) bis 5 (ausgezeichnet)							

Tabelle 1-19 *Checkliste zur Branchenanalyse*

Kriterien	Chancen	Risiken
Gesellschaftliche Entwicklung		
Politische Entwicklung		
Wirtschaftliche Entwicklung		
Nachfrage		
Angebot		
Wettbewerbssituation		

Tabelle 1-20 *Prognose der Chancen und Risiken einer Branche (verbalisiert)*

1.2.3 Wettbewerbssituation

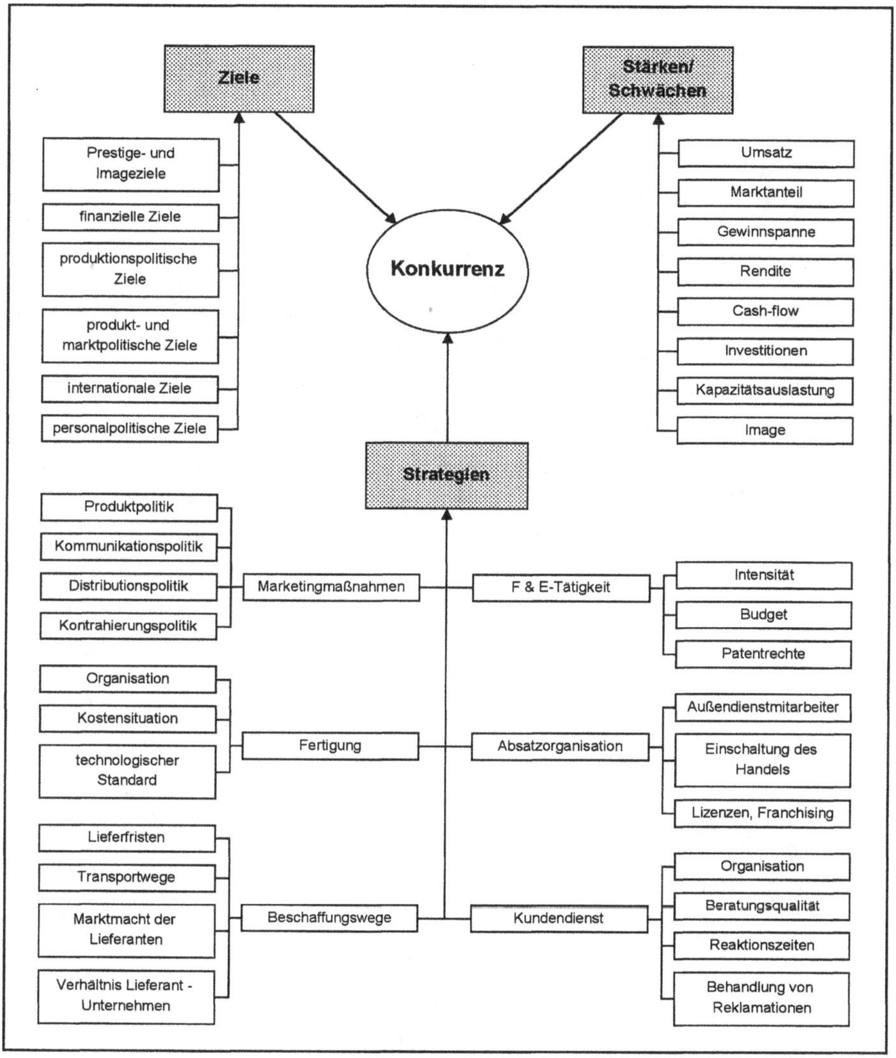

Abbildung 1-17 *Kriterien der Wettbewerbssituation*

Porter (1999, 86ff) identifizierte im Rahmen der **Konkurrenzanalyse** drei Schwerpunkte:

1. die Ziele des Konkurrenten,
2. seine Strategien zur Erreichung dieser Ziele sowie
3. seine Stärken und Schwächen.

Oberste **Ziele** jedes unter marktwirtschaftlichen Bedingungen tätigen Unternehmens sind die langfristige Sicherung der Existenz sowie die Maximierung des Gewinns. Ausgehend davon leiten sich verschiedene, die Oberziele unterstützende Teilziele ab.

Genauere Informationen zur **Strategie** eines Konkurrenten lassen sich durch detaillierte Daten über Marketingmaßnahmen, Fertigung, Beschaffungswege, F & E-Tätigkeit, Kundendienst und Absatzorganisation der Konkurrenz gewinnen. Diese Merkmale lassen auch erkennen, welche strategische Grundrichtung das Unternehmen verfolgt und welches Marktsegment angesprochen werden soll.

Aus den dieserart gewonnenen Informationen läßt sich ein strategisches Wettbewerbsprofil des Konkurrenten ableiten. Es gibt Aufschluß über seine aktuelle **Wettbewerbsposition** und seine potentiellen **Chancen** am Markt. Im Vergleich zum eigenen Unternehmen zeigt es aber auch die eigenen Schwachstellen auf, auf die sich in näherer Zukunft die (Gegen-)Strategie des Konkurrenten richten wird.

Kriterien zur Beurteilung eines Konkurrenten	Gewichtung	Bewertung					Wert
		1	2	3	4	5	
Ziele							
Prestige- und Imageziele							
Finanzielle Ziele							
Produktionspolitische Ziele							
Produkt- und marktpolitische Ziele							
Internationale Ziele							
Personalpolitische Ziele							
Stärken/Schwächen							
Umsatz							
Marktanteil							
Gewinnspanne							
Rendite							

Cash-flow							
Investitionen							
Kapazitätsauslastung							
Image							
Strategien							
Marketingmaßnahmen							
Produktpolitik							
Kommunikationspolitik							
Distributionspolitik							
Kontrahierungspolitik							
Fertigung							
Organisation							
Kostensituation							
Technologischer Standard							
Beschaffungswege							
Lieferfristen							
Transportwege							
Marktmacht der Lieferanten							
Verhältnis Lieferant – Unternehmen							
F & E-Tätigkeit							
Intensität							
Budget							
Patenrechte							
Absatzorganisation							
Außendienstmitarbeiter							
Einschaltung des Handels							
Franchising							
Kundendienst							
Organisation							
Beratungsqualität							
Reaktionszeiten							
Behandlung von Reklamationen							
Summe (Vergleichsbasis)							
Bewertungskriterien von 1 (schlecht) bis 5 (ausgezeichnet)							

Tabelle 1-21 *Checkliste zur Konkurrenzanalyse*

Eine **Stärken-Schwächen-Analyse** dient dem Vergleich der Konkurrenten untereinander bzw. eines Konkurrenten mit dem eigenen Unternehmen. Dazu bieten sich etwa – sofern vorhanden – Daten zu Umsatz, Marktanteil, Gewinnspanne, Kapitalrendite, Cash-flow, Neuinvestitionen und Kapazitätsauslastung sowie Rückschlüsse auf dessen Image besonders an.

Benchmarking

Benchmarking zielt auf das Erkennen von Schwachstellen im Unternehmen mittels Wettbewerbs-, funktionalem und Overhead-Benchmarking, das Herausbilden von Verbesserungspotentialen sowie das Entwickeln klar definierter Abläufe (Aktionspläne) zur Veränderung.

Im Rahmen des **Wettbewerbs-Benchmarking** sind die Schwachstellen in der Kosten- und Leistungsstruktur der Produkte und bei Dienstleistungen zu ermitteln. Aufgabe des **funktionalen Benchmarking** ist es, Schwachstellen in der Kostenstruktur einzelner Funktionen, aber auch der Arbeitsabläufe zu identifizieren. Die Bewertung der Gemeinkostenstruktur des Unternehmens ist Sache des **Overhead-Benchmarking**.

Benchmarking wird genutzt für:

- den innerbetrieblichen Leistungsvergleich („internes Benchmarking"), vor allem in Konzernen und großen Unternehmen. So vergleicht z.B. die Volkswagen AG regelmäßig Ergebnisse ihrer Werke im In- und Ausland und damit der Marken Audi, Seat, Škoda, Volkswagen mit dem Ziel der Effizienzverbesserung;
- den Vergleich mit anderen Unternehmen der Branche („wettbewerbs- bzw. branchenorientiertes Benchmarking");
- den Vergleich mit den Besten in einer bestimmten Hinsicht („funktionales Benchmarking mit Dritten"). Das kann sich z.B. beziehen auf die Konstruktion, den Einkauf, die Fertigung, die Logistik oder die Präsenz im Internet.

Mit Benchmarking soll die Philosophie des kontinuierlichen Verbesserungsprozesses (KVP) durch Vergleich der eigenen Leistung mit den Besten ins Unternehmen getragen werden. Dabei ist der Unternehmensvergleich weltweit zu führen. Das gelingt Großunternehmen aufgrund ihrer Potentiale im allgemeinen besser als KMU.

Beispiel: Wettbewerbsposition österreichischer Unternehmen auf dem slowakischen Markt

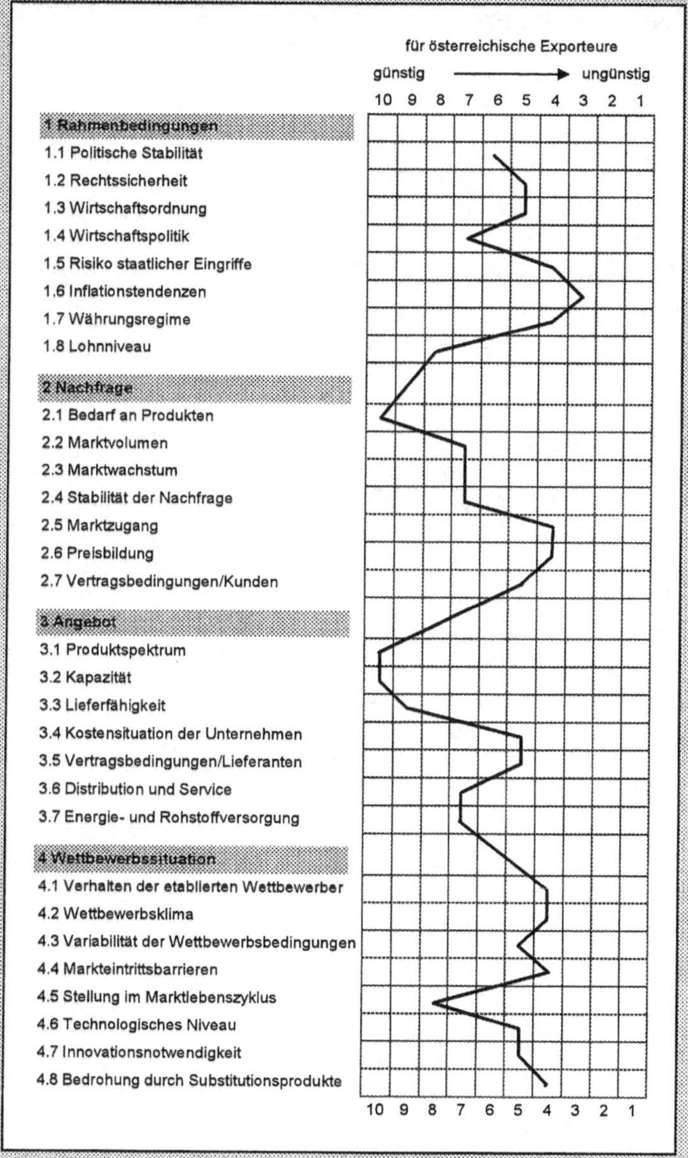

Gängige Instrumente zur Vorbereitung von Entscheidungen

7-W-Analyse: Im Rahmen der 7-W-Analyse werden grundsätzliche Fragen gestellt: Warum? (Philosophie des Unternehmens, allgemeine Wert- und Zielvorstellungen), Was? Wie? (Unternehmenspolitik, allgemeine Ziele und Richtlinien), Womit? (langfristige Planung, Zielplanung, Kapitalplanung, Strukturplanung), Wann? Wer? (Ressourcen, Verfahren, Termine), Wo? (kurzfristige Steuerung).

ABC-Analyse: Dient der Feststellung von Prioritäten (z.B. Einteilung von Kunden nach deren Wichtigkeit, Festlegung von Einkaufs- und Lagermengen nach Bedarf), wobei die Kategorie „A" erste Priorität hat.

Bewertungsverfahren: Verschiedene Techniken, um Alternativen zu evaluieren und dieserart Entscheidungen vorzubereiten, wie Einschätzungen, Checklisten, Wirtschaftlichkeitsrechnungen u.ä. (vgl. Kosten-Nutzen-Analyse).

Brainstorming: Unter Teilnahme mehrerer Personen sollen möglichst viele Ideen zu einem bestimmten Thema gefunden werden. Voraussetzung ist lediglich, daß alle Einfälle unbehindert geäußert werden dürfen (vgl. Kreativitätstechniken).

Checklistentechnik: Ziel der Checklistentechnik ist es, mit ausgewählten Fragen Tatbestände und Entwicklungen im Sinne der Analyse und Prognose leichter zu erkennen. Dabei werden im Gegensatz etwa zu Kennzahlen qualitative Merkmale abgefragt und beurteilt.

Delphi-Methode: Dabei handelt es sich um eine Form der Expertenbefragung, die z.B. zur Unterstützung der Szenariotechnik eingesetzt wird. Diese Methode ist sehr kosten- und zeitaufwendig und eignet sich nicht, wenn schnelle Entscheidungen gefordert sind.

Entscheidungsbaumverfahren: Anhand bestimmter Kriterien und der Beantwortung damit verbundener Fragen wird die optimale Entscheidungsstrategie ermittelt (siehe den „Entscheidungsbaum" von Vroom/Yetton).

Entscheidungsbilanz: Bei der Entscheidungsbilanz handelt es sich um ein mehrdimensionales Entscheidungsverfahren. Hierbei wird eine Entscheidung ausgehend von verschiedenen Kriterien getroffen. In einer Entscheidungsbilanz werden die mit einer Projektlösung einher gehenden Vor- und Nachteile sowie deren jeweilige Bedeutung gegenübergestellt.

GAP-Analyse: Die GAP-Analyse soll aufzeigen, wie weit strategische Ziele mit Hilfe der eingesetzten Methoden auch erreicht werden. Dabei werden quantifizierbare Zielvorgaben in Form einer Zielkurve festgehalten, die einer aus der tatsächlichen Entwicklung abgeleiteten Prognosekurve gegenübergestellt wird. Der daraus resultierende Abstand weist auf eine „strategische Lücke" (GAP) hin.

Grundlagenanalyse: „Ist eine Tätigkeit überhaupt notwendig?" Damit wird insbesondere zur Lokalisierung von Kostensenkungspotentialen zunächst alles in Frage gestellt. Davon ausgehend werden alle nicht (mehr) erforderlichen bzw. überflüssigen Tätigkeiten gestrichen.

Indirekte Kontrolle: Ziel der indirekten Kontrolle ist es, eine schnelle, wenngleich pauschale Beurteilung eines Sachverhalts vornehmen zu können (vgl. Plausibilität). Dabei soll lediglich festgestellt werden, ob das Kontrollobjekt innerhalb gewisser Toleranzgrenzen liegt, d.h. ob möglicherweise weitere Kontrollschritte notwendig und sinnvoll sind.

Kepner-Tregoe/Hoshin-Kanri: Diese und ähnliche Methoden zielen auf eine systematische Findung von Zielen und einen daraus abgeleiteten strukturierten und koordinierten Planungsprozeß ab (vgl. auch „Fischgrätendiagramme").

Kostenvergleichsrechnung: Die Kostenvergleichsrechnung ist eine Wirtschaftlichkeitsrechnung. Entscheidungskriterium über Realisierung oder Nichtrealisierung eines Projekts sind hierbei die Kosten.

Managementsimulation: Mit Hilfe von EDV-gestützten Methoden (z.B. Unternehmensplanspiel) kann anhand von bestimmten Inputs das jeweilige Ergebnis der vorangegangenen Entscheidungen ermittelt werden. Damit können sowohl die Entscheidungsqualität getestet wie auch verschiedene Szenarien erstellt werden.

Mind-Mapping: Alle Ideen und Argumente werden sofort graphisch strukturiert; dies geschieht mittels einer baumähnlichen Darstellung, wobei für jede Idee – je nach Bedeutung und Zusammengehörigkeit – „Äste" gebildet werden.

Morphologische Methode: Stellt eine Art der Strukturanalyse dar, wobei ausgehend von einer Matrix neue Lösungen aus vorhandenen Lösungen kombiniert werden können.

Netzplantechnik: Verfahren zur Zerlegung einer Gesamtaufgabe in einzelne, deutlich voneinander abgegrenzte Teilaufgaben bzw. Abläufe, wobei Vernetzungen und parallele Abläufen erfaßt werden.

Optimierungsmodelle: Mit Hilfe konkreter Ausgangsgrößen sollen mittels mathematischer Verfahren möglichst optimale Ergebnisse ermittelt werden (vgl. Operations Research, z.B. lineare Optimierung).

Portfolio-Analyse: Dabei werden die Aktivitäten des Unternehmens (z.B. nach Geschäftsbereichen, Produkten etc.) miteinander oder mit denen der Konkurrenz verglichen, um daraus entsprechende (strategische) Entscheidungen abzuleiten.

Prüf-Matrix: Die Prüf-Matrix ist ein Instrument der gezielten Mengen-Ursachen-Analyse. Jedes Problem bzw. jede Abweichung (z.B. Kostenüberschreitungen, hohe Ausschußquoten) wird nach der jeweiligen Ursache untersucht.

Risikoanalyse: Aus Produkt-, Konkurrenz- und Marktanalysen u. ä. werden mit Hilfe von Trendextrapolationen künftige Risiken, aber auch Chancen prognostiziert (vgl. Frühwarnsysteme).

Schwachstellenanalyse: Störungen und Schwierigkeiten im betrieblichen Ablauf (z.B. organisatorische Mängel, vermeidbare Kosten) werden – häufig auch mit Hilfe von Befragungen der Mitarbeiter – analysiert. Die ermittelten kritischen Stellen sind Ausgangspunkt für entsprechende Maßnahmen.

Simulationsverfahren: EDV-gestützte Simulation, die zum Testen von Entscheidungen und zur Erstellung verschiedener Szenarien eingesetzt wird.

Szenariotechnik: Diese dient dem Antizipieren möglicher zukünftiger Entwicklungen und der Abschätzung von deren Auswirkungen. Dabei wird eine gewisse Bandbreite von Entwicklungen abgesteckt, am häufigsten durch Erstellen eines optimistischen, pessimistischen und wahrscheinlichen Szenarios.

Wertanalyse: In Form einer Kosten-Nutzen-Analyse wird der Wert von Leistungen ihren Kosten gegenübergestellt. Dabei wird auf ein möglichst optimales Verhältnis abgezielt.

Zero-Base-Budgeting: Orientierung der Mittelzuteilung (Budget) nicht an den Werten der Vergangenheit, sondern am konkreten Bedarf der Planperiode.

Das Entscheidungsmodell von Vroom und Yetton

Ausgehend von der Annahme, daß es einen „Allround-Führungsstil“, der sich in jeder Situation erfolgreich einsetzen läßt, nicht gibt, entwickelten Vroom und Yetton (1973) ein Entscheidungsmodell, aus dem für jede Entscheidungssituation ein angemessener Führungsstil abgeleitet werden kann. Dabei wird von fünf grundsätzlich möglichen Entscheidungsstrategien ausgegangen:

- ***AI – Autoritäre Entscheidung***

Der Manager löst das Problem allein und trifft die Entscheidung auf Grundlage der im Moment verfügbaren Informationen.

- ***AII – Autoritäre Entscheidung nach Einholung von Informationen bei Mitarbeitern***

Der Manager verschafft sich die für die Entscheidung notwendigen Informationen und entscheidet dann selbst über die Lösung des Problems. Aufgabe der Mitarbeiter ist dabei lediglich die Informationsbeschaffung.

- ***BI – Konsultative Entscheidung, alleinige Entscheidung nach individueller Beratung durch Mitarbeiter***

Der Manager bespricht das Problem mit einzelnen Mitarbeitern, jedoch nicht in der Gruppe. Er informiert sich über Ideen und Vorschläge und trifft danach selbst die Entscheidung. Dabei kann die Entscheidung Ideen der Mitarbeiter enthalten, muß aber nicht.

- ***BII – Konsultative Entscheidung, alleinige Entscheidung nach Beratung mit der Gruppe***

Der Manager diskutiert das Problem mit den Mitarbeitern im Rahmen einer Gruppenbesprechung und trifft danach selbst die Entscheidung, die auch Ideen der Mitarbeiter enthalten kann, aber nicht muß.

- ***GII – Gruppenentscheidung***

Der Manager diskutiert das Problem zusammen mit den Mitarbeitern in einer Gruppendiskussion. Die Beteiligten entwickeln gemeinsam Lösungsmöglichkeiten und versuchen, zu einer Übereinstimmung zu kommen. Der Manager nimmt dabei die Rolle eines Moderators ein. Er ist zur Annahme und Verantwortung jeder Entscheidung bereit, die von der Mitarbeitergruppe gewünscht und unterstützt wird.

Den Kern des Entscheidungsmodells von Vroom und Yetton stellt der „Entscheidungsbaum" dar. Durch Beantwortung verschiedener Fragen gelangt man mit Hilfe des Entscheidungsbaums zu(r) für die jeweilige Situation geeigneten Entscheidungsstrategie(n) (vgl. Steyrer 1996, 212f).

Beispiel: Die Auslandsentsendung

Herr E. arbeitet seit mehreren Jahren als Chefcontroller in einem mittelständischen Unternehmen der Investitionsgüterindustrie. Die Firma hat in den letzten Jahren zu Zwecken der Markterschießung zahlreiche Firmen im Ausland akquiriert.

Die Strategie, sich über den konventionellen Export hinaus auch auf diese Weise zu internationalisieren, hat sich im wesentlichen als erfolgreich erwiesen. Dennoch gibt es häufig Probleme, meist operativer, manchmal auch strategischer Natur. Als besonders problematisch hat sich das Tochterunternehmen in Kolumbien erwiesen, dies vor allem aufgrund politischer und ökonomischer Instabilitäten und der zahlreich vorhandenen Konkurrenz aus Nordamerika. Näher besehen, ist die Firma vor Ort ein Sanierungsfall. Aufgrund dessen erwägt der Eigentümer des Konzerns – ein erfolgreicher, typischer privater Unternehmer – seit einiger Zeit, Herrn E. aufgrund seiner fachlichen und sozialen Kompetenzen zur Sanierung der angeschlagenen Tochtergesellschaft nach Bogotá zu entsenden. Als Zeitraum schweben ihm etwa drei Jahre vor.

Herr E. ist 50, hat Familie und eine im Heimatland als Lehrerin berufstätige Frau. Die gemeinsame Tochter wird nächstes Jahr 16, das Abitur und erste Pläne für das Studium rücken allmählich in greifbare Nähe. Frau E. steht dem möglichen Aufenthalt im Ausland ausgesprochen ablehnend gegenüber.

Herr E. ist Kummer gewohnt und ist der Meinung, daß im Leben Schlimmeres passieren könne. Dennoch plagen ihn zunehmend Zweifel. Oft optimistisch, fragt er sich in mancher stillen Stunde: was soll ich tun?

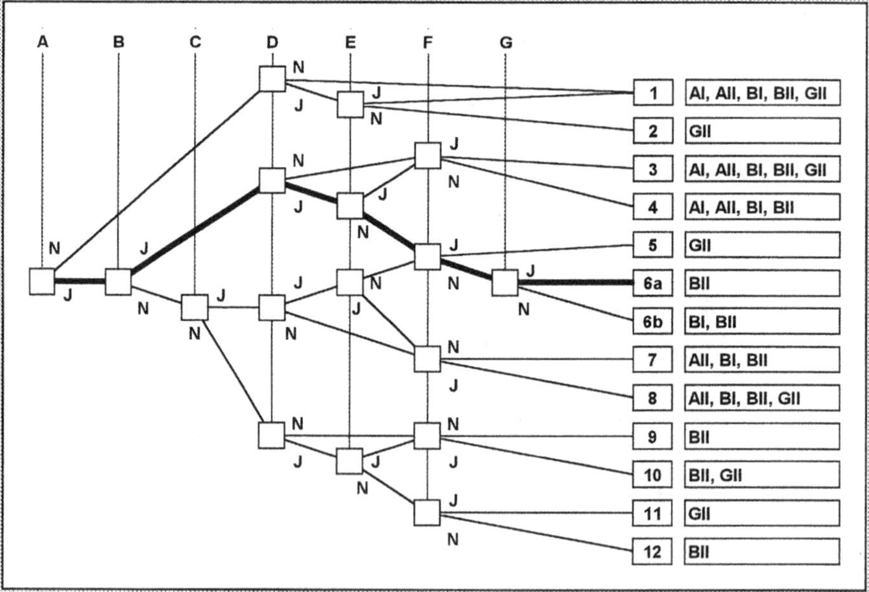

Fragen zur Strukturierung des Entscheidungsproblems

A Gibt es ein Qualitätserfordernis: ist vermutlich eine Lösung rationaler als eine andere (spielen juristische, technische oder wirtschaftliche Sachverhalte eine Rolle)?

B Habe ich genügend Informationen, um eine qualitativ hochwertige Entscheidung zu treffen (sind die benötigten Informationen beschaffbar)?

C Ist das Problem strukturiert (weiß ich, wie ich vorgehen muß)?

D Ist die Akzeptierung der Entscheidung durch die Mitarbeiter (Beteiligten) für die effektive Ausführung und deren Folgen wichtig?

E Wenn ich die Entscheidung selbst treffen würde, würde sie dann von Mitarbeitern (Beteiligten) akzeptiert werden?

F Teilen die Mitarbeiter (Beteiligten) die Organisationsziele, die durch die Lösung des Problems erreicht werden sollen?

G Werden die bevorzugten Lösungen vermutlich zu Konflikten unter den Mitarbeitern (Beteiligten) führen?

Die nun empfohlene Entscheidungsstrategie BII sieht vor, daß Herr E. letztlich alleine entscheiden muß; dies allerdings nach Beratung mit den Beteiligten, unabhängig davon, ob er deren Meinungen in seine Entscheidung einbezieht oder nicht. Dies scheint sehr „hart", wird aber schließlich nicht anders machbar sein, zumal ein Konsens aller Beteiligten nicht wirklich in greifbarer Nähe ist.

Kriterien für die Bewertung des Potentials eines Kunden	Gewichtung	Bewertung					Wert
		1	2	3	4	5	
Bedeutung für das Unternehmen							
Nachfragevolumen							
Regelmäßigkeit der Nachfrage							
Entwicklungspotential der Nachfrage							
Rentabilität der Aufträge							
Bonität							
Zahlungsmoral							
Marktmacht des Kunden							
Vertragsbedingungen							
Spielraum bei der Preisgestaltung							
Investitionsverhalten							
Qualitätserfordernisse							
Beratungs- und Betreuungsintensität							

Anforderungen an den Kundendienst							
Reklamationsabwicklung							
Image							
Beziehung zum Kunden							
Beziehung Kunde – Konkurrenz							
Eignung als Referenzkunde							
Technologisches Niveau							
Kompetenz							
Transportwege							
Variabilität der Geschäftsbeziehung							
Synergiepotentiale							
Summe (Vergleichsbasis)							
Bewertungskriterien von 1 (ungünstig) bis 5 (günstig)							

Tabelle 1-22 *Checkliste für die Bewertung des Potentials eines Kunden*

Bewertung von Umwelteinflüssen

Die Einflußintensität der Umweltfaktoren auf die strategischen Aktionsfelder kann beispielsweise anhand folgender Matrix, die auf der von Vester und v. Hesler (1980) entwickelten Wirkungsmatrix basiert, bewertet werden.

Strategische Aktionsfelder	Branchenentwicklung: Umsatz	Branchenentwicklung: Exporte (Absatz)	Branchenentwicklung: Importe (Beschaffung)	Wettbewerb: Fusionen	Wettbewerb: Neugründungen	Arbeitsmarkt: qualifizierter Mitarbeiter?	Beschaffungsmarkt: Rohstoffpreise	Kunde: Nachfrageverhalten	usw.	**Zeilensumme**
Strategie										
Marketing										
Finanzen										
Personal										
Spaltensumme										
Bewertung: 0 = kein oder sehr geringer Einfluß bis 3 = sehr starker Einfluß										

Tabelle 1-23 *Beispiel zur Analyse der Umwelteinflüsse*

1.3 Unternehmensanalyse

Um am Markt erfolgreich zu sein, reicht es nicht aus, über das unternehmensexterne Umfeld informiert zu sein. Ein Unternehmen muß auch seine **Stärken und Schwächen** kennen und diese – insbesondere im Vergleich zu den anderen Marktteilnehmern – einschätzen können. Erst wenn auch die eigene Ausgangssituation analysiert ist, können wirkungsvolle Strategien ausgearbeitet werden. Ein Unternehmen sollte folglich vor allem in jenen Bereichen Stärken aufweisen, die für den Kunden von Bedeutung sind. **Relative Wettbewerbsvorteile** können dabei aus unterschiedlichen Quellen resultieren.

Faktoren, die für den Erfolg eines Unternehmens besonders von Bedeutung sind, bezeichnet man als **kritische Erfolgsfaktoren**. Kritische Erfolgsfaktoren werden von der Natur der Branche und ihrer Umwelt bestimmt. Folglich variieren sie auch von Branche zu Branche.

Zur Ermittlung der kritischen Erfolgsfaktoren sollte sich ein Unternehmen folgende Fragen stellen:

- Wodurch wird der Erfolg eines Unternehmens bestimmt?
- Auf welche Faktoren ist eine Verschlechterung der Marktposition des Unternehmens zurückzuführen?

Inwieweit die ermittelten Schwachpunkte und/oder Stärken tatsächlich relevant sind, hängt vom jeweiligen Markt ab. Als Stärke identifizierte niedrige Preise müssen nicht unbedingt einen Vorteil darstellen, wenn ein imagestarker Konkurrent den Großteil der Nachfrage bedient. Zentrale Frage bleibt also: Warum wird ein Produkt überhaupt gekauft und wie kann das Unternehmen diese Kaufgründe beeinflussen?

Die Bewertung der Stärken und Schwächen bzw. die Analyse der Wettbewerbsvorteile kann anhand eines Katalogs ausgewählter relevanter Kriterien beispielsweise mit Hilfe eines Evaluierungsschemas (mit Skalierungen und Gewichtungen) vorgenommen werden.

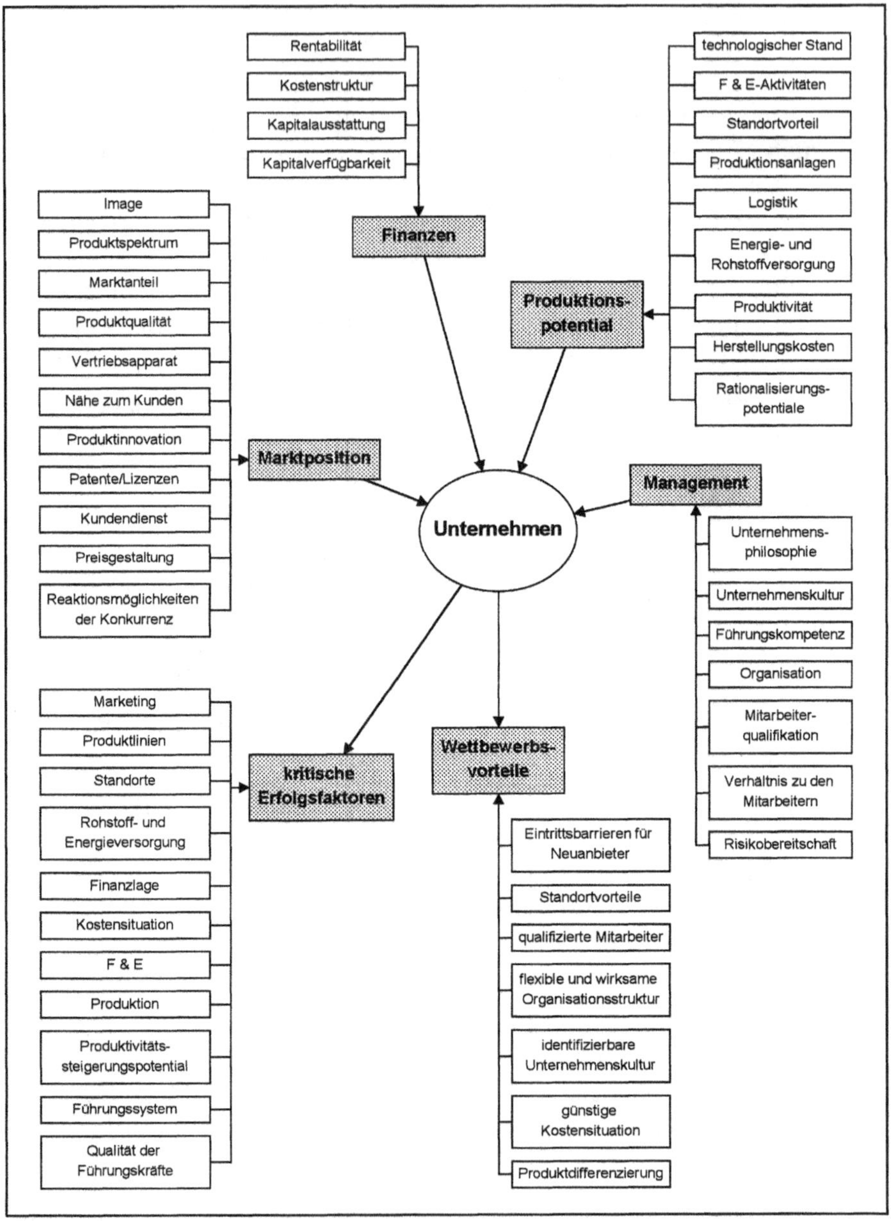

***Abbildung 1-18** Kriterien der Unternehmensanalyse*

Kriterien für die Beurteilung eines Unternehmens	Gewichtung	Bewertung					Wert
		1	2	3	4	5	
Marktposition							
Image							
Produktspektrum							
Marktanteil							
Produktqualität							
Vertriebsapparat							
Nähe zum Kunden							
Patente/Lizenzen							
Kundendienst							
Preisgestaltung							
Reaktionsmöglichkeiten der Konkurrenz							
Finanzen							
Rentabilität							
Kostenstruktur							
Kapitalausstattung/Kapitalverfügbarkeit							
Produktionspotential							
Technologischer Stand/Produktionsanlagen							
F & E-Aktivitäten							
Standortvorteil							
Energie- und Rohstoffversorgung							
Logistik							
Produktivität							
Herstellungskosten							
Rationalisierungspotentiale							
Management							
Unternehmensphilosophie/-kultur							
Führungskompetenz/Organisation							
Mitarbeiterqualifikation							
Verhältnis zu den Mitarbeitern/Betriebsklima							
Risikobereitschaft							
Summe (Vergleichsbasis)							
Bewertungskriterien von 1 (schlecht) bis 5 (ausgezeichnet)							

Tabelle 1-24 *Checkliste zur Unternehmensanalyse (Beurteilung von Stärken, Schwächen und Wettbewerbsvorteilen)*

Kriterien	Stärken	Schwächen
Strategie		
Marketing		
Finanzen		
Personal		

Tabelle 1-25 *Künftige Entwicklung der Stärken und Schwächen nach Unternehmensbereichen – Kritische Erfolgsfaktoren (verbalisiert)*

Kriterien	Maßnahmen
Strategie	
Marketing	
Finanzen	
Personal	

Tabelle 1-26 *Maßnahmen zur Erfolgssicherung nach Unternehmensbereichen (verbalisiert)*

Die Ergebnisse einer solchen Bewertung können dann im Vergleich mit der Konkurrenz, konkret etwa mit einem unmittelbaren Konkurrenten des Unternehmens, betrachtet werden. Zur Darstellung eignet sich ein Stärken-Schwächen-Profil wie das folgende:

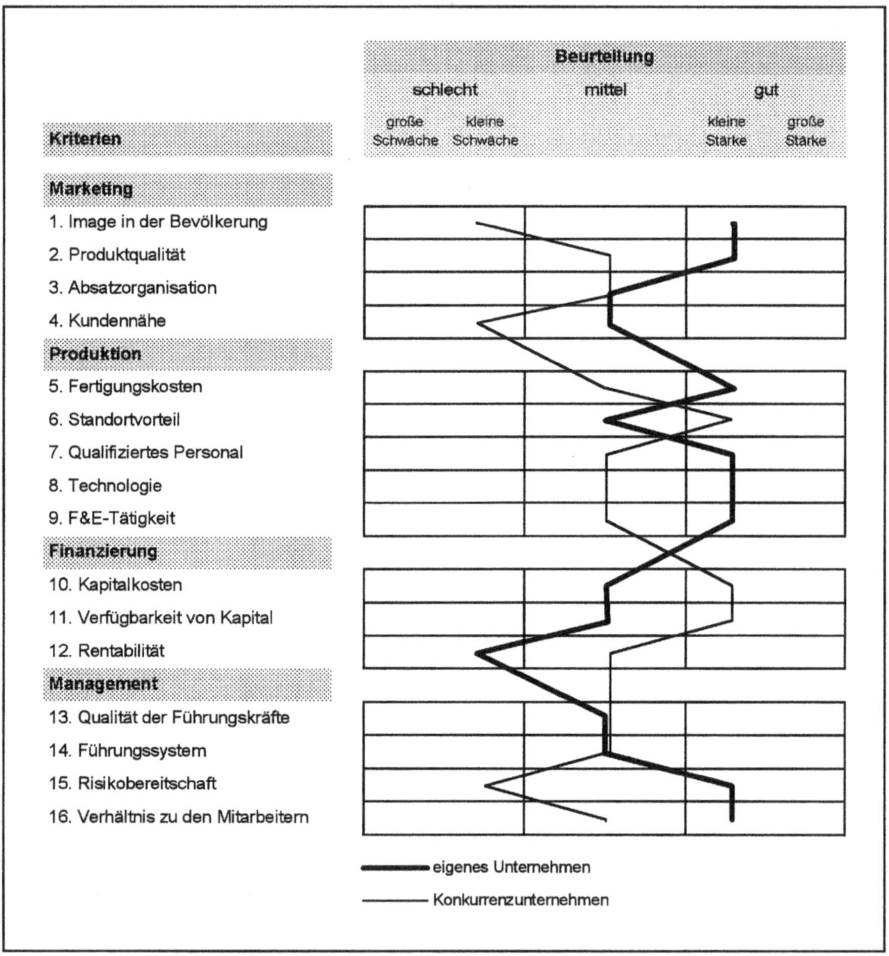

***Abbildung 1-19** Beispiel eines Stärken-Schwächen-Profils*

1.4 Dimensionen der Marktattraktivität

Die Attraktivität internationaler Märkte kann auf vielen Gründen beruhen. Neben den Hauptkriterien wie Marktwachstum, Marktgröße, Marktqualität, Ertragspotential, Verfügbarkeit von Ressourcen, der Konkurrenzsituation und einem allgemein günstigen Umfeld sind es auch die – oben dargestellten – aktiven und reaktiven Gründe, die ein Unternehmen veranlassen, international tätig zu werden (vgl. Kosten, firmenspezifische Vorteile usw.).

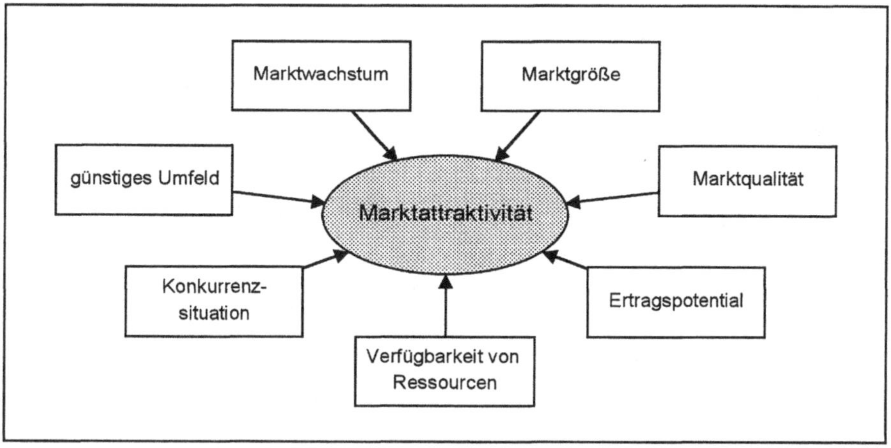

***Abbildung 1-20** Hauptkriterien der Marktattraktivität*

1.4.1 Standortattraktivität

Grundlage für die Ermittlung eines marktspezifischen Chancen-Risiken-Profils sind bestimmte Umweltfaktoren, die sogenannten **Standortfaktoren**, d.h. jene Kriterien, die üblicherweise herangezogen werden, um zu beurteilen, ob ein Markt für ein Unternehmen attraktiv ist oder nicht.

Zur Bewertung der Standortattraktivität wird der potentielle Standort auf seine Eintritts- und Austrittsbarrieren, Wettbewerbsverhältnisse, potentielle Zulieferer und Geschäftspartner, Verfügbarkeit von Ressourcen, Zinsen und Steuern sowie etwaige beeinflussende gesetzliche

Regulierungen untersucht. Ein Standort kann nicht generell als attraktiv oder unattraktiv bezeichnet werden. Die Attraktivität hängt vielmehr davon ab, welche Bedeutung den einzelnen Standortmerkmalen zugeschrieben wird. Wöhe (vgl. 2000, 339ff) unterscheidet diesbezüglich verschiedene Orientierungen:

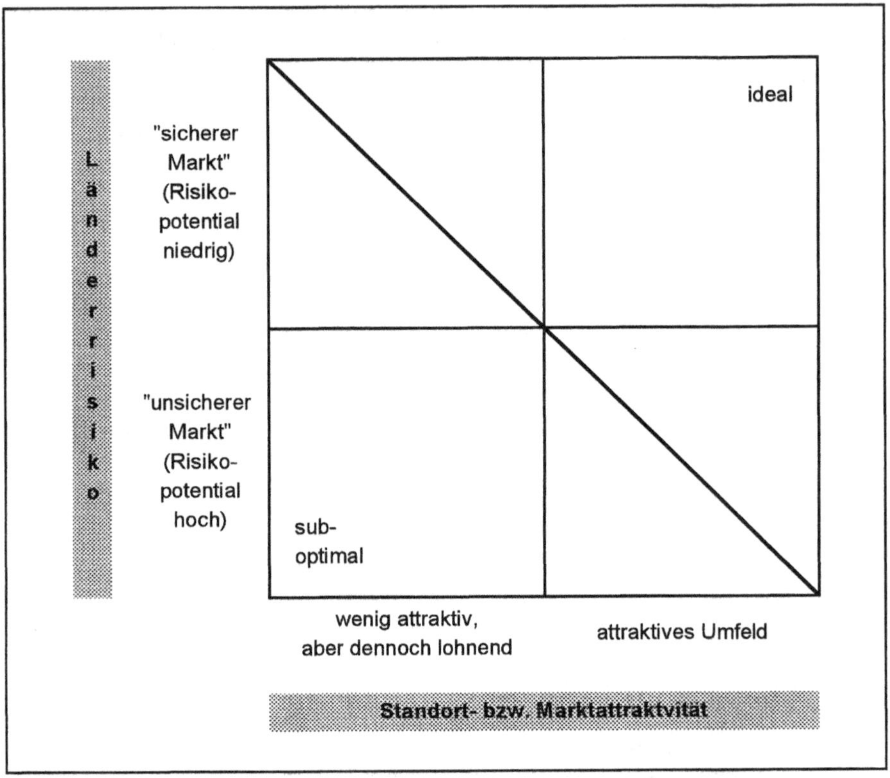

Abbildung 1-21 *Wie kann sich ein (potentieller) Markt oder Standort darstellen?*

- Bei einer **Materialorientierung** erfolgt die Auswahl des Standorts nach der Verfügbarkeit der notwendigen Materialien.
- Bei einer **Arbeitsorientierung** sind für die Standortwahl die Lohnkosten bzw. das Vorhandensein entsprechend qualifizierter Arbeitskräfte entscheidend.

- **Aufgabenorientierte** Unternehmen suchen beispielsweise gezielt nach „Steueroasen“ zur Minimierung der global gezahlten Steuerlast.
- **Verkehrsorientierte**, auf Verkehrsknotenpunkte und Warenumschlagplätze angewiesene Branchen (z.B. Öl, Kaffee, Tabak) wählen ihre Standorte nach Transportkosten und Verfügbarkeit von Verkehrswegen aus.
- Durch hohe Kosten für Umweltschutzmaßnahmen können anderweitig attraktive Standorte für ein Unternehmen uninteressant werden (**Umweltorientierung**).
- Auf gute Kontakte zum Absatzmarkt angewiesene, **absatzorientierte** Branchen suchen nach Standorten mit guten Absatzmöglichkeiten.

Nach der Auswahl des geographisch optimalen Standortes muß sich das Unternehmen für einen lokalen Standort (innerstädtisch, am Standrand oder im ländlichen Gebiet) entscheiden. Dabei sind insbesondere Grundstückskosten, Ausbaufähigkeit, Verkehrsanschlüsse, Umweltauflagen und das jeweilige Baurecht von Bedeutung.

Die Bewertung der Marktattraktivität kann methodisch in ähnlicher Weise erfolgen wie die Evaluierung der Stärken und Schwächen des Unternehmens (s.o.).

Kriterien zur Beurteilung der Attraktivität eines Marktes	Gewichtung	Bewertung					Wert
		1	2	3	4	5	
Marktspezifische Kriterien							
Marktvolumen							
Marktwachstum							
Marktqualität							
Ertragspotential							
Angebotsvolumen (Kapazität)							
Nachfragepotential							
Kaufkraft der Bevölkerung*							
Marktzugang (Markteintrittsbarrieren)							
Konkurrenzsituation*							

Wettbewerbsintensität							
Art der Preisbildung							
Spielräume bei der Preisgestaltung							
Vertragsbedingungen							
Substituierbarkeit der Produkte							
Räumliche Nähe zu Kunden*							
Räumliche Nähe zu Lieferanten*							
Allgemeine Kriterien							
Demographische Veränderungen							
Stabilität der Wirtschaftssituation*							
Preis- und Währungsstabilität*							
Zinsniveau*							
Stetigkeit und Vorhersehbarkeit der Wirtschaftspolitik*							
Steuer- und Abgabenbelastung*							
Regionale Tarif- und Lohnunterschiede*							
Möglichkeiten der Informationsbeschaffung*							
Verfügbarkeit und Preise von Rohstoffen*							
Verkehrsinfrastruktur (Verfügbarkeit und Zustand von Bahn, Straße, Flugplätzen, Schiffahrtswegen usw.)*							
Soziale Stabilität*							
Ethnische und religiöse Spezifika*							
Summe (Vergleichsbasis)							
Bewertungskriterien von 1 (schlecht) bis 5 (ausgezeichnet)							
* siehe auch „Checkliste zur Beurteilung der Attraktivität eines Standortes“							

Tabelle 1-27 *Checkliste zur Beurteilung der Attraktivität eines Marktes*

1.4.2 Markteintrittsbarrieren

Neue Anbieter könnten sich am Markt wesentlich schneller etablieren, wenn sie freien Zutritt zur Branche hätten. Arrivierte Anbieter sehen in „Newcomern“ allerdings einen Risikofaktor. Entsprechend interessiert ist man am Aufbau bzw. der Erhaltung von (vielfältigen) Markteintrittsbarrieren. Diese sind bezogen auf die einzelnen Branchen in Art und Ausmaß unterschiedlich und hängen letztlich auch von der Natur der Branche ab. Von **tarifären Markteintrittsbarrieren** spricht man, wenn diese mit der (häufig prohibitiven) Entrichtung von Steuern, Zöllen und Gebühren verbunden sind. Prominente **nicht-tarifäre Markteintrittsbarrieren** sind:

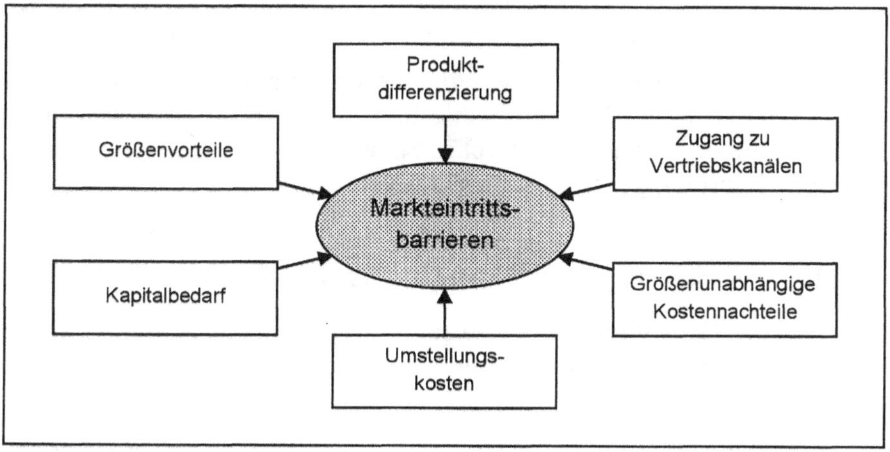

Abbildung 1-22 *Markteintrittsbarrieren*

Größenvorteile: Niedrige Stückkosten können meist nur durch große Produktionsmengen erzielt werden. Um preislich mit den etablierten Anbietern konkurrieren zu können, müßten Marktneulinge ebenfalls diese Mengen produzieren, die der Markt meist ohnehin nicht aufnehmen kann.

Produktdifferenzierung: Die erfolgreichen Anbieter können auf ein gutes Image und ein häufig breites Angebotssortiment verweisen, in dem der Konsument (fast) alles findet, was er braucht. Für den Neuling ist es entsprechend schwer, und man benötigt oft viel Geduld, den Verbraucher von der Qualität seiner Produkte zu überzeugen.

Zugang zu Vertriebskanälen: Ein wesentlicher Faktor für den erfolgreichen Absatz von Produkten ist ein gut ausgebautes Vertriebsnetz. Nicht immer aber gelingt es neuen Anbietern, ein solches Netz aufzubauen.

Kapitalbedarf: Um in Branchen mit hohem Werbe- oder F & E-Aufwand erfolgreich sein zu können, muß der Marktneuling massiv finanzielle Mittel bereitstellen.

Umstellungskosten: Umstellungskosten im Zuge eines beabsichtigten Markteintritts treten insbesondere dann auf, wenn ein Wechsel der Zulieferer oder neue Produktlinien notwendig werden.

Größenunabhängige Kostennachteile: Etablierte Anbieter können bereits so große Kostenvorteile haben, daß es für den Marktneuling unmöglich ist, auf ein ähnliches Niveau zu gelangen (vgl. technologische Führung, geschützte Produkte oder Patente).

1.5 Strategieentwicklung mittels SWOT-Analyse

Auf der Grundlage von Umweltanalyse, Branchenanalyse und Unternehmensanalyse sind schließlich konkrete Strategien zu formulieren.

Dabei kann als Hilfestellung auf vielfältige Instrumente bzw. Entscheidungshilfen zurückgegriffen werden. Eine besonders in der Praxis bewährte Methode ist die **Portfolio-Methode** (vgl. auch **SWOT-Analyse** zur Betrachtung von *strengths*, *weaknesses*, *opportunities* und *threats*).

Deren **Vorteile** liegen insbesondere in ihrer Anschaulichkeit und äußerst flexiblen Anwendbarkeit. Sie erlaubt es, Analyseergebnisse verschiedenster Art in geeigneter und besonders anschaulicher Form zusammenzuführen.

Ziel der Portfolio-Methode ist die Findung einer optimalen Kombination von Tätigkeitsgebieten, Geschäftsbereichen und Produkten, die durch die Erwirtschaftung von Überschüssen ein langfristiges Unternehmenswachstum garantiert. Ein ausgewogenes Portfolio – etwa in Hinblick auf die Produkte – sollte sich aus Produkten verschiedener Lebenszyklusphasen mit unterschiedlichen Marktanteilen und Wachstumschancen zusammensetzen, wodurch ein langfristiger Unternehmenserfolg gesichert werden soll.

In der Folge werden bewußt verschiedene der vielen möglichen Varianten der Portfolio-Methode verwendet, um insbesondere auch ihre flexible Anwendbarkeit zu demonstrieren. Die Darstellung ist **beispielhaft** zu verstehen und verzichtet – zur besseren Visualisierung der verschiedenen Möglichkeiten – teilweise auf Konsistenz und Vollständigkeit.

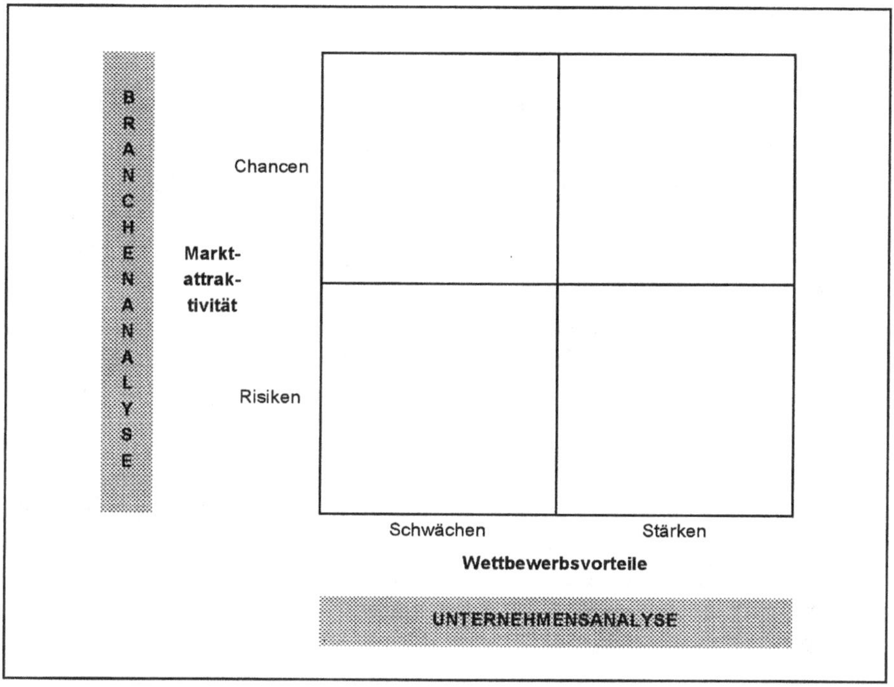

Abbildung 1-23 *Marktattraktivität und Wettbewerbsvorteile*

Im folgenden werden Produkte betrachtet. In ähnlicher Weise könnten aber auch verschiedene Ländermärkte, Branchen, Unternehmen, strategische Geschäftsfelder oder etwa auch verschiedene Aktien einander gegenübergestellt und auf diese Weise deren Stärken und Schwächen sowie damit verbundene Chancen und Risiken bewertet werden. Für die Betrachtungen kann etwa eine Vier-Felder-Matrix genauso wie eine Neun-Felder-Matrix herangezogen werden, je nach gewünschter Skalierung. Die Beratungsfirma **Boston Consulting Group** verwendet die Vier-Felder-Matrix, die Firma **McKinsey** wendet die Neun-Felder-Matrix an (vgl. Hinterhuber 1996, 148). Auch die einbezogenen Ebenen können variieren. So kann man etwa die Ergebnisse aus der Unternehmensanalyse (Dimensionen der Wettbewerbsvorteile: Stärken und Schwächen) gemeinsam mit jenen der Branchenanalyse (Dimensionen der Marktattraktivität: Chancen und Risiken) betrachten. Ein derartiges „Grundmodell“ könnte wie die nachfolgende Abbildung aussehen.

Strategische Geschäftsfelder oder „Freude am Produkt (?)“

Möchte man speziell die Stellung der eigenen Produkte und damit verbunden die strategischen Geschäftsfelder vergleichen, liegen als Kriterien – im Rahmen von Wettbewerbsvorteilen und Marktattraktivität – etwa der relative Marktanteil und andererseits das Marktwachstum als Betrachtungsebenen nahe. Dabei kann man idealerweise auch die im strategischen Management und Marketing gebräuchliche Differenzierung der Geschäftsfelder bzw. Produkte in „Stars“, „Cash Cows“, „Question Marks“ und „Poor Dogs“ in die Überlegungen mit einbeziehen.

Stars sind durch einen hohen relativen Marktanteil und hohes Marktwachstum gekennzeichnet. Starprodukte erwirtschaften selbst bereits hohe Erträge, sind aber auch auf Investitionen zur Sicherung der eigenen Position angewiesen. Mit Nachlassen des Marktwachstums können sich diese Produkte zu Cash Cows entwickeln, tragen also auch in Zukunft zum Erfolg bei.

Cash Cows sind Produkte mit einem hohen relativen Marktanteil, die sich aber in Märkten mit geringen Wachstumsaussichten befinden. Cash Cows erwirtschaften einen großen Teil des Gesamtergebnisses und dienen auch der Finanzierung der anderen Produkte.

Question Marks befinden sich – als oft erst neueingeführte Produkte – in hoffnungsvollen Märkten, weisen aber (vorerst) nur einen geringen relativen Marktanteil auf. Aufgrund hoher Anlaufkosten tragen sie (noch) in nur geringem Maße zum Ergebnis bei. Zur Verbesserung der Kosten-Erlös-Situation sollte – wenn es die Wettbewerbsbedingungen erlauben – im Rahmen einer **Offensivstrategie** der Marktanteil ausgedehnt werden. Investitionen in solche Produkte lohnen sich allerdings nur, wenn berechtigte Erfolgsaussichten bestehen. Ist der Erfolg der Produkte eher fraglich, sollte eine stufenweise Eliminierung erfolgen (**Defensivstrategie**).

Poor Dogs besitzen eine schwache Marktposition und sind auf Zuschüsse angewiesen. Solche Produkte sollten nur solange wie unbedingt notwendig im Programm gehalten und zumindest mittelfristig abgebaut werden (**Desinvestitionsstrategie**).

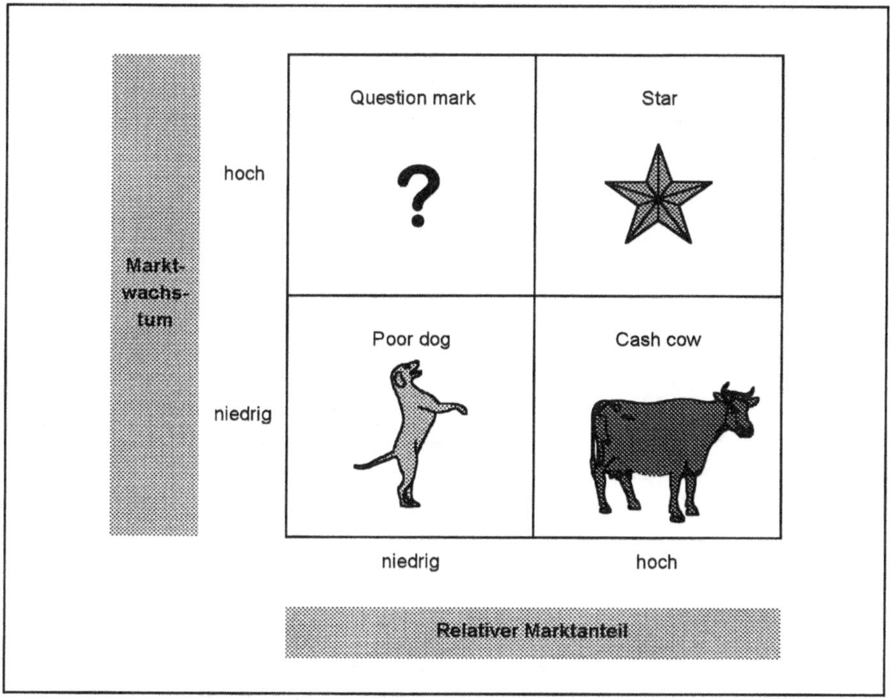

***Abbildung 1-24** Marktanteils-Wachstums-Matrix (nach Boston Consulting Group)*

Erstellung des „Ist-Portfolios“ für Geschäftsbereiche, Produkte oder Märkte

Mit Hilfe einer Neun-Felder-Matrix werden in der nachfolgenden Abbildung konkret die Produkte eines Unternehmens einander gegenübergestellt. Die bei „E“ eingezeichneten Koordinaten zeigen die

Werte, die für das betreffende Produkt im Rahmen der entsprechenden vorangegangenen Analysen ermittelt wurden (vgl. z.B. Stärken-Schwächen-Analyse, Chancen-Risiken-Analyse). Die Größe der Kreise kann etwa den Umsatz der einzelnen Produkte oder eine andere aussagekräftige Kennzahl, je nach Zweckmäßigkeit, repräsentieren.

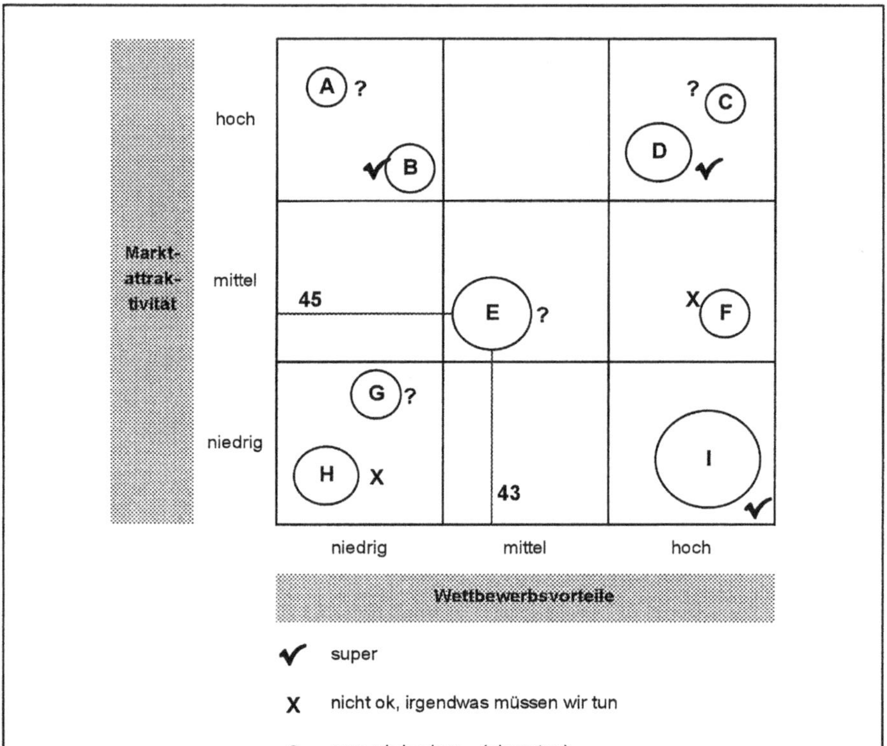

***Abbildung 1-25** Erstellung des „Ist-Portfolios" für Geschäftsbereiche, Produkte oder Märkte (nach McKinsey)*

Für die einzelnen Produkte könnten nun schon (erste) strategische Überlegungen angestellt werden: Wird man ein Produkt forcieren (vgl. Star), seine Stärken schätzen (vgl. Cash Cow), noch abwarten müssen (vgl. Question Mark) oder ist man kurz- bis mittelfristig zu einschneidenden Maßnahmen gezwungen (vgl. Poor Dog)?

Vergleich des „Ist-Portfolios" mit dem eines unmittelbaren Konkurrenten

Die obige Betrachtung der eigenen Produkte ist allerdings erst dann wirklich aussagekräftig, wenn man diese auch im direkten Kontext der Branche sieht. Praktisch jedes Produkt ist mit einem unmittelbaren Konkurrenzprodukt konfrontiert. Erst eine Gegenüberstellung mit diesem gibt wirklich Aufschluß über seine tatsächliche Stellung und die entsprechenden strategischen Optionen.

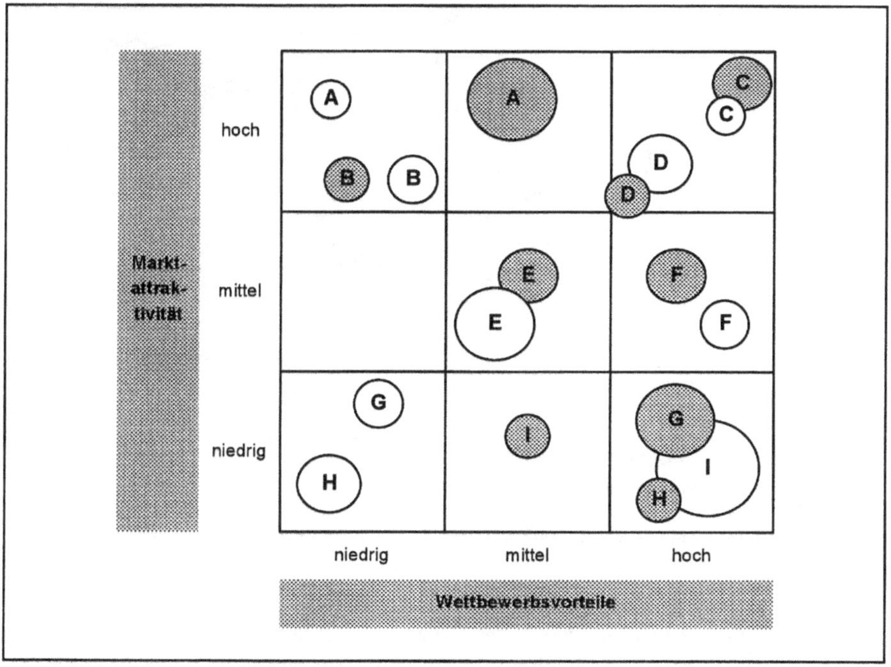

***Abbildung 1-26** Vergleich des „Ist-Portfolios" mit dem eines unmittelbaren Konkurrenten*

Wie verhalten wir uns strategisch richtig?

Versucht man nun, alle bisherigen Überlegungen zusammenzuführen, werden die tatsächlichen strategischen Möglichkeiten besonders offenkundig, wie die nachfolgende Abbildung verdeutlicht.

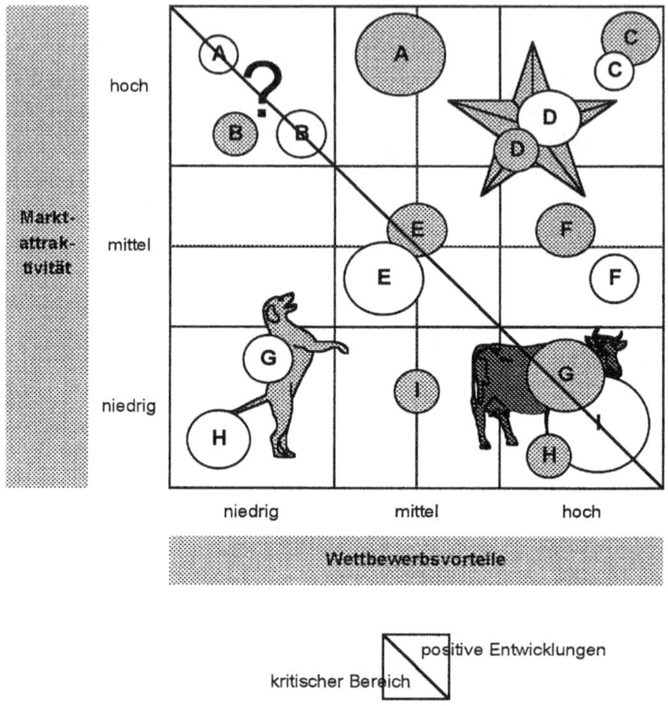

Folgende Strategien wären denkbar:

A	Chancenlos (übermächtiger Konkurrent)
B	Halten bzw. ausbauen
C	Möglichst ausbauen, wenngleich starker Konkurrent
D	Halten bzw. ausbauen
E	Halten
F	Halten und die „Cash Cow" nützen
G	Chancenlos (Poor dog) – Desinvestition
H	Chancenlos (Poor dog) – Desinvestition
I	„Cash Cow" nützen

Abbildung 1-27 *Wie verhalten wir uns strategisch richtig?*

Anhand des Beispiels sollten die Möglichkeiten der Formulierung von Strategien auf der Grundlage der in den vorigen Abschnitten dargestellten Analysen (vgl. Umweltanalyse, Branchenanalyse und Unternehmensanalyse) gezeigt werden. Als methodischer Rahmen wurde die – besonders auch in der Praxis aufgrund ihrer Anschaulichkeit geschätzte – Portfolio-Methode herangezogen. Diese erweist sich darüber hinaus hinsichtlich der gewählten Betrachtungsebenen und ihrer Ausprägungen als äußerst flexibel. Dies zeigen auch die im Verlauf des Beispiels bewußt gewählten verschiedenen Varianten.

Ein wesentlicher Aspekt darf im Rahmen des Prozesses der Strategiefindung nicht aus den Augen verloren werden. Sämtliche der zahlreichen zur Verfügung stehenden Methoden sind lediglich nur Hilfsmittel, deren tatsächliche Aussagekraft – bei aller vermeintlichen Exaktheit – zumindest teilweise auf Einschätzungen beruht. Diese sind, besonders was Prognosen zur Entwicklung von Märkten betrifft, üblicherweise durch zahlreiche Ungewißheiten gekennzeichnet. Dadurch wird auch die letztlich gewählte Strategie entscheidend determiniert.

Beispiel: SWOT-Analyse Automobilbranche

Wie schon angedeutet, kann die Portfolio-Methode für zahlreiche Anwendungen herangezogen werden; dies auch in durchaus vielfältiger Gestalt. Damit sind insbesondere die Vielzahl der verwendbaren Kriterien, ihre Ausprägungen und auch verschiedenste Darstellungsmethoden gemeint. In der Folge werden zwei in diesem Sinne unterschiedliche Beispiele für die Anwendung der Portfolio-Methode gegeben. Beide Beispiele beziehen sich auf den aktuellen Automobilmarkt. Konkret werden in beiden Fällen einzelne miteinander konkurrierende Typen und Marken verschiedener Automobilhersteller marktbezogen verglichen. Repräsentativ ausgewählt wurde die obere Mittelklasse.

Wie bereits erwähnt, obliegt die Auswahl der Kriterien und ihrer Ausprägungen beim Aufbau einer Portfoliomatrix dem subjektiven Empfinden der Entscheider.

Für das Beispiel wurden folgende Kriterien gewählt:

- relative Wettbewerbsvorteile (Abszisse),
- Marktattraktivität (Ordinate) und
- Marktpräsenz bzw. Marktpotential (Größe der Blasen im Portfolio).

Die Quantifizierbarkeit der Kriterien wird erreicht durch Zuordnung von Determinanten zu ihren jeweiligen Kriterien, die anhand einer Skala bewertet und ihrer Bedeutung nach unterschiedlich gewichtet werden. Dabei sind verschiedene Vorgehensweisen möglich:

(a) die Summe der Gewichtungsfaktoren aller Kriterien ergibt 1,

(b) das wichtigste Kriterium erhält Gewichtungsfaktor 1, alle anderen erhalten ausgehend davon einen niedrigeren Faktor.

Folgendes Beispiel soll dies veranschaulichen:

		Variante (a)		Variante (b)	
Determinanten	Bewertung (1 = sehr gut, 5 = sehr schlecht)	Gewichtungs-faktor	Wert	Gewichtungs-faktor	Wert
Preis	3	0,3	0,9	0,6	1,8
Qualität	2	0,5	1,0	1,0	2,0
Recyclingfähigkeit	4	0,2	0,8	0,4	1,6
Summe		**1,0**	**2,7**		**5,4**

Tabelle 1-28 *Möglichkeiten der Gewichtung von Bewertungskriterien*

Bewertung und Gewichtungsfaktor (Wertigkeit) werden multipliziert, die sich daraus ergebenden Werte werden sodann für jedes Kriterium addiert. Sie bilden – gewissermaßen wie in einem Koordinatensystem – die Basis für die Portfolio-Matrix. Im folgenden soll Variante (b) Anwendung finden.

Ausgehend vom zweidimensionalen Koordinatensystem wird hier als dritte Dimension die Marktpräsenz bzw. das Marktpotential des jeweiligen Produkts durch die Größe der jeweiligen Blase im Portfolio ausgedrückt.

Für die beispielhafte Portfolio-Analyse wurde die obere Mittelklasse ausgewählt. Die Informationen und Daten über Marken und Typen der einzelnen Hersteller stammen aus dem renommierten „auto katalog", Modelljahr 1999. Für die Beurteilung der relativen Wettbewerbsvorteile und der Marktattraktivität werden in den einzelnen Beispielen unterschiedliche Determinanten herangezogen, um die vielfältigen diesbezüglichen Möglichkeiten zu illustrieren.

Konkurrierende Fahrzeuge in der oberen Mittelklasse

Im Rahmen der Analyse der oberen Mittelklassewagen wurden folgende 20 Modelle bewertet:

- Alfa Romeo 166
- Audi A6
- BMW Fünfer-Reihe
- Chrysler Stratus
- Citroën XM
- Daewoo Leganza
- Hyundai Sonata
- Jaguar S-Type
- Kia Clarus
- Lancia Kappa
- Lexus GS300
- Mazda Xedos
- Mercedes E-Klasse
- Nissan Maxima QX
- Opel Omega
- Peugeot 605
- Renault Safrane
- Saab 9-5
- Toyota Camry
- Volvo 80-Reihe

Kriterien und deren Bewertung

- relative Wettbewerbsvorteile
- Marktattraktivität
- Marktpräsenz

Relative Wettbewerbsvorteile		Marktattraktivität	
Determinanten	Wertigkeit	Determinanten	Wertigkeit
Innovation	0,8	Image	0,8
Produktlinie	0,7	Design	0,7
Marktanteil	0,9	Grundausstattung	0,7
Kundendienst	0,7	Komfort	0,8
Marktpräsenz (Werbung)	0,9	Leistung	0,5
Qualität (Firma)	1,0	Fahrverhalten	0,7
		Sportlichkeit	0,6
		Zuverlässigkeit	0,9
		Sicherheit	0,9
		Preis	0,4
		Erhaltungskosten	0,3
		Wiederverkaufswert	0,1
		Qualität	1,0
		Kundenservice	0,6
Bewertungsskala für die Kriterien reicht von 1 bis 3, wobei 3 = gut und 1 = schlecht bedeutet.			

Tabelle 1-29 *Kriterien und deren Bewertung*

Bewertung der relativen Wettbewerbsvorteile

Marken		Alfa Romeo 166		Audi A6		BMW 5er		Chrysler Stratus		Citroën XM	
Determinanten	Wertigkeit	Bewertung	Wert	Bewertung	Wert	Bewertung	Wert	Bewertung	Wert	Bewertung	Wert
Innovation	0,8	*3*	2,4	*3*	2,4	*2*	1,6	*2*	1,6	*3*	2,4
Produktlinie	0,7	*2*	1,4	*3*	2,1	*3*	2,1	*2*	1,4	*2*	1,4
Marktanteil	0,9	*1*	0,9	*3*	2,7	*3*	2,7	*1*	0,9	*1*	0,9
Kundendienst	0,7	*2*	1,4	*3*	2,1	*3*	2,1	*2*	1,4	*2*	1,4
Marktpräsenz, Werbung	0,9	*2*	1,8	*3*	2,7	*3*	2,7	*1*	0,9	*1*	0,9
Qualität (Firma)	1,0	*1*	1,0	*2*	2,0	*2*	2,0	*2*	2,0	*2*	2,0
Summe			**8,9**		**14,0**		**13,2**		**8,2**		**9,0**

Marken		Daewoo Leganza		Hyundai Sonata		Jaguar S-Type		Kia Clarus		Lancia Kappa	
Determinanten	Wertigkeit	Bewertung	Wert	Bewertung	Wert	Bewertung	Wert	Bewertung	Wert	Bewertung	Wert
Innovation	0,8	*3*	2,4	*2*	1,6	*1*	0,8	*3*	2,4	*1*	0,8
Produktlinie	0,7	*1*	0,7	*1*	0,7	*1*	0,7	*1*	0,7	*1*	0,7
Marktanteil	0,9	*1*	0,9	*1*	0,9	*1*	0,9	*1*	0,9	*1*	0,9
Kundendienst	0,7	*2*	1,4	*2*	1,4	*2*	1,4	*2*	1,4	*2*	1,4
Marktpräsenz, Werbung	0,9	*2*	1,8	*2*	1,8	*1*	0,9	*1*	0,9	*1*	0,9
Qualität (Firma)	1,0	*3*	3,0	*3*	3,0	*2*	2,0	*2*	2,0	*1*	1,0
Summe			**10,2**		**9,4**		**6,7**		**8,3**		**5,7**

Marken		Lexus GS300		Mazda Xedos		Mercedes E-Klasse		Nissan Maxima QX		Opel Omega	
Determinanten	Wertigkeit	Bewertung	Wert	Bewertung	Wert	Bewertung	Wert	Bewertung	Wert	Bewertung	Wert
Innovation	0,8	*2*	1,6	*2*	1,6	*2*	1,6	*2*	1,6	*2*	1,6
Produktlinie	0,7	*1*	0,7	*3*	2,1	*3*	2,1	*2*	1,4	*3*	2,1
Marktanteil	0,9	*1*	0,9	*2*	1,8	*2*	1,8	*2*	1,8	*2*	1,8
Kundendienst	0,7	*2*	1,4	*2*	1,4	*3*	2,1	*2*	1,4	*2*	1,4
Marktpräsenz, Werbung	0,9	*1*	0,9	*3*	2,7	*3*	2,7	*1*	0,9	*3*	2,7
Qualität (Firma)	1,0	*2*	2,0	*2*	2,0	*2*	2,0	*2*	2,0	*2*	2,0
Summe			**7,5**		**11,6**		**12,3**		**9,1**		**11,6**

Marken		Peugeot 605		Renault Safrane		Saab 9-5		Toyota Camry		Volvo 80-Reihe	
Determinanten	**Wertigkeit**	*Bewertung*	Wert	*Bewertung*	Wert	*Bewertung*	Wert	*Bewertung*	Wert	*Bewertung*	Wert
Innovation	0,8	*2*	1,6	*1*	0,8	*2*	1,6	*3*	2,4	*3*	2,4
Produktlinie	0,7	*2*	1,4	*2*	1,4	*2*	1,4	*3*	2,1	*2*	1,4
Marktanteil	0,9	*2*	1,8	*1*	0,9	*1*	0,9	*2*	1,8	*2*	1,8
Kundendienst	0,7	*2*	1,4	*2*	1,4	*2*	1,4	*2*	1,4	*2*	1,4
Marktpräsenz, Werbung	0,9	*2*	1,8	*2*	1,8	*1*	0,9	*3*	2	*2*	1,8
Qualität (Firma)	1,0	*2*	2,0	*2*	2,0	*3*	3,0	*2*	2,0	*3*	3,0
Summe			**10,0**		**8,3**		**9,2**		**11,7**		**11,8**

Tabelle 1-30 *Bewertung der relativen Wettbewerbsvorteile*

Bewertung der Markattraktivität

Marken		Alfa Romeo 166		Audi A6		BMW 5er		Chrysler Stratus		Citroën XM	
Determinanten	**Wertigkeit**	*Bewertung*	Wert	*Bewertung*	Wert	*Bewertung*	Wert	*Bewertung*	Wert	*Bewertung*	Wert
Image	0,8	*2*	1,6	*3*	2,4	*3*	2,4	*2*	1,6	*1*	0,8
Design	0,7	*3*	2,1	*3*	2,1	*3*	2,1	*2*	1,4	*1*	0,7
Grundausstattung	0,7	*2*	1,4	*2*	1,4	*2*	1,4	*3*	2,1	*2*	1,4
Komfort	0,8	*2*	1,6	*3*	2,4	*3*	2,4	*3*	2,4	*2*	1,6
Leistung	0,5	*2*	1,0	*2*	1,0	*3*	1,5	*2*	1,0	*2*	1,0
Fahrverhalten	0,7	*3*	2,1	*2*	1,4	*3*	2,1	*2*	1,4	*2*	1,4
Sportlichkeit	0,6	*3*	1,8	*2*	1,2	*3*	1,8	*2*	1,2	*1*	0,6
Zuverlässigkeit	0,9	*2*	1,8	*3*	2,7	*3*	2,7	*2*	1,8	*2*	1,8
Sicherheit	0,9	*2*	1,8	*3*	2,7	*3*	2,7	*2*	1,8	*2*	1,8
Preis	0,4	*2*	0,8	*2*	0,8	*1*	0,4	*3*	1,2	*3*	1,2
Erhaltungskosten	0,3	*2*	0,6	*3*	0,9	*1*	0,3	*3*	0,9	*3*	0,9
Wiederverkaufswert	0,1	*2*	0,2	*3*	0,3	*3*	0,3	*2*	0,2	*1*	0,1
Qualität	1,0	*2*	2,0	*3*	3,0	*3*	3,0	*2*	2,0	*2*	2,0
Kundenservice	0,6	*2*	1,2	*3*	1,8	*3*	1,8	*2*	1,2	*2*	1,2
Summe			**20,0**		**24,1**		**24,9**		**20,2**		**16,5**

Marken		**Daewoo Leganza**		**Hyundai Sonata**		**Jaguar S-Type**		**Kia Clarus**		**Lancia Kappa**	
Determinanten	**Wertigkeit**	*Bewertung*	Wert	*Bewertung*	Wert	*Bewertung*	Wert	*Bewertung*	Wert	*Bewertung*	Wert
Image	0,8	*1*	0,8	*1*	0,8	*3*	2,4	*1*	0,8	*1*	0,8
Design	0,7	*1*	0,7	*1*	0,7	*2*	1,4	*1*	0,7	*2*	1,4
Grundausstattung	0,7	*3*	2,1	*2*	1,4	*3*	2,1	*2*	1,4	*3*	2,1
Komfort	0,8	*2*	1,6	*1*	0,8	*3*	2,4	*1*	0,8	*2*	1,6
Leistung	0,5	*1*	0,5	*2*	1,0	*3*	1,5	*1*	0,5	*2*	1,0
Fahrverhalten	0,7	*2*	1,4	*2*	1,4	*3*	2,1	*2*	1,4	*2*	1,4
Sportlichkeit	0,6	*1*	0,6	*2*	1,2	*2*	1,2	*1*	0,6	*2*	1,2
Zuverlässigkeit	0,9	*2*	1,8	*2*	1,8	*3*	2,7	*2*	1,8	*2*	1,8
Sicherheit	0,9	*1*	0,9	*2*	1,8	*3*	2,7	*2*	1,8	*1*	0,9
Preis	0,4	*3*	1,2	*2*	0,8	*1*	0,4	*3*	1,2	*2*	0,8
Erhaltungskosten	0,3	*3*	0,9	*3*	0,9	*1*	0,3	*3*	0,9	*1*	0,3
Wiederverkaufswert	0,1	*1*	0,1	*1*	0,1	*3*	0,3	*1*	0,1	*1*	0,1
Qualität	1,0	*2*	2,0	*2*	2,0	*3*	3,0	*1*	1,0	*2*	2,0
Kundenservice	0,6	*2*	1,2	*2*	1,2	*2*	1,2	*2*	1,2	*1*	1,2
Summe			**15,8**		**15,9**		**23,7**		**14,2**		**16,6**

Marken		**Lexus GS300**		**Mazda Xedos**		**Mercedes E-Klasse**		**Nissan Maxima QX**		**Opel Omega**	
Determinanten	**Wertigkeit**	*Bewertung*	Wert	*Bewertung*	Wert	*Bewertung*	Wert	*Bewertung*	Wert	*Bewertung*	Wert
Image	0,8	*2*	1,6	*2*	1,6	*3*	2,4	*1*	0,8	*3*	2,4
Design	0,7	*1*	0,7	*2*	1,4	*3*	2,1	*1*	0,7	*2*	1,4
Grundausstattung	0,7	*3*	2,1	*3*	2,1	*2*	1,4	*2*	1,4	*2*	1,4
Komfort	0,8	*2*	1,6	*2*	1,6	*3*	2,4	*2*	1,6	*2*	1,6
Leistung	0,5	*2*	1,0	*2*	1,0	*3*	1,5	*2*	1,0	*2*	1,0
Fahrverhalten	0,7	*2*	1,4	*2*	1,4	*3*	2,1	*2*	1,4	*3*	2,1
Sportlichkeit	0,6	*2*	1,2	*2*	1,2	*2*	1,2	*1*	0,6	*2*	1,2
Zuverlässigkeit	0,9	*2*	1,8	*2*	1,8	*3*	2,7	*2*	1,8	*2*	1,8
Sicherheit	0,9	*2*	1,8	*2*	1,8	*3*	2,7	*2*	1,8	*2*	1,8
Preis	0,4	*1*	0,4	*2*	0,8	*1*	0,4	*2*	0,8	*2*	0,8
Erhaltungskosten	0,3	*2*	0,6	*2*	0,6	*1*	0,3	*3*	0,9	*3*	0,9
Wiederverkaufswert	0,1	*2*	0,2	*2*	0,2	*3*	0,3	*1*	0,1	*2*	0,2
Qualität	1,0	*2*	2,0	*2*	2,0	*3*	3,0	*2*	2,0	*2*	2,0
Kundenservice	0,6	*2*	1,2	*3*	1,8	*3*	1,8	*2*	1,2	*3*	1,8
Summe			**17,6**		**19,3**		**24,3**		**16,1**		**20,4**

Marken		Peugeot 605		Renault Safrane		Saab 9-5		Toyota Camry		Volvo 80-Reihe	
Determinanten	Wertigkeit	Bewertung	Wert	Bewertung	Wert	Bewertung	Wert	Bewertung	Wert	Bewertung	Wert
Image	0,8	2	1,6	1	0,8	2	1,6	1	0,8	3	2,4
Design	0,7	1	0,7	1	0,7	2	1,4	2	1,4	3	2,1
Grundausstattung	0,7	2	1,4	1	0,7	2	1,4	2	1,4	3	2,1
Komfort	0,8	2	1,6	2	1,6	2	1,6	2	1,6	3	2,4
Leistung	0,5	2	1,0	1	0,5	2	1,0	2	1,0	3	1,5
Fahrverhalten	0,7	2	1,4	2	1,4	3	2,1	2	1,4	2	1,4
Sportlichkeit	0,6	2	1,2	1	0,6	2	1,2	2	1,2	3	1,8
Zuverlässigkeit	0,9	2	1,8	2	1,8	3	2,7	2	1,8	3	2,7
Sicherheit	0,9	2	1,8	2	1,8	3	2,7	2	1,8	3	2,7
Preis	0,4	2	0,8	2	0,8	2	0,8	2	0,8	1	0,4
Erhaltungskosten	0,3	3	0,9	3	0,9	2	0,6	3	0,9	2	0,6
Wiederverkaufswert	0,1	1	0,1	1	0,1	2	0,2	1	0,1	2	0,2
Qualität	1,0	1	1,0	2	2,0	2	2,0	2	2,0	3	3,0
Kundenservice	0,6	2	1,2	2	1,2	2	1,2	2	1,2	3	1,8
Summe			**16,5**		**14,9**		**20,5**		**17,4**		**25,1**

Tabelle 1-31 *Bewertung der Marktattraktivität*

Zusammenfassende Übersicht

Marken	Relative Wettbewerbsvorteile	Marktattraktivität	Marktpräsenz
Alfa Romeo 166	8,9	20,0	2
Audi A6	14,0	24,1	4
BMW 5er	13,2	24,9	5
Chrysler Stratus	8,2	20,2	3
Citroen XM	9,0	16,5	3
Daewoo Leganza	10,2	15,8	3
Hyundai Sonata	9,4	15,9	2
Jaguar S-Type	6,7	23,7	2
Kia Clarus	8,3	14,2	2
Lancia Kappa	5,7	16,6	2
Lexus GS300	7,5	17,6	1
Mazda Xedos	11,6	19,3	4

Mercedes E-Klasse	12,3	24,3	4
Nissan Maxima QX	9,1	16,1	3
Opel Omega	11,6	20,4	3
Peugeot 605	10,0	16,5	3
Renault Safrane	8,3	14,9	2
Saab 9-5	9,2	20,5	3
Toyota Camry	11,7	17,4	3
Volvo 80-Reihe	11,8	25,1	4
Die angegebenen Werte für das Kriterium Marktpräsenz beruhen auf den Ergebnissen einer einwöchigen empirischen Feldstudie von 87 Studierenden an einer Fachhochschule.			

***Tabelle 1-32** Vergleich der Marktpositionen*

Portfolio „Obere Mittelklasse“

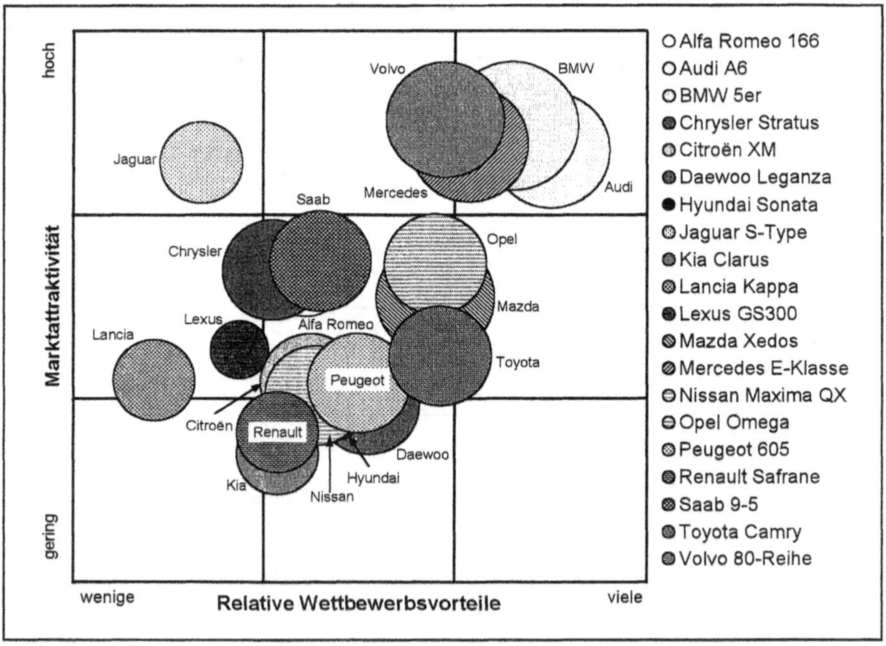

***Abbildung 1-28** Ergebnis der SWOT-Analyse Automobilbranche*

Ergebnis

Das obige Bild läßt als Ergebnis eine Reihe von Rückschlüssen, Interpretationsmöglichkeiten und strategischen Optionen für die Entscheidungsverantwortlichen zu. Als Beispiel in diesem Zusammenhang seien etwa als strategische Optionen genannt:

- weitere Investitionen in eine bestimmte Type/Marke aufgrund vielversprechender Aussichten,
- die Einnahme einer abwartenden Haltung, weil sich – etwa aufgrund einer erst kürzlich erfolgten Produkteinführung – noch keine eindeutigen Entwicklungstendenzen ablesen lassen,
- ein (schrittweiser) Rückzug aus dem Markt, weil die Konkurrenz langfristig zu übermächtig und die eigenen Chancen nur gering sind.

Fazit:
Grundfragen zur Analyse und Prognose von Entwicklungen in Gesellschaft, Politik und Wirtschaft

Gewissermaßen zusammenfassend soll am Ende des Abschnitts zur Konzeption von Strategien bzw. der Findung von grundlegenden Entscheidungen auf elementare Fragen hingewiesen werden, die sich bei der Analyse und Prognose des gesellschaftlichen, politischen und wirtschaftlichen Umfeldes von Unternehmen stets stellen. Natürlich können sie etwas variiert werden und sind gewiß auch nach Bedarf zu verfeinern, bilden aber dennoch die stets anwendbaren Grundsatzfragen.

Analyse	Prognose
• Welche Entwicklungen waren erwünscht (Soll)? • Welche Entwicklungen sind tatsächlich zu verzeichnen (Ist)? • Welche Abweichungen sind festzustellen? • Wie können die Abweichungen erklärt werden?	• Was ist geplant, was sind die Gründe dafür (Planung)? • Was spricht dafür, was dagegen? • Welche Entwicklungen können tatsächlich erwartet werden („realistische" Einschätzung)? • Was spricht dafür, was dagegen? • Welche Konsequenzen können sich aus den prognostizierten Entwicklungen ergeben (kurz-, mittel- und langfristig)?

Tabelle 1-33 Elementare Fragen zur Durchführung von Analysen und Prognosen

2 Umsetzung strategischer Entscheidungen

2.1 Möglichkeiten des Markteintritts

Die Entscheidung für eine bestimmte Form des Markteintritts wird von drei Faktoren bestimmt: **Tauglichkeit des Unternehmens** für das internationale Geschäft, die **Attraktivität der potentiellen Standorte** sowie die am jeweiligen Standort **wahrgenommenen Risiken**. Der unternehmerische Wunsch nach verstärktem internationalem Engagement steigt mit der Tauglichkeit des Unternehmens und der Attraktivität des Standortes sowie mit der Abnahme wahrgenommener Risiken.

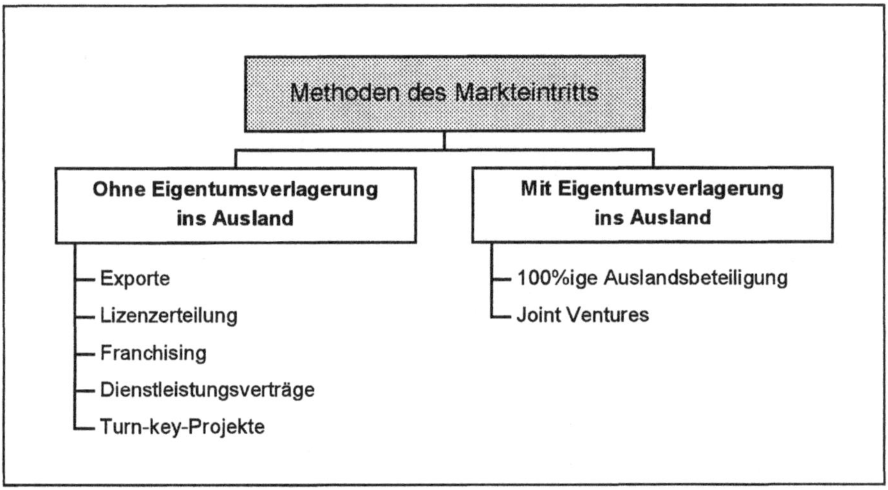

***Abbildung 2-1** Methoden des Markteintritts*

Die zunächst erörterten Möglichkeiten des **Markteintritts ohne Eigentumsverlagerung ins Ausland** beziehen sich auf jene Wege, die internationale Aktivitäten ohne direkte Investitionen vor Ort ermöglichen. Konkret sind dies Export und Import, Lizenzerteilung, Verträge verschiedener Art sowie Franchising. **Eigentumsverlagerung ins Ausland** findet im Rahmen von Direktinvestitionen (Niederlassungen und Joint Ventures) statt.

2.2 Export und Import

Den ersten Schritt in Richtung einer internationalen Tätigkeit stellt meist die Etablierung von Export- bzw. Importbeziehungen dar. Auch wenn viele Unternehmen später zu anderen Formen internationaler Geschäftstätigkeit übergehen, behalten Export und Import ihre Bedeutung.

Ein Unternehmen entscheidet sich üblicherweise dann für den Export von Erzeugnissen, wenn es über die dazu notwendigen Kapazitäten verfügt und sich durch die Exporttätigkeit Gewinne verspricht. Importe werden in Betracht gezogen, wenn ausländische Zulieferer Waren anbieten, die im Inland nicht verfügbar sind, oder gegenüber inländischen z.B. als preiswerter, zuverlässiger und qualitätsbewußter eingeschätzt werden.

Trotz vergleichsweise geringem Risikopotential müssen zur erfolgreichen Gestaltung von Export- bzw. Importbeziehungen zahlreiche Entscheidungen, wie z.B. hinsichtlich Exportwege, Transportmittel, Zahlungsmethoden und Produktvorbereitung getroffen werden.

Die Form des Exports eignet sich nicht für alle Produkte, insbesondere ist sie weniger empfehlenswert, wenn:

- die Produkte leicht verderblich sind und/oder schlecht transportiert werden können,
- sehr lange Distanzen überwunden werden müssen und sehr hohe Transportkosten anfallen,
- Zölle und Tarife auferlegt werden, die die Produkte verteuern und deren Wettbewerbsfähigkeit verringern,
- Unternehmen im Zielmarkt nichttarifäre Markteintrittsbarrieren errichtet haben und
- die Beschaffenheit des Produktes umfangreichere Kundendienstleistungen und einen Nach-Verkaufs-Service vor Ort erforderlich machen.

Um das Potential eines ausländischen Marktes möglichst gut ausnutzen zu können, arrangieren sich die meisten Unternehmen mit einem

Partner vor Ort, der die Promotion der Erzeugnisse und ihre Distribution im Zielland unterstützt bzw. übernimmt. Aufgrund der großen Bedeutung, die solchen Partnern zukommt, ist deren Auswahl – die sich nicht selten auch entsprechend schwierig gestaltet – besonderes Augenmerk zu widmen.

Exportdokumente

stellen einen wesentlichen Teil des Exportprozesses dar. Bevor ein Unternehmen tatsächlich Waren ins Ausland exportieren kann, müssen eine Vielzahl von Formularen ausgefüllt und eine Reihe von Abwicklungsprozeduren durchlaufen werden. In jedem Land existieren andere Richtlinien und Verordnungen bezüglich des Imports oder Transits von Gütern, die das exportierende Unternehmen einhalten muß, wenn seine Exporttätigkeit erfolgreich verlaufen soll. Bevor ein Unternehmen den physischen Transport von Waren organisiert, sollte es deshalb ergründen, welche Verpflichtungen es zur Einhaltung der verschiedenen Richtlinien erfüllen muß. Spezialisten stehen hilfreich und vielfach unentgeltlich zur Verfügung (z.B. Kammern).

Zu den zahlreichen für den Export benötigten Dokumenten gehören u.a. Frachtbriefe, Rechnungen, Exportlizenzen, Ursprungszeugnisse, Versicherungszertifikate und Zahlungsdokumente. Das Fehlen eines Dokumentes reicht aus, um den Exportprozeß unnötig zu verzögern. Unternehmen sollten die notwendigen Exportdokumente deshalb sorgfältig vorbereiten bzw. vorbereiten lassen. Da nicht für jede Versendung die gleichen Dokumente erforderlich sind, sollte sich der Exporteur informieren, welche Dokumente im bestimmten Fall benötigt werden. Dies ist abhängig von der Art der Waren, der Art der Versendung, dem Ursprungsland und dem Zielland. Dokumente, die für alle Versendungsarten benötigt werden, sind:

Frachtbriefe sind Begleitpapiere im Güterverkehr und dienen als Nachweis des Frachtvertrages, die darin aufgeführten Waren zu versenden. Der zur Beförderung der Güter berechtigte Frachtführer kann vom Absender der Waren die Ausstellung eines Frachtbriefes verlangen. Frachtbriefe enthalten bestimmte Angaben, u.a. Ausstellungsort und -tag, Name und Wohnort des Frachtführers, Name des Empfängers und Ort der Ablieferung, für deren Richtigkeit und Vollständigkeit der Absender der Waren haftet. In Abhängigkeit vom Transportmittel kommen unterschiedliche Frachtbriefe zum Einsatz.

Rechnungen werden vom Exporteur ausgestellt und enthalten die Zahlungsbedingungen, den Namen und die Anschrift des Lieferanten und des Käufers, die Menge und die handelsübliche Bezeichnung der gelieferten

Waren, den Lieferzeitpunkt, das Entgelt für die Lieferung und den entsprechenden Steuerbetrag.

Exportlizenzen werden – in bestimmten Fällen – von einer Regulierungsbehörde (in der BRD z.B. Bundesanstalt für landwirtschaftliche Marktordnung oder Bundesamt für Ernährung und Forstwirtschaft) erteilt. Exportlizenzen berechtigen und verpflichten den Inhaber gleichzeitig, die deklarierten Güter innerhalb der Gültigkeitsdauer der Lizenz zu exportieren.

Ursprungszeugnisse sind Bescheinigungen über die Herkunft von Erzeugnissen, die aufgrund zolltariflicher oder außenwirtschaftsrechlicher Vorschriften gefordert und von einer autorisierten Behörde des Exportlandes (in der BRD z.B. Zollstelle, Industrie- und Handelskammer oder Handwerkskammer) ausgestellt werden. Sie enthalten alle notwendigen Informationen (z.B. Bezeichnung, Gewicht usw.), die zur eindeutigen Identifizierung der Erzeugnisse und des Ursprungslandes notwendig sind.

Versicherungszertifikate dokumentieren meist die Transportversicherung, die im Rahmen eines Geschäftsfalls abgeschlossen wurde. Versicherungszertifikate, in denen die versicherten Güter sowie alle übrigen Vertragsbedingungen festgeschrieben sind, dienen als Beweisurkunde für den bestehenden Versicherungsschutz und enthalten alle für die am Transportprozeß Beteiligten notwendigen Informationen.

Zahlungsdokumente sollen absichern, daß der Exporteur die Zahlungen für seine gelieferten Waren erhält. Eine besonders im Exportgeschäft wünschenswerte und auch verbreitete Zahlungsmethode ist das Akkreditiv und entsprechende dafür notwendige Dokumente.

Aufgrund notwendigerweise zu beachtender Spezifika kommt der **Vorbereitung der Lieferung** für ihre Versendung ins Ausland einige Bedeutung zu. So weichen etwa **ausländische Richtlinien** in bezug auf die Produktbeschaffenheit, -verpackung und Etikettierung oft erheblich von denen des Exportlandes ab und sollten deshalb bereits vor dem Export berücksichtigt werden, um die notwendigen Veränderungen durchführen zu können. Die Produktbezeichnung sollte so gewählt werden, daß eine eindeutige Klassifizierung durch den Zoll gewährleistet ist und die Zollgebühren entsprechend ermittelt werden können. Für Firmen, die in mehrere Länder exportieren, empfiehlt es sich, Produktformationen und Etiketten in verschiedenen **Sprachen** zu gestalten, so daß bestimmte Warenmengen nicht an einzelne Länder gebunden sind. Die **Produktverpackung** bestimmt im wesentlichen darüber, in welchem Zustand die Produkte das Zielland erreichen und ist deshalb von nicht zu unterschätzender Bedeutung.

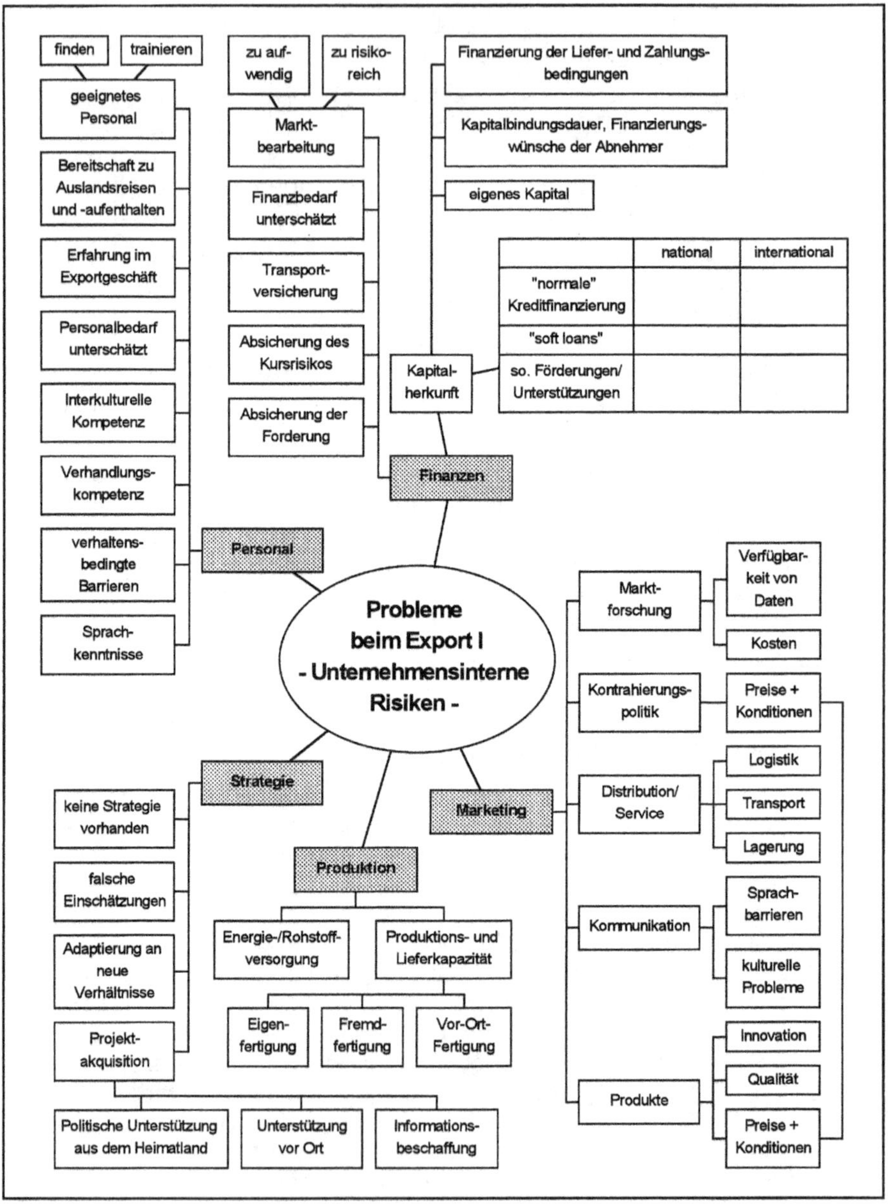

Abbildung 2-2 *Problemstellungen beim Export I – Unternehmensinterne Risiken*

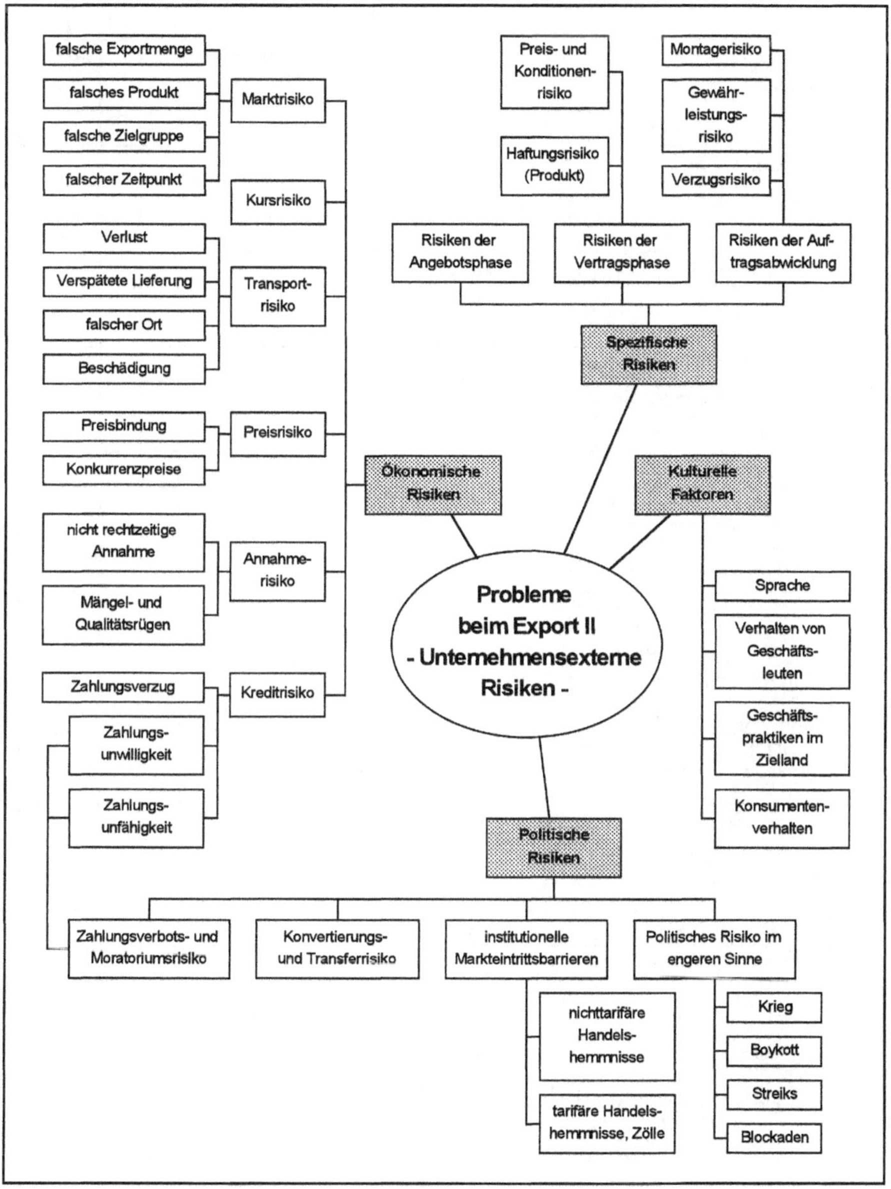

***Abbildung 2-3** Problemstellungen beim Export II – Unternehmensexterne Risiken*

Probleme beim Export I – Unternehmensinterne Risiken	**Gewichtung**	**Bewertung**					**Wert**
		1	**2**	**3**	**4**	**5**	
Strategie							
Keine Strategie vorhanden							
Markteinschätzung							
Adaptierung an neue Verhältnisse							
Projektakquisition							
Politische Unterstützung aus dem Heimat-land							
Unterstützung vor Ort							
Informationsbeschaffung							
Beratung durch Kammern und Verbände							
Marketing							
Marktforschung							
Verfügbarkeit von Daten/Umfeld							
Verfügbarkeit von Daten/Branche							
Verfügbarkeit von Daten/Konkurrenz							
Verfügbarkeit von Daten/Kunden							
Kosten der Marktforschung							
Marktforschung vor Ort							
Produktpolitik							
Qualität							
Innovation							
Preise und Konditionen							
Kommunikationspolitik							
Sprachbarrieren							
Kulturelle Probleme							
Distributionspolitik							
Direkter Vertrieb/Stammhausmitarbeiter							
Direkter Vertrieb/lokaler Vertreter (vor Ort)							
Indirekter Vertrieb/Händler							
Indirekter Vertrieb/Handelshäuser							
Indirekter Vertrieb/Lizenzvergabe							
Joint Venture							
Messeteilnahme							
Road Shows/Symposien							

Gemeinschaftsaustellungen							
Logistik – Infrastruktur							
Transport							
Lagerung							
Kontrahierungspolitik							
Preisgestaltung							
Akzeptanz der Konditionen							
Finanzen							
Kosten der Marktbearbeitung							
Finanzbedarf							
Eigenkapitalfinanzierung							
Fremdkapitalfinanzierung							
Förderungen und Unterstützungen							
Absicherung/Versicherungen							
Finanzierung der Liefer- und Zahlungsbedingungen							
Kapitalbindungsdauer							
Produktion							
Produktions- und Lieferkapazität							
Eigenfertigung							
Fremdfertigung							
Vor-Ort-Fertigung							
Energie- und Rohstoffversorgung							
Personal							
Geeignetes/qualifiziertes Personal							
Bereitschaft zu Auslandsreisen/-aufenthalten							
Erfahrung im Exportgeschäft							
Personalbedarf							
Interkulturelle Komptenz							
Verhandlungskompetenz							
Verhaltensbedingte Barrieren							
Sprachkenntnisse							
Summe (Vergleichsbasis)							
Bewertungskriterien von 1 (problematisch) bis 5 (nicht problematisch)							

Tabelle 2-1 *Checkliste zu möglichen Problemen beim Export I (Unternehmensinterne Risiken)*

Kriterien	Chancen	Risiken
Strategie		
Marketing		
Finanzen		
Produktion		
Personal		

Tabelle 2-2 *Prognose der Entwicklung der Stärken und Schwächen beim Export (verbalisiert)*

Kriterien	Maßnahmen
Strategie	
Marketing	
Finanzen	
Produktion	
Personal	

Tabelle 2-3 *Maßnahmen zur Erfolgssicherung beim Export (verbalisiert)*

Probleme beim Export II – Unternehmensexterne Risiken	**Gewichtung**	**Bewertung**					**Wert**
		1	**2**	**3**	**4**	**5**	
Politische Risiken							
Politisches Risiko i.e.S.							
Krieg							
Boykott							
Streiks							
Blockaden							
Institutionelle Markteintrittsbarrieren							
Tarifäre Handelshemmnisse							
Nichttarifäre Handelshemmnisse							
Konvertierungs- und Transferrisiko							
Zahlungsverbots- und Moratoriumsrisiko							
Ökonomische Risiken							
Marktrisiko							
Exportvolumen/Kapazität							
Richtiges Produkt							
Richtige Zielgruppe							
Richtiger Zeitpunkt							
Kursrisiko							
Transportrisiko							
Verlust							
Verspätete Lieferung							
Logistik (z.B. falscher Ort)							
Beschädigung							
Annahmerisiko							
Nicht rechtzeitige Annahme							
Mängel- und Qualitätsrügen							
Kreditrisiko							
Zahlungsverzug							
Zahlungsunwilligkeit							
Zahlungsunfähigkeit							
Spezifische Risiken							
Risiken der Angebotsphase							
Risiken der Vertragsphase							

Preis- und Konditionenrisiko							
Haftungsrisiko (Produkt)							
Risiken der Auftragsabwicklung							
Montagerisiko							
Gewährleistungsrisiko							
Verzugsrisiko							
Kulturelle Faktoren							
Sprache							
Verhalten von Geschäftsleuten							
Geschäftspraktiken im Zielland							
Konsumentenverhalten							
Summe (Vergleichsbasis)							
Bewertungskriterien von 1 (problematisch) bis 5 (nicht problematisch)							

Tabelle 2-4 *Checkliste zu möglichen Problemen beim Export II (Unternehmensexterne Risiken)*

Kriterien	**Kurzfristig**	**Mittelfristig**	**Langfristig**
Politische Risiken			
Ökonomische Risiken			
Spezifische Risiken			
Kulturelle Faktoren			

Tabelle 2-5 *Prognose der kurz-, mittel- und langfristigen Entwicklung beim Export*

Messung des Exporterfolgs	Gewichtung	Bewertung 1	2	3	4	5	Wert
Marktergebnis							
Veränderung des Marktanteils							
Veränderung des Umsatzerlöses							
Gewinnung neuer Kunden							
Veränderung der Umsätze mit bestehenden Kunden							
Anpassungsfähigkeit							
Reaktion auf Produktänderungen der Mitbewerber im Auslandsmarkt							
Dauer bis zur Markteinführung von neuen Produkten im Auslandsmarkt							
Erträge aus neuen Produkten im Rahmen des Auslandsgeschäfts in den letzten 3 Jahren							
Finanzielles Ergebnis							
Gesamtrentabilität							
Umsatzrentabilität							
Investitionsrentabilität							
Gewinnspanne (gesamt)							
Erwartetes finanzielles Ergebnis (in den nächsten 12 Monaten)							
Gesamtrentabilität							
Umsatzrentabilität							
Investitionsrentabilität							
Gewinnspanne (gesamt)							
Gewinnspanne (durchschnittlich pro Kunde)							
Erreichung der finanziellen Ziele (gesamt)							
Finanzielles Gesamtabschneiden des Exportgeschäfts							
Summe (Vergleichsbasis)							

Beurteilung des Abschneidens des eigenen Unternehmens im letzten Jahr in bezug auf die Konkurrenz

Bewertungskriterien von 1 (viel schlechter) bis 5 (viel besser)

Tabelle 2-6 *Checkliste zur Messung des Exporterfolgs (nach Paltauf/Lorenz 2000, 19f)*

	Probleme	Empfehlungen
Marktbearbeitung	Hohe Einstiegskosten	• wenn die für die Bearbeitung von ausländischen Märkten notwendigen finanziellen Mittel nicht vorhanden sind, ist von einer Aufnahme von einschlägigen Aktivitäten dringend abzuraten • *Maßnahmen:* Intensivierung der Beratung seitens der in Frage kommenden Stellen (Ministerien, Kammern, Banken)
	Marktzugangsbeschränkungen	• ausreichende Information vorab unbedingt sicherstellen, um „böse Überraschungen" im Nachhinein zu vermeiden • *Maßnahmen:* rechtzeitige Informationsbeschaffung bei den in Frage kommenden Stellen (s.o.) seitens der Unternehmen
	zu wenig Marktinformationen	• generell gilt: Informationssammlung vor Ort ist unabdingbar, wenn auch z.T. mit hohen Kosten verbunden; • wiederholte Kontakte zum Kunden vor Ort sind wesentlich; unbedingte Einholung von Informationen vor Ort, insbesondere zur Konkurrenzsituation • *Maßnahmen:* leichtere bzw. zentralere Zugänglichkeit zu aktuellen Informationen (vgl. Ministerien, Kammern)
	Kontaktanbahnung	• kleinere Firmen haben naturgemäß weniger bzw. eingeschränkte Möglichkeiten, erfolgversprechende Kontakte anzubahnen • *Maßnahmen:* insbesondere auch kleineren und mittleren Firmen sollten der Zugang zu höherrangigen Wirtschaftsdelegationen leichter ermöglicht werden
	Vertretersuche, Anbahnung von Kooperationen vor Ort	• die Suche nach geeigneten Vertretern vor Ort gestaltet sich häufig überaus schwierig und ist mit (zu) hohen Kosten verbunden • *Maßnahmen:* Einrichtung von einschlägigen Datenbanken (z.B. wer vertritt wen vor Ort?, mit welchem Erfolg?, wer wickelt Projekte und Aufträge ab?, Möglichkeiten für Kundendienst?) • Beschaffung und Zurverfügungstellung von Hintergrundinformationen zur Selektion von Kandidaten für die Übernahme von Vertretungen seitens der dafür in Frage kommenden Stellen
	Kommunikationspolitik	• Kontakt zum (insbesondere potentiellen) Kunden gestaltet sich schwierig • *Maßnahmen:* Forcierung von Gemeinschaftsausstellungen vor Ort; gezielte Förderung (verstärkte Beratung und auch finanzielle Unterstützung) von Werbung im Internet und E-Business

Markt-bearbeitung	Distribution/ Service, Lizenzen	• abgesehen von der Suche nach geeigneten ausländischen Partnern für Vertretung, Distribution und Service treten häufig Probleme im Zusammenhang mit der Gestaltung der diesbezüglichen Verträge auf • *Maßnahmen:* Unterstützung durch vorgefertigte (Standard-) Musterverträge (auch in englischer Sprache) bzw. erleichterter Zugang zu derartigen Dokumenten
Finanzierung	Komplexität vorhandener und Fehlen zusätzlicher Finanzierungsinstrumente	• vorher alles absichern und klären, nachträgliche Klärung bedeutet immer (zum Teil überaus hohe) zusätzliche Kosten; • *Maßnahmen*: wünschenswert wären verstärkte Finanzierungsunterstützung (Beratung und finanzielle Unterstützung), verstärkte Übernahme von Haftungen, Bereitstellung von Risikokapital, Einräumung von zusätzlichen zinsgestützten Krediten bzw. gestützten Finanzprodukten
Kooperationen		• *Maßnahmen*: Förderung und Erleichterung von Kooperationen, insbesondere mit im branchenspezifischen Auslandsgeschäft bereits erfahrenen Firmen, um – auch bei entsprechender Risikobeteiligung – am Know-how des Partners partizipieren zu können

Tabelle 2-7 *Exportprobleme und Wünsche von kleineren und mittelständischen Unternehmen (vgl. Gesellschaft für Österreichisch-Arabische Beziehungen 2000, 58f)*

Mögen manche der genannten Probleme und die im Zusammenhang damit gegebenen Empfehlung selbstverständlich und mitunter relativ trivial erscheinen, sei auf die Praxis und zahlreiche Mißerfolge, die in den obigen Problemen und der Nichtbeachtung sowie im Übersehen von Tatsachen ihren Ursprung hatten, verwiesen.

2.3 Lizenzen, Franchising und BOT-Contracts

Eine Art Zwischenstufe zwischen Exporten und Direktinvestitionen im Ausland stellen Lizenzerteilung, Franchising und spezielle Verträge dar. Hier sollen jene Aspekte diskutiert werden, die mit der unmittelbaren Durchführung derartiger Vorhaben im internationalen Geschäft verbunden sind und entsprechend gründlicher Vorbereitung bedürfen.

Eine **Lizenzvereinbarung** beinhaltet die Gewährung von Nutzungsrechten an immateriellem Eigentum, wie z.B. Copyrights, Patenten, Technologien oder Gebrauchsmustern. Gleichzeitig werden von Lizenzgeber (dem Eigentümer) und Lizenznehmer (dem Nutzer) die Nutzungs- und Zahlungsbedingungen vertraglich festgehalten.

Einer Reihe von Unternehmen ist es gelungen, ein auf dem Heimatmarkt erfolgreiches **Franchise-System** zu entwickeln. Verfügt ein Unternehmen über einen hohen Bekanntheitsgrad und wurde ein mit Qualität, Schnelligkeit, Service oder anderen wünschenswerten Eigenschaften verbundenes Image entwickelt, befindet sich das Unternehmen in einer ausgezeichneten Position zur internationalen Expansion.

Turn-key-Projekte

Bei dieser ebenfalls häufigen Form der Marktbearbeitung geht es um die Errichtung schlüsselfertiger, einsatzbereiter (Produktions-)Anlagen durch ein meist eigenständiges Unternehmen, das auch die Schulung des lokalen Personals übernimmt. Nach der Abnahme bzw. Inbetriebnahme werden „die Schlüssel übergeben" und die Anlage auf den ausländischen Eigentümer übertragen.

In jüngster Zeit ist man von seiten der Auftraggeber zunehmend an sogenannten ***BOT-Contracts*** *(build-operate-transfer)* interessiert, im Rahmen derer die betreffende Anlage von ihren Errichtern aufgrund eines Managementvertrages (gegen Honorar und/oder Gewinnbeteiligung) auch betrieben wird. Dem Auftraggeber nimmt dies die operative Verpflichtung für den Betrieb.

Bei Projekten dieser Art handelt es sich häufig um unter immensem Kostenaufwand realisierte „Mega-Projekte", die von internationalen Organisationen (z.B. Weltbank) gefördert und von Generalunternehmern oder Konsortien erstellt werden. Obwohl die Realisierung derartiger Projekte für die beteiligten Unternehmen stets attraktiv ist, muß vor dem Risiko – teilweise beträchtlicher – Verluste aufgrund von Problemen vor Ort bzw. Fehlkalkulationen gewarnt werden. Vor diesem Hintergrund gibt die nachfolgende Checkliste einen Überblick zu den im Rahmen eines Projekts bzw. einer **Feasibility-Study** (Durchführbarkeitsstudie) für ein Projekt zu berücksichtigenden Tatbeständen.

Projektidee	• Vorgeschichte • Grundkonzeption und Größenordnung des geplanten Projekts • Einpassung des Projekts in die Zielsetzung des investierenden Unternehmens (Motive)
Zusammenfassung der Studienergebnisse	• Chancen • Risiken • Würdigung
Rahmenbedingungen im Investitionsland	• politische und volkswirtschaftliche Rahmenbedingungen • rechtliche Rahmenbedingungen für Auslandsinvestitionen (Investitionsrecht, Bodenrecht, Gesellschaftsrecht, Steuerrecht usw.) • Einpassung des Projekts in das Investitionsland
Partner im eigenen Land	• Marktstellung/Kundenstruktur • Basisdaten (Rechtsform, Umsatz, Beschäftigte, Produktionsprogramm usw.) • vorgesehene Mitwirkung/Einbringung • Interessenlage (Motive) • Finanz- und Managementkapazität
Partner im Gastland	• Marktstellung/Kundenstruktur • Basisdaten (Rechtsform, Umsatz, Beschäftigte, Produktionsprogramm usw.) • vorgesehene Mitwirkung/Einbringung • Interessenlage (Motive) • Finanz- und Managementkapazität
Marktanalyse und Marketingkonzept für das geplante Projekt	• Angebots- und Nachfrageentwicklung der letzten Jahre (Menge, Wert, Struktur, sonstige Einflußfaktoren) • Importe/Exporte der letzten Jahre • Entwicklung der Preise der letzten Jahre (regional, Import, Export)
Standort	• Kriterien der Standortwahl (z.B. regionale Förderung, Rohstoffverfügbarkeit vs. Marktnähe, vorhandene Infrastruktur, Sitz des Partners im Gastland) • Beschreibung des ausgewählten Standortes (u.a. Klima, Geographie, Arbeitskräftepotential, sozio-ökonomisches Umfeld)
Grundstücke	• Größe, Art des Erwerbs (Kauf, Miete, Leasing), Nutzungsrechte • geologische Bedingungen, Altlasten • infrastrukturelle Anbindung • Investitionskosten für Erschließung, Kauf • laufende Kosten für Pacht, Nutzungsrecht, Steuern usw.
Gebäude	• Art und Anzahl • Kauf bzw. Miete/Pacht • ggf. notwendige Umbaumaßnahmen • Investitions- und laufende Kosten
Produktion	• technologischer Standard im Investitionsland • Produktionsprogramm und Kapazität • Produktionsverfahren (kurze Beschreibung der Prozesse und jeweiligen Kosten) • Qualitätssicherung • ISO 9000ff

	• Technologietransfer (Lizenzen/Know-how) • Maschinen und maschinelle Anlagen (Lieferanten, Einsatz von Gebrauchtmaschinen) • Wartung und Ersatzbedarf • Produktionskosten
Beschaffung	• Bedarf an Roh-, Hilfs- und Betriebsstoffen sowie sonstigen Materialien und Vorprodukten • Geschäftliche Usancen vor Ort • Importrestriktionen • Verfügbarkeit (Produzenten, Lieferanten, Preise, Versorgungssicherheit) • Transportbedingungen, -kosten, Logistik • Lagerhaltung • Energie und Wasser: Bedarf, Preise, Versorgungssicherheit
Management und Personal	• Bedarf, Verfügbarkeit, Produktivität • Einsatz von *expatriates*, Konzept der Substitution • laufender Ausbildungsbedarf und Ausbildungskosten • Management- und Personalkosten
Organisation	• Rechtsform der Gesellschaft • Gesellschaftsorgane (Hauptversammlung, Verwaltungsrat, Gremien) • Aufbau- und Ablauforganisation
Umweltschutz	• Umwelteinflüsse • erforderliche Umweltschutzmaßnahmen • Kosten der Umweltschutzmaßnahmen • Umweltmanagement
Finanzmittelbedarf	• Anlagevermögen (Grundstücke, Gebäude, Maschinen und maschinelle Anlagen, Fuhrpark, Büroeinrichtungen usw.) • Umlaufvermögen • Gründungs- und Vorproduktionskosten sowie Anlaufverluste • zeitliche Verteilung des Finanzmittelbedarfes
Finanzmittelaufbringung	• Finanzierungsmittel (Eigenmittel, Fremdmittel) • Finanzierungsquellen (Gesellschafter, Darlehensgeber) • Finanzierungsrisiken (z.B. lokales Zinsniveau, Wechselkursentwicklung, Konvertierbarkeit der Währung, Devisenverfügbarkeit) • voraussichtliche Konditionen für Fremdmittel (Beträge, Währungen, Laufzeiten, Kosten, Besicherung) • Kennziffern zur Finanzstruktur (AV-Deckung, Cash-flow, *debt-equity-ratio, debt-service-coverage-ratio* usw.)
Steuern	• Grunderwerbssteuer • Gewerbesteuer • Körperschaftssteuer • Einkommensteuer • Lohnsteuer • Abgabenbelastungen (z.B. Lohnnebenkosten)
Wirtschaftlichkeitsrechnung	• Umsatzerlöse • Umsatzstruktur gemäß Produktprogramm/Serviceangebot

	• Kalkulation des Gesamtumsatzes gemäß Kapazitätsaufbau und Marktstrategie • Kosten • Unterteilung in fixe und variable Produktionskosten • Gemeinkosten • Abschreibungen (Modalitäten und Vergünstigungen) • Zinskosten • Gewinn- und Verlustrechnung • Planbilanzen • Liquiditätsplanung • Wirtschaftlichkeits- und Risikoabschätzung • Kapitalwertmethode, interne Verzinsung, Amortisationsrechnung • *Break-even*-Analyse • Sensivitätsanalysen bezüglich kritischer Kosten- und Erlösgrößen • Kennziffern (u.a. Umsatzrendite, Eigenkapital-Rentabilität)
Planung	• Zeitplan für Projektvorbereitung und Projektimplementierung

Tabelle 2-8 *Kriterien einer Feasibility-Study (nach Behrens/Hawranek 1991 und Fröhlich/Hawranek/Lettmayr/Pichler 1994)*

2.4 Direktinvestitionen

2.4.1 Auslandsbeteiligung

Neben den Markteintrittsformen ohne Eigentumsverlagerung besteht die Möglichkeit einer Direktinvestition (**FDI** – ***foreign direct investment***) in Form einer (100%igen) Auslandsbeteiligung und der Etablierung von Joint Ventures. Hierbei wird das Mutterunternehmen (Mit-) Eigentümer von (Tochter-)Unternehmen im Ausland.

Viele Unternehmen ziehen einen 100%igen Anteil anderen Beteiligungsformen vor, weil sie sich dadurch bessere Kontroll- und Einflußmöglichkeiten in Hinblick auf die Tätigkeit des Tochterunternehmens versprechen. **Alleinige Kontrolle** über ein Tochterunternehmen ausüben zu können, ist besonders bei global verflochtenen Geschäftsabläufen vorteilhaft. Ebenso kann über die Verwendung der erzielten Gewinne allein entschieden werden. In jüngster Zeit ist jedoch eine Verschiebung hin zu anderen Eintrittsmethoden zu verzeichnen, da

- vielerorts die Einbeziehung einheimischer Unternehmen per Gesetz gefordert wird,
- die Vorteile anderer Eintrittsformen erkannt wurden und

- strategische Allianzen nicht zu unterschätzende Wettbewerbsvorteile verschaffen.

Verfügt ein Unternehmen nicht über die für Auslandsinvestitionen notwendigen Ressourcen bzw. erlauben die finanziellen Verhältnisse keine Mehrheitsbeteiligung, so kann sich dieses Unternehmen über eine **Minderheitsbeteiligung** dennoch einem attraktiv erscheinenden Projekt im Ausland anschließen. Auf diese Weise kann ein Unternehmen am Erfolg des ausländischen Unternehmens teilhaben, muß aber keine allzu umfangreichen Investitionen tätigen oder sich mit operativen Fragen des Managements am ausländischen Standort beschäftigen.

2.4.2 Joint Ventures

Unter einem **Joint Venture** versteht man die Kooperation zweier oder mehrerer Unternehmen, wobei es sich bei einem Teil dieser Unternehmen um nicht gebietsansässige Partner handelt. Unter Verwendung dieser sehr unscharfen Definition kann ein Joint Venture sämtliche Formen der Kooperation – z.B. Lizenzvergabe, Verträge und Gemeinschaftsunternehmen – annehmen. Um Joint Ventures im engeren Sinne handelt es sich bei Unternehmen, die folgende Merkmale aufweisen:

- Alle Kooperationspartner sind kapitalmäßig beteiligt und tragen gemeinsam das Risiko des Projekts.
- Die Investoren stammen aus verschiedenen Wirtschaftsgebieten.
- Kooperationspartner aus dem Ausland gründen oder erwerben im Gastland ein Unternehmen bzw. gründen das Joint Venture gemeinsam mit einem Partner aus dem Gastland.
- Die Zusammenarbeit erfolgt überwiegend längerfristig.
- Rechtsform, Ziele, Gewinn- und Risikoteilung, Dauer des Vertrages, Gerichtsbarkeit und Kompetenzverteilung innerhalb des Joint Ventures sind vertraglich geregelt.

Die **Vorteile** von Joint Ventures stellen sich wie folgt dar:

- An Joint Ventures beteiligte Unternehmen profitieren von den Erfahrungen der anderen Partner und können Synergieeffekte nutzen.
- In einzelnen Ländern bestehende Importrestriktionen oder -verbote können durch die Gründung eines Joint Ventures (besonders bei Beteiligung eines staatlichen Partners) umgangen werden.
- Ein über ein Joint Venture im Gastland vertretenes Unternehmen genießt aufgrund seines scheinbar einheimischen Charakters möglicherweise eine größere Akzeptanz unter den Käufern, Zulieferern und sonstigen Marktpartnern, aber auch bei einer Vielzahl offizieller, einflußreicher Gremien, Regierungsstellen, wirtschaftlichen Interessenverbänden und den Medien, was für die Geschäftsbeziehungen und Kontakte wichtig ist.

Die Teilung von Technologien, Verantwortlichkeiten und Risiken beinhaltet jedoch auch unvermeidliche **Konflikte und Nachteile**, die vor dem Eintritt in ein Joint Venture gewissenhaft abzuwägen sind:

- Besonders bei Joint Ventures in weniger entwickelten Ländern bestehen häufig erhebliche Erfahrungs- und Know-how-Unterschiede zwischen dem ausländischen Investor und dem einheimischen Partner. Des weiteren können ideologische und kulturelle Unterschiede, welche sich auf Zielvorstellungen, Entscheidungsprozesse, Führungsstil, Gewinnverwendung usw. auswirken, die Kooperation erschweren.
- Der Handlungsspielraum bzw. die Verfügungsfreiheit des ausländischen Investors (z.B. in bezug auf Devisentransfer und -verwendung, Investitions- und Personalentscheidungen) wird durch die (vorgesehene) Stellung des einheimischen Partners teilweise erheblich eingeschränkt.
- Eventuell notwendige Anpassungen der Geschäftspolitik an spezielle im Gastland existierende Vorschriften werden mit dem Risiko durchgeführt, eine bisher verfolgte, international einheitlich gestaltete Management- und Marketingstrategie zu gefährden.
- Insbesondere in Joint Ventures mit staatlicher Beteiligung erhalten Dritte unumschränkten Einblick in die Geschäftspolitik.

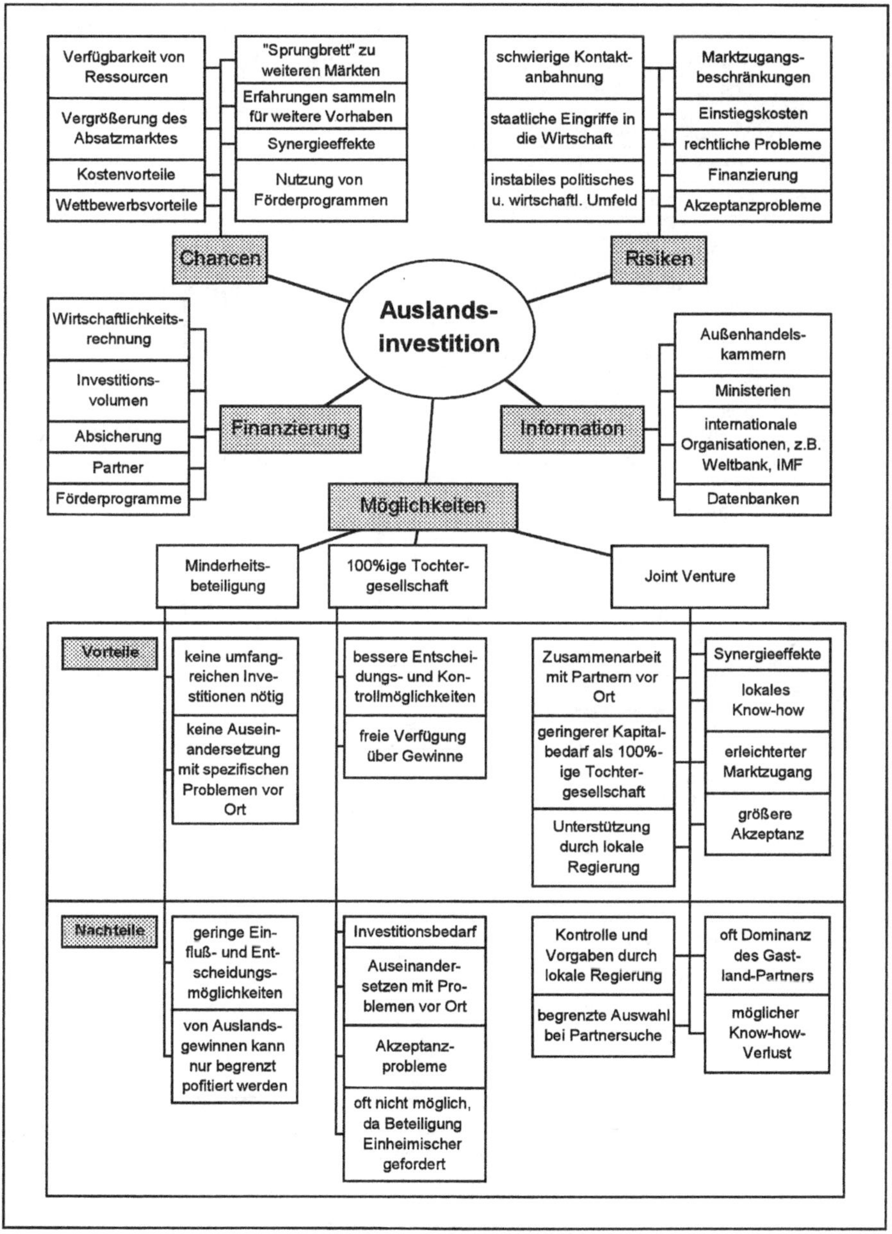

Abbildung 2-4 *Mögliche Probleme bei einer Investition im Ausland*

Kriterien zur Beurteilung einer Investition im Ausland*	Gewichtung	Bewertung					Wert
		1	2	3	4	5	
Strategische Aspekte							
Vergrößerung des Absatzmarktes							
Erleichterter Marktzugang							
Realisierung von Kostenvorteilen							
Realisierung von Wettbewerbsvorteilen							
Nutzung von Synergieeffekten							
Verfügbarkeit von Ressourcen							
„Sprungbrett" zu weiteren Märkten							
Kontaktanbahnung							
Investitionsbedarf/Einstiegskosten							
Akzeptanzprobleme							
Entscheidungs- und Kontrollmöglichkeiten							
(Miß-)Erfolgsfaktoren							
Kooperationsform							
Standort							
Personal							
Partnerwahl							
Produktstrategie							
Marketing							
Vertrieb							
Know-how-Transfer							
Information							
Informationsbeschaffung							
Unterstützung vor Ort							
Beratung durch Kammern und Verbände							
Finanzierung							
Verfügbarkeit ausreichender Mittel							
Verfügbarkeit von Förderungen							
Absicherung							
Summe (Vergleichsbasis)							
Bewertungskriterien von 1 (schlecht) bis 5 (ausgezeichnet)							
*Unternehmensexterne Risiken siehe „Probleme beim Export II"							

Tabelle 2-9 *Checkliste für eine Direktinvestition im Ausland*

Kriterien	Chancen	Risiken
Strategie		
Marketing		
Finanzen		
Produktion		
Personal		

Tabelle 2-10 *Prognose der Chancen und Risiken einer Direktinvestition im Ausland (verbalisiert)*

Kriterien	Maßnahmen
Strategie	
Marketing	
Finanzen	
Produktion	
Personal	

Tabelle 2-11 *Maßnahmen zur Erfolgssicherung bei einer Direktinvestition im Ausland (verbalisiert)*

Teil B:
Marketing

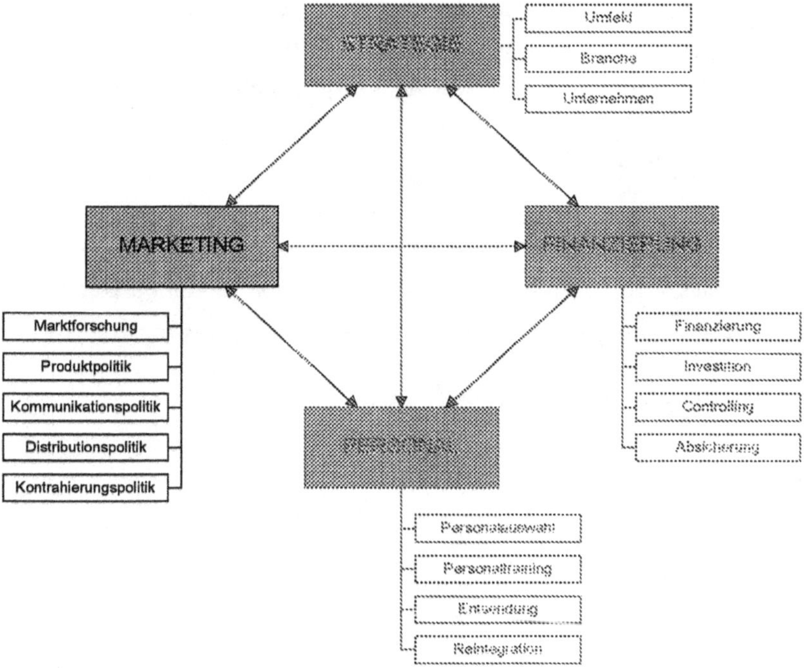

Leitfragen – Marketing im internationalen Kontext

Marktforschung

- Welche Bedürfnisse haben die Kunden?
- Gibt es Marktlücken/-nischen?
- Welche Marktvolumina bieten sich?
- Welche Marktanteile lassen sich gewinnen?
- Welche Marktsegmente (Zielgruppen) sollen/können vom Unternehmen bedient werden?
- Welche Trends in Hinblick auf Nachfrage sowie qualitative und technologische Erfordernisse lassen sich erkennen?
- Welches Verhalten der Konkurrenz läßt sich beobachten?

Produktpolitik

- Welche Produkte und Leistungen bietet das Unternehmen für die verschiedenen von ihm angesprochenen Zielgruppen an?
- Welche der Produkte sind international vermarktungsfähig?
- Wie stellen sich die Lebenszyklusphasen der einzelnen Produktlinien dar?
- Wo liegen diesbezüglich Potentiale?
- Welche Produkte werden vom Unternehmen selbst produziert, welche zugekauft?
- Welche programm- und sortimentspolitischen Grundsätze verfolgt das Unternehmen?
- Welche Philosophie in Hinblick auf die Markenpolitik hat das Unternehmen?

Kommunikationspolitik

- Welche Produkte und Leistungen sollen beworben werden?
- Welche Zielgruppen sollen die Werbemaßnahmen ansprechen?
- Welche Etats sollen/können für Werbung bereitgestellt werden?
- Wie soll die Werbebotschaft gestaltet werden?

- Welche Kommunikationskanäle bieten sich an?
- Welche Maßnahmen der Verkaufsförderung stehen dem Unternehmen zur Verfügung?
- Welche Probleme sind mit einer Teilnahme an internationalen Messen verbunden?

Distributionspolitik

- Welche für die Zwecke des Unternehmens geeigneten Distributionspartner stehen zur Verfügung?
- Welche Formen der Kooperation mit Distributionspartnern bieten sich an?
- Welche Absatzkanäle eignen sich für die internationale Geschäftstätigkeit des Unternehmens?
- Mit welchen distributionspolitischen Restriktionen ist zu kalkulieren?
- Wie gestalten sich die Auswahl und der Einsatz optimaler Transportmittel?
- Welche Standorte eignen sich für einen reibungslosen Ablauf der Distributionsaktivitäten optimal?
- Welche Lagerhaltungsentscheidungen sind zu treffen?
- Welche Probleme stellen sich im Zusammenhang mit einer möglichst effizienten Organisation des Außendienstes?
- Mit welchen distributionsbezogenen Anforderungen an den Service ist das Unternehmen von seiten der Kunden konfrontiert?

Kontrahierungspolitik

- Welche Preisstrategien verfolgt das Unternehmen?
- Wie gestaltet sich die Preispolitik?
- Wie werden Rabatte/Preisnachlässe gehandhabt?
- Welche Zahlungsbedingungen eignen sich für das Unternehmen am besten?
- Welche Lieferbedingungen eignen sich für das Unternehmen am besten?

Instrumente zur Erfolgssicherung im internationalen Geschäft II – Marketing		
Instrumente	**Einsatz***	**Seite**
Kriterien der Marktforschung	A/P	150
Sekundärforschung	A/P	151
Primärforschung	A/P	152
Befragungen	A/P	152
Experimente	A/P	152
Konsumenten-Panels	A/P	153
Deskriptive Verfahren	A/T	153
Analytische Verfahren	A/T	153
Univariate Verfahren	A/T	153
Bivariate Verfahren	A/T	153
Multivariate Verfahren	A/T	154
Regressionsanalyse	A/T	154
Korrelationsanalyse	A/T	154
Varianzanalyse	A/T	154
Diskriminanzanalyse	A/T	154
Clusteranalyse	A/T	154
Faktorenanalyse	A/T	154
Conjoint-Analyse	A/T	154
Testverfahren	A/T	154
Kriterien der Marktsegmentierung	A	155f
Checkliste für die Beurteilung der Marktforschung	A/P	156
Beurteilung der Einsatzmöglichkeiten verschiedener Marktforschungsmethoden	P	157
Kriterien der Produktpolitik	A/P	163
Intuitiv-kreative Verfahren	A/T	168
Delphi-Methode	A/T	168
Synektik	A/T	168
Pflichtenheft/Anforderungskatalog	A/T	169f
Punktbewertungs-/Scoring-Modelle	A/P/T	170
Pilottests	T	171
Break-Even-Analyse	A/T	171
Amortisationsrechnung/Pay-off-Rechnung	A/T	171
Kapitalwertmethode	A/P	171
Produkttests	A	171

Instrumente	Zweck*	Seite
Versuchspanels	A/P/T	172
Testmarktverfahren	A/P/T	172
Produkt- und Programmanalysen	A/T	176ff
Produktlebenszyklusanalyse	A/T	177ff
Umsatzstrukturanalyse	A/T	180
Altersstrukturanalyse	A/T	180
Kundenstrukturanalyse	A/T	181
Deckungsbeitragsanalyse	A/T	181
Produkteinzelanalyse	A/T	181f
Scoring-Modelle/Polaritätsprofil	A/P/T	182
Portfolio-Analysen	A/P/T	182
Checkliste für die Analyse der Produktpolitik im internationalen Kontext	A/P	182f
Prognose der künftigen Entwicklung der Stärken und Schwächen in der Produktpolitik	P	183f
Prognose der Chancen und Risiken in der Produktpolitik	P	185
Erfolgssicherung im Bereich der Produktpolitik (Maßnahmen)	P	186
Kriterien der Kommunikationspolitik	A/P	187
Musical-Technik	T	188
Persönlichkeit als Symbolfigur	T	188
Slice-of-Life-Technik	T	188
Technische Komptenz	T	188
Testimonial Werbung	T	188
All-you-can-afford-Method	T	190
Percentage-of-Method	T	190
Competitive-Parity-Method	T	190
Objective-and-Task-Method	T	190
Rangfolgeverfahren	T	195
Paarvergleich	T	195
Skalentest	T	195
Tachistoskopverfahren	T	195
Psychogalvanometerverfahren	T	195
Pupillenveränderungsmeßverfahren	T	196
Speichelflußmessungen	T	196
Recognition-Verfahren (Wiedererkennungsverfahren)	T	196

Instrumente	Zweck*	Seite
Recall-Verfahren (Erinnerungsverfahren)	T	197
Kontaktmessungsverfahren	T	197
Gebietsverkaufstest	T	197
Methode der Direktbefragung	T	197
Bestellung unter Bezugnahme auf das Werbemittel	T	197
Kreativitätstechniken	T	198f
Brainstorming	T	198
Mind-Mapping	T	198
Methode 6-3-5	T	198
Reizwort-Analyse	T	198
Bisoziation	T	199
Synektik	T	199
Osborn-Checkliste	T	199
Morphologischer Kasten	T	199
Checkliste für die Analyse der Kommunikationspolitik im internationalen Kontext	A/P	200f
Prognose der künftigen Entwicklung der Stärken und Schwächen in der Kommunikationspolitik	P	201f
Prognose der Chancen und Risiken in der Kommunikationspolitik	P	203
Erfolgssicherung im Bereich der Kommunikationspolitik (Maßnahmen)	P	204
Kriterien der Distributionspolitik	A/P	205
Checkliste zur Lieferantenauswahl	A	206
Checkliste zur Vorbereitung von Logistikentscheidungen	A	210ff
Optimale Anzahl an Außendienstmitarbeitern	A/T	216
Vertriebsrepräsentant vs. Handelsvertreter/ Vorteilhaftigkeitsvergleich	A/T	216f
Checkliste für die Analyse der Distributionspolitik im internationalen Kontext	A/P	227ff
Prognose der künftigen Entwicklung der Stärken und Schwächen in der Distributionspolitik	P	229
Prognose der Chancen und Risiken in der Distributionspolitik	P	230
Erfolgssicherung im Bereich der Distributionspolitik (Maßnahmen)	P	231
Kriterien der Kontrahierungspolitik	A/P	232
Kostenorientierte Preisbildung	T	233ff
Preisbildung auf Vollkostenbasis	T	233

Instrumente	Zweck*	Seite
Zuschlagskalkulation	T	233
Teilkostenrechnung	A/T	234
Break-Even-Analyse (Gewinnschwelle)	A/T	234
Mehrstufige Deckungsbeitragsrechnung	A/T	235
Direct Costing	T	235
Grenzplankostenrechnung	T	235
Kalkulation unter Einbeziehung der Incoterms	T	243
Checkliste für die Analyse der Kontrahierungspolitik im internationalen Kontext	A/P	245
Prognose der künftigen Entwicklung der Stärken und Schwächen in der Kontrahierungspolitik	P	246
Prognose der Chancen und Risiken in der Kontrahierungspolitik	P	247
Erfolgssicherung im Bereich der Kontrahierungspolitik (Maßnahmen)	P	248
* A – als Analyseinstrument (besondere Eignung); P – als Prognoseinstrument (besondere Eignung); T – als Technik		

Tabelle 0-1 *Übersicht der Instrumente zur Erfolgssicherung im internationalen Geschäft II – Marketing*

1 Marktforschung

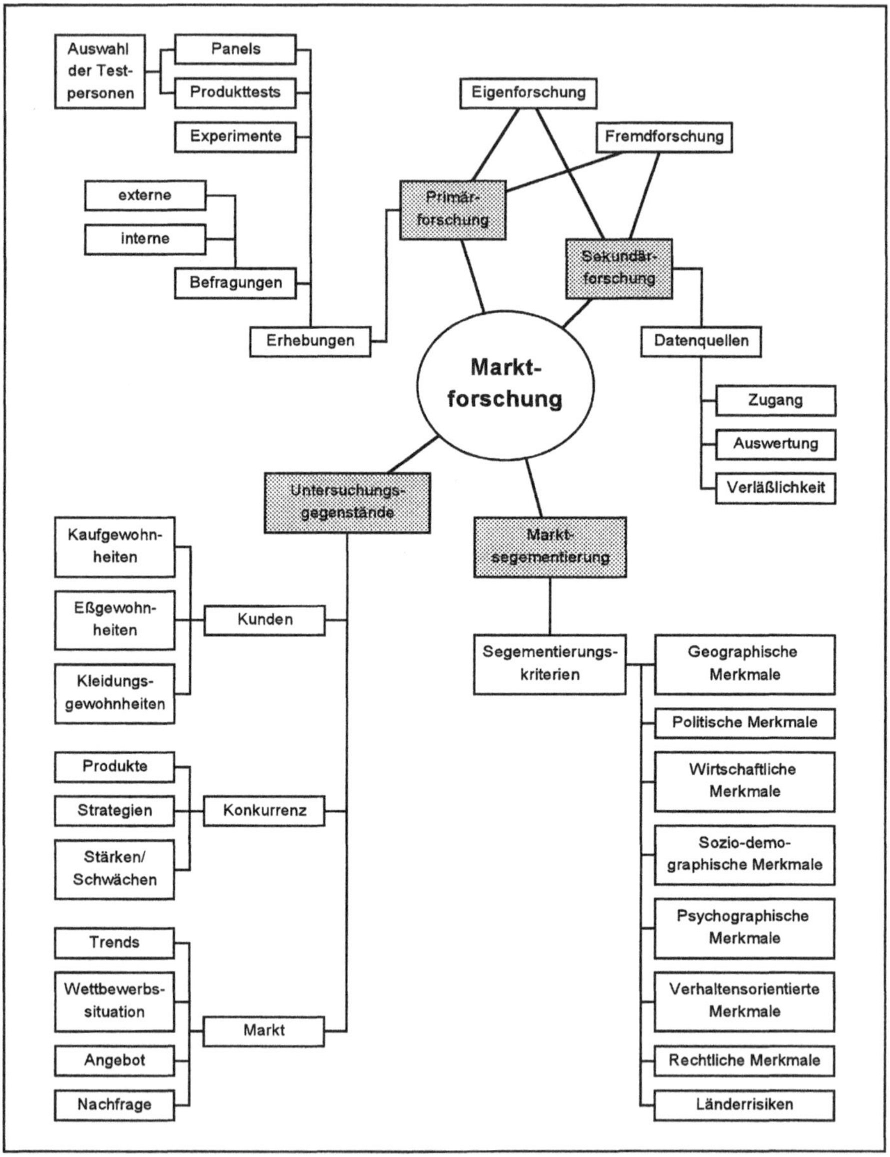

Abbildung 1-1 *Kriterien der Marktforschung*

Die Konzeption internationaler Marketingstrategien stellt für jedes international tätige Unternehmen eine Herausforderung dar. Wie bei anderen strategischen Entscheidungen auch, muß beim Treffen von marktbezogenen Entscheidungen eine Vielzahl externer, häufig unkontrollierbarer Einflußfaktoren berücksichtigt werden. Diese Faktoren werden durch nicht zu unterschätzende sozio-kulturelle Aspekte ergänzt. Aufgrund der recht unterschiedlich strukturierten Märkte ist die erfolgreiche Nutzung erkannter günstiger Gelegenheiten meist nur unter Berücksichtigung und Anpassung an spezifische und lokale Bedingungen möglich (vgl. z.B. Veränderung von Produkten, unterschiedliche Preise und Konditionen).

Ein Unternehmen steht somit vor der grundsätzlichen Entscheidung zwischen **Standardisierung** (vgl. international einheitliches Marketingkonzept) und **Differenzierung** (vgl. Adaptionen für unterschiedliche Märkte).

Trotz offensichtlicher Vorteile ist davon auszugehen, daß eine völlige Standardisierung – wenngleich von Unternehmen verständlicherweise gewünscht – nur in den seltensten Fällen möglich ist und demzufolge gewisse Anpassungen an lokale Erfordernisse stets notwendig sein werden.

1.1 Instrumente zur Datenerhebung

Sekundärforschung (Desk Research): Um angemessene und erfolgversprechende Marketingentscheidungen treffen zu können, benötigt man ausreichende Informationen über das zu vermarktende Produkt, (potentielle) Kunden, die Konkurrenz sowie die Verfügbarkeit einzelner Marketing-Instrumente. Im allgemeinen stehen diese Daten nicht unmittelbar zur Verfügung, sondern müssen erst recherchiert und analysiert werden. Dies geschieht durch die Marktforschung. Eine relativ preiswerte Marktforschungsmethode ist die **Verwendung bereits veröffentlichter Daten**. Aus vorhandenem Datenmaterial kann oft ein Großteil der benötigten Informationen, einschließlich demographischer, volkswirtschaftlicher und wirtschaftlicher Daten gewonnen werden. Deshalb beginnen die meisten Unternehmen bei der Analyse ihrer Märkte mit der Untersuchung sogenannten sekundären Datenmaterials (z.B. nationale und internationale Statistiken, Berichte und Literatur). Auf diese Weise wird auch festgestellt, welche Informationen durch eigene Erhebungen noch gewonnen werden müssen.

Primärforschung (Field Research) bezeichnet die aktive **Gewinnung von Daten** (z.B. Nachfrageverhalten von Konsumenten) in einer natürlichen Umgebung, d.h. nicht unter Laborbedingungen oder künstlich erzeugten Umwelten. Diese Marktforschungsmethode wird angewandt, wenn sekundäre Informationsquellen die benötigten Daten nicht oder nicht im erforderlichen Umfang bereitstellen können. Verschieden Methoden stehen zur Verfügung: **Befragungen** dienen dazu, Meinungen und Einstellungen einer repräsentativen Gruppe von Personen zu einem abgegrenzten Problembereich zu erhalten.

<table>
<tr><th>Unterscheidungs-kriterien</th><th colspan="6">Formen</th></tr>
<tr><td>Befrager</td><td colspan="3">interne Befragung</td><td colspan="3">externe Befragung</td></tr>
<tr><td rowspan="2">Befragte</td><td colspan="4">Expertenbefragung</td><td colspan="2">Abnehmerbefragung</td></tr>
<tr><td>Mit-arbeiter (Außen-dienst, Service)</td><td>Lieferan-ten</td><td>Berater</td><td>Kammern, Verbände</td><td>Verbrau-cher</td><td>Händler</td></tr>
<tr><td>Art der Durchführung</td><td colspan="2">persönliche Befragung (Interview)</td><td colspan="2">schriftliche Befragung</td><td colspan="2">telefonische Befragung</td></tr>
<tr><td>Anzahl der Untersuchungs-themen</td><td colspan="3">Einthemenbefragung</td><td colspan="3">Mehrthemenbefragung (Omnibusbefragung)</td></tr>
<tr><td>Art der Fragestellung</td><td colspan="3">direkte Befragung</td><td colspan="3">indirekte Befragung</td></tr>
</table>

***Abbildung 1-2** Formen der Befragung*

Experimente dienen dazu, den Einfluß einer bestimmten Variable auf eine andere zu testen, um tatsächliche Reaktionen auf bestimmte Reize, wie Farbe oder Geschmack zu ermitteln. Die Auswahl an experimentellen Methoden ist recht groß: Geschmackstests, blinde Produktvergleiche, Einführung eines Produktes auf einem begrenzten Markt,

Testpackungen, Werbekampagnen in einem begrenzten Gebiet usw. können zum Einsatz kommen.

Ein Panel ist ein bestimmter gleichbleibender Kreis von Personen, der über einen längeren Zeitraum zur gleichen Thematik befragt wird. **Konsumenten-Panels** setzen sich aus Konsumenten zusammen, die Informationen zu Einkaufsverhalten und Einstellungen gegenüber bestimmten Marketing-Aktivitäten bereitstellen. Grundidee ist die Zusammenstellung einer repräsentativen Gruppe, die den typischen Kunden darstellt.

Ausgehend von kaufrelevanten Kriterien, die auch zur Marktsegmentierung genutzt werden, können **Konsumententypologien** erstellt werden. Dabei werden allgemeine oder auch spezifische Typen, die die entscheidenden Merkmale der Kunden eines Unternehmens bzw. einer Branche aufweisen, erfaßt. Ziel dieser Typenbildung ist die Ausrichtung der Marketing-Strategie oder einzelner Elemente auf typenspezifische Besonderheiten.

1.2 Instrumente zur Datenauswertung

Für die Auswertung von Marktdaten bieten sich verschiedene statistische Verfahren an (vgl. Winkelmann 2000, 154ff):

Deskriptive Verfahren dienen dazu, Zustände, Ereignisse oder Vorgänge vollständig und aussagekräftig zu beschreiben. Dabei wird auf eine Untersuchung von Beziehungen und Abhängigkeiten zwischen den Daten verzichtet.

Analytische Verfahren untersuchen Stärke und Richtung von Abhängigkeiten von einer oder mehreren Variablen:

- **Univariate Verfahren**: Stärke und Richtung von Abhängigkeiten einer Variablen, z.B. Umsatzentwicklung in einem bestimmten Zeitraum
- **Bivariate Verfahren**: Stärke und Richtung von Abhängigkeiten von zwei Variablen, z.B. Einfluß des Preises auf den Absatz eines Produktes

- **Multivariate Verfahren**: Stärke und Richtung von Abhängigkeiten von mehreren Variablen, z.B. Einfluß von Preis, Werbebudget und Verkaufseinsatz auf den Absatz eines Produktes

Analytische Verfahren der Datenauswertung

Regressionsanalyse: untersucht die Art des Zusammenhanges zwischen einer abhängigen und einer oder mehreren unabhängigen Variablen.

Korrelationsanalyse: mißt die Stärke des Zusammenhangs zwischen Variablen.

Varianzanalyse: ermöglicht Zusammenhanganalysen auch bei nominal skalierten unabhängigen Variablen.

Diskriminanzanalyse: erklärt die gruppenweise Trennung von Untersuchungsobjekten durch unabhängige, charakterisierende Variable.

Clusteranalyse: teil Untersuchungsobjekte entsprechend ihrer Ähnlichkeit auf möglichst homogene Gruppen auf.

Faktorenanalyse: positioniert Untersuchungsobjekte nach Ähnlichkeitsdistanzen in einem Eigenschaftsraum.

Conjoint-Analyse: analysiert die Einflußnahme von Eigenschaften (Teilnutzen) auf Gesamturteile (Gesamtnutzen)

(Winkelmann 2000, 157)

Mit Hilfe von **Testverfahren** (Verfahren der Inteferenzstatistik) können Hypothesen getestet werden, wobei man Parametertests, Anpassungsstest und Unabhängigkeitstests unterscheidet.

1.3 Marktsegmentierung

Unter **Marktsegmentierung** versteht man die Aufspaltung eines Gesamtmarktes in homogene Teilmärkte unter Zuhilfenahme geeigneter Segmentierungskriterien. Da die Bearbeitung des Gesamtmarktes als Einheit i.d.R. nicht möglich ist, stellt die Marktsegmentierung einen entscheidenden Schritt bei der Auswahl und Bearbeitung von Märkten dar. Als Grundlage für die Bemühungen zur Marktsegmentierung dienen verschiedenste **Kriterien**, die letztlich auch über die Notwendigkeit zur länderspezifischen Differenzierung Auskunft geben.

Geographische Merkmale	Europa, Asien, Afrika, Amerika, Australien Größe des Landes in km² Binnenländer/Küstenländer Gebirgsländer/Tiefländer heiße, gemäßigte und kalte Klimazonen Rohstoffvorkommen Großstädte/Kleinstädte/ländliches Gebiet Verwaltungs- bzw. Regierungsbezirke
Politische Merkmale	politische Stabilität Gesellschaftsordnung
Wirtschaftliche Merkmale	Bruttosozialprodukt Pro-Kopf-Einkommen Inflationsrate Arbeitskosten/Löhne Außenhandelsstruktur Infrastruktur
Sozio-demographische Merkmale	Einwohnerzahl Besiedlungsdichte Sprache Urbanisierungsgrad Altersstruktur der Bevölkerung Geschlecht Familienstand Beruf Einkommensklasse
Psychographische Merkmale	Persönlichkeitsmerkmale Einstellungen Verhalten Nutzenerwartung
Verhaltensorientierte Merkmale	Einstellungsmuster Verhaltensmuster Lebensgewohnheiten Lebensstil
Rechtliche Merkmale	gesetzliche Vorschriften im allgemeinen Außenhandelsgesetze Steuergesetze

Länderrisiken	wirtschaftliches Risiko Prozeßführungsrisiko politisch-soziales Risiko Währungsrisiko Transferrisiko Substitutionsrisiko Transport- und Lagerrisiko

Tabelle 1-1 *Beispiele für Kriterien zur Marktsegmentierung*

Kriterien zur Beurteilung der Marktforschung im internationalen Kontext	**Gewichtung**	**Bewertung**					**Wert**
		1	**2**	**3**	**4**	**5**	
Datenquellen							
Vorhandensein							
Zugang							
Verläßlichkeit							
Auswertung							
Kosten							
Marktforschungsmethoden							
Befragungen							
Anwendbarkeit							
Kosten							
Experimente/Tests							
Anwendbarkeit							
Kosten							
Panels							
Anwendbarkeit							
Kosten							
Marktforschungsinstitute vor Ort							
Vorhandensein							
Verläßlichkeit							
Kosten							
Summe (Vergleichsbasis)							
Bewertungskriterien von 1 (problematisch) bis 5 (nicht problematisch)							

Tabelle 1-2 *Checkliste für die Beurteilung der Marktforschung*

Methode	Vorteile (Stärken)	Nachteile (Schwächen)
Primärforschung		
Sekundärforschung		
Eigenforschung		
Fremdforschung		

***Tabelle 1-3** Beurteilung der Einsatzmöglichkeiten verschiedener Marktforschungsmethoden (verbalisiert)*

Schließlich zieht man die für die eigenen Einschätzungen zweckdienlichen Kriterien heran und unterzieht diese einer Bewertung, wobei Augenmerk insbesondere auf den Grad des Risikos und in Hinblick auf Ländervergleiche gerichtet wird. Das Ergebnis derartiger Überlegungen soll die optimale Gestaltung des jeweiligen Marketing-Mix sein.

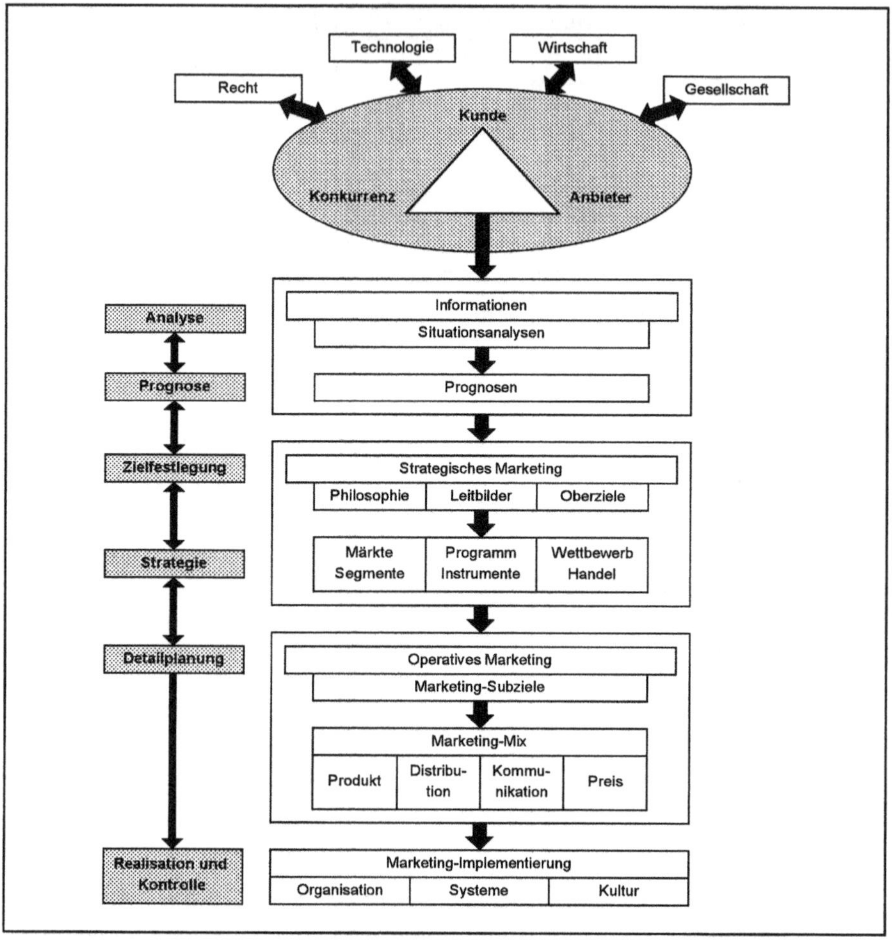

***Abbildung 1-3** Aufgaben des Marketing als Managementprozeß (vgl. Meffert 1998, 13)*

Unter **Marketing-Mix** versteht man aufeinander abgestimmte strategische Entscheidungen in bezug auf Produkt, Preis, Distribution und Kommunikation mit dem Ziel, die Bedürfnisse der Kunden einer ausgewählten Zielgruppe möglichst optimal in Hinblick auf ihre Kaufentscheidung anzusprechen. Die Variationsmöglichkeiten bei der Zusammenstellung eines Marketing-Mix sind zahlreich. In den folgenden Abschnitten werden die einzelnen **Instrumente des Marketing-Mix** unter Berücksichtigung internationaler Umfelder vorgestellt.

Der **Prozeß der Marketingplanung** könnte dabei wie folgt aussehen:

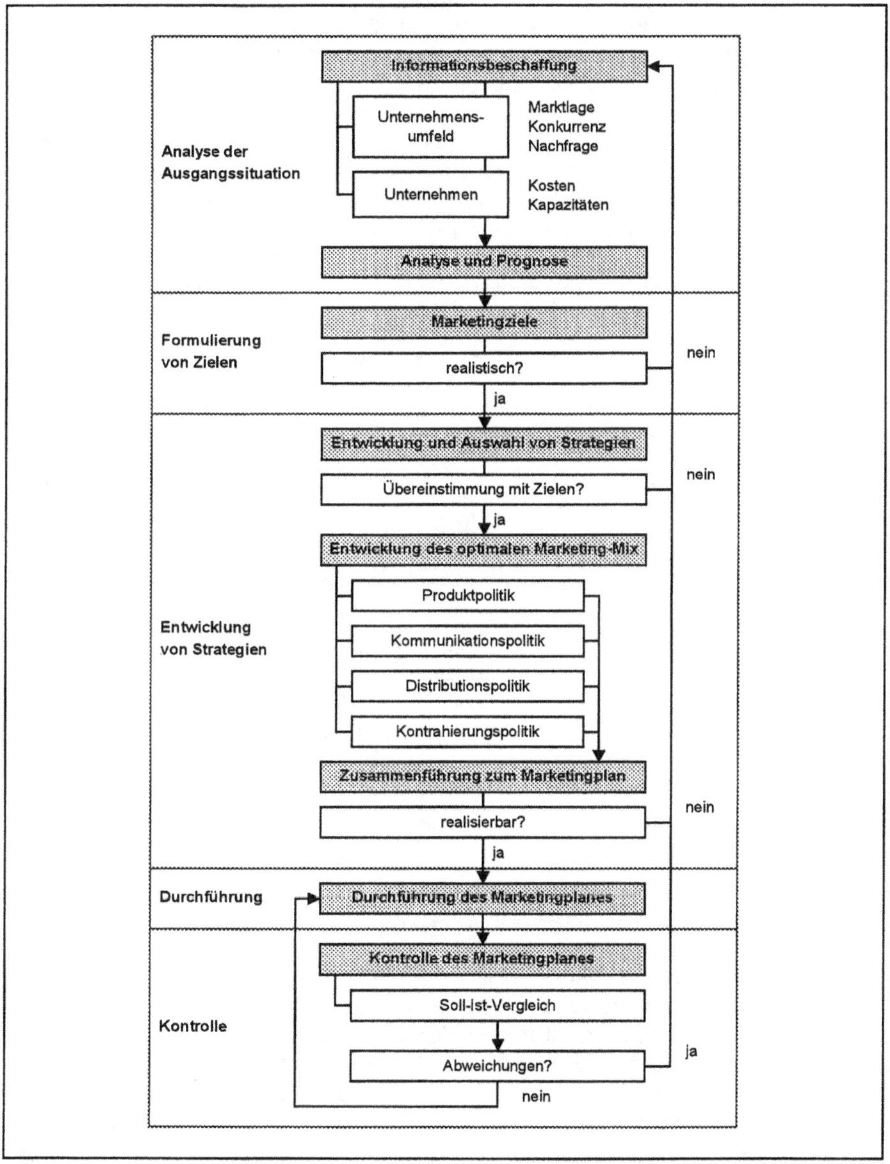

***Abbildung 1-4** Prozeß der Marketingplanung (vgl. Weis 1993, 434)*

Beispiel: Globus – „Immer auf der Seite seiner Kunden"

Kundenzufriedenheit und die daraus resultierende Kundenbindung ist für die GLOBUS-Warenhausgruppe nur durch einen Mix aus **kunden- und mitarbeiterorientierten Maßnahmen** zu erreichen. Es ist die Zufriedenheit der Mitarbeiter, die eine zielgerichtete Kundenorientierung erst möglich macht. Nur wenn Mitarbeiter motiviert und qualifiziert sind, werden sie die Kunden gut beraten und „rundum" zufriedenstellen. Neben den ausschließlich kundenorientierten Maßnahmen, sind es ebenso die mitarbeiterorientierten Maßnahmen die Globus zu einem der größten Handelsunternehmen in Deutschland werden ließen.

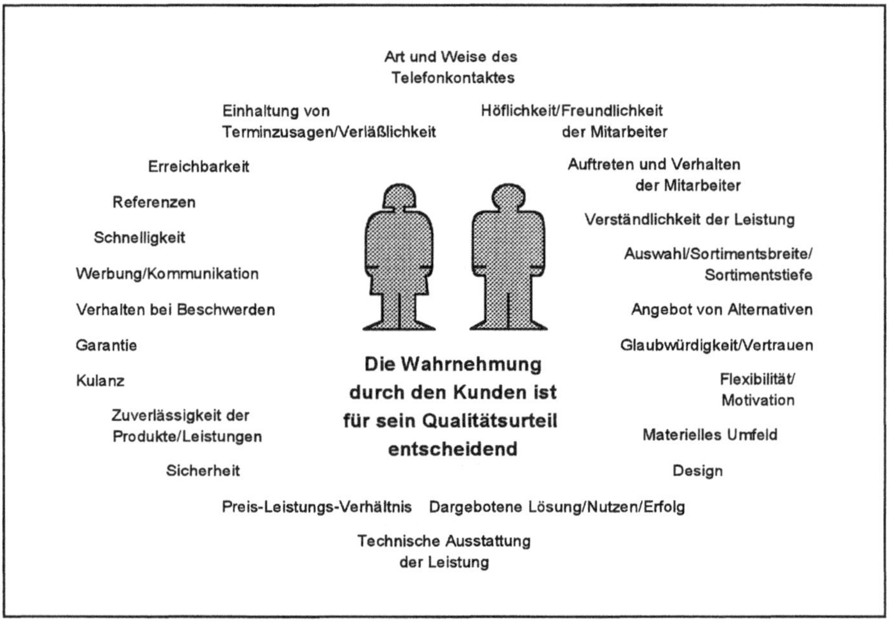

Abbildung 1-5 *Mit den Augen des Kunden (vgl. Ederer/Seiwert 2000, 106)*

Bereits in der Werbung, welche dem Kunden vermitteln soll, daß seine Erwartungen mit hoher Wahrscheinlichkeit erfüllt werden, wird die Verbindung zwischen Mitarbeiter und Kunden gesucht. So erscheint z.B. einmal wöchentlich ein Faltblatt, das an alle Haushalte im Einzugsgebiet des jeweiligen Marktes verteilt wird. Kunden und Mitarbeiter, welche sich mit voller Namensnennung fotografieren lassen, kommen hier gleichermaßen zu Wort. Diese „Testimonial-Werbung" soll Ehrlichkeit und Vertrautheit vermitteln.

Kundenorientierte Maßnahmen	Mitarbeitorientierte Maßnahmen
• Attraktive und glaubwürdige Werbung • Kontinuität bei der Durchführung der Maßnahmen • Eine geeignete Sortiments- und Preispolitik aus Sicht des Kunden	• Erhöhung der Mitarbeiterkompetenz, mit dem Ziel Beschwerden und Reklamationen von Mitarbeitern an der Basis zu erledigen lassen • Auswahl der Mitarbeiter nicht nur nach der fachliche Qualifikation, sondern auch nach der Kundenorientierung

Tabelle 1-4 *Kundenorientierte und mitarbeiterorientierte Maßnahmen bei Globus*

Der **persönliche Kundenkontakt** ist, wie in anderen Branchen auch, ein sehr wichtiger Bereich in der Kundenarbeit. Da die erste persönliche Kontaktaufnahme meistens am Informationsstand erfolgt, wo sich oft auch die Reklamationsstelle befindet, ist es sehr wichtig, hier kompetente und entscheidungsberechtigte Mitarbeiter einzusetzen. Die **Eigenverantwortung** der Mitarbeiter erstreckt sich hier über folgende Bereiche:

- Beschwerden werden – innerhalb eines vorgegebenen Rahmens – vom jeweiligen Mitarbeiter ohne Rücksprache mit dem Vorgesetzen entschieden. Es besteht auch die Möglichkeit, den Kunden zu einer Tasse Kaffee oder zu einem Mittagessen einzuladen, z.B. wenn es gilt, etwas wieder gut zu machen.
- Über die Rücknahme oder den Umtausch einer Ware bis zu einem Betrag von 1.000 DM kann jeder Mitarbeiter problemlos und unbürokratisch selbst entscheiden.

Da jeder Kunde während seines Einkaufs durchschnittlich mit vier bis sechs Mitarbeitern in Kontakt kommt, ist es notwendig, daß jeder Mitarbeiter selbständig und eigenverantwortlich innerhalb seines Aufgabenbereiches entscheiden kann. Nach dem Grundsatz „Jeder Kunde ist mein Kunde“ soll jeder Mitarbeiter einen Kunden vom Anfang bis zum Ende (d.h. von der Begrüßung, über die Problembearbeitung, bis hin zur Verabschiedung) betreuen.

Es wird ständig an der Verbesserung der Beziehungen zu den Kunden gearbeitet. Somit entstand der Projektlenkungskreis „Kundenzufriedenheit“. Die Führung der einzelnen Projekte übernehmen kompetente Globus-Manager. Um sicherzustellen, daß keine praxisfernen, unrealistischen Ideen aufgegriffen werden, sind in allen Unterprojekten Mitarbeiter der Basis, die ständig im direkten Kundenkontakt stehen, eingebunden. Um die Übersicht nicht zu verlieren, werden pro Jahr maximal drei komplette Projekte in Angriffe genommen.

Eines der größte Projekte ist die „Woche der Rose“, die in regelmäßigen Abständen durchgeführt wird. Dabei stehen die Globus-Mitarbeiter im

Vordergrund. In einem ersten Schritt findet eine große Mitarbeiterbefragung über die Zufriedenheit am Arbeitsplatz statt. Dabei können zahlreiche Anregungen, Tips und Hinweise gesammelt werden. Diese Ergebnisse werden intern in den einzelnen Märkten veröffentlicht. In einem zweiten Schritt werden Rosen an die Kunden verteilt; diese sollen sie dann an diejenigen Mitarbeiter überreichen, mit denen sie besonders zufrieden sind. An einem zusätzlich Infostand, der während der ganzen Woche vom Geschäftsleiter, seinem Stellvertreter und einem Betriebsratsmitglied besetzt ist, werden in Gesprächen mit den Kunden sehr viele Anregungen gewonnen. Neben den zahlreichen zusätzlichen Kundenkontakten trägt diese Maßnahme auch zur Steigerung der Motivation der Mitarbeiter bei.

Ausgehend von der Aktion „Rose der Woche“ werden weitere Maßnahmen eingeleitet. So werden z.B. in allen Betrieben Magnetwände installiert auf denen Mitarbeiter regelmäßig über Kundenmeinungen, aktuelle Projekte und Problemlösungen in anderen Globusmärkten informiert werden (vgl. Brill 1998, 48ff).

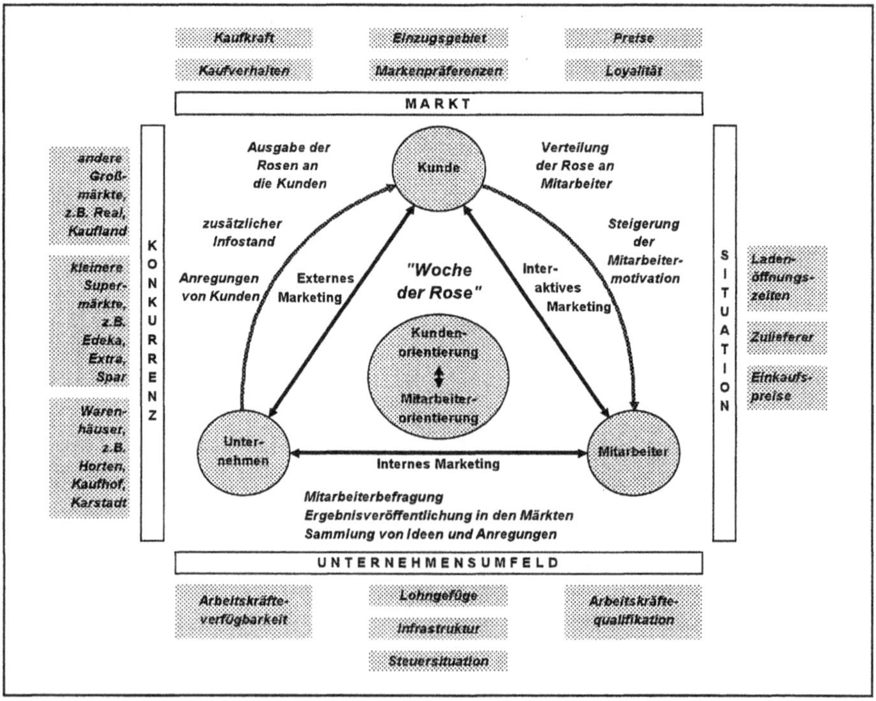

***Abbildung 1-6** „Die Woche der Rose“ bei Globus als Instrument der Kundenorientierung (nach Kotler/Bliemel 1999, 729 und Meffert/Bruhn 1997, 445)*

2 Produktpolitik

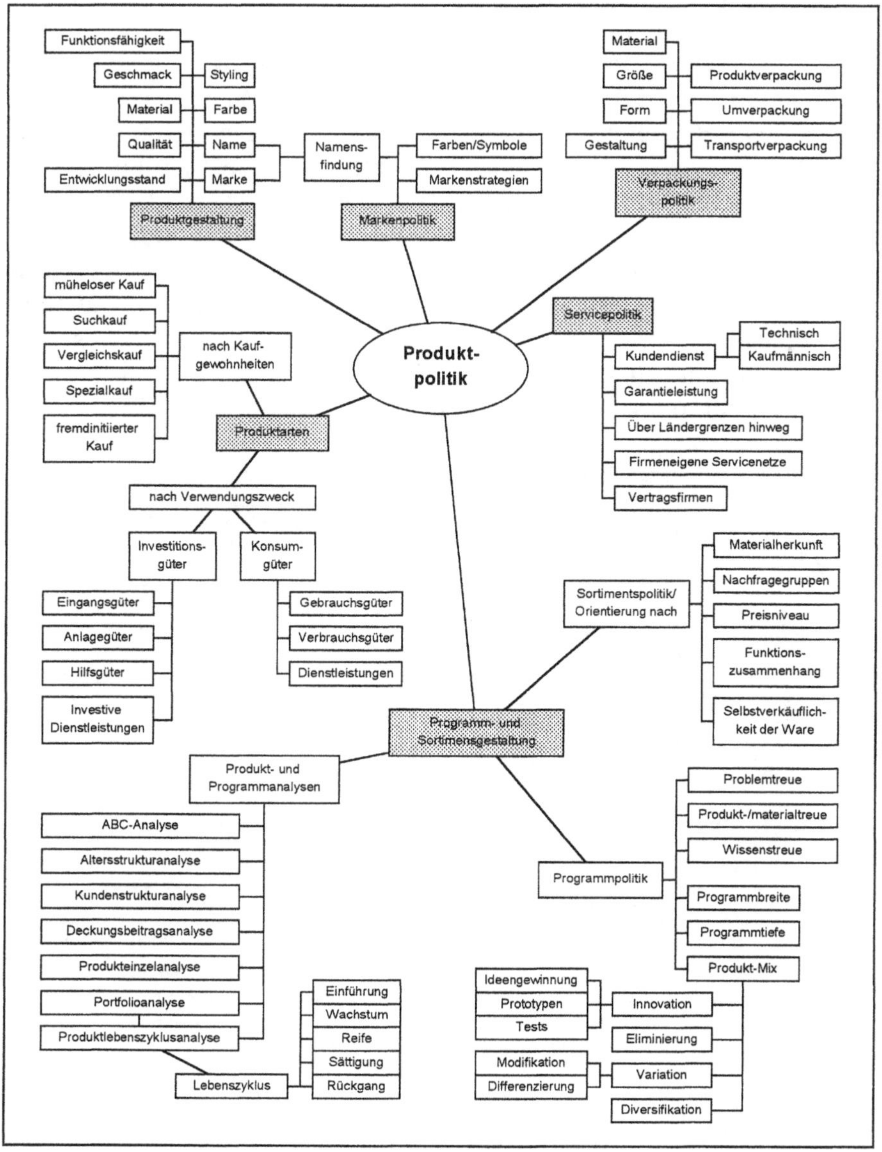

***Abbildung 2-1** Kriterien der Produktpolitik*

2.1 Permanente Notwendigkeit – Innovation

Nicht ohne Grund nannte Schumpeter (1926, 1961) die **Innovation von Produkten und Verfahren** als besonders wichtige unternehmerische Aufgabe. Der größte Innovationsdruck geht auch heute von diesen beiden Faktoren aus. Vor allem der Produktinnovation kommt höchste Bedeutung zu. Betrachtet man die heute vielfach sehr kurzen Produktlebenszyklen (das ist der Zeitraum, in dem ein Produkt aktuell und gleichzeitig überwiegend wirtschaftlich rentabel ist), wird die Notwendigkeit ständiger **Forschung und Entwicklung (F & E)** plausibel. Man braucht sich anhand eines beliebigen Beispiels einfach nur vorzustellen, was mit einer Firma passieren würde, die lediglich ein einziges Produkt – mit einem normalen Produktlebenszyklus von z.B. drei Jahren – herstellt und in der Zwischenzeit keinerlei Anstrengungen unternommen hat, neue Produkte zu entwickeln.

	Forschung		Entwicklung		
	Grundlagen-forschung	Angewandte Forschung	Technologie-Entwicklung	Produkt-Entwicklung	Kon-struktion
Aktivität	erstmalige Beobachtung eines Phänomens	Kontrollierte experimentelle Darstellung und Erklärung des Phänomens	Übertragung der Forschungsergebnisse auf kontrollierte Fertigungsprozesse	Erstellen von Produktkonzepten auf Basis von bekannten Fertigungsprozessen	Entwerfen und Ausarbeiten von Produkten nach bekannten Richtlinien und Prinzipien
Ergebnis	wissenschaftlicher Bericht	Nachweis einer konkreten Anwendungsmöglichkeit	Fertigungsvorschriften, Technologiemuster	Produktkonzepte, Funktionsmuster	Prototypen, Fertigungsunterlagen
Zeithorizont	> 5 Jahre	einige Jahre	einige Jahre	1 Jahr	½ Jahr
Trefferquote	gering	mittel	mittel	relativ hoch	hoch
Beispiel: Ink Jet Drucker	Erforschung von hydrodynamischen Phänomenen etc.	Druckkopfprinzip auf Basis von „Droplet on demand“	Fertigungstechnologie für Druckköpfe	Druckerkonzepte auf Basis „Droplet on demand“, Funktionsmuster	verschiedene Druckermodelle, fertigungsreif entwickelte Unterlagen

***Tabelle 2-1** F & E – Begriffe und Abgrenzungen (Foerster 2000, 6)*

Faktum ist: Insbesondere im Produktbereich, aber auch hinsichtlich aktueller Produktionsverfahren ist zur Sicherstellung eines nachhaltigen wirtschaftlichen Erfolges permanent entsprechende F & E notwendig.

Aufgrund der schnellebigen Anforderungen der Märkte muß Produktentwicklung rasch erfolgen. *Time to market*, also die Markteinführung eines Produkts zur richtigen Zeit, dominiert die Überlegungen der Hersteller. Die engen **Zeithorizonte** führen auch dazu, bei einem neuen Produkt möglichst wenige neue Technologien und/oder Komponenten anzuwenden, um das Risiko hinsichtlich Qualität und Lebensdauer zu minimieren. In der Regel basieren deshalb mehrere aufeinanderfolgende Produktgenerationen auch auf der gleichen oder nur leicht modifizierten Technologie. Gleichzeitig will man bei jeder Produktgeneration aber doch ein gewisses Maß an technischem Fortschritt realisieren, um diese für den Kunden attraktiver zu machen (z.B. mehr *features*, günstigerer Preis). Jedenfalls geht es dabei um das Finden des richtigen Maßes, wobei die „Politik der kleinen Schritte" dominiert. Die Einführung neuer Fertigungstechnologien sollte nicht mit der Herstellung neuer Produkte zusammenfallen, weil sich dadurch das Risiko eines teilweisen Mißerfolgs erhöht.

Ein **Entwicklungsprojekt**, ob es auf einem bestimmten Kundenwunsch beruht, wie z.B. bei Investitionsgütern, oder der Marktnachfrage, wie bei Konsumgütern üblich, ist strikt in verschiedene Ablaufphasen strukturiert, um die budgetierten Kosten, den Zeitplan, die organisatorischen Abläufe und damit das Risiko bestmöglich jederzeit überblicken zu können.

Bei der Realisierung von Projekten wird üblicherweise in einer bestimmten Schrittfolge vorgegangen, die folgendermaßen aussehen könnte:

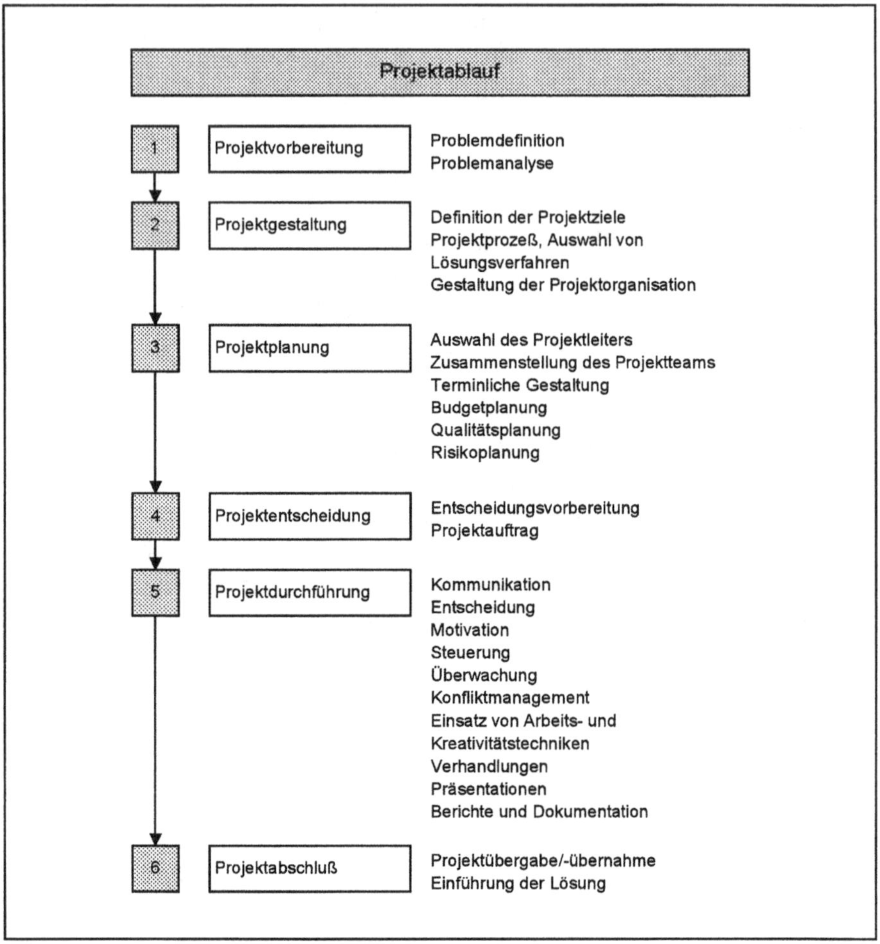

Abbildung 2-2 *Projektablauf*

Prinzipiell unterscheidet man in Planungsphasen, Konzeptphasen, Entwurfs- und Ausarbeitungsphasen. Wie auch immer der Ablauf – abgestimmt auf die speziellen Notwendigkeiten – gestaltet ist: ausreichende Kommunikation mit allen Beteiligten und die verbindliche Einhaltung der Festlegungen, am besten mit „Meilensteinen“, ist eine Grundvoraussetzung für die erfolgreiche Realisierung.

Entwickl.-phase	Abschluß mit	Meilenstein Nr.	Aktivität	Output
Studienphase			Klärung der Technologie, Vorauswahl der Bauelemente, Feasibility-Studie, Marktstudie, Kundenkontakte, Patentlage, Projektplanung	
	Zero-Date-Meeting	M 0	Projektauftrag auf Basis von verbindlichen Vereinbarungen	Projektplan: Ausgangssituation/Problem/Ziel, Systemspezifikation, Zeitplan, Kosten, Aufgabenverteilung, Q-Plan, Berichtswesen
Detailplanungsphase			Feinabstimmung der Detail-Spezifikation, basierend auf gesicherten Untersuchungsergebnissen	
	Specification-Release-Meeting	M 1	Freigabe der Detail-Spezifikationen und der Detailplanung	Detailplanung, Detailspezifikationen
Prinzipmusterphase			Aufbau eines Funktionsmusters, das die wesentlichen Funktionen nachweist	
	Prinzipmuster-Meeting	M 2	Genehmigung des Funktionsmusters	Untersuchungsbericht über kritische Punkte
Konstruktionsphase			Detailkonstruktion, Freigabeuntersuchungen, Bau von Prototypen	
	Commitment-Date	M 3	Definitive Genehmigung des Projekts, Beschluß, in Serie zu gehen	definitive Prototypen, vorläufige Freigabeberichte, Alpha-Tests
Freigabephase			Bestellung von Werkzeugen und langfristigen Teilen, definitive Freigabetests	
	Design-Release	M 4	Freigabe, Schlußpräsentation, Projektabschluß	Abschlußbericht, Beta-Test, Freigabebericht

Tabelle 2-2 *Grundstruktur eines Entwicklungsablaufs (Foerster 2000, 9)*

2.1.1 Gewinnung und Bewertung neuer Ideen

Die erste Phase des Produktentwicklungsprozesses befaßt sich mit der **Suche nach Produktideen**. Um dem angestrebten Ziel schnell näher zu kommen, sollte die Suche systematisch erfolgen.

Im Rahmen der **Ideensammlung** können zunächst **externe Quellen** zu Rate gezogen werden (z.B. Messen, Fachzeitschriften, Marktbeobachtung). Wichtige **unternehmensinterne Quellen** sind die Marketingabteilung, die Geschäftsleitung, F & E-Abteilung und alle, die mit den Kunden in direktem Kontakt stehen (z.B. Außendienst- und Servicemitarbeiter, Händler) und somit deren Probleme, Wünsche und Vorstellungen kennen.

Darüber hinaus besteht auch die Möglichkeit der **Produktion von Ideen**. Ausgehend von einer allgemeinen Problemdefinition, versuchen dabei **logisch-systematische Verfahren**, durch schrittweise Untersuchung der Teilproblemfelder verschiedene Lösungsmöglichkeiten zu finden. Beispiele dafür sind die morphologische Methode und die Funktionsanalyse. Die **morphologische Methode** untersucht die strukturelle Zusammensetzung eines Problems. Basierend auf einer allgemeinen Definition, wird das Problem in Teilpropleme zerlegt. Für jedes Teilproblem werden Lösungen gesucht und in Form eines morphologischen Kastens festgehalten. Die Optimallösung ergibt sich aus Kombinationen der Teillösungen. Bei der **Funktionsanalyse** werden Eigenschaften und Merkmale eines vorhandenen Produktes gelistet. Durch Abänderung bestimmter Merkmale sollen neue Ideen gewonnen werden, die die Anpassung eines Produktes an geänderte Bedürfnisse und eine bessere Handhabung durch den Nachfrager ermöglichen.

Intuitiv-kreative Verfahren sollen durch spontane Einfälle und Assoziationen zur Problemlösung führen. Zu diesen Verfahren zählen z.B. Brainstorming, die Delphi-Methode und die Synektik. Die **Delphi-Methode** dient eher der Vorhersage als der direkten Lösungsfindung. Durch wiederholte Expertenbefragung (in Gruppen und getrennt) sollen mögliche Entwicklungswege ergründet werden. Beim Verfahren der **Synektik** wird das zunächst unscharf umrissene Problem Schritt für Schritt konkretisiert. Analog erfolgt die Annäherung an die optimale Lösung.

Am formalen Beginn einer Entwicklung muß es eine klare Vereinbarung zwischen dem Auftraggeber und der ausführenden Entwicklungsabteilung geben. Diese Vereinbarung stützt sich am besten auf einen **Anforderungskatalog**, der „Pflichtenheft", „Lastenheft" oder „Spezifikation" genannt wird. Das Pflichtenheft ist durchaus vergleichbar mit einem Bauplan, der nicht nur die mit dem Bauherren abgestimmten Vorstellungen des Architekten artikuliert, sondern auch während des Bauens als Anleitung für die wunschgemäße Ausführung dient. Das Pflichtenheft vermittelt eine Vielzahl von verschiedensten allgemeinen und konkreten Informationen, damit sich der Entwickler ein möglichst umfassendes Bild von der Ausgangslage und dem gewünschten Ergebnis machen kann.

Beispiel für die Struktur eines Pflichtenheftes

1. Allgemein
- Notwendigkeit für eine neue Entwicklung
- Ziel der Neuentwicklung
- bestehende Patente, Lizenzen
- gesetzliche Grundlagen, Normen, Richtlinien

2. Markt
- Marktlücke
- Lücke im eigenen Programm
- absetzbare Stückzahlen
- erzielbarer Preis
- Service- und Unterhaltsleistungen
- Zeitpunkt des Markteintritts
- Absatzgebiete
- Wettbewerbsverhalten

3. Technische Spezifikation
- technische Betriebsdaten (z.B. Drehzahl, Schnittgeschwindigkeit, Leistung, Arbeitsprinzip)
- konstruktive Daten (z.B. Gewicht, Abmessungen, Montagefähigkeit, Wartungsfreundlichkeit, Ausbaumöglichkeit)

4. Konstruktions-Richtlinien
- Verwendung von Normteilen und vorhandenen Teilefamilien

- Konzeption nach dem Baukastenprinzip
- Fertigungsgerechtes Konstruieren
- wartungsfreundliches Konstruieren
- recyclingfähiges Konstruieren
- korrosionsbeständiges Konstruieren

5. Qualitätsanforderungen
- Genauigkeiten, Zuverlässigkeiten
- statische, dynamische Prüfungen
- mechanische Werte
- klimatische Anforderungen (Wärme, Feuchte)
- Industrie-Robustheit

6. Qualitätsprüfungen
- Funktions- und Zuverlässigkeitsprüfungen
- statische, dynamische Prüfungen
- Arbeitsgenauigkeit
- statistische Prüfungen

7. Termine, Stückzahlen, Kosten
- Anzahl der Prototypen, Größe der Nullserie
- Kosten und Termine für die Nullserie
- erforderliche Stückzahl für die Amortisation der Werkzeuge und Vorrichtungen
- Beginn der Fertigung

(Quelle: nach Foerster 2000, 10)

Im Rahmen der **Auswahl und Prüfung** der so gewonnenen Ideen werden diese in der nächsten Phase bezüglich ihrer Realisierbarkeit und der Übereinstimmung mit den gesteckten Zielen evaluiert. Erfüllen die Ideen bestimmte Kriterien (technisch, finanziell usw.) nicht, werden sie ausgesondert. Verhindert werden sollte, daß – wie die Praxis oft zeigt – ausbaufähige Ideen abgelehnt und statt dessen unrentable oder nur schwer realisierbare weitergeführt werden. Um die Aussonderung zu erleichtern, verwendet man **Punktbewertungs- bzw. Scoring-Modelle**.

Bevor die Entwicklung eines Produktes beginnen kann, müssen zunächst **Produktkonzepte** erstellt werden. Es wird festgelegt, welchen Grundnutzen das Produkt bringen, zu welchem Anlaß es verwendet und für welche Zielgruppe es bestimmt sein soll. Das näher bestimmte

Produkt wird dann im Vergleich zu Konkurrenzprodukten positioniert. Schließlich werden die Konzepte an ausgewählten Zielpersonen getestet (**Pilottests**). Je genauer und anschaulicher die Konzepte erläutert werden, um so exakter fallen die Testergebnisse aus.

Produktkonzepte, die diese Tests bestanden haben, werden einer eingehenderen Überprüfung in Form einer **Wirtschaftlichkeits- und Rentabilitätskontrolle** unterzogen. Dafür stehen verschiedene Verfahren zur Verfügung. Mit der **Break-Even-Analyse** berechnet man die notwendige Absatzmenge, die zur Deckung aller durch Produktion und Entwicklung angefallenen Kosten erforderlich ist. Mit der **Amortisationsrechnung (*Pay-off*-Rechnung)** wird die Periode ermittelt, in der es möglich ist, alle durch Produktentwicklung, Produktion und Markteinführung verursachten Kosten wiederzugewinnen. Ist die Amortisationsdauer kürzer als die erwartete Produktlebenszeit, erscheint die Produktentwicklung rentabel. Die **Kapitalwertmethode** ermöglicht eine vergleichende Betrachtung von abgezinsten Einzahlungen und Auszahlungen zu unterschiedlichen Zeitpunkten.

2.1.2 Produktentwicklung und Markterprobung

In dieser Phase entscheidet sich, ob eine Produktidee in technologischer und kommerzieller Hinsicht überhaupt realisierbar ist. Die Entwicklungskosten steigen nun stark an, deshalb sollten nur wirklich erfolgversprechende Konzepte ausgebaut werden. Zunächst werden mehrere **Prototypen** unter Berücksichtigung sowohl technischer als auch gestalterischer Aspekte konstruiert und umfassenden Tests unterzogen (vgl. Strunz/Dorsch 2001b, 233ff).

Produkttests dienen in erster Linie dazu, subjektive Wirkungen des Produktes auf die Verbraucher zu erforschen. Unter Einbeziehung von Markennamen, Verpackung und Preis wird der Konsument dem neuen Produkt gegenübergestellt. Der Anbieter will dabei herausfinden, auf welche Eigenschaften Wert gelegt wird und ob die Verkaufsargumente überzeugend sind.

Die **Auswahl der Testpersonen** kann auf verschiedene Arten erfolgen. Nach dem Quoten- oder Randomprinzip können Kontrastgruppen (z.B. jung – alt) gebildet werden. Aus den Ansichten der Beteiligten wird auf Einstellungen der dazwischen liegenden Gruppen geschlossen. Eine weitere Möglichkeit ist die Zusammenstellung einer Konsumenten-Jury. Die Ergebnisse sind meist sehr konkret, können aber nicht unbedingt verallgemeinert werden.

Versuchspanels bestehen gewöhnlich über einen längeren Zeitraum hinweg. Verhaltensweisen und persönliche Daten der Mitglieder sind meist bekannt, so daß repräsentative Gruppen gebildet werden können. In bestimmten Abständen ist ein Austausch der Testpersonen erforderlich, um sogenannten Panel-Effekten (Änderung der Konsumgewohnheiten aufgrund der ständigen Beobachtung) vorzubeugen.

Beim **Testmarktverfahren** wird das neue Produkt in Zusammenhang mit einer vorläufigen Marketing-Mix-Strategie in ausgewählten Teilmärkten angeboten. Testmärkte sollten die gleiche Struktur wie der Gesamtmarkt aufweisen, um repräsentative Ergebnisse zu erhalten. Die Testdauer ist produktabhängig, sollte aber nicht zu lange ausgedehnt werden, um der Konkurrenz keine Chance zur Nachahmung oder zum Aufbau von Gegenstrategien vor der eigentlichen Markteinführung zu geben. Andererseits dürfen die Tests nicht zu kurz angelegt sein, da oft erst die Auswertung der Wiederkaufsrate eine exakte Umsatzprognose zuläßt. Angesichts ihrer Kosten sollten Markttests aber nur bei Produkten, die mit hohen Investitionen verbunden sind, durchgeführt werden.

Beim **Simultaneous Engineering** sollen bereichsübergreifend Entwicklungsteams dafür sorgen, Fehlentwicklungen zu vermeiden. Dabei ist die Verringerung zeit- und kostenintensiver Produktänderungen im fortgeschrittenen Projektstadium und eine optimale Abstimmung zwischen Produkt- und Verfahrensentwicklung von besonderer Bedeutung. Vorteilhaft ist die Einbeziehung von (wichtigen) Lieferanten und Kunden mit dem Ziel, ihre Wünsche und Möglichkeiten in die Überlegungen einfließen zu lassen.

Gründe für einen „Flop“

Trotz umfassender Planung kann sich ein Produkt als Flop erweisen. Folgende Gründe können dafür maßgeblich sein:

- vorzeitige Einführung des Produktes (Produkt ist noch nicht marktfähig),
- ungünstiger Einführungszeitpunkt (z.B. Nichtbeachtung des saisonalen Bezugs),
- Marktgröße wurde überschätzt,
- falsche Positionierung des Produktes,
- das Distributionsnetz wurde nicht passend zum Produkt gewählt,
- falscher Zeitpunkt der Einführungswerbung,
- die Preispolitik wurde nicht auf Substitutions- oder Konkurrenzprodukte abgestimmt,
- der begleitende Service entspricht nicht den Erwartungen der Verbraucher oder
- die Reaktionsfähigkeit und -schnelligkeit der Konkurrenz wurde unterschätzt.

2.2 Markenpolitik

Die **Markenpolitik** ist eng mit der Verpackungspolitik verbunden. Sie beschäftigt sich mit der Markierung von Produkten, deren Herausstellung gegenüber vergleichbaren Erzeugnissen, der Planung von Markenstrategien und langfristiger Imagepflege. Eine **Marke** (*brand*) dient der Repräsentation des Unternehmens, seines Angebots und seiner Philosophie.

Markenartikel weisen bestimmte **Merkmale** auf:

- es handelt sich dabei um markierte Erzeugnisse,
- mit gleichbleibender bzw. verbesserter Qualität;
- sie zeichnen sich aus durch Ubiquität (überall vorkommende Güter),

- gleichbleibende Aufmachung (es findet lediglich eine Anpassung an den Zeitgeist statt),
- gleichbleibende Mengen und relativ konstante Preispolitik,
- intensive Werbung sowie
- einen hohen Bekanntheitsgrad.

Mit der Einführung von Markenartikeln kann ein Anbieter verschiedene **markenpolitische Ziele** verfolgen:

- Der Markenname kann **rechtlich geschützt** werden. Damit verringert sich die Gefahr eines Kopierens des Produktes durch die Konkurrenz (vgl. „ges. gesch.“, ©, ®, ™).
- Durch die Markierung wird das Produkt unverwechselbar, die Marke dient als **Erkennungszeichen**. Der Nachfrager kann das Produkt leichter von Konkurrenzerzeugnissen unterscheiden und Präferenzen bilden.
- Die Markenbildung vereinfacht dem Anbieter die **Kommunikation** mit den Nachfragern (vgl. Wiedererkennungswert) und ermöglicht den Aufbau von Markentreue beim Konsumenten.
- Markenartikel garantieren eine gleichbleibende Qualität und erleichtern dadurch dem Nachfrager die Kaufentscheidung.
- Eine Marke repräsentiert **Status und Image**. Der Konsument verbindet mit einer Marke bestimmte Qualitäten und Eigenschaften. Diese können bei der Werbung für diese Marke verwendet werden.
- Je stärker sich die Marke von anderen Produkten unterscheidet, um so unabhängiger ist der Anbieter bei der **Preisgestaltung**.
- Die Markenbildung ermöglicht eine Marktsegmentierung und damit die Ausschöpfung des Marktpotentials.

Als **Markierung** bezeichnet man die Kennzeichnung eines Produktes mit einem Namen, Bild und/oder anderen Zeichen, welche rechtlich geschützt werden können.

Ein **Markenname** muß mit besonderer Sorgfalt ausgewählt werden, da der Verbraucher die Marke meist mit bestimmten Produkteigenschaften verbindet. Der Markenname kann also die vorhandenen Produkteigenschaften verstärken, aber auch – bei ungünstiger Wahl – abschwächen oder ins Gegenteil umkehren.

Ein Markenname sollte folgenden Anforderungen genügen:

- er sollte auf den Produktnutzen hinweisen,
- leicht aussprechbar,
- einprägsam,
- unverwechselbar,
- wohlklingend,
- schutzfähig und
- internationalisierbar sein (vgl. auch die Bedeutung von Bildern und Zeichen bzw. Schriftzügen).

Die **Namensfindung** kann auf dem Zufallsprinzip beruhen oder systematisch ablaufen (vgl. eigens damit beauftragte Firmen). Oft ist es bereits schwierig, einen für den heimischen Markt tauglichen Produkt- bzw. Markennamen zu finden, der diesen Anforderungen genügt. Der Namensbildungsprozeß gestaltet sich wesentlich komplizierter, wenn ein Produkt auch im Ausland vermarktet werden soll.

Bedeutungen von Farben und Symbolen

- Während die Farbe **Grün** im europäischen und nordamerikanischen Raum häufig mit „gesund" und „umweltfreundlich" in Verbindung gebracht wird, so bedeutet sie z.B. „Krankheit" und „Gefahr" in tropischen Ländern mit dichtem Dschungel, da viele Erreger der dort auftretenden Krankheiten aus dem Dschungel kommen.
- **Schwarz** gilt in Europa und Nordamerika als Trauerfarbe, in vielen asiatischen Ländern wird Weiß, in Lateinamerika Purpur mit dem Tod in Verbindung gebracht. In Côte d'Ivoire drückt **Dunkelrot** Trauer aus.
- Während **Rosa** in Nordamerika und Europa als femininste Farbe betrachtet wird, ist dies für viele andere Länder **Gelb**.
- **Gelbe** Blumen signalisieren in Frankreich und Rußland Untreue, in Mexiko repräsentieren sie den Tod oder mangelnden Respekt.

- **Weiße** Lilien werden in Ländern mit britischem Einfluß als Trauerblumen gesehen, in Mexiko werden sie von abergläubischen Menschen verwendet, um einen Bann aufzuheben.
- **Sense** oder **Sichel** repräsentieren in Europa den Tod, in vielen kommunistischen Ländern stellten sie den Staat dar.
- **Hunde** und **Katzen** gelten in Europa und Nordamerika als Haustiere, im Fernen Osten werden sie oft als Nahrungsmittel betrachtet.
- Die **Zahl 13** gilt in Europa und Nordamerika als Unglück bringend. In Japan wird die **Zahl Vier** gemieden, da das japanische Wort für Vier ähnlich klingt wie das Wort Tod. Allein die Angabe der Produktmenge auf Mehrfachpacks kann zur Ablehnung des Produktes durch den Kunden führen.
- Die **Eule** wird oft als Symbol der Weisheit eingesetzt, in Indien z.B. drückt sie aber Unglück aus.
- Besondere Vorsicht ist bei der Verwendung **religiöser Symbole** geboten! Christliche Symbole dürfen beispielsweise in Saudi-Arabien nicht eingeführt werden.
- Eine besonders große Rolle spielen Farben und Symbole in Ländern mit einer hohen Analphabetenrate. Ein Hersteller von Babynahrung, der seine Produkte in Afrika vermarkten wollte, verwendete Etiketten, die ein glückliches Baby zeigten. Ein Teil der potentiellen Kunden konnte nicht lesen und den Inhalt der Packung folglich nur anhand des Bildes bestimmen. Das Babybild ließ sie vermuten, daß die Packungen konservierte Babys enthielten.

(vgl. Punnett/Ricks 1997, 163 u. 346, Ricks 1980, 108)

2.3 Produkt- und Programmanalysen

Sich ständig ändernde Wettbewerbs- und Marktgegebenheiten sowie auftretende Sättigungserscheinungen erfordern eine kontinuierliche Anpassung des Sortiments, um die Erfüllung der Unternehmensziele auf lange Sicht zu gewährleisten. Ebenso wie die volkswirtschaftlichen Rahmenbedingungen – z.B. technologische Entwicklung, Eintreten neuer Konkurrenzunternehmen in den Markt – unterliegen die Kundenbedürfnisse und -präferenzen einem ständigen Wandel. Für die Unternehmen stellt sich nun die Frage, ob, wann und in welchem Umfang Produkt- und Programmänderungen durchgeführt werden sollen. Zur Beantwortung dieser Frage sind Analysen der Produkte, der Marktstruktur und der Kunden notwendig.

➡ Produktlebenszyklusanalyse

Ein Produktlebenszyklus läßt sich prinzipiell für alle Produkte aus dem Konsum- und Investitionsgüterbereich feststellen. Jedes Produkt durchläuft von seiner Markteinführung bis zum Ausscheiden aus dem Markt bestimmte Phasen, die sich als typischer Kurvenverlauf darstellen lassen. Das **Fünf-Phasen-Modell** beinhaltet die Phasen Einführung, Wachstum, Reife, Sättigung und Rückgang, die in Abhängigkeit von der Art des Produktes mehr oder weniger stark ausgeprägt sein können.

Die folgende Abbildung zeigt einen typischen („idealen“) Kurvenverlauf anhand der Entwicklung der Umsätze und den daraus resultierenden Umsatzzuwächsen und Gewinnen.

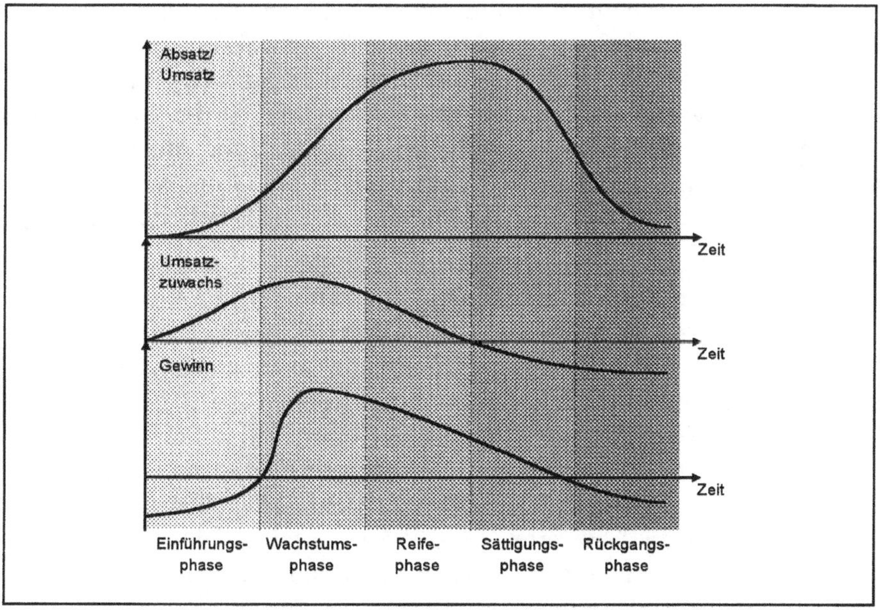

***Abbildung 2-3** Fünf-Phasen-Modell eines Produktlebenszyklus (Beispiel)*

Phasen	Merkmale				
	Markt-struktur	Anbieter	Nachfrager	Umsatz	Gewinn
Einführung	mono-polistisch	Pionierunter-nehmen	Innovatoren	gering	negativ bis Erreichen der Gewinn-schwelle
Wachstum	oligo-polistisch	frühe Folger (*me-too*-An-bieter)	frühe Nachahmer	steigend	steigend bis Maximum
Reife	poly-polistisch	späte Folger	frühe Mehrheit	steigend bis Maximum	stagnierend bzw. sinkend
Sättigung	poly-polistisch	konservative Unterneh-men	späte Mehrheit	stagnierend bzw. sinkend	sinkend
Rückgang	poly-polistisch	dynamische Unterneh-men	Nachzügler	sinkend	negativ, Un-terschreiten der Gewinn-schwelle

Tabelle 2-3 *Charakterisierung der einzelnen Phasen eines Produktlebenszyklus*

Sättigungserscheinungen auf vielen Märkten, der zunehmende internationale Wettbewerb, die permanente Einführung neuer Produkte, Marken und Dienstleistungen unterstreichen die Bedeutung und Notwendigkeit einer **Produktlebenszyklus-Analyse im internationalen Kontext**. Die Analyse der Position eigener Produkte und Dienstleistungen auf ausländischen Märkten bildet die Grundlage für Entscheidungen in bezug auf Markterschließungs- und Bearbeitungsstrategien.

Bedingt durch den internationalen Wettbewerb, unterschiedliche Produkteinführungszeitpunkte und unterschiedliche ökonomische Voraussetzungen in den einzelnen Ländern, kann sich ein und dasselbe Produkt auf verschiedenen Märkten in unterschiedlichen Lebenszyklusphasen befinden. Darüber hinaus können die Phasen auch in bezug auf ihre Länge und Intensität differieren. Folglich ist eine spezifischere Betrachtung der einzelnen Ländermärkte notwendig. Die jeweiligen Entwicklungsstadien werden anhand meßbarer Größen (Umsätze, Gewinne) bewertet. Es sollte jedenfalls nicht davon ausgegangen werden, daß ein Produkt in allen Märkten demselben Entwicklungsmuster folgen wird.

Entsprechend ist seitens des Unternehmens darauf zu achten, daß die unterschiedlichen Märkte kontinuierlich mit attraktiven Produkten versorgt werden, um keine „produktpolitische Lücke“ entstehen zu lassen.

Phasen	Markt A	Markt B	Markt C
Einführung		Produkt 3	Produkt 2
Wachstum		Produkt 2	Produkt 1
Reife	Produkt 3		
Sättigung	Produkt 2	Produkt 1	
Rückgang	Produkt 1		

***Tabelle 2-4** Mögliche Entwicklungsphasen der Produkte 1, 2 und 3 in drei verschiedenen Ländermärkten*

Die gewonnenen Daten können zur Aufstellung internationaler Vergleiche und möglicherweise zur Ableitung ländergruppenspezifischer Gemeinsamkeiten dienen. Ein sorgfältiger Vergleich der einzelnen Lebenszyklen und Marktentwicklungen in den einzelnen Märkten ist notwendig, um die – meist begrenzten – Ressourcen optimal einsetzen zu können. In reifen und gesättigten Märkten können z.B. die Werbeausgaben reduziert und die dadurch frei gewordenen Mittel in Wachstumsmärkte investiert werden. Für obiges Beispiel würde dies eine Reduzierung der Werbeausgaben für Produkt 1 in Markt A und B bedeuten. Gleichzeitig würde die Werbung für dieses Produkt im Markt C verstärkt werden. Stünden ausreichende finanzielle Mittel zur Verfügung, könnten sie z.B. im Markt A für Modifikationen des Produktes 1 mit dem Ziel eines Produkt-Relaunch eingesetzt werden (vgl. Schoppe 1998, 510ff).

Trotz der unbestrittenen Bedeutung für vergleichende Betrachtungen und erklärende Zwecke wird die Produktlebenszyklusanalyse vielfach **kritisiert**. Produktlebenszyklen sind demnach weder empirisch noch theoretisch belegbar und können aufgrund der Verschiedenartigkeit der Produkte und der unterschiedlichen Ausprägung der einzelnen Phasen nicht verallgemeinert werden. Lebenszyklen entstehen nicht nur aufgrund angenommener Gesetzmäßigkeiten der Produktalterung, sondern werden maßgeblich von der strategischen Ausrichtung des

Unternehmens geprägt. Sie sind folglich nicht die Ursache, vielmehr das Ergebnis absatzpolitischer Strategien. Dennoch können sie – in eingeschränkter Form – für Planungs- bzw. Kontrollzwecke genutzt werden. Vergleiche mit ähnlichen, bisher produzierten und abgesetzten Produkten können wichtige Hinweise auf potentielle Umsatzentwicklungen und zur Vermeidung von Fehlentscheidungen geben.

Programmanalysen zielen auf die Untersuchung des gesamten Produktions- bzw. Verkaufsprogramms ab und sollen Anhaltspunkte über Wachstum und Gewinnentwicklung des Programmes sowie Entscheidungshilfen zur Eliminierung von Produkten geben. Dazu stehen verschiedene Analyseformen zur Verfügung. Als konkrete Instrumente bieten sich die Umsatzstrukturanalyse, Altersstrukturanalyse, Dekkungsbeitragsanalyse sowie die Kundenstrukturanalyse an.

➧ Umsatzstrukturanalyse

Von besonderer Bedeutung ist die Umsatzstruktur- bzw. **ABC-Analyse**. Die Zusammensetzung und Entwicklung der Umsätze läßt Schlüsse auf die Marktsituation und -entwicklung zu. Mit Hilfe dieser Analyse kann der Anteil der einzelnen Produkte am Gesamtumsatz ermittelt werden. Die A-Produkte stellen dabei mengenmäßig den kleinsten Anteil dar, machen aber den größten Teil des Gesamtumsatzvolumens aus. C-Produkte wiederum sind zahlenmäßig stark vertreten, tragen aber nur in geringem Maße zum Gesamtumsatz bei.

➧ Altersstrukturanalyse

Als sinnvoll erweist sich eine Altersstrukturanalyse besonders bei Unternehmen mit umfangreichen und unübersichtlichen Produktions- bzw. Verkaufsprogrammen. Ausgangspunkt ist die Produktlebenszyklusanalyse. Mit deren Hilfe wird ermittelt, wie viele Produkte des Programmes sich in welcher Phase befinden. Vorteilhaft ist dabei ein hoher Anteil von Produkten in den ersten Lebenszyklusphasen, da solche Produkte die meisten Wachstumschancen haben. Ein großer Anteil älterer Produkte birgt die Gefahr von Umsatzeinbußen und eines Zurückdrängens vom Markt durch die Konkurrenz in sich.

➡ Kundenstrukturanalyse

Analog zur Umsatzstrukturanalyse kann eine Kundenstrukturanalyse durchgeführt werden. Dabei wird die Zusammensetzung des Gesamtumsatzes nach Kunden und Aufträgen untersucht. Für ein Unternehmen ist es von großer Bedeutung zu wissen, welche Kunden bzw. Kundengruppen den größten Beitrag zum Gesamtumsatz leisten und von wem das Unternehmen somit stark abhängig ist. Die Kundenstrukturanalyse ist kombinierbar mit einer Portfolioanalyse.

➡ Deckungsbeitragsanalyse

Umsätze allein sagen in der Regel nichts über die Erfolgssituation des Unternehmens aus. Die Deckungsbeitragsanalyse dient nun dazu, die Einzelerfolge pro Artikel sowie auch für Erzeugnisgruppen zu ermitteln. Der Deckungsbeitrag errechnet sich aus dem **Erlös abzüglich der variablen Kosten**. Fixe Kosten (wie z.B. Abschreibungen auf Maschinen und Anlagen) werden dabei nicht betrachtet. Das **Dekkungsprofil** (die Deckungsbeiträge der einzelnen Produkte) ist Grundlage für alle kurzfristigen Entscheidungen über Programmänderungen. Weist ein Artikel einen besonders niedrigen Deckungsbeitrag aus, kann dies ein Zeichen für dessen bald notwendige Eliminierung aus dem Programm sein. Um jedoch nicht zu vorzeitigen (Fehl-) Schlüssen zu gelangen, sollten auch andere Relationen, wie z.B. Dekkungsanteil der anderen Artikel und die interdependenten Wirkungen der angebotenen Artikel herangezogen werden.

➡ Produkteinzelanalyse

Ausgehend von Kosten, Erlösen und Deckungsbeiträgen, werden bei der Produkteinzelanalyse die Entwicklungsmöglichkeiten der einzelnen Produkte untersucht. Dabei wird methodisch ähnlich wie bei der Produktprogrammanalyse vorgegangen. Da anhand der Ergebnisse noch keine Entscheidungen über eine etwaige Herausnahme eines Produktes aus dem Programm getroffen werden können, finden hier sogenannte **Scoring-Modelle** (z.B. Polaritätsprofil) Anwendung. Für die Eliminierung entscheidende Kriterien werden hierbei unterschiedlich gewichtet und dann für jedes einzelne Produkt innerhalb einer festgelegten Skala bewertet.

➡ Portfolio-Analysen

Ziel der Portfolio-Analyse ist eine Untersuchung der (künftigen) **Chancen und Risiken** der einzelnen Produkte und daraus folgend die Zusammenstellung eines optimalen Produktportfolios, welches durch die Erwirtschaftung von Cash-Überschüssen ein langfristiges Unternehmenswachstum garantiert. Das Portfolio enthält üblicherweise Produkte verschiedener Lebenszyklusphasen mit unterschiedlichen Marktanteilen und Wachstumschancen. (Diese Untersuchung kann auch für Kundengruppen durchgeführt werden).

Kriterien zur Beurteilung der Produktpolitik im internationalen Kontext	Gewichtung	Bewertung					Wert
		1	2	3	4	5	
Produktgestaltung							
Innovationsgrad/Entwicklungsstand							
Funktionalität							
Name des Produkts							
Design/Styling							
Qualität							
Materialbeschaffenheit							
Farbe							
Geschmack/Geruch							
Lebenszyklusphase							
Markenpolitik							
Markenstrategien							
Name der Marke/Symbolik							
Verpackungspolitik							
Gestaltung							
Form							
Größe							
Material							
Produktverpackung							
Umverpackung							

Transportverpackung							
Programm- und Sortimentsgestaltung							
Programmpolitik							
Programmbreite							
Programmtiefe							
Produkt-Mix							
Sortimentspolitik							
Nachfragegruppen							
Preisniveau							
Selbstverkäuflichkeit der Ware							
Servicepolitik							
Kundendienst							
Technischer Kundendienst							
Kaufmännischer Kundendienst							
Garantieleistung							
Firmeneigene Servicenetze							
Vertragsfirmen							
Summe (Vergleichsbasis)							
Bewertungskriterien von 1 (problematisch) bis 5 (nicht problematisch)							

Tabelle 2-5 *Checkliste für die Analyse der Produktpolitik im internationalen Kontext*

Kriterien	**Stärken**	**Schwächen**
Produktgestaltung		

Markenpolitik		
Verpackungspolitik		
Programm- und Sortimentsgestaltung		
Servicepolitik		

Tabelle 2-6 *Ausblick auf die künftige Entwicklung der Stärken und Schwächen in der Produktpolitik (verbalisiert)*

Kriterien	Chancen	Risiken
Produktgestaltung		
Markenpolitik		
Verpackungspolitik		
Programm- und Sortiments-gestaltung		
Servicepolitik		

***Tabelle 2-7** Prognose der Chancen und Risiken in der Produktpolitik (verbalisiert)*

Kriterien	Maßnahmen
Produktgestaltung	
Markenpolitik	
Verpackungspolitik	
Programm- und Sortiments-gestaltung	
Servicepolitik	

***Tabelle 2-8** Maßnahmen zur Erfolgssicherung im Bereich der Produktpolitik (verbalisiert)*

3 Kommunikationspolitik

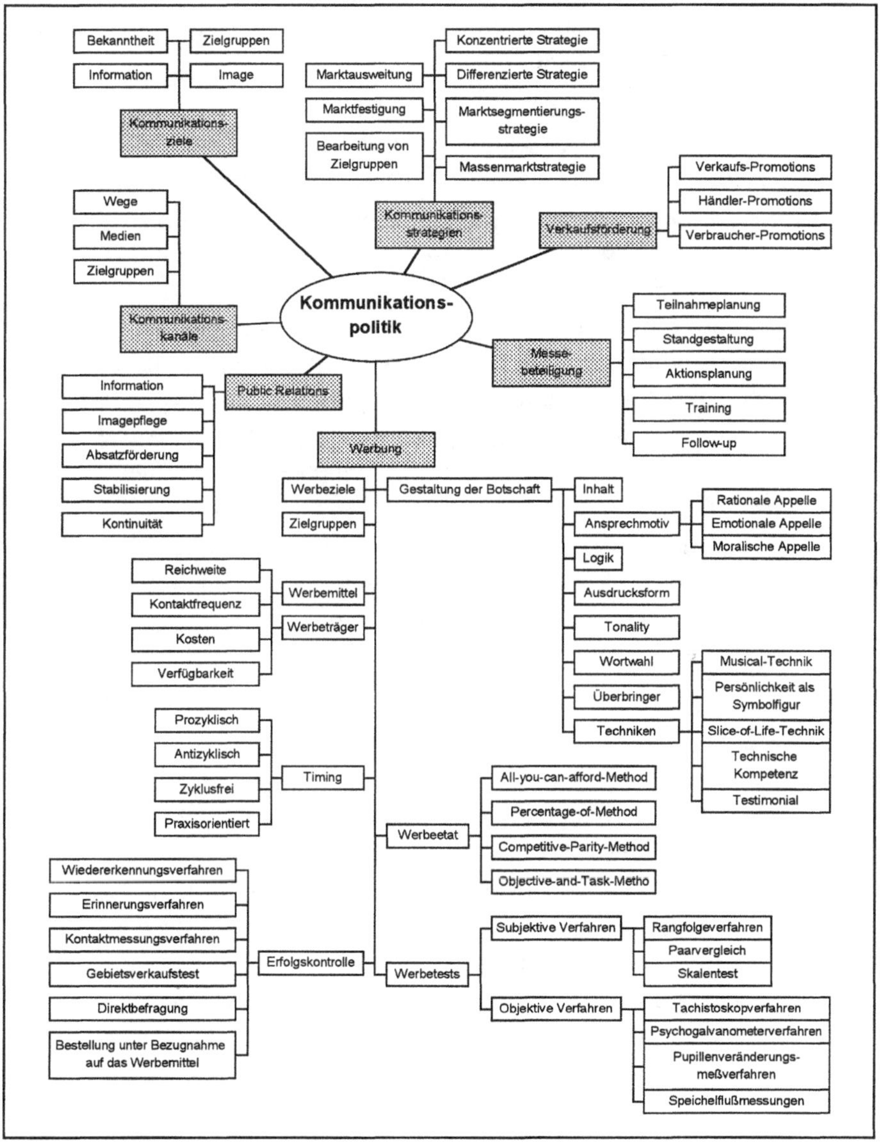

Abbildung 3-1 *Kriterien der Kommunikationspolitik*

3.1 Gestaltung der Werbebotschaft

Kotler/Bliemel (2001, 944f) stellen verschiedene Techniken zur Gestaltung von Werbebotschaften vor, von denen hier nur die wichtigsten erläutert werden sollen:

- **Musical-Technik:** Hierbei wird ein Produkt von einer oder mehreren Personen oder Comicfiguren besungen oder eine bestimmte Hintergrundmusik für den Werbespot verwendet.

↳ Im Werbespot für Kinder-Überraschung singen z.B. die darin enthaltenen Sammelfiguren. Für Verpoorten-Eierlikör wirbt ein singendes Comic-Hühnchen.

- **Persönlichkeit als Symbolfigur:** Eine eigens für ein Produkt oder eine Produktlinie geschaffene Symbolfigur – eine reale Person oder auch eine Comicfigur – dient der Repräsentation einer Marke.

↳ Vielen jungen Konsumenten ist der Hase Quicky von Nesquick bekannt. Für Milchprodukte von Bärenmarke wirbt seit Jahrzehnten ein Teddybär.

- **Slice-of-Life-Technik:** Bei dieser Technik werden zufriedene Produktverwender in einer realistischen Lebenssituation dargestellt.

↳ Ein Beispiel dafür ist die „Miracoli-Familie“ am Mittagstisch.

- **Technische Kompetenz:** Hier werden Erfahrungswerte und Fachkenntnisse des werbenden Unternehmens in den Vordergrund gestellt.

↳ Toshiba wirbt z.B. mit dem Slogan „In Touch with Tomorrow“, um den technischen Vorsprung seiner Erzeugnisse gegenüber Konkurrenzprodukten zu betonen.

- **Testimonial-Werbung:** Hierbei stellen prominente oder private Konsumenten ein Produkt vor, äußern sich zu dessen Vorteilen und zeigen sich mit dem Produkt zufrieden.

↳ Boris Becker wirbt z.B. für AOL, Manfred Krug für die Telekom; für Jägermeister standen inzwischen schon Tausende Konsumenten Pate.

Der Übersetzungsteufel

Die nachfolgenden Beispiele zeugen von der Wichtigkeit der Sprache und der Bedeutung angemessener Übersetzungen im internationalen Gebrauch:

- **Falsche Sprache**
  Viele Unternehmen fanden nach Durchführung ihrer Werbekampagne heraus, daß sie die falsche Werbesprache verwendeten. In der Annahme, der größte Teil der Bevölkerung in den Ländern des Mittleren Ostens spräche Arabisch, wurden bereits viele Produkte von ausländischen Firmen dort in Arabisch beworben. In Dubai aber z.B. sprechen nur rund 10% der Bevölkerung Arabisch, die restliche Bevölkerung setzt sich aus Pakistanis, Indern, Iranern oder Menschen anderer Herkunft zusammen.
- **Übersetzungsfehler**
  Das Produkt eines amerikanischen Produzenten, das laut Werbung „topped them all" (übertraf sie alle), wurde im französisch-sprachigen Teil Kanadas allerdings „topped by them all" (von allen übertroffen). Ein „hochgeschätztes" Produkt in den USA wurde nach der Übersetzung zu einem „stark überschätzten" in Brasilien.
- **Doppeldeutigkeit von Wörtern**
  Peinliche Situationen entstehen oft durch den Einsatz von Wörtern oder Botschaften mit mehreren Bedeutungen. Eine amerikanische Kugelschreiberfirma übertrug ihren amerikanischen Slogan „Avoid embarrassment – use ... pens" ins Spanische, um damit in Lateinamerika zu werben. Sie beachtete dabei nicht, daß das spanische Wort für „embarrassment" auch als beschönigende Bezeichnung für „schwanger" genutzt wird. Somit wurden die Kugelschreiber unwissentlich als Verhütungsmittel angepriesen.
- **Bedeutungsprobleme**
  Sprachliche Mißverständnisse können sogar dann auftreten, wenn im Stammland des Unternehmens und dem Zielmarkt dieselbe Sprache gesprochen wird, wie folgendes Beispiel aus dem englischen Sprachraum beweist. Ein Produzent, der sich für die Übernahme seines in den USA erfolgreichen Werbeslogans „You can use no finer napkin at your dinner table" in den britischen Markt entschied, mußte herausfinden, daß er unwissentlich für Windeln geworben hatte. Während „napkin" in Amerika für „Serviette" steht, verstehen die Briten darunter im allgemeinen „Windel".

(vgl. Punnett/Ricks 1992, 341)

3.2 Bestimmung des Werbeetats

Zur **optimalen Ermittlung des Werbebudgets** kann man sich verschiedener Verfahren bedienen:

- **All-you-can-afford-Method**: Mit Hilfe dieser einfachen Methode, die an den vorhandenen finanziellen Mitteln orientiert, kann der Werbeetat relativ schnell ermittelt werden. Da die Werbeausgaben vom Gewinn der vorangegangenen Periode abhängig sind, ergibt sich eine pro-zyklische Wirkung, d.h., in ertragsstarken Zeiträumen konzentrieren sich die Werbemaßnahmen. Nachteile dieser Methode sind die Nichtberücksichtigung der momentanen Marktsituation sowie die Verstärkung der Nachfrageschwankungen.
- **Percentage-of-Method**: Die Prozentsatz-von ... Methode ermittelt das Werbebudget anhand des Umsatzes oder des Gewinnes. Hierbei ergibt sich ebenfalls eine pro-zyklische Wirkung. Die Werbung, die sich ja eigentlich auf den Umsatz bzw. den Gewinn auswirken sollte, wird nun von diesen Größen beeinflußt.
- **Competitive-Parity-Method**: Die konkurrenzorientierte Methode richtet sich nach den Werbeausgaben der Konkurrenzunternehmen. Die eigene finanzielle Lage sowie die allgemeine Marktlage werden nicht betrachtet. Ebenso bleiben die Stellung der eigenen Produkte am Markt sowie die Produktlebensphasen unberücksichtigt. Vorteil dieser Methode ist, daß grundlegende Fehlentscheidungen (eher) vermieden werden können.
- **Objective-and-Task-Method**: Das Werbebudget wird nach den gesetzten Werbezielen, welche eindeutig definiert sein müssen, bestimmt. Sowohl die eigene Situation als auch Maßnahmen der Konkurrenz werden hierbei in Betracht gezogen. Damit ist diese Methode die einzige, die sich einer wirklich zweckbezogenen Ermittlung des Werbeetats widmet.

3.3 Timing von Werbemaßnahmen

Der Erfolg einer Werbekampagne hängt nicht nur von der Botschaft, dem Budget, den Werbemitteln und Werbeträgern ab, sondern auch vom Werbezeitraum und der angemessenen Verteilung der Werbemaßnahmen innerhalb dieses Zeitraumes.

Werbemaßnahmen können mit oder ohne Beachtung saisonaler Schwankungen durchgeführt werden. Wird Werbung für bestimmte Produkte vor allem in der Jahreszeit betrieben, in der diese Produkte gewöhnlich gekauft werden, handelt es sich um prosaisonale Werbung. Von antisaisonaler Werbung spricht man, wenn Umsatzschwankungen aufgrund zurückgehender Nachfrage durch verstärkte Werbung ausgeglichen werden sollen.

Die Möglichkeiten der Werbezeitraumplanung bei saisonaler Orientierung zeigt folgende Abbildung:

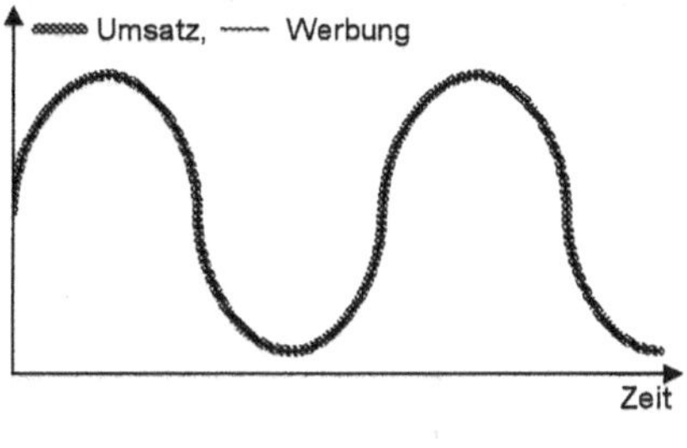

Prozyklische Werbung

In umsatzstarken Perioden (z.B. Sommer bei Bademoden) wird verstärkt Werbung durchgeführt, in umsatzschwachen Zeiten wird auch die Werbung zurückgenommen.

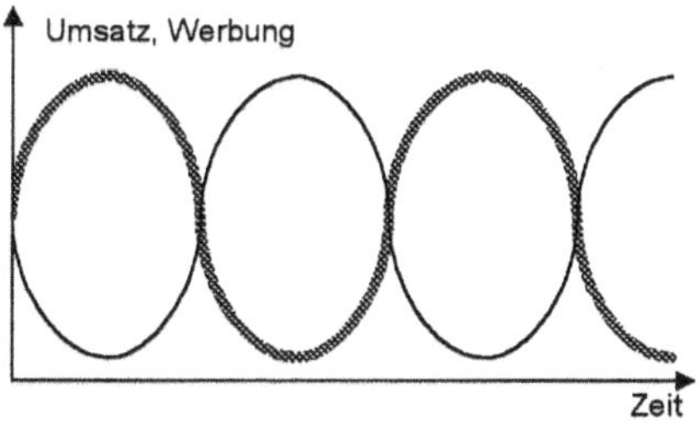

Antizyklische Werbung

Werbemaßnahmen werden massiv in der Nebensaison durchgeführt, z.B. Werbung für Urlaubsorte während der Schulzeit. In der Hauptsaison werden die Werbeaktivitäten eingeschränkt, da die Auslastung ohnehin garantiert ist.

***Abbildung 3-2** Prozyklische vs. antizyklische Werbung*

Werbemaßnahmen können auch saisonal unabhängig – also kontinuierlich im gleichen Umfang – durchgeführt werden, wie folgende Abbildung zeigt:

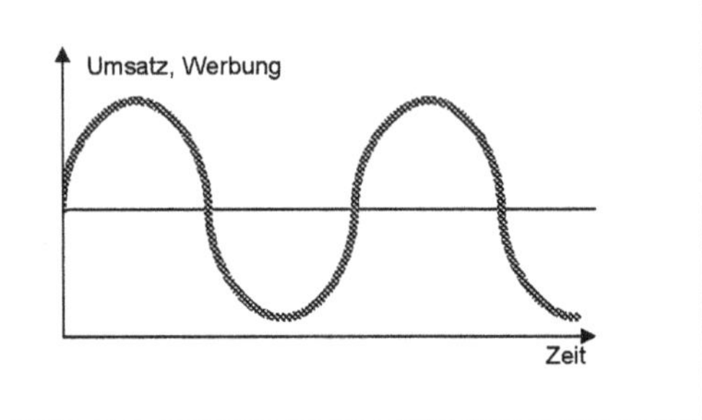

Zyklusfreie Werbung

Es wird kontinuierlich und im selben Umfang geworben, unabhängig von der Saison.

Abbildung 3-3 *Zyklusfreie Werbung*

Besonders erfolgversprechend erscheint nachfolgende Variante. Aufbauend auf ein festgelegtes minimales Werbevolumen, versucht man, den Umsatz in ohnehin schon verkaufsstarken Perioden durch zusätzliche Werbemaßnahmen noch weiter zu erhöhen.

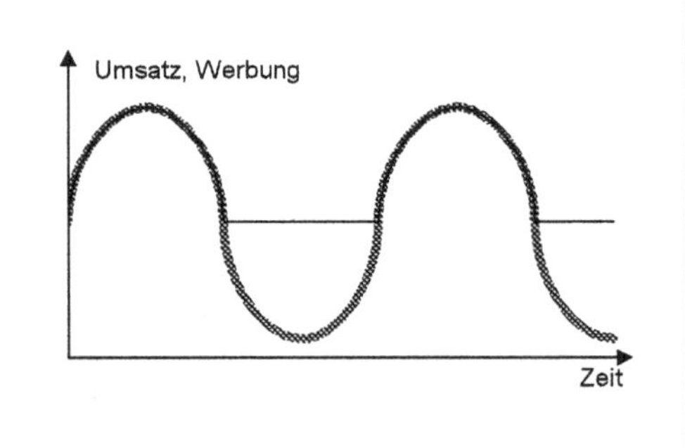

Praxisorientierte Werbung

Ein bestimmtes Werbevolumen wird nicht unterschritten, jedoch wird in umsatzstärkeren Zeiten zusätzlich geworben.

Abbildung 3-4 *Praxisorientierte Werbung*

Ist der Werbezeitraum festgelegt, müssen die einzelnen Werbeaktionen innerhalb dieses Zeitraumes verteilt werden. Ziel dabei ist, eine möglichst große Wirkung aller Maßnahmen zu erreichen. Werbeaktionen können einmalig und intensiv, kontinuierlich oder intermittierend durchgeführt werden. In welcher Stärke, welcher Häufigkeit und Zeitfolge die Werbung erfolgt, hängt vom beworbenen Produkt, den Umworbenen und den anderen Elementen des Marketing-Mix ab.

3.4 Werbemittel und Werbeträger

Aufgabe von **Werbeträgern** ist es, physische Kontakte zwischen den Werbemitteln und den Zielpersonen herzustellen. Werbeträger werden auch als Streumedien bezeichnet, da sie die Botschaften im Zielpublikum verteilen oder „streuen". Zu den Werbeträgern zählen z.B. Zeitungen und Zeitschriften, Fernsehen und Hörfunk, Kinos, Werbung per Post (Werbebriefe), Schaufenster sowie Plakatwände und Litfaßsäulen.

Die **Auswahl von Werbeträgern** für eine Kampagne ist – abgesehen vom Werbemittel – von einer Vielzahl von Kriterien abhängig. Es gibt mobile (Busse und Bahnen) und stationäre (Litfaßsäulen und Plakatwände) Werbeträger, solche mit einer hohen (Fernsehen) und einer niedrigen Verbreitungsgeschwindigkeit (Kino), mit einmaliger (Fernsehen) oder mehrmaliger Berührungschance (Zeitschrift). Botschaften können optisch-statisch (Plakat), akustisch-dynamisch (Hörfunk-Spot) oder multisensorisch (Fernsehen) präsentiert werden.

Werbeträger	Werbemittel			Preis
Tageszeitung, überregional	1/1 Seite, Anzeige vierfarbig	Sonntags-ausgabe	einmalig	€ 19.000
Tageszeitung, online	Newsletter, max. 3 Anzeigen	wöchentlich	per 1.000 Kontakte	€ 70
Zeitschrift	1/1 Seite, Anzeige vierfarbig	wöchentlich	einmalig	€ 40.000
Fernsehen, öffentlich-rechtlich	Werbespot	montags-freitags, vor Abendnachrichten, Okt.-Dez.	30 Sekunden	€ 19.000
Radio, öffentlich-rechtlich	Werbespot	samstags, zwischen 9 und 10 Uhr	1 Sekunde	€ 39
Plakat	Großfläche in 1a-Lage in Großstadt		pro Tag	€ 15

***Tabelle 3-1** Preise ausgewählter Werbeträger*

Berücksichtigt werden sollte die **Verfügbarkeit** der Werbeträger in den einzelnen Ländern. In manchen Ländern sind bestimmte Werbemittel völlig unüblich (in Griechenland z.B. Werbung mittels Drucksachen und Postwurfsendungen [vgl. BfAI 1996, 51]), andere Werbemittel befinden sich erst im Kommen und können – wenn eingesetzt – besondere Aufmerksamkeit erregen. Es empfiehlt sich außerdem, die nationalen Presselandschaften genauer zu untersuchen, um für die Schaltung von Werbeanzeigen geeignete Zeitungen/Zeitschriften zu finden. Neben zahlreichen nationalen Zeitungen und Zeitschriften sind häufig eine Reihe international renommierter Printmedien in den Ländermärkten vertreten. Ebenso können neben nationalen Fernsehsendern oft auch ausländische Kanäle empfangen werden. Nicht zuletzt sollte die Glaubwürdigkeit und das Image der einzelnen Medien untersucht werden.

Zur **Bewertung von Effektivität und Zweckmäßigkeit** der Werbeträger werden Daten von (möglichst international erfahrenen) Marktforschungsinstituten zugrunde gelegt. Man erhält hierdurch Angaben zur Größe der Zielgruppe, zu Reichweiten, zur Zirkulation bestimmter Medien usw. Ein Kostenvergleich der in Frage kommenden Werbeträger kann unter Heranziehung des **1.000-Kontakt-Preises** durchgeführt werden. Dieser Wert gibt an, welche Kosten 1.000 Kontaktchancen mit den Zielkunden verursachen.

Das werbende Unternehmen muß nun entscheiden, welche Basiswerbeträger eingesetzt und durch welche Werbeträger diese ergänzt werden soll. Weiterhin müssen der Werbeetat auf die Werbeobjekte sowie die Werbemaßnahmen über den ausgewählten Zeitraum verteilt werden. Ergebnis dieser Planung ist ein sogenannter **Werbestreuplan**. Dieser Plan listet die belegten Werbeträger, die Häufigkeit und den Zeitpunkt der Schaltung von Botschaften auf.

3.5 Werbepretests

Bevor eine großflächige Werbekampagne durchgeführt wird, sollte sie auf ihre Wirksamkeit überprüft werden. Mit Hilfe sogenannter Pretests sind Prognosen bezüglich der Kundenreaktionen und des Werbeerfolges möglich. Sollte in den Tests nicht die erwartete Wirkung erzielt werden, kann das Werbemittel modifiziert oder die Botschaft überarbeitet werden. Dies hilft, Fehlschläge und damit finanzielle Einbußen zu vermeiden.

Werbewirkungen können mit Hilfe subjektiver und objektiver Verfahren abgeschätzt werden.

Subjektive Verfahren erfassen die Meinungen von Personen (sowohl Konsumenten als auch Spezialisten), denen das Werbemittel vorgestellt wird. Die bedeutendsten subjektiven Verfahren sind folgende:

- **Rangfolgeverfahren**: Dabei bewertet der Betrachter unterschiedliche Varianten eines Werbemittels und ordnet sie nach Attraktivität, Aussagekraft, Ausstrahlung usw. Die jeweils am positivsten bewertete Variante wird für die folgende Werbekampagne ausgewählt.
- **Paarvergleich**: Aus jeweils zwei Varianten wird die attraktivere ausgewählt. Auch hier wird die am besten bewertete Variante für die Kampagne vorgezogen.
- **Skalentest**: Hier werden die Varianten anhand verschiedener Skalen (z.B. billig – teuer, angenehm – unangenehm) bewertet. Die Resultate werden mit einem zuvor erstellten Profil verglichen. Die Variante, die dem vorgegebenen Profil am ehesten entspricht, wird ausgewählt.

Bei **objektiven Verfahren** werden die Reaktionen der Testpersonen experimentell gemessen. Die bekanntesten objektiven Verfahren sind (Weis 1999, 416):

- **Tachistoskopverfahren**: Die Testperson kann das Werbemittel nur für Bruchteile von Sekunden betrachten und beschreibt danach ihre Eindrücke.
- **Psychogalvanometerverfahren**: Dieses Verfahren mißt galvanische Hautreaktionen (Schweißdrüsenfunktion). Es basiert auf der Annahme, daß die Stärke der Reaktion das Interesse des Betrachters widerspiegelt.

- **Pupillenveränderungsmeßverfahren**: In bestimmten Abständen wird hierbei der Pupillendurchmesser des Betrachters gemessen. Diese sowie die vorangehende Technik werden häufig kritisiert, weisen jedoch eine gute Erfolgsquote auf.
- **Speichelflußmessungen**: Bei diesem Verfahren, welches vor allem zum Testen von Nahrungsmittelwerbung verwendet wird, mißt man die Stärke des Speichelflusses der betrachtenden Testperson.

3.6 Durchführung und Erfolgskontrolle

Sind alle bisher erläuterten Phasen der Werbeplanung erfolgreich abgeschlossen, kann die Werbekampagne durchgeführt werden. Dies geschieht entweder durch das werbende Unternehmen selbst, durch eine beauftragte Werbeagentur oder durch eine Kombination der ersten beiden Varianten.

Im Anschluß an die Durchführung werden der ökonomische und der kommunikative Erfolg der Werbekampagne kontrolliert (Posttest). Mit dieser Werbeerfolgskontrolle soll überprüft werden, inwieweit die gesetzten Werbeziele erreicht und ob zuviel oder zuwenig für Werbemaßnahmen ausgegeben wurde.

Zunächst kann der außerökonomische oder auch **kommunikative Werbeerfolg** einer Werbekampagne ermittelt werden. Für einen Werbetreibenden ist es entscheidend zu wissen, inwieweit Meinungen und Einstellungen des Zielpublikums geändert, die Markenbekanntheit erhöht und Präferenzen für seine Produkte erzeugt wurden. Dies kann anhand verschiedener Verfahren beurteilt werden:

- **Recognition-Verfahren** (Wiedererkennungsverfahren): Mit diesem Verfahren versucht man herauszufinden, ob eine Person eine bestimmte Werbebotschaft wahrgenommen hat. Ausgewählte Personen werden befragt, inwieweit sie sich an eine Anzeige oder Werbespot sowie das darin beworbene Produkt erinnern und ob sie den Text gelesen haben. Aus den Antworten kann man auf Interesse an einer Botschaft schließen, jedoch nicht auf eine Kaufabsicht.

- **Recall-Verfahren** (Erinnerungsverfahren): Bei diesem Verfahren werden Personen befragt, ob sie sich an eine Botschaft erinnern. Dabei unterscheidet man die ungestützte und die gestützte Erinnerung. Bei der ungestützten Erinnerung sollen die Personen eine Botschaft ohne Erinnerungshilfen wiedergeben, bei der gestützten Erinnerung werden Produkt- oder Herstellernamen genannt oder andere Anhaltspunkte gegeben.

- **Kontaktmessungsverfahren**: Dieses Verfahren ermittelt die tatsächlichen Kontakte der Zielperson mit der Werbebotschaft. Dies geschieht durch Beobachtung oder Befragung.

Weitaus schwieriger ist die Ermittlung des **ökonomischen Erfolges**. Der Umsatz hängt nicht nur von der Werbung für ein Produkt ab, sondern auch vom Preis, von der Verfügbarkeit des Produktes und von Angeboten der Konkurrenz.

Die Messung des ökonomischen Werbeerfolges kann durch folgende Verfahren geschehen:

- **Gebietsverkaufstest**: In regional getrennten, aber strukturgleichen Gebieten wird die Auswirkung der Werbung auf den Umsatz untersucht. Auf einem Testmarkt werden Werbeaktionen durchgeführt, ein Kontrollmarkt liefert Angaben zum Umsatz ohne Einfluß der Werbung.

- **Methode der Direktbefragung**: Hierbei werden Käufer bestimmter Produkte gefragt, durch welche Werbeaktion sie zum Kauf angeregt wurden.

- **Bestellung unter Bezugnahme auf das Werbemittel**: Dieses Verfahren kann verwendet werden, wenn das Werbemittel mit einem Bestellcoupon versehen ist, z.B. bei Zeitungsanzeigen oder Katalogsendungen. Durch besondere Kennzeichnung der Coupons kann festgestellt werden, welche spezifische Zielgruppe mit der Maßnahme erreicht wurde.

Kreativitätstechniken – Übersicht

Inhalt und Ziel, Eignung und Vorgehensweise bekannter Kreativitätstechniken werden in der nachfolgenden Übersicht zusammengefaßt:

	Inhalt + Ziel	„+" Eignung	„–"	Vorgehensweise
Brainstorming	Gewinnung möglichst vieler origineller Ideen durch intensive Diskussion	• wenn vielfältige, möglichst unterschiedliche Vorschläge gefunden werden sollen • wenn Team selbst von Problem betroffen ist • wenn Experten verschiedener Bereiche zusammenarbeiten	• für komplexe Probleme • wenn Spezialwissen notwendig ist • wenn Mitarbeiter verschiedener Hierarchiestufen beteiligt sind	1. Bekanntgabe des Problems 2. Gemeinsame Ideensuche (keine Kritik und Bewertung) 3. Bewertung und Untersuchung der Ideen auf Realisierbarkeit
Mind-Mapping	Bildliche Darstellung des Problems, Erkennen von Zusammenhängen und Wechselwirkungen	• für Analyse von Problemen, Planung, Suche nach Strategien, • zur Verschaffung eines Überblicks über komplexe Probleme • zur Vorbereitung auf Reden oder Aufsätze	• starke Vereinfachung komplexer Sachverhalte	1. Problem in die Mitte eines Blattes schreiben 2. davon ausgehend Begriffe und Ideen als Äste und Zweite notieren 3. Verknüpfungen und Zusammenhänge deutlich machen 4. Bilder, Symbole verwenden
Methode 6-3-5	Gewinnung möglichst vieler origineller Ideen durch Aufschreiben und Fortführen der Ideen	• für einfache, klar strukturierte Fragen (z.B. Namensfindung)	• für Probleme, wo Lösungsmöglichkeiten von Anfang an begrenzt sind • für komplexe Probleme	1. 6 Teilnehmer 2. jeder Teilnehmer schreibt innerhalb von 5 Minuten 3 Ideen nieder 3. Weiterreichen des Ideenformulars an einen anderen Teilnehmer, 4. der 3 neue Ideen aufschreibt oder die vom Vorgänger fortführt
Reizwort-Analyse	Suche nach außergewöhnlichen Ideen durch Konfrontation mit einem zufällig ausgewählten Begriff	• für künstlerischen Bereich, Werbung	• entstehende exzentrische Lösungen lassen sich oft nicht verwirklichen	1. Zufällige Auswahl des Reizwortes 2. Analyse des Reizwortes 3. Verbindung mit dem Problem 4. Suche nach Lösungen

Bisoziation	Zusammenführen zweier vorher nicht verbundener Denkweisen	• für gut strukturierte Fragen • bei technischen Problemen	• wenn schnelle Lösung erforderlich ist • wenn nicht bekannt ist, in welchem Bereich Lösung gefunden werden könnte	1. Problemdefinition 2. Suche nach einer zweiten Denkdimension 3. Erkennen von Analogien 4. Übertragung der Lösung in den eigenen Bereich
Synektik	schrittweise Verfremdung des Ausgangsproblems	• für technische Neuentwicklungen	• wenn Anfänger an Problemlösung beteiligt sind	1. Problemformulierung 2. Brainstorming 3. ggf. Neuformulierung des Problems 4. Bilden von Analogien: direkte, persönliche, symbolische, zweite direkte Analogie 5. Analyse der Analogien 6. Force-Fit 7. Lösungsansätze
Osborn-Checkliste	Ableiten kreativer Lösungen aus vorhandenen Lösungen	• wenn Ideen vorliegen, diese aber nicht originell genug sind	• wenn keine konkreten Lösungen vorhanden sind	Abarbeiten einer Checkliste, wie eine Idee variiert werden könnte: 1. Anders verwenden 2. Anpassen 3. Vergrößern 4. Verkleinern 5. Ersetzen 6. Umstellen 7. Umkehren 8. Kombinieren 9. Transformieren
Morphologischer Kasten	Systematische Ideensuche mit Hilfe einer Matrix	• für Probleme, bei denen systematisches Vorgehen angebracht ist	• Kreativität wird durch vorgegebenen Rahmen stark behindert	1. Festlegen der Kategorien 2. Auflistung zugehöriger Eigenschaften 3. Erstellung der Matrix 4. Festlegung der Kombinationen 5. Auswahl der optimalen Lösung

***Tabelle 3-2** Überblick über die Kreativitätstechniken (Karbach/Dorsch 2000, 38f)*

Kriterien zur Beurteilung der Kommunikationspolitik im internationalen Kontext	**Gewichtung**	**Bewertung**					**Wert**
		1	**2**	**3**	**4**	**5**	
Kommunikationsziele							
Auswahl der „richtigen" Zielgruppen							
Bekanntheit							
Image							
Information							
Kommunikationsstrategien							
Marktausweitung							
Marktfestigung							
Kommunikationskanäle							
Kommunikationswege							
Medien							
Zielgruppen							
Werbung							
Werbeziele							
Zielgruppen							
Werbemittel							
Verfügbarkeit							
Reichweite							
Kontaktfrequenz							
Kosten							
Werbeträger							
Verfügbarkeit							
Reichweite							
Kontaktfrequenz							
Kosten							
Gestaltung der Botschaft							
Inhalt							
Ansprechmotiv							
Logik							
Ausdrucksform							
Tonality							
Textgestaltung							
Überbringer							
Technik							

Timing							
Werbeetat							
Werbetests							
Erfolgskontrolle							
Verkaufsförderung							
Verkaufs-Promotions							
Händler-Promotions							
Verbraucher-Promotions							
Public Relations							
Informationsgehalt/Inhalt							
Imagepflege							
Absatzförderungspotential							
Stabilisierungspotential							
Kontinuitätsvermittlung							
Messebeteiligung							
Teilnahmeplanung							
Standgestaltung							
Aktionsplanung							
Training der Mitarbeiter							
Follow-up/Auswertung							
Summe (Vergleichsbasis)							
Bewertungskriterien von 1 (problematisch) bis 5 (unproblematisch)							

Tabelle 3-3 *Checkliste für die Analyse der Kommunikationspolitik im internationalen Kontext*

Kriterien	**Stärken**	**Schwächen**
Kommuni-kations-ziele		
Kommuni-kations-strategien		

Kommunikations-kanäle		
Werbung		
Verkaufsförderung		
Public Relations		
Messebeteiligung		

Tabelle 3-4 *Ausblick auf die künftige Entwicklung der Stärken und Schwächen in der Kommunikationspolitik (verbalisiert)*

Kriterien	Chancen	Risiken
Kommuni-kations-ziele		
Kommuni-kations-strategien		
Kommuni-kations-kanäle		
Werbung		
Verkaufsför-derung		
Public Relations		
Messe-beteiligung		

Tabelle 3-5 *Prognose der Chancen und Risiken in der Kommunikationspolitik (verbalisiert)*

Kriterien	Maßnahmen
Kommuni-kations-ziele	
Kommuni-kations-strategien	
Kommuni-kations-kanäle	
Werbung	
Verkaufsför-derung	
Public Relations	
Messe-beteiligung	

Tabelle 3-6 *Maßnahmen zur Erfolgssicherung im Bereich der Kommunikationspolitik (verbalisiert)*

4 Distributionspolitik

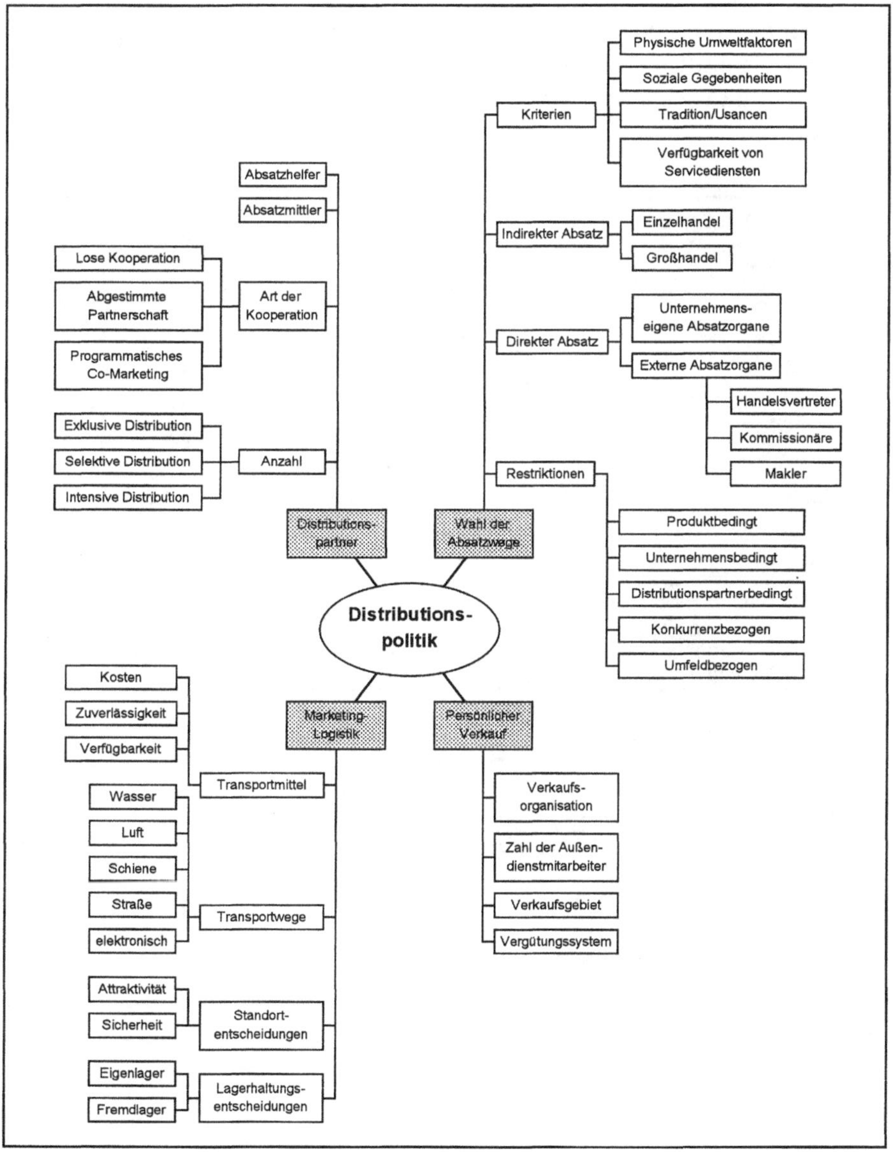

***Abbildung 4-1** Kriterien der Kommunikationspolitik*

4.1 Distributionspartner

Wesentlich ist auch die **Auswahl geeigneter Lieferanten**. Diese richtet sich zum einen nach den vom Lieferanten angebotenen Preisen und Konditionen. Zum anderen ist auch dessen Zuverlässigkeit, besonders in bezug auf die Einhaltung der Termine und Vereinbarungen, relevant.

Kriterien für die Auswahl geeigneter Lieferanten	Gewichtung	Bewertung					Wert
		1	2	3	4	5	
Kaufmännische Kriterien							
Preise							
Produktions- und Lieferkapazität							
Qualität der Ware (z.B. Reklamationen)							
Lieferzeit							
Termintreue							
Lieferkosten							
Reaktionsgeschwindigkeit							
Kundenspezifische Bevorratung							
Marktmacht des Lieferanten							
Standort							
Kommunikation							
Technologische Kriterien							
Infrastruktur der Fertigung							
Investitionsverhalten							
Modernität der Technologie							
Qualitätssicherungsstandards							
Mitarbeiterqualifikation							
Technisches Know-how							
Service							
Summe (Vergleichsbasis)							
Bewertungskriterien von 1 (schlecht) bis 5 (ausgezeichnet)							

Tabelle 4-1 *Checkliste zur Lieferantenauswahl*

Der Zwang zu Kostensenkung und hoher Qualität führte auf zwei Wege der Sicherung des Materials und der Zulieferteile:

- Nutzung der Möglichkeiten eines weltweiten Einkaufs – **Global Sourcing**
- Einbeziehung von Lieferanten in die Produktentwicklung und den Wertschöpfungsprozeß bei Ausrichtung auf einen bzw. wenige leistungsfähige Partner – **Single Sourcing**

Die Unternehmen müssen immer stärker versuchen, durch eine Mischung aus in- und ausländischer Fertigung betriebswirtschaftlich vernünftige Erlöse zu erwirtschaften. Vor allem der zweite Weg, aber auch die Verknüpfung beider Wege eröffnet neue Möglichkeiten zur Spezialisierung und Konzentration, Innovationskooperation oder fallweise auch zum Aufbau gemeinsamer Vertriebswege. Es hat sich vor allem in der Automobilindustrie gezeigt, daß die Auslagerung (**Outsourcing**) eines erheblichen Anteils der Komponentenentwicklung und -fertigung in vergleichsweise wenige Zulieferbetriebe ein entscheidender Faktor der Produktivitätssteigerung beim Endhersteller ist. Hieraus folgte eine **Neustrukturierung der Zulieferkette** (*supply chain*) in „Lieferanten der ersten Reihe", „Lieferanten der zweiten Reihe" und weitere „Sublieferanten für die zweite Reihe". Grundlegendes Ziel ist und bleibt dabei immer, noch bessere Lieferanten in Qualität, Preis und Service zu finden.

Richtlinien für den Einkauf

Im Rahmen einer ***Purchasing-Policy*** sollten die Vorgangsweise bzw. die Kompetenzen der Einkäufer für folgende Aspekte genau geregelt sein:

- Unbestechlichkeit der Einkäufer,
- Geschenke und Incentives von Lieferanten,
- Materialplanung (Produktionsprogramm, Stücklisten),
- Materialanforderungen,
- Angebotseinholung und -verfahren,
- Auswahl der Lieferanten,
- Beurteilung der Lieferanten,
- Einkaufsbedingungen und -verträge,
- Einkaufsvollmachten,
- Terminsicherung und -verfolgung,

- Beschaffung von Investitionsgütern,
- Erteilung von Aufträgen in dringenden Fällen,
- Beschaffung von Dienstleistungen,
- Beschaffung im Ausland,
- Erfassung und Verkauf von Schrott und Abfällen,
- Notwendigkeit von Gegenkalkulationen.

Nicht zu übersehen ist der Tatbestand, daß einerseits der Druck auf die Zulieferer und andererseits die Abhängigkeit des Endherstellers vom Zulieferer zunimmt. Prinzipiell ist eine neue Qualität in den Beziehungen notwendig, die auf konstruktiver und fairer Art beruht und ein enges Zusammenwirken bei Entwicklungen, auf dem Gebiet TQM und der Gestaltung von Just-in-time einschließt.

Zur Vereinfachung der logistischen Kette praktizieren größere Unternehmen teilweise die Eingliederung von Lieferanten im eigenen Betriebsgelände (Strategisches **Insourcing**) und verbinden damit die Vorteile von Kostenreduzierungen und gegenseitiger Unterstützung bis zum Personaltransfer.

Die häufigsten **Gründe**, warum sich Hersteller für einen **Fremdbezug** entscheiden, sind (nach Wichtigkeit):

- Flexibilität bei Kapazitätsengpässen,
- (geringere) Lohnkosten der Fremdfertiger,
- rationellere Produktion spezialisierter Fremdfertiger,
- fehlendes Fertigungs- und Montage-Know-how,
- geringerer Kapitalbedarf für das Anlagevermögen.

Nachfolgende Abbildung gibt die Sachverhalte Make-or-Buy und Out-/Insourcing wieder. Der Begriff des Sourcing ist in diesem Zusammenhang nicht nur als Beschaffungsstruktur (Single oder Global Sourcing) zu interpretieren, sondern auch als Gestaltungsmöglichkeit des betrieblichen Leistungsumfanges.

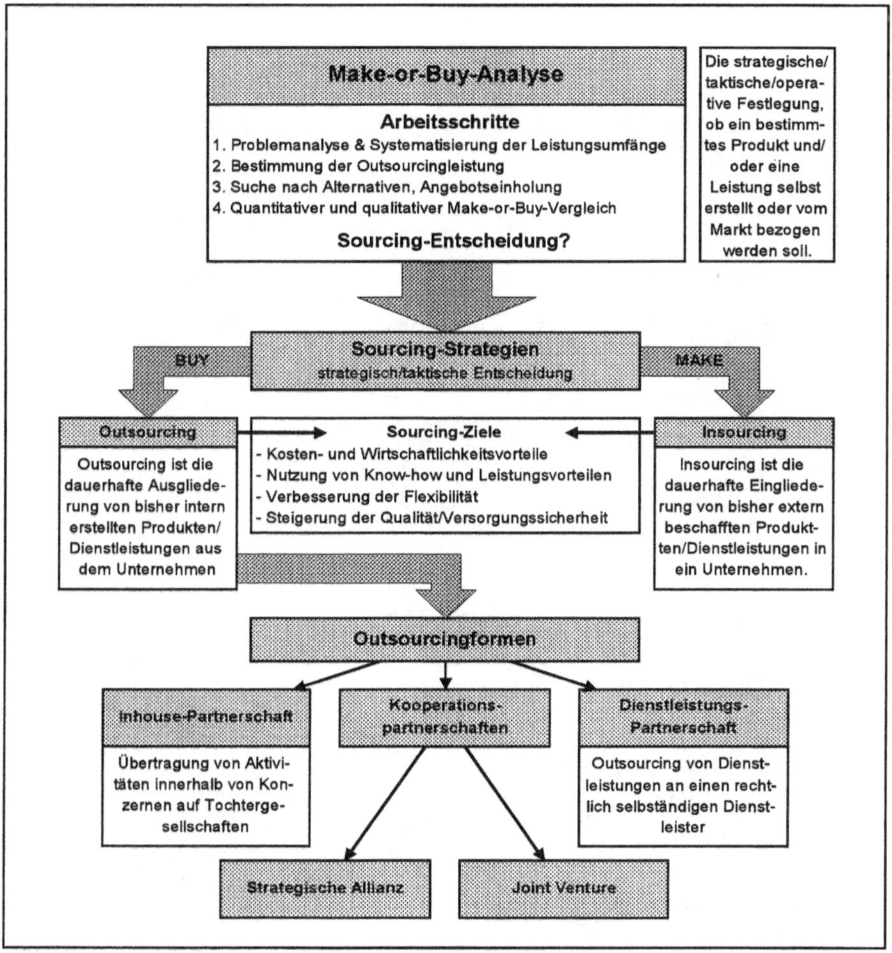

***Abbildung 4-2** Gestaltungsmöglichkeit des betrieblichen Leistungsumfanges (vgl. Härdler 2000)*

4.2 Marketinglogistik – Just-in-time

Im Logistikbereich haben sich vor allem auch die **Kosten der Lagerhaltung** als zentrales Problem erwiesen. Allgemein sind im **Logistikbereich** zahlreiche und vielfältige **Kostenfaktoren** zu verzeichnen:

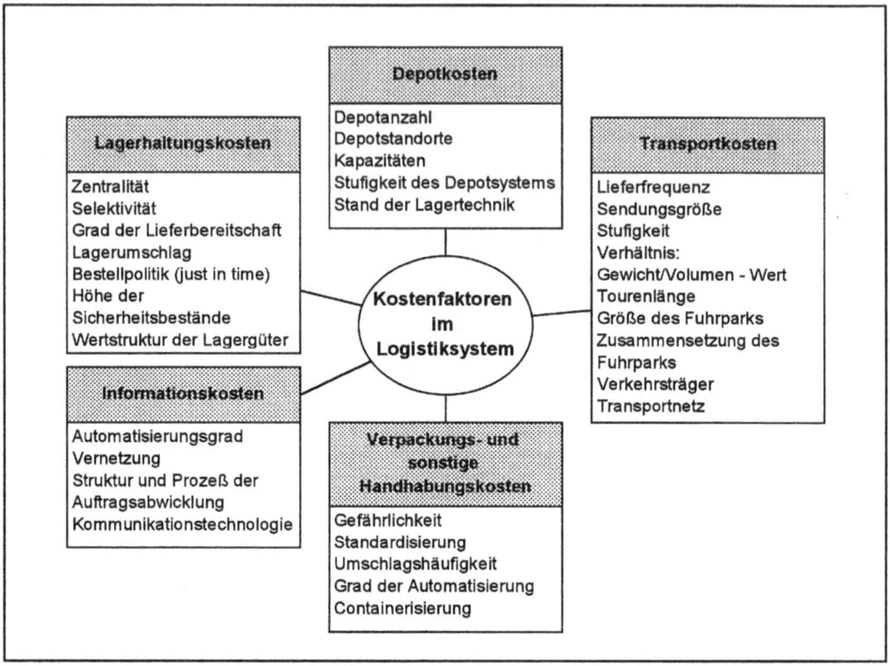

***Abbildung 4-3** Kostenfaktoren im Logistikbereich*

Kriterien für die Vorbereitung von Logistikentscheidungen	**Gewichtung**	**Bewertung**					**Wert**
		1	**2**	**3**	**4**	**5**	
Transportmittel							
Verfügbarkeit							
Zuverlässigkeit							
Transportdauer							
Kapazität							
Kosten							
Binnenschiffahrt							
Hochseeschiffahrt							
Lufttransport							
Schiene							
Straße							
Elektronische Übermittlung							
Weitertransportmöglichkeiten							

Abwicklung vor Ort							
Transportversicherung (Versicherbarkeit, Kosten)							
Lagerhaltungsentscheidungen							
Attraktivität des Standortes							
Sicherheit							
Eigenlager/Kosten							
Eigenlager/Kapitalbindung							
Eigenlager/Kapazität							
Fremdlager/Kosten							
Fremdlager/Kapitalbindung							
Fremdlager/Bedarf							
Technologie							
Transporttechnologie							
Umschlagstechnologie							
Lagertechnologie							
Verpackung							
Umverpackung							
Transportverpackung							
Stabilität (Beschädigung)							
Haltbarkeit (Temperatur)							
Stapelbarkeit							
Handling							
Schutz (Inhalt bzw. Umwelt)							
Verpackungssysteme (Normierung)							
Umweltverträglichkeit/Recycling							
Optimale Rückführung							
Kennzeichnung							
Verpackungskosten							
Zusammenarbeit mit Zulieferern							
Verläßlichkeit							
Synergiepotentiale							
Kostenteilung							
Formalitäten							
Im Inland							
Beim Grenzübertritt (Zoll)							

Bei der Abnahme (Kunde)							
Sonderüberprüfungen (z.B. bei Embargo)							
Summe (Vergleichsbasis)							
Bewertungskriterien von 1 (schlecht/problematisch) bis 5 (ausgezeichnet/nicht problematisch)							

Tabelle 4-2 *Checkliste zur Vorbereitung von Logistikentscheidungen*

Den mit der Lagerhaltung verbundenen Problemen versucht man mit einer minimierten Lagerhaltung bzw. der Verlegung des Lagers auf die Straße zu begegnen. Dieses Konzept wurde unter dem Namen Just in time bekannt. Unter **Just-in-time-System** wird eine bestandsminimale Fertigung bzw. Zulieferung von Teilen, z.B. für Montageprozesse, verstanden.

Just-in-time-Logistik

Vorteile

- sinkende Lagerkosten,
- abnehmender Bedarf an Produktionsfläche,
- weniger gebundenes Kapital,
- auf sich ändernde Kundenwünsche und Marktveränderungen kann schnell reagiert werden, indem kleinere Stückzahlen hergestellt werden.

Nachteile

- kein „Puffer", weil kein Lager vorhanden ist,
- große Abhängigkeit von den Lieferanten,
- Abhängigkeit von äußeren Umständen (z.B. Witterung, Stau; die Verkehrslawine, entstanden durch die auf die Straße verlegten Lager, stellt Just in time zunehmend in Frage).

Voraussetzungen

- Just-in-time stellt an fast alle betrieblichen Funktionen hohe Anforderungen; diese müssen dementsprechend in ein umfassendes Logistik-Konzept eingebunden werden (vgl. Beschaffungslogistik, Produktionslogistik, Distributionslogistik),
- enge und vertrauensvolle Zusammenarbeit mit den Lieferanten und deren Einbindung in die eigenen betrieblichen Prozesse,
- Überprüfung der Produktionsstandorte, um die Transportwege – auch zum Kunden – zu minimieren,
- Senkung der Rüstzeiten in der Produktion, um schneller reagieren zu können.

Revolution der Informationsflüsse – Internet und e-commerce

Die Nutzung des Internets ist heute ein fester Bestandteil im Unternehmen, und längst nicht mehr nur dort, geworden. Unternehmen nutzen seit einiger Zeit die Vorteile, die ihnen das elektronische Netz bietet, für vielfältigste Zwecke. Es hilft z.B. den weltweit preiswertesten Lieferanten zu finden und gibt Einblicke in die betrieblichen Abläufe von Partnern und Konkurrenten. Durch die **weltweite Vernetzung** haben Unternehmen zudem die Möglichkeit, in kurzer Zeit Informationen auszutauschen, Produkte anzubieten, Leistungen einzukaufen und Finanzgeschäfte abzuwickeln. Es bedarf nicht mehr all zu vieler Phantasie, sich das Internet im Zusammenhang mit jeglichen betrieblichen Aufgaben vorzustellen.

Wollen Unternehmen heutzutage im sich ständig verschärfenden, internationalen Wettbewerb bestehen, sind sie – zumindest mittelfristig – gezwungen, umfassend ins Internet zu gehen. Dadurch bieten sich ihnen primär vielfältige Möglichkeiten und Chancen. Unternehmen, die es verstehen, ihre Stärken gezielt auch im Internet einzusetzen, verschaffen sich in kürzester Zeit einen großen **Wettbewerbsvorteil**.

Durch die immer stärker werdende Nutzung der globalen Datennetze entstehen laufend auch neue Geschäftsmodelle, wie derzeit z.B. online-Marktplätze und elektronische Mehrwertdienste.

Online-Marktplätze eröffnen Anbietern und Interessenten aller Wirtschaftszweige innerhalb kürzester Zeit die Möglichkeit, miteinander in Kontakt zu treten. Für diese Form der Kommunikation ist nur eine einzige Transaktion notwendig. Es müssen nicht mehr Tage damit verbracht werden, um den geeignetsten Lieferanten zu finden; ständig eröffnen neue Branchenmärkte. Durch diese Art des Einkaufs können beachtliche Effektivitätssteigerungen in allen Unternehmensbereichen erzielt werden. Auch stellt die Nutzung von online-Marktplätzen eine Chance dar, auf die ständig steigenden Herausforderungen, insbesondere im Beschaffungsbereich, zu reagieren.

Elektronische Mehrwertdienste zeigen Anbietern vielfältige Möglichkeiten, sich gegenüber ihren Konkurrenten hervorzuheben. Man ist damit in der Lage, einen ganz auf die individuellen Wünsche der Kunden abgestimmten Service anzubieten. Der Verkauf von Produkten per Internet ermöglicht, Bestellungen vielfältigster Art erheblich schneller und problemloser zu bearbeiten.

4.3 Persönlicher Verkauf

4.3.1 Aufgaben des persönlichen Verkaufs

Hauptaufgaben der Mitarbeiter im Verkauf	
Außendienst: Umsatzzielerreichung	**Key Account Manager:** Umsatz-/Projektzielerreichung
• Interessentensuche und Potentialerklärung • Kundenqualifizierung • Neukundengewinnung • Stammkundensicherung • Konditionenverhandlungen • Marktforschung beim Kunden • Produktvorstellungen • Abwicklung Beanstandungen mit Innendienst • Mitarbeit an strategischer und operativer Planung • Mitarbeit an Verkaufsförderung, Messen	• Schlüsselkundenbetreuung, -sicherung • Kontraktmanagement, Konditionenverhandlungen • Projektabwicklung mit Kunden • Prozeßoptimierung mit Kunden • Marktforschung mit Kunden • Firmen- und Produktpräsentationen • Abwicklung Beanstandungen • Abstimmung mit Flächenvertrieb • Mitarbeit an strategischer und operativer Planung • Mitarbeit an Verkaufsförderung, Messen
Innendienst: Effizienzzielerreichung	**Vertriebsleitung:** Umsatz-/Ergebniszielerreichung
• Unterstützung Außendienst, Bedarfserklärungen • Eigenverantwortliche Kleinkundenbetreuung • Telefonische und schriftliche Kundenbetreuung • Auftragsabwicklung • Fakturierung • Beschwerdemanagement • Abstimmung mit Logistik • Unterstützung für Vertriebspartner • Mitarbeit an Mailingaktionen, Telefonmarketing • Mitarbeit an Verkaufsförderung, Messen	• Führung der Verkaufsmitarbeiter • Förderung der Verkaufsmitarbeiter • Richtlinien für die Kundenbetreuung • Erarbeitung Akquisitionsstrategie • Festlegung Konditionenpolitik • Verhandlungen mit Schlüsselkunden • Steuerung Vertriebspartner • Festlegung Berichtswesen • Erarbeitung strategische und operative Planung • Abstimmung mit anderen betrieblichen Bereichen

Tabelle 4-3 *Hauptaufgaben der Mitarbeiter im Verkauf (Winkelmann 2000, 263)*

4.3.2 Verkaufspolitische Entscheidungen

Zu den verkaufspolitischen Entscheidungen zählen zunächst Entscheidungen über den Aufbau und die Gestaltung der **Verkaufsorganisation**. Diese kann beispielsweise funktionsorientiert, produktorientiert, abnehmerorientiert oder nach geographischen Gesichtspunkten gestaltet sein (vgl. **Organisationsstrukturen**, Strunz/Dorsch 2001b, 63ff). Die Gestaltungsmöglichkeiten ergeben sich in Abhängigkeit von der Produktpalette und der allgemeinen Unternehmensstruktur.

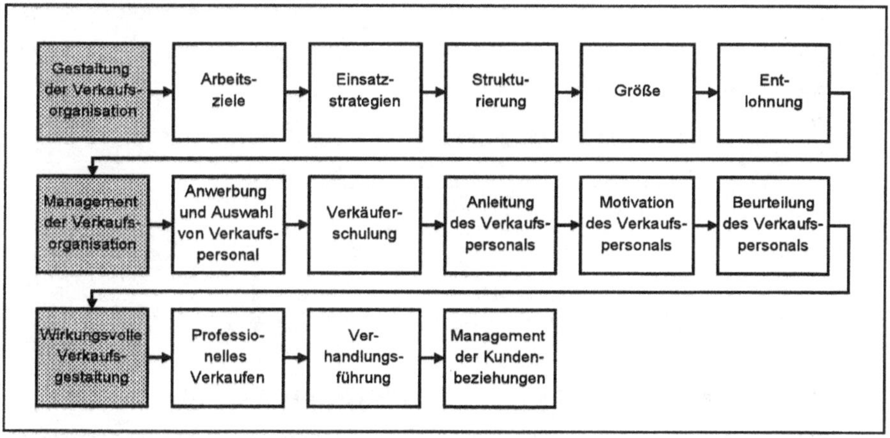

***Abbildung 4-4** Ablaufschema für die Planung und Führung einer Verkaufsorganisation (Kotler/Bliemel 2001, 1016)*

Von besonderer Wichtigkeit ist die Ermittlung der optimalen **Anzahl der Außendienstmitarbeiter**. Soll eine kompetente Betreuung und Beratung der Kunden – auch in Hinblick auf erfolgreiche Verkaufsabschlüsse – gewährleistet sein, dürfen die Außendienstmitarbeiter nicht überlastet werden.

Die Zahl der Außendienstmitarbeiter wird in Abhängigkeit von folgenden Variablen ermittelt (vgl. Weis 1999, 490):

- Anzahl derzeitiger und potentieller Kunden;
- Besuchsfrequenz der Kunden;

- durchschnittliche Tagesbesuchsrate je Außendienstmitarbeiter;
- Arbeitstage pro Jahr, an denen Verhandlungen mit Kunden möglich sind.

Wie viele Außendienstmitarbeiter brauchen wir?

Die optimale Anzahl an Außendienstmitarbeitern errechnet sich dann nach folgender Gleichung:

$$Z_{AD} = \frac{\text{Zahl der Kunden} * \text{Besuchsfrequenz}}{\text{Tagesbesuchsrate} * \text{Zahl der Arbeitstage}}$$

Zahl der Kunden:	200 (Typ A); 100 (Typ B)
Besuchsfrequenz (pro Jahr):	12 (Typ A); 18 (Typ B)
Tagesbesuchsrate (pro Mitarbeiter):	4
Zahl der Arbeitstage:	255

$$Z_{AD} = \frac{200 * 12 + 100 * 18}{4 * 225} = 4{,}67 \rightarrow 5$$

In diesem Fall werden fünf Außendienstmitarbeiter benötigt.

Vertriebsrepräsentant versus Handelsvertreter

Hat sich ein Unternehmen für direkten Vertrieb entschieden, steht es nunmehr vor der Frage, ob – im Sinne der Optimierung der in jedem Fall hohen Kosten – eigene Außendienstmitarbeiter als Vertriebsrepräsentanten („Reisende") oder unternehmensfremde Handelsvertreter für diese Aufgabe eingesetzt werden sollen.

Vertriebsrepräsentanten sind im Unternehmen angestellt und somit wie jeder andere Mitarbeiter kontrollierbar und weisungsgebunden. Ein weiterer Vorteil für das Unternehmen ist, daß sie ausschließlich unternehmenseigene Produkte verkaufen.

Handelsvertreter arbeiten auf selbständiger Basis und sind in ihren Entscheidungen bezüglich Arbeitszeit und Auftragsannahme freier als Reisende. Sie sind aber auch wesentlich stärker vom Umsatz abhängig und gelten deshalb im allgemeinen als höher motiviert. Aufgrund ihrer Selbständigkeit und den damit verbundenen Risiken arbeiten Handelsvertreter meist im Auftrag mehrerer Unternehmen. Sie vertreten verschiedene Unternehmen und verkaufen meist komplementäre Produktlinien.

Spielen beim Einsatz eines Reisenden bzw. Handelsvertreters die dadurch entstehenden Kosten die größte Rolle, kann mit Hilfe eines **Vorteilhaftigkeitsvergleichs** die optimale Form ermittelt werden.

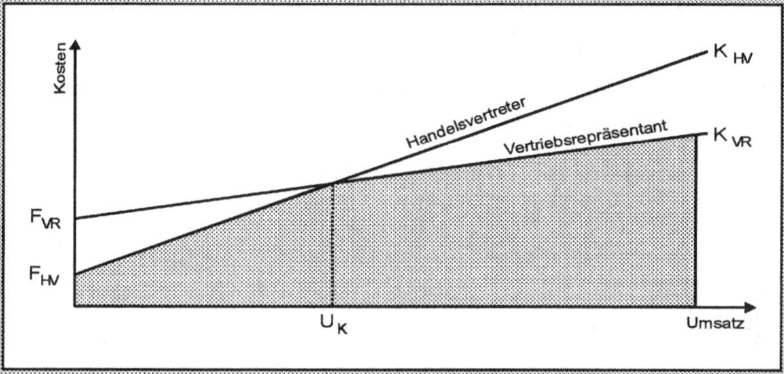

Abbildung 4-5 *Ermittlung des kritischen Umsatzes U_K*

Beispiel

F_{VR} = Fixum Vertriebsrepräsentant = 3.000 DM

P_{VR} = Provision Vertriebsrepräsentant = 50 %

F_{HV} = Fixum Handelsvertreter = 500 DM

P_{HV} = Provision Handelsvertreter = 10 %

U_K = kritischer Umsatz

Kosten für den Einsatz eines **Vertriebsrepräsentanten** (K_{VR})

$K_{VR} = F_{VR} + P_{VR} * U_K$

$K_{VR} = 3.000 \text{ DM} + 0,1 * U_K$

Kosten für den Einsatz eines **Handelsvertreters** (K_{HV})

$K_{HV} = F_{HV} + P_{HV} * U_K$

$K_{HV} = 500 \text{ DM} + 0,5 * U_K$

$$U_K = \frac{3.000 \text{ DM} - 500 \text{ DM}}{0,5 - 0,1} = 6.250 \text{ Stück}$$

Ab einem Umsatz von 6.250 Stück lohnt sich der Einsatz eines Vertriebsrepräsentanten, bei geringeren Umsätzen ist der Handelsvertreter kostengünstiger.

4.3.3 Verkaufsgespräch

Das **Verkaufsgespräch** besteht aus vier Teilen:

- **Eröffnungsteil** des Gesprächs (Barrieren abbauen, auch mit Hilfe des ersten Eindrucks),
- **Bedarfsanalyse** (der Verkäufer präsentiert sich und sein Unternehmen und versucht, den Bedarf des Kunden zu erfassen),
- **Angebotslegung** (aufgrund des ermittelten Bedarfs wird nutzenorientiert argumentiert, um den Kaufwunsch zu wecken),
- **Vertragsabschluß** (Abschluß der Vorgespräche, Verhandlung des Vertrages).

Wie bei jeder Interaktion können Verkäufer und Kunde gleichermaßen das Gespräch unter Einsatz verschiedenster Mittel beeinflussen. Besonders wichtig ist dabei, wie die **Argumentation** aufgebaut wird:

- Zur **Vorbereitung**: Produkt genau kennen, Brainstorming bringt viele Anregungen, Diskussion mit anderen schärft die Argumente.
- Bei der **Präsentation** und **Vorführung** sollen alle zur Verfügung stehenden Mittel (z.B. Bilder, Prospekte, Demo) eingesetzt werden (vgl. schauen, greifen, riechen). Ideal ist z.B. ein Gerät, das dem Interessenten auch zur Ansicht überlassen wird.

„Antiverkaufsausdrücke" meiden

zu vermeiden	Assoziationen	stattdessen
kaufen	lieber hätte man es gratis	besitzen
verkaufen/verkauft	„über den Tisch ziehen"	beim Erwerb helfen
Handel	klingt nach Basarmethoden	Gelegenheit, Transaktion
anbieten	jemand möchte etwas loswerden	präsentieren, vorführen
Kosten, Preis	wer will schon Kosten haben?	Investition, Summe, Betrag
Vertrag, Verpflichtung	gebunden sein will niemand	Vereinbarung

unterschreiben	verpflichtet zu sehr	abzeichnen, OK geben
Anzahlung	im voraus zahlt man nicht gerne	erster Betrag
Ratenzahlung	klingt nach Gerichtsvollzieher	monatlicher Betrag
Provision	„mitschneiden"	Gebühr, für den Service
Widerspruch, Einwand	hört sich zu problematisch an	Bedenken
Problem	pessimistisch, Schwierigkeiten	Herausforderung
neu	Risiko, „Versuchskaninchen"	bewährte Details nennen
Demonstration	zu politisch	Vorführung
Lieferfrist	„Frist" ist negativ besetzt (Amt)	Lieferzeitpunkt, Termin
Schulung	negative Kindheitserinnerungen	Training, Weiterbildung

- **Gekauft wird der Nutzen**: Analysen, Vergleiche und Formulierungen sollen stets am Vorteil, den sich der Kunde erwartet, ausgerichtet sein (Achtung: Merkmale von Produkten und Unternehmen sind keine Argumente, bloß ihre Vorstufen).
- Der Kunde nennt im Verlauf der Gespräche seine Nutzenvorstellungen und liefert dabei implizit auch die Argumente, die ihn überzeugen können.
- Der Kunde möchte das Gefühl haben, ein gutes Geschäft gemacht zu haben. „Service-Leistungen" entkräften oft Vorbehalte und Bedenken (vgl. „kleine Geschenke erhalten die Freundschaft").
- Im Unternehmen wird eine **Kaufentscheidung** von mehreren Personen beeinflußt. Deshalb ist es wichtig, mit den tatsächlichen **Entscheidungsträgern** zu sprechen. Herauszufinden, wer das konkret ist, fällt nicht immer so leicht, wie man zunächst denken mag. Diese auch zu beeinflussen, ist oft schwer: integeres Auftreten, persönlicher Kontakt, Entgegenkommen, das Liefern von Ide-

en und Geschenke (richtig plaziert) helfen dabei. Überdies muß man überzeugt sein, daß die versprochene Leistung auch erbracht werden kann.

Eine der **Grundregeln** im Verkauf ist, immer am Ball zu bleiben, und den – oft mühsam hergestellten – Kontakt nicht abreißen zu lassen. Zugegeben, dies erfordert oft einige Kreativität (vgl. „besser ein Vorwand als ein verlorener Kontakt"). Praktisch sind immer mehrere Gespräche notwendig, oft auch mit verschiedenen Personen, bevor der Kunde tatsächlich kauft. Doch wie schlägt man die Brücke zum nächsten Termin, was sagt man jedes Mal, warum kommt man schon wieder vorbei? Derartige Fragen sind insbesondere im Rahmen des Außendienstes von Relevanz, wobei gilt: je komplexer das Produkt (vgl. z.B. EDV-Systeme, Industrieanlagen), umso aufwendiger der **Verkaufsprozeß**. Ein **Beispiel** für einen derartigen Prozeß:

1. Man stellt sich und seine Produkte am besten nach (z.B. telefonischer) Ankündigung allgemein vor.
2. Man bittet den Kunden telefonisch um (weitere) Unterlagen seinerseits und holt diese persönlich ab.
3. Man analysiert den konkreten Bedarf des Kunden bzw. entsprechende Potentiale.
4. Man ruft den Kunden an, um ihm etwa über neue Entwicklungen in der Sache zu berichten oder aus einem bestimmten Anlaß (z.B. neue Ansprechpartner, Geschäftserfolge, Beförderung, Geburtstag).
5. Man läßt – im Zuge der vielleicht schon detaillierteren Gespräche eine Unterlage oder Zeichnung beim Kunden, mit der Bitte diese zu ergänzen (und holt diese dann wieder ab).
6. Man besucht (neutrale) Veranstaltungen, wo man den Kunden trifft (z.B. Golfclub, Kongreß).
7. Man legt – nach Absprache mit dem Kunden – ein konkretes Angebot vor.

8. Man lädt den Kunden persönlich zu einer Messe oder anderen Veranstaltung (z.B. Symposium, Seminar, Event) ein und bringt die entsprechenden Unterlagen vorbei.

9. Man organisiert eine kundenspezifische Vorführung (im Hause des Kunden, in der Firma oder bei einem anderen Kunden, der bereit ist, auch gute Referenzen zu geben).

10. Man lädt den Kunden zum Abendessen ein und nützt die Gelegenheit, um den persönlichen Kontakt zu vertiefen und Informationen auszutauschen (die man in formaler Atmosphäre am Besprechungstisch nicht bekommen würde/geben könnte, z.B. Interna, Persönliches).

11. Man informiert den Kunden über technische Details und/oder Vertragsbedingungen unter Beiziehung der jeweiligen Spezialisten.

12. Konkrete Vertragsverhandlungen finden meist über mehrere „Runden“ statt.

13. Man feiert den Vertragsabschluß und/oder die Inbetriebnahme der Anlage.

14. Der Kunde sollte über den Status der Auftragsabwicklung – zumindest bei wichtigen Schritten – informiert werden.

15. Etwaige Reklamationen sollen als Chance begriffen werden, eine kulante Lösung ist häufig mehr wert als die aufwendigste Präsentation. Wichtig ist es, Wiederholungen zu verhindern.

16. Man vermeidet es, sich später nie wieder blicken zu lassen, sondern bleibt in Kontakt. Die beste Möglichkeit ist es, regelmäßig über neue Entwicklungen zu informieren und diese letztlich – im Sinne des Folgegeschäfts (vgl. Erweiterungs- bzw. Ersatzinvestitionen) – auch anzubieten. Die technischen Mitarbeiter (z.B. Monteure, Servicetechniker, Support) können dabei stets behilflich sein. Auch das unmittelbare Arbeitsumfeld des Kunden (z.B. Sekretariat, Mitarbeiter) ist diesbezüglich sowie im allgemeinen nicht zu unterschätzen.

Dieser exemplarische Prozeß kann natürlich situativ erheblich variieren. Vorausgesetzt wird hier, daß der Kunde wirklich interessiert ist und weitere Gespräche zuläßt bzw. wünscht. Betrachtet man die möglichen Themen der einzelnen Termine, wird offenkundig, wie wichtig Innovationen bzw. ständige Marketingaktivitäten sind. Kann man nicht auf neue Entwicklungen verweisen oder wird nicht häufiger Verschiedenstes für die Kunden organisiert (vgl. Verkaufsförderung), würde der Gesprächsstoff schnell ausgehen.

Internationale Geschäftsreisen

- Basiswissen über die Verhältnisse vor Ort aneignen
- Flüge rechtzeitig buchen
- Hotelzimmer stets im vorhinein reservieren und bestätigen lassen
- Termine mit den Geschäftspartnern möglichst im Vorfeld vereinbaren
- Abholung vom Flughafen organisieren (z.B. Mitarbeiter vor Ort)
- nicht zu viele Gesprächstermine an einem Tag vereinbaren, um Freiraum für Unvorhergesehenes zu haben
- Schaffung einer persönlichen „Infrastruktur" (z.B. Taxi, Restaurants), um Zeit zu sparen und Überraschungen zu vermeiden
- wenn möglich, nicht selbst Auto fahren
- ausreichend Informationsmaterial, Visitenkarten und einen (zumindest kleinen) Fundus von Geschenken aus der Heimat mitnehmen
- nur wenig Geld unmittelbar mit sich führen, Geldumtausch am besten in der Bank oder im Hotel
- mit Trinkgeld gespart, ist am falschen Platz gespart (Gefälligkeiten sind einem im Gegenzug sicher)
- Vorsicht mit „Verlockungen" jeglicher Art
- Einladungen abzulehnen, gilt praktisch weltweit als Unhöflichkeit
- Diplomatie, zuvorkommend sein und ein wenig Humor schaden niemals

4.3.4 Verkaufsabschluß

Anhand verschiedener Signale des Kunden läßt sich – wenngleich nicht immer ganz leicht – erkennen, wann er zum Vertragsabschluß bereit ist. Dem bevorzugten Verkäufer wird allerdings durchaus aktiv signalisiert, „wann es soweit ist". Typische **Abschlußsignale** wären etwa:

- der Kunde findet zunehmend Vorteile, die für einen Kauf oder die Zusammenarbeit sprechen und nennt diese auch;
- die Bereitschaft, Informationen zu geben und gemeinsam konstruktiv an einer Lösung zu arbeiten;
- detaillierte Fragen, beispielsweise Technik, Lieferzeiten, Vertragsbedingungen, Servicemöglichkeiten, Räumlichkeiten für Lieferung und Aufstellung betreffend, unterstreichen, daß sich der Kunde gedanklich bereits als Besitzer sieht;
- körpersprachliche Signale, wie etwa zustimmendes Kopfnicken oder sichtbare Entspannung, zeigen Interesse;
- verbale Bestätigungen, wie z.B. „Was Sie sagen, ist ganz richtig!" oder „Das sehe ich auch so!";
- der Kunde überlegt laut, wie er den Auftrag im eigenen Haus am besten „verkaufen" könnte; hier sind entsprechende Argumentationshilfen seitens des Verkäufers gefragt.

Das Ziel der Verkaufsgespräche liegt darin, solche Signale zu erkennen und dann unverzüglich auf einen konkreten Abschluß hinzuarbeiten. Dabei können verschiedene (positive und verstärkende) Formulierungen helfen, wie etwa:

- „Wenn ich Sie richtig verstanden habe, gefällt Ihnen dieser Punkt des Angebotes besonders gut?"
- „Wie kann ich Ihnen denn bei der Argumentation ihrem Chef gegenüber helfen?
- „Wenn wir diese Frage noch lösen, geben Sie uns dann den Auftrag?"

Trotz meist untrüglicher Signale ist es nicht einfach – und zeichnet gute Verkäufer dementsprechend aus – den richtigen Zeitpunkt für den Abschluß zu erkennen und diesen dann auch reibungslos „über die Bühne zu bringen“.

Musteraufbau eines Exportliefervertrags

1. Formale Vertragsbestimmungen
- 1.1 Präambel (Zweck des Vertrages/Vertragsparteien)
- 1.2 Inkrafttreten des Vertrages
- 1.3 Vertragssprache
- 1.4 Vertragsänderungen

2. Vertragsgegenstand
- 2.1 Lieferungs- und Leistungsgegenstand
- 2.2 Lieferungs- und Leistungsausschlüsse (einschließlich Lieferungen und Leistungen, die vom Auftraggeber beizubringen sind, z.B. Information)
- 2.3 Preisstellung
- 2.4 Preisausschlüsse
- 2.5 Preis- und Kursgleitklauseln

3. Zahlung und Sicherheiten
- 3.1 Zahlungsbedingungen
- 3.2 Sicherheiten/Bankgarantien
- 3.3 Zinsen
- 3.3 Zahlungsverzug

4. Leistungsgrenzen, Erfüllung und Fristen
- 4.1 Gefahrenübergang, Erfüllungsort
- 4.2 Liefer- und Leistungsfristen
- 4.3 Lieferungs- und Leistungsverzug (Vertragsstrafen/Pönale)
- 4.4 Höhere Gewalt, unvorhersehbare Ereignisse
- 4.5 Abnahme/Leistungsnachweis

5. Garantien und Haftung
- 5.1 Garantie und Gewährleistung
- 5.2 Haftungen
- 5.3 Beseitigung von Mängeln
- 5.4 Patente und Lizenzen

6. Nebenbestimmungen
- 6.1 Steuern, Zölle und Abgaben
- 6.2 Versicherungen
- 6.3 Angewandtes Recht und Schiedsgerichtsverfahren

6.4 Anzuwendende Import- und Exportbestimmungen
6.5 Rücktrittsrechte, Vertragskündigung

7. Unterschriften, Beglaubigungen usw.
(Berücksichtigung der Ländervorschriften)

Natürlich kommt es häufig vor, daß der Kunde blockiert, ein Zeichen dafür, daß entweder noch Vorbehalte auszuräumen sind oder der Gesprächsverlauf „im Kippen ist". Dies kann unterschiedlichste Gründe haben, am häufigsten ist es, daß man sich bereits für einen Konkurrenten entschieden hat. **Wie argumentiert ein Kunde nun, wenn er für einen Auftragsabschluß (noch) nicht bereit ist bzw. diesen aufschieben will?** Wie argumentiert der Verkäufer in diesem Fall am besten? Konzentration ist jedenfalls jetzt gefordert, damit ein möglicher Auftrag nicht noch im letzten Moment verloren geht.

Was sagt der Kunde	Gegenargument des Verkäufers
Ich hatte noch keine Zeit, mich mit Ihrem Angebot zu befassen.	Wann darf ich Ihnen das Angebot persönlich erläutern, damit Sie Zeit sparen?
Ich möchte noch andere Angebote abwarten.	Was erwarten Sie von der Konkurrenz, das wir Ihnen nicht bieten können?
Ich möchte noch Referenzanlagen sehen.	Gerne, wenn Ihnen diese zusagen, wie geht es dann weiter?
Ich muß erst mit dem Chef/Mitarbeitern sprechen.	Wenn Sie selbst zu entscheiden hätten, was würden Sie sagen? Was müßten wir tun, um den Chef zu überzeugen?
Ich muß noch mit einem Experten sprechen.	Was, glauben Sie, wird er dazu sagen?
Ich will das Ganze noch einmal überschlafen.	Was wird morgen anders sein als heute?
Das Produkt ist zu teuer.	Was ist denn abgesehen vom Preis für Sie wichtig? Wo sehen Sie Ihren Nutzen? Im Verhältnis wozu ist das Produkt zu teuer?
Ich habe dafür zu wenig Budget.	Wie können wir trotzdem zu einer Lösung kommen? Sagt Ihnen das Angebot grundsätzlich zu?
Die Finanzierung ist noch unklar.	Was ist denn dabei unklar? Wie können wir Sie dabei unterstützen?

***Tabelle 4-4** Argumente, wenn der Kunde zum Abschluß noch nicht bereit ist*

Die möglichen Gegenargumente des Verkäufers sind – wie die Beispiele zeigen – häufig in Fragen verpackt, die dem Kunden oft den berühmten „Wind aus den Segeln“ nehmen, indem sie versuchen, seine Einwände zu relativieren.

Typische Fehler, die den Auftrag kosten können

- Schlechte Vorbereitung
- schlechte Präsentation
- zuviel geredet
- zu wenig gefragt
- Unpünktlichkeit
- Unverläßlichkeit
- „besserwisserisch“ aufgetreten
- Zeitdruck
- Ungeduld
- zu direkt in Richtung Abschluß „zumarschiert“
- zu früh aufgegeben
- Bedarf des Kunden nicht erkannt
- Kundenwünsche nicht berücksichtigt
- den Nutzen des Produkts nicht ausreichend dargestellt
- nicht mit den richtigen Personen gesprochen
- Einwände und Vorbehalte des Kunden nicht ausreichend/nicht rechtzeitig ausgeräumt
- den Kunden mit zu vielen Alternativen verunsichert
- den Kunden mit zu vielen/zu technischen Details überlastet
- (zu) negativ über die Konkurrenz gesprochen

Natürlich kann es auch vorkommen, daß sich ein Kunde sofort entscheidet und dem Verkäufer der nerven- und kraftraubende Prozeß gänzlich erspart bleibt. Derartige Entscheidungen können im Ruf der Firma begründet sein, einem exakt passenden Produkt, in exzellenten Referenzen oder entsprechender Mund-zu-Mund-Propaganda. Andere Gründe können Zeitdruck, bevorstehende Preiserhöhungen oder etwa ein begrenztes Angebot sein.

10 Gebote für kundenorientierte Unternehmen

1. enge Kontaktpflege mit den Kunden (vgl. Beziehungsmanagement)
2. mit den Bedürfnissen, Erwartungen und Wünschen der Kunden vertraut machen
3. regelmäßige Überprüfung der Zufriedenheit der Kunden mit den Produkten und Dienstleistungen des Unternehmens (bei gleichzeitiger Konzentration auf die Kernkompetenzen des Unternehmens)
4. Konzentration auf alle Leistungen, die für den Kunden seine Wertschöpfung erhöhen (vgl. „USP" – *unique selling proposition*, oder: warum soll der Kunde gerade dieses Produkt kaufen?)
5. Einbeziehung der (wichtigen) Kunden in betriebliche Überlegungen (z.B. Entscheidungsfindung, Planung)
6. regelmäßige Einbindung *aller* Mitarbeiter in den Kundenkontakt, damit sie die Kunden und ihre Bedürfnisse kennenlernen
7. Anpassung der Geschäftsprozesse an die Bedürfnisse und Wahrnehmungen der Kunden
8. marktkonforme Strukturierung der Organisationsstrukturen
9. Entwicklung einer Strategie zur Rückgewinnung von unzufriedenen Kunden
   (vgl. auch Beschwerdemanagement – „Reklamation als Chance")
10. Einstellung und Förderung ausschließlich kundenfreundlicher Mitarbeiter

(vgl. Ederer/Seiwert 2000, 80f)

Kriterien zur Beurteilung der Distributionspolitik im internationalen Kontext	Gewichtung	Bewertung					Wert
		1	2	3	4	5	
Distributionspartner							
Verfügbarkeit							
Marktmacht der Partner							
Anzahl							
Art der Kooperation							
Absatzmittler							
Absatzhelfer							
Wahl der Absatzwege							

Physische Umweltfaktoren							
Soziale Gegebenheiten							
Usancen							
Verfügbarkeit von Servicediensten							
Direkter Absatz							
Unternehmenseigene Absatzorgane							
Externe Absatzorgane							
Indirekter Absatz							
Großhandel							
Einzelhandel							
Restriktionen							
Produktbedingte Restriktionen							
Unternehmensbedingte Restriktionen							
Distributionspartnerbedingte Restriktionen							
Konkurrenzbezogene Restriktionen							
Umfeldbezogene Restriktionen							
Marketinglogistik							
Transportmittel							
Verfügbarkeit							
Zuverlässigkeit							
Kosten							
Transportwege							
Binnenschiffahrt							
Hochseeschiffahrt							
Lufttransport							
Schiene							
Straße							
Elektronischer Transport							
Standort							
Attraktivität des Standorts							
Sicherheit des Standorts							
Lagerhaltungsentscheidungen							
Eigenlager/Standort							
Eigenlager/Kapazität							
Eigenlager/Kosten							
Fremdlager/Standort							

Fremdlager/Bedarf							
Fremdlager/Kosten							
Persönlicher Verkauf							
Verkaufsorganisation							
Zahl der Außendienstmitarbeiter							
Motivation des Außendienstes							
Verkaufsgebiet							
Vergütungssystem							
Summe (Vergleichsbasis)							
Bewertungskriterien von 1 (problematisch) bis 5 (nicht problematisch)							

Tabelle 4-5 *Checkliste für die Analyse der Distributionspolitik im internationalen Kontext*

Kriterien	**Stärken**	**Schwächen**
Distributions-partner		
Absatzwege		
Marketing-logistik		
Persönlicher Verkauf		

Tabelle 4-6 *Ausblick auf die künftige Entwicklung der Stärken und Schwächen in der Distributionspolitik (verbalisiert)*

Kriterien	Chancen	Risiken
Distributionspartner		
Absatzwege		
Marketinglogistik		
Persönlicher Verkauf		

Tabelle 4-7 *Prognose der Chancen und Risiken in der Distributionspolitik (verbalisiert)*

Kriterien	Maßnahmen
Distributionspartner	
Absatzwege	
Marketinglogistik	
Persönlicher Verkauf	

Tabelle 4-8 *Maßnahmen zur Erfolgssicherung im Bereich der Distributionspolitik (verbalisiert)*

5 Kontrahierungspolitik

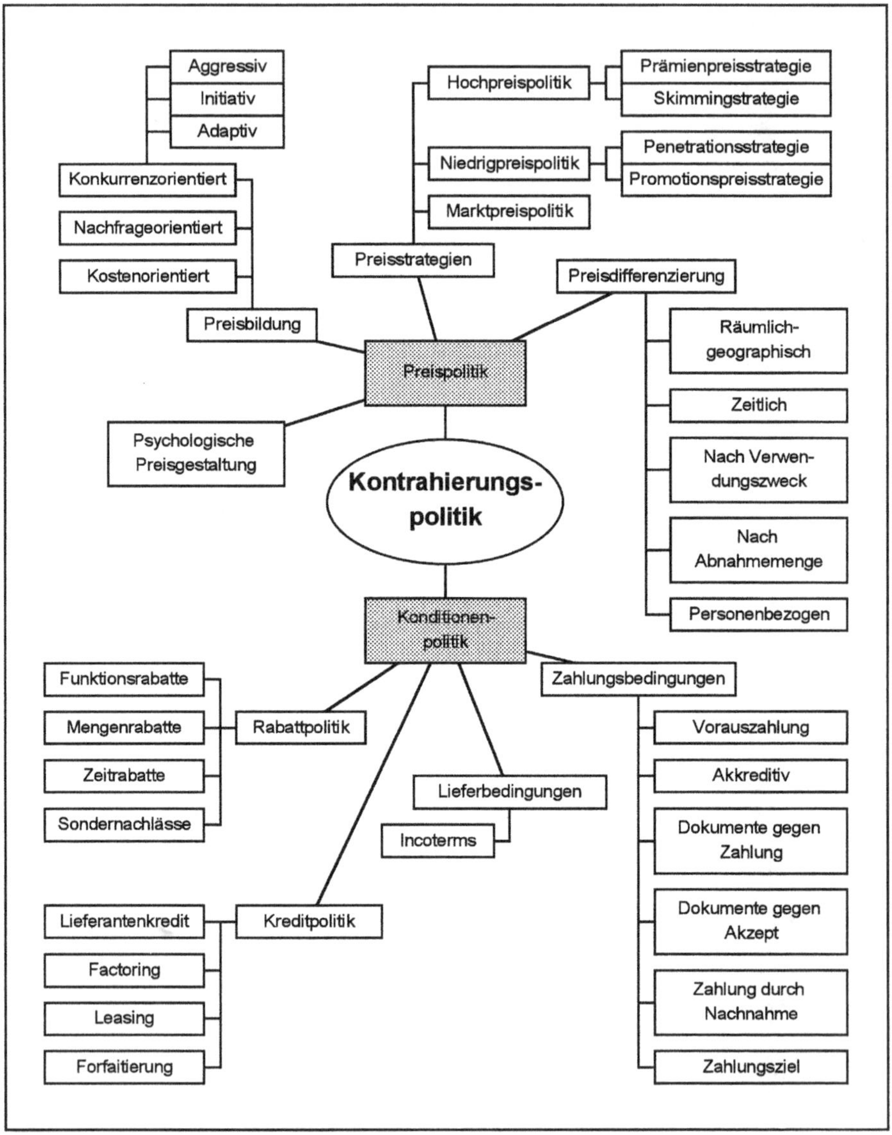

***Abbildung 5-1** Kriterien der Kontrahierungspolitik*

5.1 Kostenorientierte Preisbildung

Die kostenorientierte Preisbildung kann, ausgehend von der Kostenträgerrechnung, auf Vollkosten- oder Teilkostenbasis erfolgen. Ziel dieser Verfahren ist, einen Preis zu ermitteln, der der Kostensituation des Unternehmens gerecht wird.

Häufig angewendet wird die **Preisbildung auf Vollkostenbasis**, welche sich z.B. nach einer detaillierten Zuschlagskalkulation wie folgt berechnen läßt:

Materialeinzelkosten		
+ Materialgemeinkosten		
	= Materialkosten	
+ Fertigungseinzelkosten		
+ Fertigungsgemeinkosten		
+ Sondereinzelkosten der Fertigung		
+ Forschungs- und Entwicklungskosten		
	+ Fertigungskosten	
		= Herstellkosten
	+ Verwaltungsgemeinkosten	
	+ Vertriebsgemeinkosten	
	+ Sondereinzelkosten des Vertriebs	
		+ Verwaltungs- und Vertriebskosten
		= Selbstkosten
		+ Gewinn
		= Bar- oder Nettokassapreis
		+ Skonto
		= Netto-Zielpreis
		+ Rabatt
		= **Brutto-Zielpreis** ohne USt.

Abbildung 5-2 *Zuschlagskalkulation*

In der **Teilkostenrechnung** erfolgt eine Aufspaltung der Gesamtkosten in fixe und variable Bestandteile: Fixe Kosten fallen unabhängig von der Ausbringungsmenge an; variable Kosten steigen und sinken proportional zur Ausbringungsmenge. Die Teilkostenrechnung ist durch die Möglichkeit der besseren Visualisierung von Preisuntergrenzen im Sinne einer flexibleren Preisgestaltung hilfreicher als die Vollkostenrechnung.

Mit Hilfe der **Break-Even-Analyse** (vgl. **Gewinnschwelle)** berechnet man die Absatzmenge, die zur Deckung aller durch Produktion und Entwicklung angefallenen Kosten erforderlich ist. Der Break-Even-Point ergibt sich als Schnittstelle der Gesamtkostenfunktion mit der Erlösfunktion. Der über diesen Punkt steigende Erlös abzüglich der Kosten stellt den Gewinn dar.

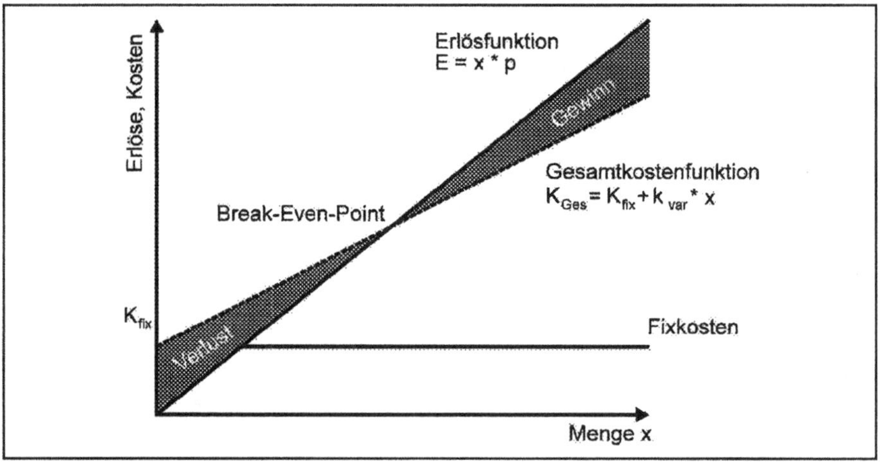

***Abbildung 5-3** Grafische Darstellung des Break-Even-Point*

Die Gewinnschwelle (Break-Even-Point) errechnet sich wie folgt:

$$E = p * x \qquad K_{ges} = K_f + k_v * x$$

$$p * x = K_f + k_v * x$$

$$\boxed{x = K_f \, (p - k_v)^{-1}}$$

E	= Erlös
p	= Preis
K_{ges}	= Gesamtkosten
K_f	= Fixkosten
k_v	= variable Kosten
x	= Menge

Im Rahmen der Teilkostenrechnung können verschiedene Verfahren, wie z.B. die ein- bzw. mehrstufige Deckungsbeitragsrechnung, das Direct Costing oder die Grenzplankostenrechnung Anwendung finden. An dieser Stelle soll lediglich die mehrstufige Deckungsbeitragsrechnung näher erläutert werden. Zur vertiefenden Betrachtung der anderen Verfahren sei auf die Literatur zur Kostenrechnung verwiesen.

Die **Deckungsbeitragsrechnung** wird auch als kurzfristige Betriebsergebnisrechnung bezeichnet. Der Deckungsbeitrag errechnet sich aus dem Erlös abzüglich der variablen Kosten. Fixe Kosten (wie z.B. Abschreibungen) werden dabei nicht betrachtet, da sie kurzfristig nicht abbaubar und somit für diesen Sachverhalt nicht relevant sind.

Ziel jedes Unternehmens sind natürlich möglichst hohe Deckungsbeiträge. Denn je schneller die in der Periode anfallenden Kosten gedeckt sind, um so eher erwirtschaftet das Unternehmen reinen Gewinn, d.h., um so höher fällt das Nettoergebnis am Ende der Periode aus.

Beispiel: Deckungsbeitragsrechnung

Ein Unternehmen stellt drei Produkte (A, B und C) her. Dabei bilden die Produkte A und B eine Erzeugnisgruppe. Die geplanten Verkaufspreise liegen bei 10 DM, 16 DM bzw. 5 DM, die geplanten Absatzmengen bei 10.000, 5.000 bzw. 25.000 Stück. An variablen Stückkosten fallen 5 DM, 11 DM bzw. 3,60 DM an.

	Produkt A	Produkt B	Produkt C	Gesamt
Stückzahl	10.000	5.000	25.000	
Verkaufspreis	€ 10	€ 16	€ 5	
Erlöse	€ 100.000	€ 80.000	€ 125.000	€ 305.000
./. variable Stückkosten	€ 50.000	€ 55.000	€ 90.000	€ 195.000
= Deckungsbeitrag I	€ 50.000	€ 25.000	€ 35.000	€ 110.000
./. Erzeugnisgruppenfixkosten	€ 35.000 *		€ 15.000 *	€ 50.000
= Deckungsbeitrag II	€ 40.000		€ 20.000	€ 60.000
./. Unternehmensfixkosten	€ 25.000 *			€ 25.000
= Nettogewinn	€ 35.000			€ 35.000
* aus der Kostenrechnung übernommen				

Stückbezogen kann nur der Deckungsbeitrag I ermittelt werden:

	Verkaufspreis	./. variable Stückkosten	= Deckungsbeitrag I
Produkt A:	10 DM	./. 5 DM	= 5 DM
Produkt B:	16 DM	./. 11 DM	= 5 DM
Produkt C:	5 DM	./. 3,60 DM	= 1,40 DM

Im Vordergrund der kostenorientierten Betrachtungsweise steht die Bestimmung der kurzfristigen bzw. langfristigen **Preisuntergrenzen**.

Langfristig gesehen, müssen sämtliche anfallenden Kosten (fixe und variable) gedeckt werden, um die Existenz eines Unternehmens zu sichern. Die langfristige Preisuntergrenze liegt demzufolge auf Höhe der Gesamtkosten (vgl. Vollkostenrechnung).

Angesichts einer schlechten Absatzsituation kann ein Unternehmen jedoch die langfristige Preisuntergrenze unterschreiten. Da fixe Kosten kurzfristig nicht abbaubar sind, können durch Rückgang der Produktion lediglich variable Kosten vermieden werden. Liegt der Verkaufspreis noch über den variablen Stückkosten, so stellt diese Differenz einen Beitrag zur anteiligen Deckung der fixen Kosten dar. Der minimale Preis liegt auf der Höhe der variablen Stückkosten; die variablen Kosten stellen also die kurzfristige Preisuntergrenze dar.

5.2 Preisstrategien

Nicht nur die Bestimmung eines angemessenen Preises für ein Produkt ist von Bedeutung. Ebenso wichtig ist die Ausarbeitung und der Einsatz einer geeigneten Preisstrategie. Die Auswahl der Strategien sollte in Abhängigkeit von der Marktform, den Produkteigenschaften und der Produktlebenszyklusphase erfolgen.

Folgende Abbildung zeigt die grundlegenden Preisstrategien (vgl. Weis 1999, 295ff):

Preisstrategien	langfristige Ausrichtung	kurzfristige Ausrichtung
Hochpreispolitik	Prämienpreisstrategie	Skimmingstrategie (allmähliche Senkung)
Niedrigpreispolitik	Promotionsstrategie	Penetrationsstrategie (allmähliche Anhebung)
Marktpreispolitik	Anpassung an Konkurrenz	

***Tabelle 5-1** Grundlegende Preisstrategien im Überblick*

Hochpreispolitik kann in Form der Prämienpreisstrategie oder der Skimmingstrategie betrieben werden.

Unter **Prämienpreisstrategie** versteht man den Versuch, hohe Preise mit einer hohen Produktqualität, exklusiven Vertriebswegen oder einem besonderen Image zu begründen. Diese Strategie, welche im Gegensatz zur Skimmingstrategie langfristig angelegt ist, ist nur dann einsetzbar, wenn das Produkt tatsächlich besondere Charakteristika aufweist, die den höheren Preis rechtfertigen.

Bei der **Skimmingstrategie** wird der anfangs hohe Verkaufspreis sukzessive gesenkt. Hierbei will man zunächst Nachfrager mit einer höheren Kaufkraft und geringen Nachfrageelastizität bedienen und später auch Segmente mit geringerer Kaufkraft und dadurch höherer Preiselastizität bedienen.

Diese Strategie ist anwendbar bei Produktneuheiten und begrenzten Produktionskapazitäten. Der hohe Preis wird häufig mit Qualität und positivem Image verbunden. Außerdem lassen sich durch die hohen Einstiegspreise Forschungs- und Entwicklungskosten relativ schnell decken.

Niedrigpreispolitik tritt vielfach in Form der Penetrationspreisstrategie oder der Promotionspreisstrategie auf. Als Niedrigpreis wird dabei ein Preis unter dem üblichen Verkaufspreis bzw. ein Preis, der in den Augen der Konsumenten als niedrig empfunden wird, gesehen. Durch Einsatz einer Niedrigpreispolitik wird versucht, eigene Marktanteile vor dem Eintritt weiterer Anbieter zu schützen bzw. bereits eingetretene Anbieter zu verdrängen, den Absatz zu steigern und dadurch möglicherweise auch vakante Kapazitäten auslasten zu können oder ein Niedrigpreisimage zu schaffen.

Bei der **Penetrationsstrategie**, die sich für Segmente mit einer hohen Nachfrageelastizität eignet, tritt der Anbieter mit niedrigen Preisen, die allmählich erhöht werden, auf den Markt. Ziel dieser Strategie ist die schnelle Erschließung großer Marktanteile und der Absatz großer Stückzahlen, wodurch hohe Gesamtdeckungsbeiträge erwirtschaftet werden können. Die niedrigen Einführungspreise sollen Flops bei der Produkteinführung vermeiden helfen und gleichzeitig potentielle Konkurrenten abschrecken.

Bei der **Promotionspreisstrategie** versucht man, durch einen auf Dauer ausgerichteten Niedrigpreis Wettbewerbsvorteile gegenüber Konkurrenten aufzubauen. Dabei ist jedoch nicht auszuschließen, daß mit dem niedrigen Preis auch ein geringes Qualitätsniveau verbunden wird und deshalb mit Imageeinbußen gerechnet werden muß. Im Gegensatz zur Penetrationspolitik, die sich vor allem bei der Einführung neuer Produkte eignet, kann diese Strategie in allen Lebenszyklusphasen Anwendung finden.

Schließlich kann sich der Anbieter auch an den Preisen und Strategien der Konkurrenz orientieren und damit eine sogenannte **Marktpreispolitik** betreiben.

5.3 Psychologische Preisgestaltung

Die psychologische Preisgestaltung, die auf das subjektive Preisempfinden der Konsumenten zielt, wird genutzt, um Angebote preislich attraktiver zu gestalten, als sie eigentlich sind. Hierbei sind verschiedene gestalterische Maßnahmen denkbar, so z.B. (vgl. Punnett/Ricks 1997, 347, Ricks 1980, 108):

- **die Verwendung gebrochener Preise**: In vielen Ländern betrachten die meisten Verbraucher gebrochene Preise als wesentlich günstiger gegenüber runden Preisen: € 19,90 vs. € 20,–.

↳ In manchen Kulturen ist es nicht üblich, kleine Summen von Wechselgeld zurückzufordern. Dies stellt dann eine Art Trinkgeld für den Verkäufer dar. Ein Unternehmen, das versuchte, seine Konkurrenten auf solch einem Auslandsmarkt durch Unterschreiten der Preise zu verdrängen, verwendete konsequent unter dem Konkurrenzpreis liegende runde Preise, konnte aber dennoch keine Umsatzsteigerung feststellen. Der Grund dafür war, daß die Verkäufer ihr übliches Trinkgeld gefährdet sahen und diese Erzeugnisse deshalb nicht bewarben.

- **fallende Zahlenfolgen**: Preise mit fallenden Zahlenfolgen (z.B. € 765,– oder € 8.875,–) werden i.d.R. als günstiger angesehen.
- **die Vermeidung von Unglückszahlen**: Häufig wird die Zahl 13 bei Preisangaben weitgehend vermieden. Auf internationalen Märkten können durchaus andere Zahlen als Unglück bringend gelten, z.B. die Vier in Japan.
- **die vermeintliche Gewährung von Rabatten auf Multipacks**: Multipacks werden von den Käufern im allgemeinen als preisgünstiger gegenüber Einzelprodukten eingeschätzt, auch dann noch, wenn z.B. drei Einzelprodukte genauso viel oder sogar weniger kosten als ein Dreierpack. Unabhängig von der Preisgestaltung kann der Vertrieb von Multipacks auf ausländischen Märkten Probleme bereiten. Allein die Angabe der Produktmenge – wenn als Unglückszahl betrachtet – auf der Verpackung kann dazu führen, daß die Kunden das Produkt verweigern.
- **die Beachtung inoffizieller Preisnormen**: Für eine Reihe von Produkten gelten sogenannte Preisnormen, d.h., eine bestimmte, von den Konsumenten als akzeptabel betrachtete Preisgrenze wird nicht über- bzw. unterschritten. Solche, im Zeitablauf durchaus veränderliche Normen finden sich z.B. bei Automobilen, Markensekt und Schokolade.
- **Mondpreise, Lockvogelangebote**: Den Einzelhändlern dürfen von Produzenten und Zwischenhändlern keine Preise vorgeschrieben werden (von Ausnahmen abgesehen), lediglich „**unverbindliche Preisempfehlungen**“ für Markenartikel sind erlaubt. Werden diese Preisempfehlungen unrealistisch hoch angesetzt, um durch starke Unterschreitung dieser Preise Kunden anlocken zu können, spricht man von Mondpreisen. Angaben, wie „**solange Vorrat reicht**“, deuten mitunter auf Lockvogelangebote hin. Der Einzelhandel hält dann nämlich nur geringe Mengen eines besonders preisgünstigen Artikels bereit und hofft, daß durch das Angebot angelockte Kun-

den nach Verkauf der Sonderposten auf andere, höherpreisige Artikel ausweichen.

5.4 Konditionenpolitik

Zur Konditionenpolitik zählt man sämtliche den Angebotspreis beeinflussende Instrumente außer dem eigentlichen Preis der Ware.

Liefer- und Zahlungsbedingungen beschreiben alle mit der Eigentums- und Risikoübertragung vom Lieferanten zum Kunden zusammenhängenden Bestimmungen. Darüber hinaus regeln sie die Art und Weise der Zahlung des Kaufpreises durch den Abnehmer. Liefer- und Zahlungsbedingungen sind in ähnlicher Weise wie die Preis- und Rabattpolitik einsetzbar.

Lieferbedingungen regeln die Lieferbereitschaft, die Lieferart, die Lieferzeit, den Lieferort, Mindestabnahmemengen, Umtausch- und Rücktrittsmöglichkeiten, Konventionalstrafen bei verspäteter Lieferung sowie die Berechnung der Fracht-, Verpackungs- und Versicherungskosten. Lieferbedingungen werden im allgemeinen **in Abhängigkeit von Branche, Produkt, Absatzweg, Menge** usw. formuliert.

Die Lieferbedingungen erlangen eine besonders große Bedeutung im internationalen Geschäft. Die früher üblichen landesspezifischen Regelungen wurden durch die 1936 von der Internationalen Handelskammer (International Chamber of Commerce – ICC) verfaßten **International Commercial Terms (Incoterms, Internationale Handelsklauseln)** abgelöst und tragen seitdem zu einer wesentlichen Vereinfachung der Exporttätigkeit bei.

Regelmäßig überarbeitet, gelten die Incoterms derzeit in der Fassung vom 01.01.2000. Die Incoterms 2000 umfassen 13 in vier Kategorien eingeteilte Klauseln, die nach einem 3-Buchstaben-System abgekürzt werden.

Folgende Übersicht zeigt die nach Kategorien gegliederten Incoterms 2000:

Kategorie E		
EXW	ex works	ab Werk
Kategorie F		
FCA	free carrier	frei Frachtführer
FAS	free alongside ship	frei Längsseite Seeschiff
FOB	free on bord	frei an Bord
Kategorie C		
CFR	cost and freight	Kosten und Fracht
CIF	cost, insurance, freight	Kosten, Versicherung, Fracht
CPT	carriage paid to	frachtfrei
CIP	carriage and insurance paid to	frachtfrei versichert
Kategorie D		
DAF	delivered at frontier	geliefert Grenze
DES	delivered ex ship	geliefert ab Schiff
DEQ	delivered ex quai	geliefert ab Kai
DDU	delivered duty unpaid	geliefert unverzollt
DDP	delivered duty paid	geliefert verzollt

***Tabelle 5-2** Incoterms 2000 (Internationale Handelskammer 2000, http://www.iccwbo.org)*

➧ Kategorie E

Die Ex-works-Klausel (Abholklausel) besagt, daß der Lieferant lediglich verpflichtet ist, die Ware auf seinem Firmengelände zur Abholung durch den Abnehmer bereitzustellen. Sämtliche Transportrisiken und -kosten müssen vom Abnehmer getragen werden. Darüber hinaus ist der Käufer verpflichtet, Aus- und Einfuhrgenehmigungen selbst einzuholen.

➧ Kategorie F

Bei den F-Klauseln bleibt der Verkäufer bis zur Übergabe an einen vom Käufer bestimmten Frachtführer Eigentümer der Ware und trägt somit das Risiko des Unterganges und der Beschädigung. Sobald der Frachtführer die Ware übernommen hat, liegt das Risiko beim Abnehmer, der ab diesem Zeitpunkt auch die Transportkosten übernehmen muß.

➡ Kategorie C

Bei den C-Klauseln trägt der Verkäufer die Kosten des Transports bis die Ware den vereinbarten Bestimmungsort erreicht. Die Gefahr des Untergangs und der Beschädigung der Ware liegt jedoch beim Käufer.

Die Klauseln CIP und CIF verpflichten den Verkäufer zusätzlich zum Abschluß einer Transportversicherung zu 100 % des Kaufpreises, die es dem Käufer ermöglicht, im Schadensfall Ansprüche gegen den Versicherer geltend zu machen.

➡ Kategorie D

Bei den D-Klauseln (Ankunftsklauseln) werden alle Kosten und Risiken des Transports bis zur Ankunft der Ware im Zielland vom Verkäufer getragen.

Bei Vertragsabschlüssen sollten die Klauseln entsprechend der Transportart gewählt werden. Während die Klauseln FAS, FOB, CFR, CIF, DES und DEQ lediglich bei Transporten per Schiff (See- und Binnenschiffahrt) einsetzbar sind, wird DAF hauptsächlich bei Bahn- und Straßentransporten verwendet. Alle übrigen Klauseln sind universell anwendbar.

Die Incoterms gelten nicht generell, sondern nur, wenn sie von Verkäufer und Käufer **in den Kaufvertrag aufgenommen** wurden. Darüber hinaus können sie durch individuelle Regelungen im Vertrag abgeändert werden.

Nachfolgendes Schema soll die Anwendung der Incoterms bei der Kalkulation der jeweiligen Verkaufspreise verdeutlichen (Jahrmann 1998, 215):

	Verkaufspreis des Herstellers
–	Mengenrabatt/Extrarabatt
=	Zieleinstandspreis des Exporteurs
–	Skonto
=	Bareinstandspreis
+	Selbstkosten des Exporteurs, unverpackt
+	Exportverpackungskosten gemäß Beförderungsmittel
=	Selbstkosten ab Lager, exportverpackt
+	Gewinnzuschlag des Exporteurs
=	Verkaufspreis ab Lager (→ **EXW**)
+	Transportkosten ab Lager bis zum Ladeplatz Bahn/Lkw
=	Verkaufspreis frei Frachtführer (→ **FCA**)
+	Transportkosten ab Ladeplatz bis Verschiffungshafen
+	Abladekosten am Kai/Längsseite Seeschiff
+	Transportversicherung bis Verschiffungshafen
=	Verkaufspreis frei Längsseite Schiff (→ **FAS**)
+	Lagergeld, Hafengebühren und Umschlagskosten auf das Schiff
+	Kosten der Ausfuhrabfertigung
+	Provision des Seehafenspediteurs
=	Verkaufspreis frei an Bord (→ **FOB**)
+	Seefracht bis Bestimmungshafen
=	Verkaufspreis Kosten und Fracht (→ **CFR**)
+	Seeversicherung
=	Verkaufspreis Kosten, Versicherung, Fracht (→ **CIF**)
+	Differenzbetrag zur Transportvollversicherung
=	Verkaufspreis geliefert ab Schiff (→ **DES**)
+	Kosten der Einfuhrabfertigung
+	Kaiumschlagskosten, Hafengebühren
+	Kosten für erforderliche Dokumente
=	Verkaufspreis geliefert ab Kai verzollt (→ **DEQ**)
+	Kosten der Zahlungsabwicklung
+	Kosten der Finanzierung
+	Kosten der Kreditversicherung
=	**Verkaufspreis des Exporteurs**

Abbildung 5-4 *Kalkulation unter Einbeziehung der Incoterms*

Ebenso wie Lieferbedingungen können die **Zahlungsbedingungen** ein **Instrument zur Erlangung von Wettbewerbsvorteilen** gegenüber Konkurrenten darstellen. Zahlungsbedingungen bestimmen u.a. die Art und Weise der Zahlung der gekauften Produkte, Zahlungsfristen, die Gewährung von Skonti, die Art der Abrechnung sowie die Besicherung (z.B. Bürgschaften) der Zahlung.

Jeder Lieferant ist an einer möglichst schnellen Bezahlung seiner gelieferten Waren interessiert; der Abnehmer wiederum strebt eine möglichst späte Bezahlung nach Erhalt der Lieferung an. Bei der Aushandlung der Zahlungsbedingungen gilt es, eine für beide Seiten akzeptable Lösung zu finden. Die Festlegung der Zahlungsbedingungen erfolgt in Abhängigkeit vom Vertrauensverhältnis und der Marktposition der Geschäftspartner.

Folgende Abbildung zeigt die verbreitetsten Zahlungsbedingungen und die jeweilige Höhe des damit verbundenen Risikos:

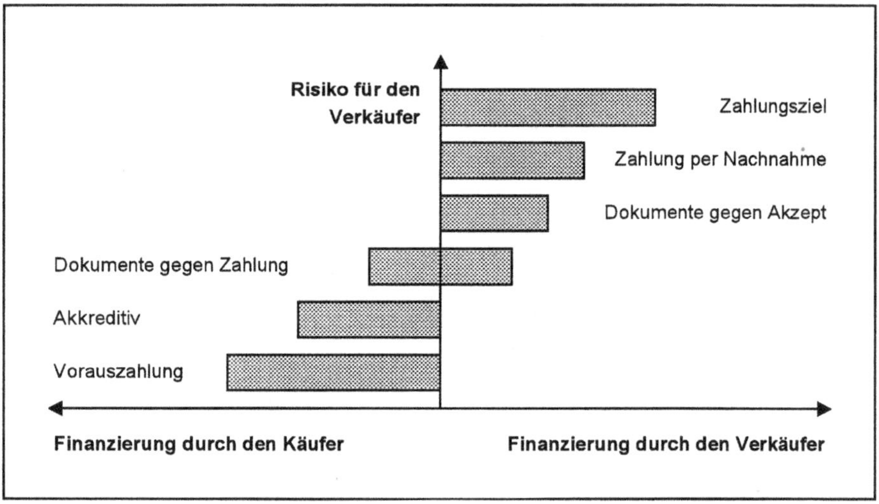

Abbildung 5-5 *Zahlungsbedingungen und damit verbundene Risiken (vgl. Brenner/Lorber 1996, 121)*

Die genannten Zahlungsbedingungen sind im Teil C/Finanzen ausführlicher dargestellt.

Kriterien zur Beurteilung der Kontrahierungspolitik im internationalen Kontext	**Gewichtung**	**Bewertung**					**Wert**
		1	**2**	**3**	**4**	**5**	
Preispolitik							
Preisbildung							
Preisstrategien							
Hochpreispolitik							
Niedrigpreispolitik							
Marktpreispolitik							
Preisdifferenzierung							
Räumlich-geographische Differenzierung							
Zeitliche Differenzierung							
Differenzierung nach Verwendungszweck							
Differenzierung nach Abnahmemenge							
Personenbezogene Differenzierung							
Konditionenpolitik							
Rabattpolitik							
Zahlungsbedingungen							
Vorauszahlung							
Zahlung gegen offene Rechnung							
Dokumenteninkasso							
Akkreditiv							
Lieferbedingungen							
Kreditpolitik							
Lieferantenkredit							
Factoring							
Leasing							
Forfaitierung							
Summe (Vergleichsbasis)							
Bewertungskriterien von 1 (problematisch) bis 5 (nicht problematisch)							

Tabelle 5-3 *Checkliste für die Analyse der Kontrahierungspolitik im internationalen Kontext*

Kriterien	Stärken	Schwächen
Preispolitik		
Rabattpolitik		
Zahlungs-bedingungen		
Lieferbedingungen		
Kreditpolitik		

***Tabelle 5-4** Ausblick auf die künftige Entwicklung der Stärken und Schwächen in der Kontrahierungspolitik (verbalisiert)*

Kriterien	Chancen	Risiken
Preispolitik		
Rabattpolitik		
Zahlungs-bedingungen		
Lieferbedingungen		
Kreditpolitik		

Tabelle 5-5 *Prognose der Chancen und Risiken in der Kontrahierungspolitik (verbalisiert)*

Kriterien	Maßnahmen
Preispolitik	
Rabattpolitik	
Zahlungs-bedingungen	
Lieferbedingungen	
Kreditpolitik	

Tabelle 5-6 *Maßnahmen zur Erfolgssicherung im Bereich der Kontrahierungspolitik (verbalisiert)*

Teil C:
Finanzen

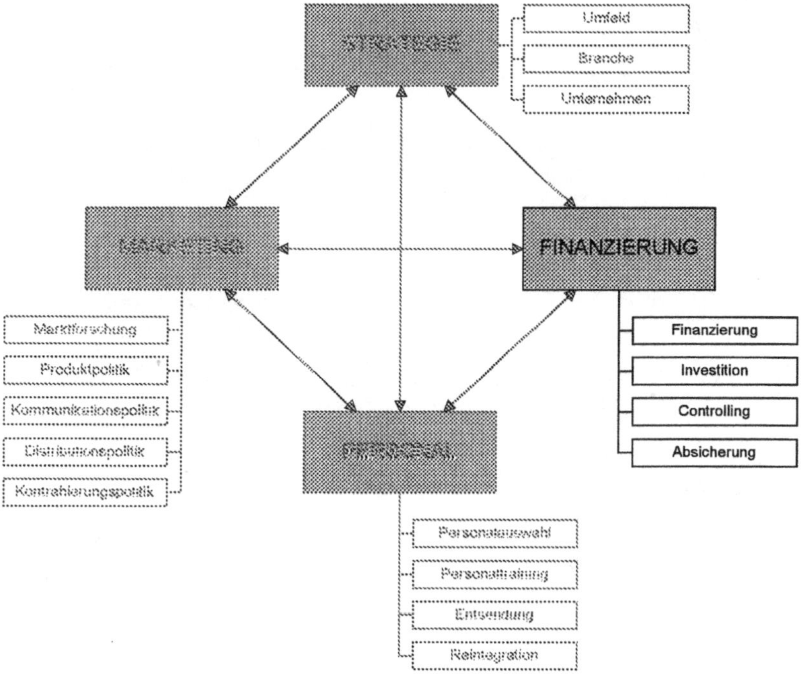

Leitfragen – Finanzen im internationalen Kontext

Finanzierung

- Welche Möglichkeiten bestehen, auf Instrumente zur kurz-, mittel- und langfristigen Außenhandelsfinanzierung zurückzugreifen?
- Welche Möglichkeiten bestehen, Förderungen im Inland und in den Zielländern zu akquirieren?
- Auf welche Möglichkeiten bzw. Instrumente der Unternehmensfinanzierung kann idealerweise zurückgegriffen werden?

Investition

- Welche Möglichkeiten der Kapitalaufbringung bieten sich zur Finanzierung von Investitionen?
- Welche Gesichtspunkte spielen unternehmensspezifisch bei der Abwägung von Investitionsalternativen eine wesentliche Rolle?

Controlling

- Welche Instrumente und Maßnahmen zur Planung und Steuerung des Unternehmenserfolges werden angewendet?
- Welche Anforderungen stellen sich an ein unternehmensspezifisches, für den internationalen Gebrauch geeignetes, Kennzahlensystem?

Absicherung

- Welche Absicherungsmaßnahmen eignen sich besonders?
- Wie müssen die Zahlungsbedingungen gestaltet werden, um der Art des Geschäftes angemessen zu sein?
- Welche Maßnahmen kommen zur Kurssicherung zum Einsatz?

Administration

- Welche Maßnahmen werden im Rahmen des Debitoren-Managements bzw. Inkasso ergriffen?
- Welche Anforderungen stellen sich an die EDV im Zusammenhang mit der Vernetzung aller Beteiligten im In- und Ausland?

Instrumente zur Erfolgssicherung im internationalen Geschäft III – Finanzen		
Instrumente	**Zweck***	**Seite**
Kriterien im Finanzbereich	A	255
Avalkredit	T	262
Bietungsgarantie	T	263
Anzahlungsgarantie	T	263
Lieferungs- und Leistungsgarantie	T	263
Gewährleistungsgarantie	T	263
Haftrücklaßgarantie	T	264
Zahlungsgarantie	T	264
Kreditgarantie	T	264
Zollgarantie	T	264
Checkliste zur Erfolgssicherung im Bereich Finanzierung	A/P	270
Maßnahmen zur Erfolgssicherung im Bereich Finanzierung	P	271
Statische Verfahren	A/T	274ff
Kostenvergleichsrechnung	A/T	275ff
Gewinnvergleichsrechnung	A/T	278f
Rentabilitätsrechnung/ROI	A/T	279ff
Statische Amortisationstechnung	A/T	281f
Dynamische Verfahren	A/P/T	283
Kapitalwertmethode	A/P/T	283ff
Annuitätenmethode	A/P/T	286f
Methode des internen Zinsfußes	A/P/T	287f
Verfahren zur Prognose von Handlungskonzepten	P/T	288ff
Qualitative Verfahren	T	289ff
Befragungen	T	289ff
Kundenbefragungen	T	290
Expertenbefragungen	T	290
Delphi-Methode	T	290
Verfahren des strukturierten Denkens	T	291f
Brainstorming	T	291
Synektik	T	291
Morphologischer Kasten	T	291f
Szenariotechnik	T	292
Quantitative Verfahren	T	292ff
Univariate Verfahren	A/P/T	292f

Instrumente	Zweck*	Seite
Trendverfahren	A/P/T	292
Exponentielle Glättung	A/P/T	293
Autoregressive Methoden	A/P/T	293
Multivariate Verfahren	A/P/T	293
Einfache Regression	A/P/T	293
Multiple Regression	A/P/T	293
Spezielle Berechnungsverfahren	A/P/T	294ff
Korrekturverfahren	A/P/T	294ff
Sensivitätsanalyse	A/P/T	297ff
Verfahren der kritischen Werte	A/P/T	297ff
Verfahren zur Ermittlung der Outputänderung bei vorgegebener Inputänderung	A/P/T	300f
Risikoanalyse	A/P/T	301ff
Checkliste zur Analyse der Vorteilhaftigkeit von Investitionsalternativen	A/P	303f
Erfolgsrechnung – GuV für Planung und Bilanzierung	A/P	307
Checkliste zur Rentabilitätssteuerung	A/P	309f
Finanzplan	A/P	311
Abweichungsanalyse	A	312
Liquiditätsplan	A/P	313
Cash-flow-Prognoserechnung	A/P	314
Balanced Scorecard	A/T	316ff
Veränderungsbereitschaftsanalyse	A/P	323
Kennzahlen des Internationalisierungsgrades	A	324ff
Internationaler Umsatzanteil	A	324
Relativer Marktanteil (im Ausland)	A	324
Internationaler Beschaffungsanteil	A	324
Internationaler Gewinnanteil	A	324
Internationaler Investitionsanteil	A	324
Internationaler Beschäftigungsgrad	A	324
Internationaler Wertschöpfungsgrad	A	324
Internationaler Produktionsanteil	A	324
Finanzwirtschaftliche Analyse	A/P	324ff
Vermögenskonstitution	A	324
Anlageintensität	A	324

Instrumente	Zweck*	Seite
Umlaufintensität	A	324
Investitionsquote	A	324
Investitionsdeckung	A	324
Abschreibungsquote	A	324
Anlagennutzung	A	325
Vorratshaltung	A	325
Umschlagshäufigkeit des Anlagevermögens	A	325
Umschlagshäufigkeit des Umlaufvermögens	A	325
Umschlagshäufigkeit des Gesamtvermögens	A	325
Laufzeit der Forderungen	A	325
Eigenkapitalanteil	A	325
Fremdkapitalanteil	A	325
Verschuldungskoeffizient	A	325
Lieferantenkreditdauer	A	325
Wechselkreditdauer	A	325
Bankreditdauer	A	325
Bilanzkurs	A	325
Kreditspannung	A	325
Deckungsgrad A/B/C	A	326
Liquidität 1./2./3. Grades	A	326
Cash-flow-Analyse	A	326
Bewegungsbilanz	A	326
Kapitalflußrechnung	A	326
Ertragswirtschaftliche Analyse	A/P	326f
Jahresüberschußrechnung	A	326
Ermittlung des Bilanzgewinns	A	326
Ermittlung des Firmenwertes	A	326
Ermittlung des Steuerbilanzgewinns	A	326
Anteil des Betriebsergebnisses	A	326
Anteil des außerordentlichen Ergebnisses	A	326
Personalintensität	A	327
Materialintensität	A	327
Abschreibungsintensität	A	327
Umsatzdominanz	A	327
Exportquote	A	327

Instrumente	Zweck*	Seite
Spartenanteil	A	327
Gesamtkapitalrentabilität	A	327
Umsatzrentabilität	A	327
Eigenkapitalrentabilität	A	327
Gesamtkapitalrentabilität	A	327
Umsatzrentabilität	A	327
Return on Investment	A	327
DuPont-System	A	328
Checkliste zur Analyse der Absicherungsnotwendigkeiten	A	334
* A – als Analyseinstrument (besondere Eignung); P – als Prognoseinstrument (besondere Eignung); T – als Technik		

Tabelle 0-1 *Übersicht der Instrumente zur Erfolgssicherung im internationalen Geschäft III - Finanzen*

1 Finanzierung

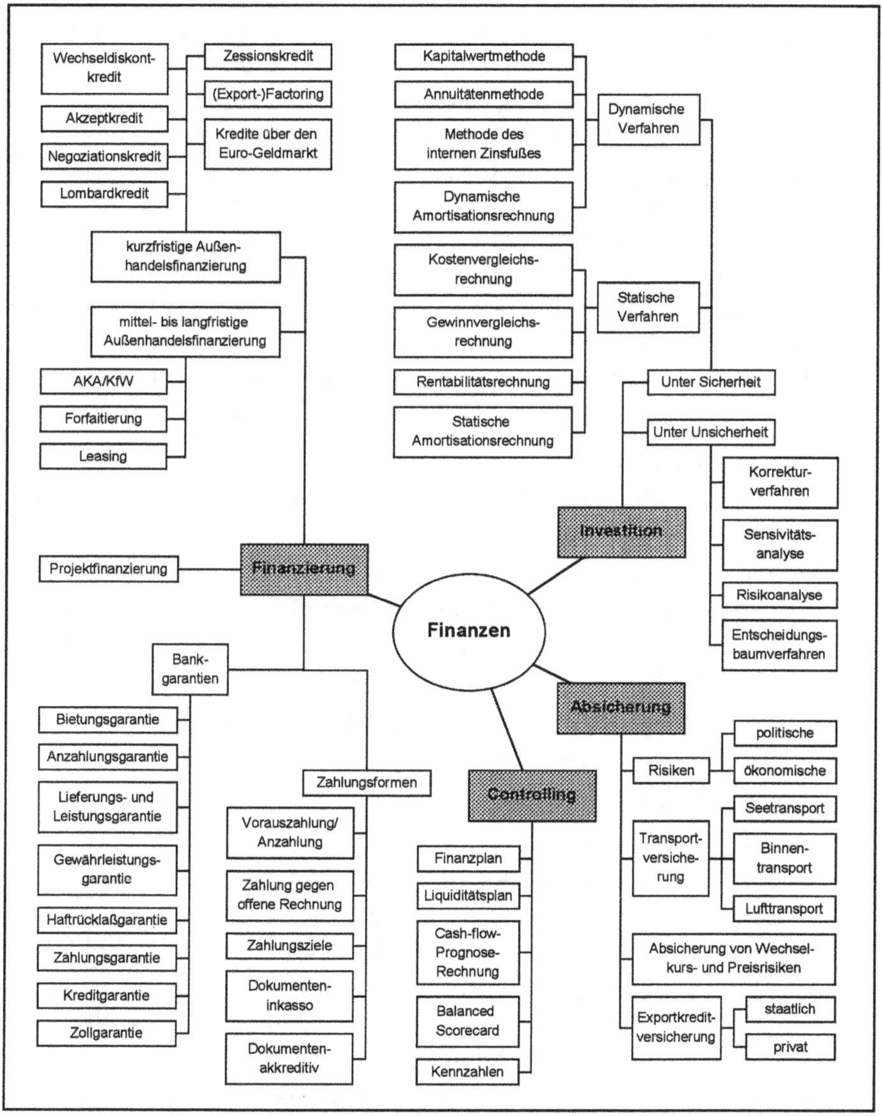

Abbildung 1-1 *Kriterien im Finanzbereich*

1.1 Kurzfristige Außenhandelsfinanzierung

Kredite im Rahmen der kurzfristigen Außenhandelsfinanzierung haben im allgemeinen eine Laufzeit von bis zu einem Jahr. Sowohl bei der Export- als auch bei der Importfinanzierung unterscheidet man zwischen Vorfinanzierung und Anschlußfinanzierung. Unter die **Vorfinanzierung** fallen beim Exporteur Einkauf, Transport, Versicherung und Lagerung von zur Herstellung des Exportgutes notwendigen Vorleistungen bzw. beim Importeur die Zeit zwischen Akkreditiveröffnung und Vorlage der Dokumente, mitunter auch die Refinanzierung von An- und Zwischenzahlungen. Durch eine **Anschlußfinanzierung** sollen beim Exporteur Lagerung, Transport und Versicherung der Exportgüter sowie die Liquidierung von Forderungen aus Exportgeschäften, beim Importeur der Zeitraum von der Vorlage der Dokumente bis zum Weiterverkauf der Ware finanziert werden.

Nachfolgend werden die bekanntesten Instrumente der kurzfristigen Außenhandelsfinanzierung vorgestellt (vgl. auch Altmann 1993, 390ff und Jahrmann 1998, 405ff).

- Beim **Wechseldiskontkredit** handelt es sich um einen kurzfristigen Bankkredit, der dem Inhaber eines Wechsels durch den Ankauf von Wechseln – im Rahmen des mit der Bank vereinbarten Höchstbetrages – vor Fälligkeit gewährt wird.
- Der **Akzeptkredit** stellt einen kurzfristigen Bankkredit dar, bei dem sich die Bank verpflichtet, vom Exporteur bzw. Importeur auf sie gezogene Wechsel innerhalb eines vereinbarten Limits zu akzeptieren.
- Ein weiteres Instrument der traditionellen Außenhandelsfinanzierung ist der **Rembourskredit**, der eine Verbindung von Akkreditiv, Akzeptkredit und Wechseldiskontkredit darstellt. Bei Übergabe der erforderlichen (akkreditivkonformen) Dokumente an die Bank erfolgt die Diskontierung des Wechsels und die Auszahlung dessen Gegenwertes an den Exporteur.
- Ebenfalls zu den klassischen Instrumenten der Außenhandelsfinanzierung gehört der **Negoziationskredit**. Hierbei handelt es sich um einen kurzfristigen Trattenverkaufskredit, bei dem die Exportbank

durch die Importbank – im Auftrag des Importeurs – ermächtigt wird, vom Exporteur ausgestellte Tratten vor Akzept anzukaufen (zu negoziieren).

- Bei **Lombardkrediten** handelt es sich um kurzfristige Bankkredite, die gegen Verpfändung von Waren- oder Wertpapieren gewährt werden, wobei der Schuldner Eigentümer des Pfandes bleibt.
- Bei einem **Zessionskredit** handelt es sich dem Wesen nach um einen kurzfristigen Bankkredit, bei dem eine Auslandsforderung sicherheitshalber an eine Bank als Zessionar übertragen wird (vgl. Forderungsabtretung).
- **(Export-)Factoring** bezeichnet ein Finanzierungsgeschäft, bei dem ein Finanzierungsinstitut (Factor) mit einem Zahlungsziel ausgestattete Kundenforderungen zum Nominalwert abzüglich eines Abschlags vom Lieferanten abkauft, das volle Ausfallrisiko übernimmt, für die Kunden die Debitorenbuchhaltung führt und das Inkasso betreibt.
- **Kredite über den Euro-Geldmarkt**: Der Euro-Geldmarkt bietet kurz- und mittelfristige Kredite zur Finanzierung von Außenhandelsgeschäften. Zu den kurzfristigen Kreditmöglichkeiten zählen Tagesgeld, Festgeld, Kündigungsgeld. Unter **Tagesgeld** werden Kredite mit einer Laufzeit von einem Tag, d.h. von 12 Uhr mittags bis 12 Uhr mittags des nächsten Tages, verstanden. **Festgeld-Kredite** haben eine maximale Laufzeit von zwei Jahren. Üblich sind hierbei Laufzeiten von ein, zwei, drei, zwölf oder 18 Monaten. Bei **Kündigungsgeld** sind die Kreditlaufzeiten unbefristet, teilweise werden individuelle Kündigungsfristen ausgehandelt. Bei der Refinanzierung von Außenhandelsgeschäften findet vor allem Festgeld Anwendung.
  Da auf dem Euro-Geldmarkt auf jegliche Sicherheiten verzichtet wird, können sich an solchen Geschäften nur Teilnehmer mit erstklassiger Bonität (z.B. Geschäftsbanken, international tätige Versicherungen, international tätige Unternehmen, Notenbanken, Regierungen) beteiligen. Daher kann ein Importeur häufig selbst nicht direkt einen Kredit am Euro-Geldmarkt aufnehmen, sondern muß damit seine Bank beauftragen.

1.2 Mittel- und langfristige Außenhandelsfinanzierung

Im Rahmen der mittel- und langfristigen Außenhandelsfinanzierung werden vor allem langlebige Investitionsgüter, Produktionsanlagen oder Anlagen für den Dienstleistungssektor finanziert. Die mit diesen Gütern verbundenen langen Herstellungszeiten und oft mehrjährigen Zahlungsziele erfordern einen enormen Kapitalbedarf, den auch finanzkräftige Unternehmen nur selten aus eigener Kraft befriedigen können.

Zu den mittelfristigen Krediten zählen Kredite mit einer Laufzeit von mindestens einem Jahr. Von langfristigen Krediten wird ab einer Laufzeit von vier oder fünf Jahren gesprochen. Mittel- und langfristige Kredite können als Lieferanten- oder Bestellerkredite gewährt werden. Lieferantenkredite werden inländischen Exporteuren gewährt und refinanzieren den Zeitraum vom Beginn der Produktion bis zum Eingang der Exporterlöse. Bestellerkredite werden ausländischen Importeuren eingeräumt; die Auszahlung der Kreditsumme erfolgt jedoch i.d.R. an den einheimischen Exporteur.

- **Kredite über AKA und KfW**: In Deutschland haben sich zwei Kreditinstitute auf die mittel- und langfristige Außenhandelsfinanzierung spezialisiert: die Ausfuhrkredit-Gesellschaft mbH (AKA) und die Kreditanstalt für Wiederaufbau (KfW). Diese beiden Institute gewähren – bei Einhaltung umfangreicher Richtlinien – begünstigte mittel- und längerfristige Kredite zur Finanzierung internationaler Aktivitäten. Die KfW (http://www.kfw.de) unterstützt im Auftrag der Bundesregierung insbesondere langfristige Investitionen und entwicklungspolitisch sinnvolle Reformprogramme.

Eine Finanzierung ist außerdem möglich über Forfaitierung oder Leasing.

- **Forfaitierung** bezeichnet den regreßlosen Ankauf von mittel- bis langfristigen Wechsel- und Buchforderungen aus dem Auslandsgeschäft durch einen Forfaiteur (meist eine Bank). Dabei verzichtet der Forfaiteur auf jeden Rückgriff gegenüber dem Verkäufer im Nichtzahlungsfall des Schuldners, der Verkäufer der Forderung haftet lediglich für deren rechtlichen Bestand sowie für die vertragsgemäße Erfüllung der Lieferung.

- **Leasing** stellt eine Sonderform der Vermietung dar, bei der ein Leasinggeber (Hersteller oder Leasinggesellschaft) dem Leasingnehmer ein Leasingobjekt gegen Entgelt für eine bestimmte Dauer zur Nutzung überläßt. An die Stelle des Kaufpreises treten beim Leasing regelmäßig (i.d.R. monatlich) zu entrichtende Leasingraten.

1.3 Projektfinanzierung

Großprojekte, wie Kraftwerke, Pipelines oder Raffinerien (vgl. *Turnkey*-Projekte), werden im allgemeinen nicht über die klassischen Varianten der Exportfinanzierung, sondern über eine Projektfinanzierung realisiert.

Unter **Projektfinanzierung** versteht man die direkte Finanzierung einer rechtlich unabhängigen, eigens für die Durchführung eines Projektes gegründeten wirtschaftlichen Einheit – der Projektträgergesellschaft. Für die Kreditgewährung ist hierbei nicht die Bonität des Kreditnehmers, sondern die Ertragskraft des Projektes ausschlaggebend.

Während sich die Kreditwürdigkeitsprüfung bei den klassischen Varianten der Exportfinanzierung an Vergangenheitswerten orientiert, baut sie bei der Projektfinanzierung auf Feasibility-Studies und Cash-flow-Prognosen auf. Es wird angestrebt, Kapital- und Zinsaufwand (Kapitaldienst) sowie etwaige Ersatzinvestitionen während der Laufzeit des Kredites vollständig aus dem erwarteten Cash-flow abzudecken. Bankgarantien oder Garantien von seiten staatlicher Stellen sind hierbei nicht unbedingt üblich, da sie meist ohnehin keine ausreichende Deckung darstellen würden (vgl. Weltbankfinanzierung).

In die Entwicklung und Durchführung eines Projektes kann eine Vielzahl von Projektteilnehmern einbezogen werden. Als Hauptakteure treten dabei in Erscheinung:

- **Sponsoren**: Der Sponsor ist der eigentliche Initiator des Projektes, der üblicherweise das größte Interesse an dessen Realisierung hat. Durch seine Rolle als Eigenkapitalgeber übt der Sponsor eine (wenn auch mitunter nur bedingte) Eigentümerfunktion aus, übernimmt einen Teil der Haftung, wird an Gewinn und Verlust beteiligt und hat ein Anrecht auf die Führung des Projektes.

- **Fremdkapitalgeber**: Fremdkapitalgeber stellen befristet Kapital zur Finanzierung eines Projektes bereit. Als Fremdkapitalgeber kommen Banken, Leasing-Unternehmen, internationale und supranationale Finanzierungsinstitute, regionale Entwicklungsbanken, zukünftige Abnehmer, Rohstofflieferanten und Exportfinanzierungsinstitute in Betracht.
- **Garantiegeber**: Das sich bei komplexen und langfristigen Projekten ergebende hohe Sicherheitsbedürfnis der Beteiligten kann durch einen Garantiegeber befriedigt werden. Ein Garantiegeber ist durch einen Garantievertrag verpflichtet, bei Nichteintreten eines geforderten Zustandes bzw. bei Nichterbringung einer bestimmten Leistung an den Garantienehmer eine vertraglich festgelegte Garantieleistung zu erbringen. Die Funktion eines Garantiegebers können öffentliche Exportkreditinstitute, internationale und supranationale Institutionen, private Versicherungsgesellschaften, Lieferanten, Abnehmer oder Sponsoren übernehmen.
- **Projektersteller**: Der Projektersteller ist für die Bereitstellung aller für die Realisierung des Projektes notwendigen Maschinen, Anlagen usw. verantwortlich. Dabei kann er allein, d.h. in eigenem Namen und auf eigene Rechnung (vgl. Generalunternehmer), oder gemeinsam mit anderen Partnern (vgl. Konsortium) handeln. Darüber hinaus kann er diverse Zusatzaufgaben, wie z.B. die Bereitstellung von Managementpersonal, die Durchführung von Schulungen usw., übernehmen.
- **Projektbetreiber**: Übernimmt der Initiator nicht selbst den Betrieb des Projektes, etwa wegen mangelnder Erfahrung, so kann der Projektersteller (vgl. *build-operate-transfer*) dafür eingesetzt werden. Dieser Projektbetreiber bringt nicht nur die notwendigen Kenntnisse, sondern häufig auch einen bekannten, imagefördernden Namen mit ein.

Dies sind nicht die einzigen Akteure, die an der Realisierung eines Projektes beteiligt sein können. Hinzu kommen häufig Beratungsunternehmen (*consultants*), Versicherungen und verschiedene Förderstellen.

Das Zusammenspiel verschiedenartiger Einflußfaktoren erfordert eine genaueste Analyse der bereitgestellten Informationen über Betreiber des Projektes, den Markt, technologische Ausstattung und Betriebskosten des Projektes, Zulieferer, Investitionskosten, Wechselkurse, rechtliche Rahmenbedingungen usw.

Stepic (vgl. 1996, 313f) nennt folgende Merkmale einer Projektfinanzierung:

- **Cash-flow-Finanzierung**: Die entscheidende Voraussetzung für die Realisierung eines Projektes ist dessen selbständige wirtschaftliche Existenzfähigkeit; nur wenn diese gegeben ist, werden Kapitalgeber bereit sein, sich an der Projektfinanzierung zu beteiligen.
- **Risk-sharing**: Die an der Durchführung und Finanzierung eines Projektes beteiligten Akteure sind verständlicherweise bestrebt, die mit dem Projekt verbundenen Risiken untereinander aufzuteilen; inwieweit dies möglich ist, hängt von der Machtstellung der einzelnen Beteiligten ab.
- **Off-balance-sheet-Abwicklung**: Indem die Projektträgergesellschaft als Kreditnehmer auftritt, entsteht auf seiten der Sponsoren und Projektersteller keine oder nur eine geringe Bilanzbelastung.

Zur Finanzierung eines Großprojektes sind folgende Finanzierungsformen denkbar:

- **Non-recourse-Projektfinanzierung**: Bei dieser Finanzierungsform wird jeglicher Rückgriff auf die Eigenkapitalgeber ausgeschlossen. Die Rückzahlung des Fremdkapitals erfolgt ausschließlich aus den erwirtschafteten Erträgen. In der Praxis ist diese Finanzierungsform wenig verbreitet.
- **Limited-recourse-Projektfinanzierung**: Bei diesem Verfahren werden die mit dem Projekt verbundenen Risiken in Abhängigkeit von Risikobereitschaft und Interesse am Projekt auf die Beteiligten aufgeteilt. Dies ist die am häufigsten angewandte Finanzierungsform.

- **Full-recourse-Projektfinanzierung**: Bei dieser Finanzierungsform haben die Fremdkapitalgeber volle Rückgriffsansprüche gegenüber dem Eigenkapitalgeber. In der Praxis sind solche Vereinbarungen nur schwer durchsetzbar.

Mit einer Projektfinanzierung sind naturgemäß eine Reihe von Risiken verbunden, die – in Abhängigkeit von der Situation im jeweiligen Land – die Realisierung des Projektes mehr oder weniger stark gefährden können. Zur Risikobegrenzung bestehen hierbei grundsätzlich dieselben Möglichkeiten wie auch bei anderen Außenhandelsgeschäften. Darüber hinaus können projektspezifische Garantien gestellt bzw. projektspezifische Versicherungen abgeschlossen werden.

1.4 Bankgarantien

Zur Besicherung von internationalen Geschäften ist die Stellung von Bankgarantien üblich. Dadurch sollen die Einhaltung vertraglicher Verpflichtungen garantiert und etwaige Rechtsstreitigkeiten vermieden werden.

Die Stellung von Bankgarantien erfolgt auf Grundlage eines **Avalkredites**. Mit dem Abschluß eines Avalkreditvertrages zwischen Kreditnehmer und Bank übernimmt die Bank die Haftung für genau definierte Verpflichtungen des Kreditnehmers gegenüber seinem Gläubiger. Kann der Kreditnehmer seine Verpflichtungen nicht erfüllen, ist die Bank aufgrund ihres abstrakten Zahlungsversprechens zur Leistung verpflichtet.

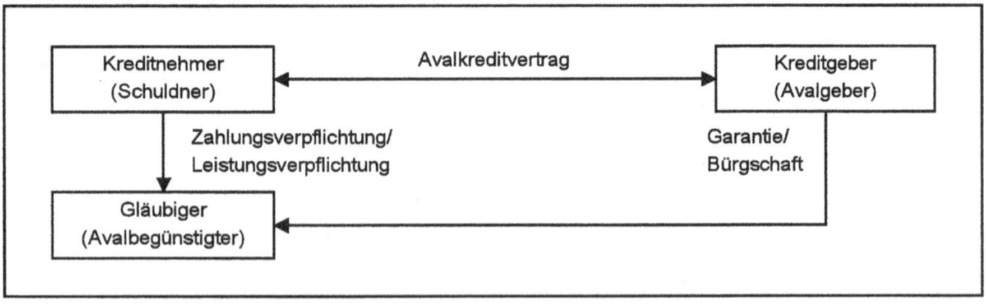

***Abbildung 1-2** Avalkredit (Jahrmann 1998, 436)*

Die Flexibilität von Garantien ermöglicht die Absicherung fast jedes Risikos im Außenhandel, einschränkend wirken hierbei nur das Gesetz bzw. die guten Sitten. In der Praxis haben sich einige typische Garantieformen entwickelt, die nachfolgend kurz erläutert werden sollen (vgl. Stepic 1996, 200ff):

- **Bietungsgarantie** (*bid-bond*): Die Bietungsgarantie dient der Absicherung des Risikos, daß ein Anbieter, der bei internationalen Ausschreibungen den Zuschlag erhalten hat, sein Angebot nicht hält bzw. es zurückzieht, den Vertrag nicht fristgemäß unterschreibt bzw. die geforderte Lieferungs- und Leistungsgarantie nicht erstellt. Die Bietungsgarantie, deren Höhe sich zwischen 1 % und 5 % der Angebotssumme bewegt, soll den Auftraggeber vor unseriösen Anbietern schützen und im Schadensfall die Kosten für eine eventuelle erneute Ausschreibung abdecken.

- **Anzahlungsgarantie**: Im Investitionsgüterbereich, besonders bei langen Liefer- und Herstellungsfristen und Sonderanfertigungen, werden i.d.R. Anzahlungen verlangt, die je nach Auftrag zwischen 10 % und 20 % des Auftragswertes liegen. Der Hersteller will sich damit gegen ein vorzeitiges „Abspringen" des Auftraggebers absichern und kann einen Teil der durch den Auftrag anfallenden Kosten abdecken. Für den Auftraggeber besteht wiederum die Gefahr, daß er bei Unfähigkeit des Herstellers, fristgemäß zu produzieren bzw. zu liefern, weder die Leistung erhält noch die Anzahlung zurückerstattet bekommt. Dieses Risiko wird durch die Anzahlungsgarantie abgedeckt, wobei eine Bank garantiert, den Anzahlungsbetrag im Falle der Nichterfüllung durch den Hersteller zurückzuzahlen.

- **Lieferungs- und Leistungsgarantie** (*performance-bond*): Die Lieferungsgarantie sichert die vertragsgerechte Erfüllung und fristgemäße Lieferung von Ware, die Leistungsgarantie die Bereitstellung von Dienstleistungen, Bauleistungen, Montagearbeiten o.ä. ab. Gewährleistungsansprüche werden bei diesen Garantieformen jedoch nicht abgedeckt.

- **Gewährleistungsgarantie**: In Verbindung mit einer Lieferungs- und Leistungsgarantie wird häufig eine Gewährleistungsgarantie gestellt, wobei die Bank technisch einwandfreie, funktionstüchtige Ware garantiert. Da Mängel häufig nicht bei Lieferung, sondern erst beim Einsatz erkannt werden können, beginnt die Garantiefrist mit Betriebsbereitschaft und endet mitunter erst Jahre später.

- **Haftrücklaßgarantie**: Im Investitionsgüterbereich, insbesondere im Anlagenbau, ist es üblich, einen zwischen 5 % und 15 % des Kaufpreises liegenden Betrag (Haftrücklaß) während der – sich oft über mehrere Jahre erstreckenden – Gewährleistungsfrist einzubehalten, um in dieser Zeit auftretende Schäden damit beheben bzw. gegen den Gesamtkaufpreis verrechnen zu können. Damit der Ersteller nicht erst nach Ablauf der Frist über den vollen Kaufbetrag verfügen kann, der Käufer aber dennoch gegen lieferungs- und leistungsbedingte Mängel abgesichert ist, wird i.d.R. eine Bank mit der Stellung einer Haftrücklaßgarantie betraut.
- **Zahlungsgarantie**: Eine Zahlungsgarantie soll die Zahlung des Kaufpreises im Falle der Zahlungsunfähigkeit bzw. Zahlungsunwilligkeit des Auftraggebers garantieren. Zur Inanspruchnahme der Garantie sind eine Erklärung des Begünstigten über den Erhalt der Lieferung sowie die Vorlage verschiedener Dokumente, z.B. Rechnung, Transportdokument, erforderlich.
- **Kreditgarantie**: Die Gewährung von Krediten an ausländische und bonitätsmäßig nicht immer eindeutig einschätzbare Unternehmen ist für eine Bank mit erheblichen Risiken verbunden. Um solchen Unternehmen dennoch Kredite gewähren zu können, kann ein zweites Unternehmen im Rahmen einer Kreditgarantie die Haftung bis zur Höhe der Kreditsumme (teilweise einschließlich entstehender Zinsen und Nebenkosten) übernehmen. Bei Garant und Kreditnehmer handelt es sich meist um Mutter- und Tochterunternehmen bzw. um über Beteiligungen verbundene Unternehmen.
- **Zollgarantie**: Aufgabe einer Zollgarantie ist die Sicherstellung, daß zeitweilig in ein Land eingeführte Waren oder Maschinen (z.B. zur Erstellung einer Anlage, als Ausstellungsstücke einer Messe o.ä.) nicht „unter der Hand" im Land verkauft, sondern nach Abschluß des Projektes wieder ordnungsgemäß aus dem Land ausgeführt werden.

1.5 Zahlungsformen

Jeder Verkäufer strebt eine möglichst schnelle Bezahlung der gelieferten Waren an; der Käufer ist im allgemeinen an einer möglichst späten Zahlung nach Erhalt der Waren interessiert. Bei der Aushandlung der Zahlungsbedingungen soll eine für beide Seiten akzeptable Lösung gefunden werden, die dem Exporteur eine Minimierung des Zahlungseingangsrisikos und dem Importeur die Minimierung des Liefereingangsrisikos erlaubt. Welche Zahlungsbedingungen letztendlich vereinbart werden, hängt vom Vertrauensverhältnis, der Finanzkraft und der Marktposition der Verhandlungspartner, dem politischen und ökonomischen Umfeld im Käuferland, Handelsbräuchen und etwaigen Devisenrestriktionen in einem der beiden Länder ab.

Folgende übliche Zahlungsmodalitäten kommen in der Praxis des internationalen Geschäfts zur Anwendung. Zu beachten ist dabei jeweils der Grad damit verbundener Risiken für Käufer bzw. Verkäufer, der durchaus unterschiedlich sein kann.

Vorauszahlungen und Anzahlungen

Eine vollständige Vorauszahlung stellt für den Exporteur die günstigste, für den Importeur die ungünstigste Zahlungssicherung dar. Für den Exporteur entfällt hierbei das Risiko des Zahlungseinganges, da die Lieferung vorfinanziert wird und die Abnahme durch den Importeur garantiert ist. Anstelle einer vollständigen Vorauszahlung sind häufiger Vereinbarungen wie „ein Drittel des Kaufpreises vorab, ein Drittel während der Herstellung und ein Drittel bei Lieferung“ oder „halbe/halbe“ zu finden. Der Importeur wird einer vollständigen Vorauszahlung bzw. einer Anzahlung des Kaufpreises jedoch nur dann zustimmen, wenn

- sie branchenüblich ist,
- der Exporteur eine besonders gute Marktposition aufweist,
- vergleichsweise lange Produktions- bzw. Lieferzeiten vorliegen und/oder
- mit einem Kunden erstmalig Geschäfte abgeschlossen werden.

Bei einer Vorauszahlung bzw. Anzahlung verlangt der Importeur meist eine Absicherung (vgl. Bankgarantien) durch die Bank des Exporteurs, welche garantiert, daß dem Importeur in Falle einer Nichterfüllung durch den Exporteur seine Voraus- bzw. Anzahlung durch die Bank des Verkäufers zurückerstattet wird.

Zahlung gegen offene Rechnung

Bei Zahlung gegen Rechnung wird die Ware einschließlich der Rechnung geliefert. Mit Eintreffen der Ware beim Importeur wird der Rechnungsbetrag fällig. Vor Zahlung der Rechnung hat der Importeur die Möglichkeit, die Ware auf Mängel zu überprüfen und gegebenenfalls die Zahlung zu verweigern. Für den Exporteur stellt dies eine äußerst ungünstige Zahlungsbedingung dar, bei der er nicht nur auf eine Zahlungssicherung, sondern (in der Praxis) auch auf die Verfügungsgewalt über die Ware verzichtet. Aus diesem Grund wird der Exporteur dieser Zahlungsbedingung nur dann zustimmen, wenn beim Importeur eine gute Zahlungsmoral und Zahlungsfähigkeit vorausgesetzt werden kann. Forderungen aus solchen Geschäften werden günstigerweise in die Kreditversicherung einbezogen bzw. an einen Factor verkauft.

Zahlungsziele

Voraussetzung für die Gewährung von **Zahlungszielen** ist größtes Vertrauen in Zahlungsmoral und -fähigkeit des Importeurs. Diese für den Importeur günstigste Zahlungsbedingung birgt für ihn keinerlei Risiko und verlangt keine Vorfinanzierung der Ware. Um ihn dennoch zu einer recht schnellen Zahlung zu bewegen, werden vom Exporteur häufig Skonti eingeräumt.

Dokumenteninkasso

Das Dokumenteninkasso tritt als **Dokumente gegen Zahlung** (vgl. *cash against documents – CAD*) und als **Dokumente gegen Akzept** auf. Die zur Eigentumsübertragung, Einfuhr und Verzollung der Waren notwendigen Dokumente werden nur gegen Bezahlung bzw. Akzept eines Wechsels ausgehändigt. Mit der Durchführung des Inkassos beauftragt der Exporteur in der Regel seine Hausbank, die sich dann an die Bank des Importeurs wendet. Bis zur vollständigen Bezahlung bzw. Akzept eines Wechsels behält der Exporteur die volle Verfügungsgewalt über die Ware. Bei fehlendem Vertrauen in die Zahlungsmoral und -fähigkeit des Kunden sollte der Exporteur die Warenlieferung nicht direkt an den Importeur, sondern an die einbezogene Bank oder einen Vertrauensspediteur adressieren. Entscheidet sich der Exporteur für die Lieferung der Ware an die Bank, ergibt sich für ihn ein Risiko aus Artikel 6 der „Einheitlichen Richtlinien für Inkassi" (vgl. Internationale Handelskammer 1995), der die Bank von der Verpflichtung der Warenannahme befreit. Ferner kann der Importeur die Annahme der Dokumente und damit die Zahlung verweigern. Auch wenn der Exporteur dann Eigentümer der Ware bleibt, muß er die Rückführung der Ware bzw. deren anderweitige Verwendung organisieren und die damit verbundenen Kosten selbst tragen.

Ein Dokumenteninkasso läuft üblicherweise in folgenden Schritten ab:

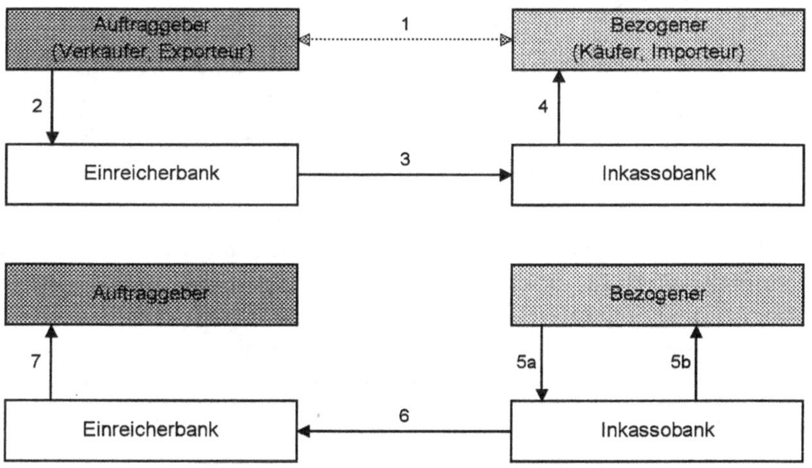

1. Im Liefervertrag wird als Zahlungsmodalität „Kassa gegen Dokumente" vereinbart.
2. Der Exporteur bringt die Ware zum Versand und reicht die Liefer- und andere Doku-

mente bei einer Bank (meist seiner Hausbank) ein und gibt einen entsprechenden Inkassoauftrag.

3. Die Einreicherbank leitet die Dokumente auftragsgemäß an die Inkassobank weiter.
4. Die Inkassobank informiert den Bezogenen vom Eintreffen der Dokumente und von den Inkassobedingungen. (In manchen Fällen wird noch eine spezielle „vorlegende Bank" zwischengeschaltet; falls die Einreicherbank keine solche benennt, kann sich die Inkassobank auch einer vorlegenden Bank eigener Wahl bedienen.)
5. a) Der Bezogene erfüllt die Inkassobedingungen (Zahlung, Akzeptleistung, andere Bedingung, z.B. Abgabe einer Verpflichtungserklärung) und
   b) erhält dagegen die Dokumente ausgefolgt.
6. Die Inkassobank überweist den Erlös (bzw. übersendet gegebenenfalls das Akzept oder die Verpflichtungserklärung an die Einreicherbank).
7. Die Einreicherbank schreibt dem Auftraggeber den Erlös gut (bzw. folgt Akzept oder Erklärung aus).

Abbildung 1-3 *Ablauf eines Dokumenteninkassos (CA-BV, Teil 3, 1996, 9f)*

Dokumentenakkreditive

Ein **Akkreditiv** (*letter of credit* – L/C) stellt ein abstraktes Zahlungsversprechen einer Bank dar, bei Vorlage der erforderlichen Dokumente oder innerhalb einer vereinbarten Frist einen bestimmten Geldbetrag an den im Akkreditiv genannten Begünstigten auszuzahlen.

Das Lieferungsrisiko des Importeurs wird minimiert, wenn im Akkreditiv genaueste Angaben über die zu liefernden Waren gemacht werden. Vor Eingang der Ware hat der Importeur keine Möglichkeit, deren ordnungsgemäßen Zustand zu überprüfen. Er ist jedoch erst dann zur Zahlung an seine Bank verpflichtet, wenn bei dieser die akkreditivkonformen Dokumente eingegangen sind und akzeptiert wurden.

Neben der Vorauszahlung stellt das Akkreditiv die sicherste und auch eine häufig angewendete Zahlungsmethode dar, da dem Exporteur bereits bei fristgemäßer Einreichung der akkreditivkonformen Dokumente der Gegenwert der Ware ausgezahlt wird. Werden die Dokumente nicht innerhalb der gesetzten Frist eingereicht, kann die Bank die Zahlung verweigern. Ein Widerrufsrecht besteht bei einem Akkreditiv nur dann, wenn es vorher vertraglich vereinbart wurde. Deshalb sollte das **bestätigte, unwiderrufliche Akkreditiv** (*confirmed, irrevocable letter of credit*) standardmäßig vereinbart werden, damit die Sicherheit für den Exporteur nicht gemindert ist.

Ein Akkreditivgeschäft läuft üblicherweise in folgenden Schritten ab:

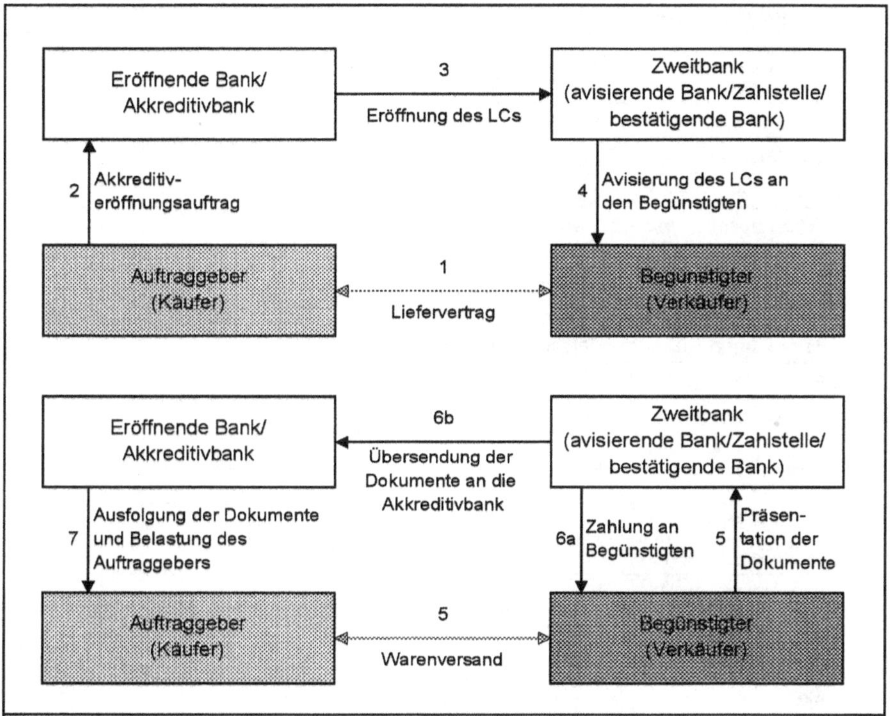

1. Liefervertrag, in dem Zahlung durch Akkreditiv vereinbart wird.
2. Käufer gibt seiner Bank den Auftrag zur Akkreditiverstellung.
3. Die eröffnende Bank/Akkreditivbank erstellt das L/C und sendet es an die Bank des Verkäufers mit dem Auftrag, das L/C dem Begünstigten zu avisieren (mit oder ohne Hinzufügung ihrer Bestätigung).
4. Die Zweitbank notifiziert den Begünstigten (Verkäufer) dementsprechend.
5. Der Begünstigte versendet die Ware und legt die Dokumente bei der Zahlstelle vor mit der Bitte um Honorierung.
6. a) Die Zahlstelle prüft die Dokumente und schreibt dem Begünstigten den Betrag gut. Gleichzeitig remboursiert sie sich bei der Rembourssstelle.
   b) Sie übersendet die Dokumente an die eröffnende Bank.
7. Die eröffnende Bank prüft die Dokumente ebenfalls und übersendet sie an den Auftraggeber unter gleichzeitiger Belastung seines Kontos.

***Abbildung 1-4** Abwicklung eines Akkreditivgeschäfts (CA-BV, Teil 1, 1996, 13)*

Kriterien zur Erfolgssicherung im Bereich Finanzierung	Gewichtung	Bewertung					Wert
		1	2	3	4	5	
Planung und Steuerung							
Finanzplanung							
Rentabilitätssteuerung							
Liquiditätssicherung							
Bonitätssicherung							
Kennzahlensystem							
Finanzierung und Absicherung							
Handhabung der Instrumente zur kurzfristigen Außenhandelsfinanzierung							
Handhabung der Instrumente zur mittel- bis langfristigen Außenhandelsfinanzierung							
Akquisition von Förderungen							
Inanspruchnahme Lieferantenkredit							
Factoring							
Leasing							
Bankgarantien							
Exportkreditversicherung							
Vorauszahlung							
Zahlung gegen offene Rechnung							
Dokumenteninkasso							
Akkreditiv							
Administration							
Bonitätsprüfung							
Fakturierung							
Debitoren/Inkasso							
Zahlungsverkehr							
Kurssicherung							
Erstellung von Verträgen/Vereinbarungen							
EDV-Organisation							
Kundenberatung							
Beratung anderer Unternehmensbereiche							
Summe (Vergleichsbasis)							
Bewertungskriterien von 1 (problematisch) bis 5 (nicht problematisch)							

Tabelle 1-1 *Checkliste zur Erfolgssicherung im Bereich Finanzierung*

Kriterien	Maßnahmen
Planung	
Steuerung	
Finanzierung	
Absicherung	
Administration	

Tabelle 1-2 *Maßnahmen zur Erfolgssicherung im Bereich Finanzierung (verbalisiert)*

2 Investition

Im Rahmen der **Investition** lassen sich verschiedene Arten von Investitionen unterscheiden. Die Legitimität von Investitionen ergibt sich vor allem aufgrund ihres Nutzens bzw. ihrer Vorteile. Zunächst lassen sich Investitionen nach ihrem Ziel unterscheiden. Dabei können etwa Investitionen in **Sachvermögen** oder **Finanzvermögen** differenziert werden. Darüber hinaus ist auch der Anlaß von Investitionen ein wichtiges Kriterium der Unterscheidung. Ein Beispiel für einen häufigen Anlaß von Investitionen wäre etwa die Notwendigkeit von Rationalisierungen. Ein weiteres Kriterium der Unterscheidung von Investitionen wäre etwa, Investitionen nach ihren Effekten innerhalb von Organisationen (z.B. Anschaffung einer EDV-Anlage) und solche mit Wirkung nach außen (z.B. Werbekampagnen zur Marktentwicklung) zu differenzieren.

	Früher Einstieg	Strategie des Abwartens
Chancen	• Aufbau/Ausbau eines Wettbewerbsvorsprungs • besseres Image durch Einsatz neuer Verfahren • Aufbau eines Know-how-Vorsprungs • anwenderspezifische Technologie • Motivation der Mitarbeiter bei Pilotprojekten • intensive Unterstützung durch Hersteller (Referenzobjekt)	• günstiges Preis-Leistungs-Verhältnis • Erfolgswahrscheinlichkeit sicherer • Technologieverbesserung kann abgewartet werden • bessere Kompatibilität • Nutzung der Erfahrung Externer (Hersteller oder Berater)
Risiken	• schlechtes Preis-Leistungs-Verhältnis • Einführungserfolg unsicher • frühe Technologiefixierung • Kompatibilität nicht gewährleistet (fehlende Schnittstellennormung) • Unsicherheit in der Technologieentwicklung	• Standardisierung der Verfahren • Verschlechterung der relativen Wettbewerbsposition • geringerer Know-how-Gewinn • geringere Imagewirkung

Tabelle 2-1 *Abwägung von Investitionsstrategien (vgl. Nagel 1992, V/16)*

Ein wesentlicher Aspekt ist jedenfalls die Vorteilhaftigkeit von Investitionen. Diese kann vor allem durch verschiedene Methoden der Berechnung ihres Nutzens ermittelt werden. Dabei steht primär die Rentabilität im Vordergrund.

Investitionsbewertung

Mit Risikoprofilen können Nutzen und Risiken von Investitionen übersichtlich evaluiert werden. Im Vorfeld der Anschaffung sollte so jede Investitionsalternative betrachtet werden. Derartige Profile bieten über die direkten Vergleichsmöglichkeiten hinaus auch eine gute Basis für die zudem durchzuführenden konkreten Wirtschaftlichkeitsberechnungen. Ein Beispiel:

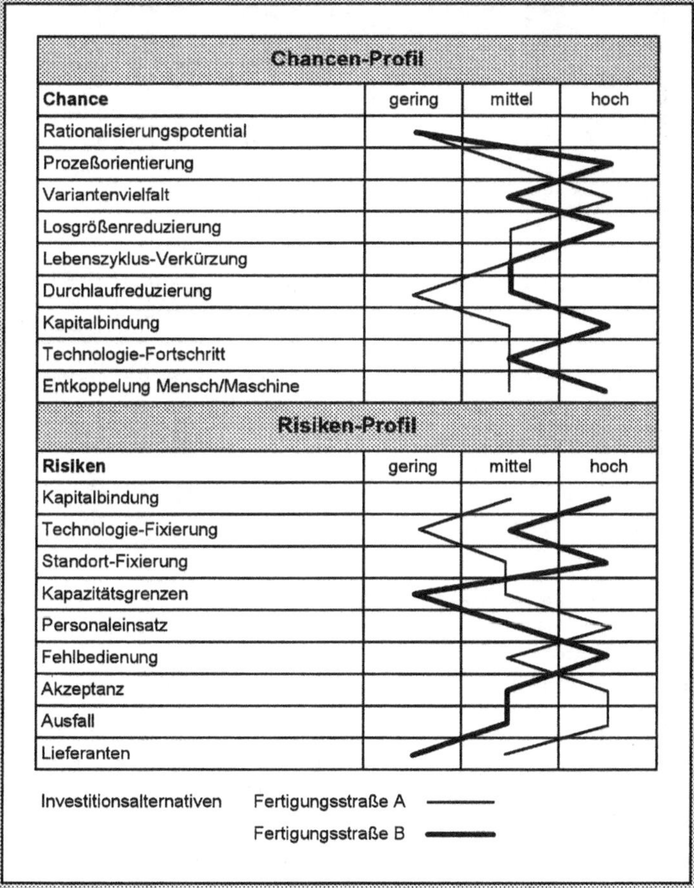

Nachfolgende Abbildung faßt die Dimensionen und die unter den jeweiligen Bedingungen möglichen Investitionsrechnungsverfahren zusammen:

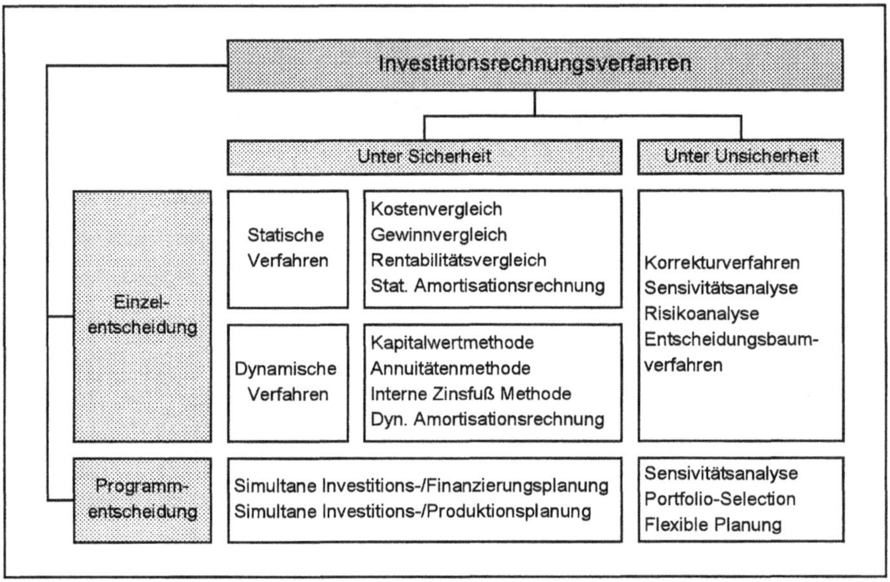

Abbildung 2-1 *Investitionsrechnungsverfahren*

2.1 Instrumente zur Vorbereitung optimaler Investitionsentscheidungen

2.1.1 Statistische Verfahren

Die statischen, auch als Hilfsverfahren der Praxis bezeichneten Verfahren sind durch Unkompliziertheit und einen geringen Kostenaufwand gekennzeichnet. Als „statisch" werden sie deshalb bezeichnet, weil sie zeitliche Unterschiede in der Entstehung von Erträgen, Aufwendungen und Kosten nicht bzw. nur in geringem Maße berücksichtigen. Da Erträge, Aufwendungen und Kosten jedoch nicht in gleichmäßigen Abständen und gleichen Beträgen anfallen, wird bei diesen Verfahren mit Durchschnittsgrößen gerechnet. Die Erfolgsgrößen werden hierbei nicht auf die gesamte voraussichtliche Nutzungsdauer, sondern nur auf ein Durchschnittsjahr (eine Nutzungsperiode) bezogen. Auf die einzelnen statischen Verfahren wird im folgenden eingegangen.

Kostenvergleichsrechnung

Mit Hilfe der Kostenvergleichsrechnung wird diejenige Investitionsalternative ermittelt, die die geringsten (durchschnittlichen) Kosten verursacht. Zielgröße dieses Verfahrens stellen die Kosten dar; auf die Einbeziehung von Erfolgsgrößen wird unter der Annahme von gleichen Erlösen bei jeder Alternative verzichtet. Für jede Investitionsalternative werden die Gesamtkosten ermittelt. Dabei werden in die Kostenerfassung

- Materialkosten für Roh-, Hilfs- und Betriebsstoffe,
- Personalkosten (Löhne, Gehälter, Sozialleistungen),
- Instandhaltungs- und Reparaturkosten,
- Energiekosten,
- Mietkosten,
- Steuern, Gebühren und Beiträge,
- Kosten für Fremdleistungen,
- kalkulatorische Abschreibungen und
- (bei unterschiedlichen Anschaffungskosten) kalkulatorische Zinsen

– jeweils als Durchschnittsgröße bezogen auf den Planungszeitraum – einbezogen. Die kalkulatorischen Abschreibungen errechnen sich aus den Anschaffungskosten abzüglich Liquidationserlös am Ende der Nutzungsdauer, dividiert durch die Nutzungsdauer. Die kalkulatorischen Zinsen errechnen sich aus der durchschnittlichen Kapitalbindung multipliziert mit dem Kalkulationszinssatz. Als Kalkulationszins wird dabei der Zinssatz angenommen, zu dem Kapital beschafft oder angelegt werden könnte.

Die durchschnittliche Kapitalbindung ermittelt man wie folgt:

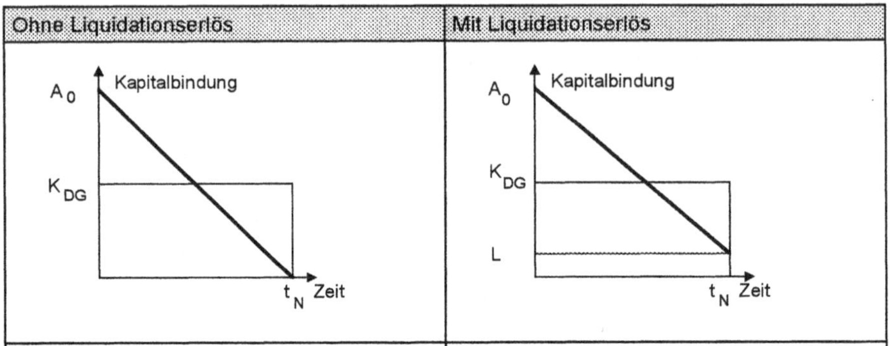

Ohne Liquidationserlös	Mit Liquidationserlös
$K_{DG} = \frac{A_0}{2}$	$K_{DG} = \frac{A_0 + L}{2}$
A_0 Anschaffungsauszahlungen	t_N Ende der Nutzungsdauer
K_{DG} durchschnittliche Kapitalbindung	L Liquidationserlös

Abbildung 2-2 *Ermittlung der durchschnittlichen Kapitalbindung*

Nach der Kostenvergleichsrechnung gilt eine Investitionsalternative A dann als

- **absolut vorteilhaft**, wenn die Kosten der Investition A geringer ausfallen als im Falle der Unterlassung bzw.
- **relativ vorteilhaft**, wenn die Kosten der Investition A geringer ausfallen als die Kosten aller weiteren Alternativen.

Beispiel: Kostenvergleich

Gegebene Werte:	Alternative A	Alternative B
Anschaffungskosten	100.000 €	90.000 €
Nutzungsdauer	10 Jahre	10 Jahre
erwarteter Restwert	10.000 €	9.000 €
sonstige fixe Kosten	6.500 € / Jahr	7.000 € / Jahr
Personalkosten	24.000 € / Jahr	26.250 € / Jahr
Materialkosten	14.400 € / Jahr	15.750 € / Jahr
Energiekosten	7.200 € / Jahr	7.875 € / Jahr
sonstige variable Kosten	2.400 € / Jahr	2.625 € / Jahr
kalkulatorischer Zinssatz	5 %	5 %
Auslastung	15.000 Einheiten / Jahr	15.000 Einheiten / Jahr

Kostenvergleich:	Alternative A	Alternative B
kalkulatorische Abschreibung	*(100.000 – 10.000) : 10* = 9.000 €	*(90.000 - 9.000) : 10* = 8.100 €
kalkulatorische Zinsen (Verzinsung x Ø Kapitalbindung)	*0,05 x (100.000 + 10.000) : 2* = 2.750 €	*0,05 x (90.000 + 9.000) : 2* = 2.475 €
sonstige fixe Kosten	6.500 € / Jahr	7.000 € / Jahr
Personalkosten	24.000 € / Jahr	26.250 € / Jahr
Materialkosten	14.400 € / Jahr	15.750 € / Jahr
Energiekosten	7.200 € / Jahr	7.875 € / Jahr
sonstige variable Kosten	2.400 € / Jahr	2.625 € / Jahr
Gesamtkosten pro Jahr	66.250 €	70.075 €

Alternative A verursacht geringere jährliche Gesamtkosten und wäre daher der Alternative B vorzuziehen.

Als Nachteile der Kostenvergleichsrechnung sind folgende zu nennen:

- **Zeitaspekt**: Durch die Bildung von Durchschnittswerten wird die zeitliche Entstehung der Kosten nicht berücksichtigt.
- **Kostenprognosen**: Werden zur Berechnung die Werte des ersten Durchschnittsjahres herangezogen, gestalten sich Kostenprognosen mit zunehmender Nutzungsdauer immer schwieriger.
- **Rentabilitätssituation**: Aussagen zur Rentabilität der zu vergleichenden Investitionsobjekte sind nicht möglich, da in die Rechnung keine Erlöse einbezogen werden. Eine günstige Kostensituation muß nicht notwendigerweise auch eine angemessene Kapitalverzinsung bedeuten.
- **Gewinnsituation**: Durch die Vernachlässigung der Erlössituation können keine Aussagen darüber getroffen werden, ob und in welcher Höhe die kostengünstigste Alternative Gewinne erwirtschaftet.
- **Zinsen**: Die tatsächlichen Zinsen müssen nicht den angenommenen kalkulatorischen Zinsen entsprechen.
- **Kapitalbeschaffung**: Ferner wird angenommen, daß Kapital in jeder beliebigen Höhe jederzeit beschafft und angelegt werden kann.

- **Sicherheit**: Wie bei allen anderen statischen Verfahren wird für die in der Kostenvergleichsrechnung verwendeten Daten Sicherheit unterstellt, was in der Praxis nur selten der Fall ist.

Gewinnvergleichsrechnung

Eine Erweiterung der Kostenvergleichsrechnung stellt die Gewinnvergleichsrechnung dar. Bei diesem Verfahren werden zusätzlich zu den Kosten die Leistungen der Investitionsalternativen gegenübergestellt. Die Zielgröße stellt der durchschnittliche Jahresgewinn dar, der aus den durchschnittlichen Erlösen abzüglich der durchschnittlichen Kosten errechnet wird.

Nach der Gewinnvergleichsrechnung gilt eine Investitionsalternative A dann als

- **absolut vorteilhaft**, wenn sich ein Gewinn größer als Null ergibt bzw.
- **relativ vorteilhaft**, wenn der Gewinn der Alternative A größer als der aller anderen Alternativen ist.

Beispiel: Gewinnvergleich

Gegebene Werte:	Alternative A	Alternative B
Anschaffungskosten	100.000 €	90.000 €
Nutzungsdauer	10 Jahre	10 Jahre
erwarteter Restwert	10.000 €	9.000 €
sonstige fixe Kosten	6.500 € / Jahr	7.000 € / Jahr
kalkulatorischer Zinssatz	5 %	5 %
Auslastung	15.000 Einheiten / Jahr	12.000 Einheiten / Jahr
Verkaufspreis	5 € / Stück	5 € / Stück
variable Stückkosten	3,2 €	3,5 €

Gewinnvergleich:	Alternative A	Alternative B
Umsatz / Jahr	*15.000 St. x 5 €/St. = 75.000 €*	*12.000 St. x 5 €/St. = 60.000 €*
kalkulatorische Abschreibung	*(100.000 – 10.000) : 10 = 9.000 €*	*(90.000 - 9.000) : 10 = 8.100 €*
kalkulatorische Zinsen (Ver-	*0,05 x (100.000+10.000) : 2*	*0,05 x (90.000+9.000) : 2*

zinsung x Ø Kapitalbindung)	= 2.750 €	= 2.475 €
sonstige fixe Kosten	6.500 €	7.000 €
sonstige variable Kosten	48.000 €	42.000 €
Gesamtkosten pro Jahr	66.250 €	59.575 €
Ø Gewinn (Umsatz/Jahr – Gesamtkosten)	8.750 €	425 €

Beide Alternativen weisen einen Gewinn aus und sind daher absolut vorteilhaft. Alternative A erwirtschaftet einen höheren durchschnittlichen Jahresgewinn und ist daher relativ vorteilhaft.

Im Gegensatz zur Kostenvergleichsrechnung werden bei der Gewinnvergleichsrechnung unterschiedliche Leistungen der Investitionsalternativen berücksichtigt. Allerdings ermöglicht auch die Gewinnvergleichsrechnung keine Aussagen zur Verzinsung des eingesetzten Kapitals. Die kurzen Betrachtungszeiträume führen bei einer identischen Übertragung auf die voraussichtliche gesamte Nutzungsdauer zu einer Verzerrung der Ergebnisse. Außerdem lassen sich Erlöse nicht immer eindeutig einem Investitionsobjekt zurechnen. Besonders problematisch gestaltet sich der Vergleich von Investitionsalternativen mit unterschiedlicher Nutzungsdauer und unterschiedlichem Kapitaleinsatz. Ansonsten weist die Gewinnvergleichsrechnung die gleichen Nachteile wie die Kostenvergleichsrechnung auf.

Rentabilitätsrechnung

Anders als Kosten- und Gewinnvergleichsrechnung nimmt die Rentabilitätsrechnung Rücksicht auf die unterschiedliche Kapitalbindung der Investitionsobjekte. Zielgröße der Rentabilitätsrechnung (auch Rentabilitätsvergleichsrechnung, Return on Investment, ROI) bildet die Rentabilität des eingesetzten Kapitals, die aus dem Verhältnis des erwarteten jährliches Gewinnes zum investierten Kapital gebildet wird:

$$\text{Rentabilität} = \frac{\text{Gewinn vor kalkulatorischen Zinsen}}{\varnothing \text{ gebundenes Kapital}} \times 100$$

Eine Investitionsalternative A gilt dann als

- **absolut vorteilhaft**, wenn Rentabilität eine geforderte Mindestverzinsung, die in Abhängigkeit von anderen Anlagemöglichkeiten festgesetzt werden sollte, übersteigt bzw.
- **relativ vorteilhaft**, wenn die Alternative A die höchste Rentabilität aufweist.

Unter Einbeziehung des Umsatzes kann die Rentabilitätskennziffer in zwei Bestandteile aufgegliedert und deren Entstehung genauer analysiert werden:

$$\text{ROI} = \frac{\text{Gewinn}}{\text{Umsatz}} \times \frac{\text{Umsatz}}{\text{gebundenes Kapital}} \times 100$$

$$\text{ROI} = \text{Umsatzerfolg} \times \text{Kapitalumschlag} \times 100$$

Beispiel: Rentabilitätsrechnung

Gegebene Werte:	Alternative A	Alternative B
Anschaffungskosten	100.000 €	90.000 €
Nutzungsdauer	10 Jahre	10 Jahre
erwarteter Restwert	10.000 €	9.000 €
Ø Kapitalbindung	*(100.000+10.000) : 2* = 55.000 €	*(90.000+9.000) : 2* = 49.500 €
sonstige fixe Kosten	6.500 € / Jahr	7.000 € / Jahr
kalkulatorischer Zinssatz	5 %	5 %
kalkulatorische Zinsen (Verzinsung x Ø Kapitalbindung)	*0,05 x (100.000+10.000) : 2* = 2.750 €	*0,05 x (90.000+9.000) : 2* = 2.475 €
Auslastung	15.000 Einheiten / Jahr	12.000 Einheiten / Jahr
Verkaufspreis	5 € / Stück	5 € / Stück
variable Stückkosten	3,2 €	3,5 €
Ø Gewinn (Umsatz/Jahr – Gesamtkosten)	8.750 €	425 €

$$\textbf{Rentabilität}_A = \frac{8.750 + 2.750}{55.000} \times 100 = 20{,}91\ \%$$

$$\textbf{Rentabilität}_B = \frac{425 + 2.475}{49.500} \times 100 = 5{,}86\ \%$$

Beide Alternativen sind absolut vorteilhaft, da ihre Rentabilität (Verzinsung) über der Mindestverzinsung liegt. Die Alternative B weist jedoch die höhere Rentabilität auf und wäre deshalb der Alternative A vorzuziehen.

Wie auch die Gewinnvergleichsrechnung ist die Rentabilitätsrechnung durch kurze Betrachtungszeiträume und die schwere Zurechenbarkeit von Erlösen gekennzeichnet. Alternativen mit unterschiedlicher Nutzungsdauer und unterschiedlichem Kapitaleinsatz können nur schwer verglichen werden. Unterschiede im Kapitaleinsatz können allerdings vernachlässigt werden, wenn sich für die Alternative mit dem höchsten Kapitaleinsatz auch die höchste Rentabilität ergibt. Anders als bei o.g. Verfahren wird hierbei zwar die Rentabilität der Investition ermittelt, allerdings bezieht sich auch dieser Wert nur auf eine Durchschnittsperiode.

Statische Amortisationsrechnung

Mit Hilfe der statischen Amortisationsrechnung (auch statische Payoff-Methode) wird der Zeitraum ermittelt, innerhalb dessen das im Investitionsobjekt gebundene Kapital in das Unternehmen zurückfließt. Die Amortisationsdauer wird dabei nicht anhand von Erlösen und Kosten, sondern anhand von Einzahlungen und Auszahlungen ermittelt. Zudem wird bei diesem Verfahren nicht nur eine Durchschnittsperiode, sondern die gesamte voraussichtliche Nutzungsdauer in die Rechnung einbezogen.

Die Amortisationsdauer ermittelt man durch Division der Anschaffungsauszahlungen durch die durchschnittlichen Rückflüsse (nicht zu verwechseln mit dem durchschnittlichen Gewinn, der sich aus Erlösen und Kosten ableitet).

$$\text{Amortisationsdauer} = \frac{\text{Anschaffungsauszahlungen}}{\varnothing\ \text{Rückflüsse}}$$

Nach der statischen Amortisationsrechnung gilt eine Investitionsalternative A dann als

- **absolut vorteilhaft**, wenn die errechnete Amortisationsdauer kürzer als die maximal zulässige Soll-Amortisationsdauer ist bzw.
- **relativ vorteilhaft**, wenn die Alternative A die kürzeste aller Amortisationsdauern aufweist.

Die Soll-Amortisationsdauer, die i.d.R. unter der geplanten Nutzungsdauer liegt, wird vom Investor willkürlich festgelegt. Sie ist umso kürzer, je höher das Investitionsrisiko eingeschätzt wird. Je größer die Differenz zwischen zulässiger Amortisationsdauer und Nutzungsdauer ist, um so höhere Gewinne sollte das Investitionsobjekt einbringen.

Da die Wirkungen der Investitionsalternativen nach Ende der Amortisationszeit vernachlässigt werden, sollte die Amortisationsrechnung nicht alleiniges Kriterium zur Beurteilung einer Investition sein.

Beispiel: Statische Amortisationsrechnung

Gegebene Werte:	Alternative A	Alternative B
Anschaffungskosten	100.000 €	90.000 €
Nutzungsdauer	10 Jahre	10 Jahre
erwarteter Restwert	10.000 €	9.000 €
Abschreibungen	*(100.000 – 10.000) : 10* = 9.000 €	*(90.000 - 9.000) : 10* = 8.100 €
Gewinn	8.750 € / Jahr	425 € / Jahr

Bezüglich der Amortisationszeiten sei ein Grenzwert von sechs Jahren vorgegeben.

$$\text{Amortisationsdauer}_A = \frac{100.000\ €}{9.000\ € + 8.750\ €} = 5{,}63 \text{ Jahre}$$

$$\text{Amortisationsdauer}_B = \frac{90.000\ €}{8.100\ € + 425\ €} = 10{,}56 \text{ Jahre}$$

Absolut und relativ vorteilhaft ist Alternative A, da nur sie eine Amotisationszeit unter dem vorgegebenen Grenzwert aufweist.

2.1.2 Dynamische Verfahren

Anders als bei den statischen Verfahren werden bei den dynamischen Verfahren (auch finanzmathematische Verfahren) die Ein- und Auszahlungen über die gesamte voraussichtlichen Nutzungsdauer hinweg erfaßt und ein Vergleich von zu unterschiedlichen Zeitpunkten anfallenden Ein- und Auszahlungen durch Auf- bzw. Abzinsung möglich gemacht:

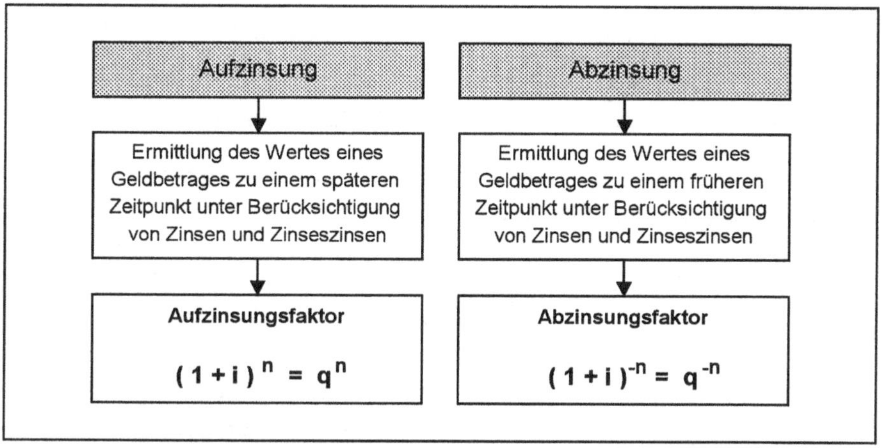

***Abbildung 2-3** Aufzinsung vs. Abzinsung*

Die im folgenden vorgestellten Verfahren müssen bei Anwendung auf ein und dasselbe Beispiel nicht notwendigerweise zum selben Ergebnis führen.

Kapitalwertmethode

Bei der Kapitalwertmethode (auch Diskontierungs- oder Barwertmethode) werden alle mit der Investitions zusammenhängenden Ein- und Auszahlungen auf den Zeitpunkt unmittelbar vor der Investition abgezinst (Barwerte). Den Kapitalwert ermittelt man aus der Summe der Barwerte aller Einzahlungen abzüglich der Summe der Barwerte aller Auszahlungen.

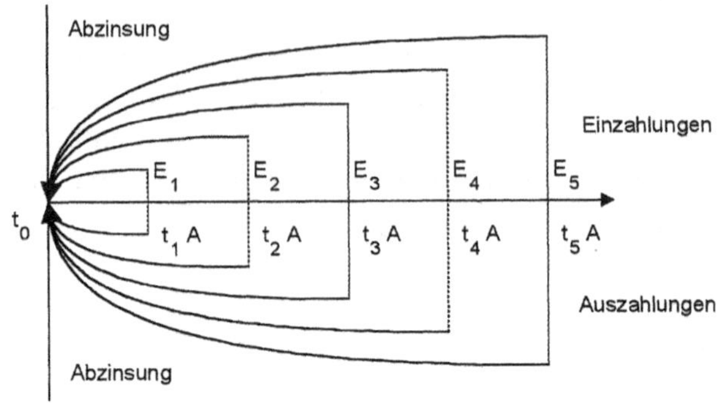

***Abbildung 2-4** Berücksichtigung der Zahlungszeitpunkte bei der Kapitalwertmethode*

Der zur Abzinsung verwendete Zinsfuß entspricht der geforderten Mindestverzinsung (Kalkulationszinsfuß).

$$K = \sum_{t=0}^{n} (E_t - A_t)(1+i)^{-t}$$

K =	Kapitalwert	n =	Nutzungsdauer des Objektes
i =	Kalkulationszinsfuß	E_t =	Einzahlungen am Ende der Periode t
t =	Periode	A_t =	Auszahlungen am Ende der Periode t

***Abbildung 2-5** Ermittlung des Kapitalwertes*

Die Kapitalwertmethode kann zu folgenden Ergebnissen führen:

Kapitalwert > 0	die Verzinsung liegt über dem Kalkulationszinsfuß → die Investition lohnt sich
Kapitalwert = 0	die Verzinsung entspricht dem Kalkulationszinsfuß → die angestrebte Mindestverzinsung wird erreicht
Kapitalwert < 0	die Verzinsung liegt unter dem Kalkulationszinsfuß → von der Investition ist abzuraten

Nach der Kapitalwertmethode ist eine Investitionsalternative dann

- **absolut vorteilhaft**, wenn der Kapitalwert größer als Null ist bzw.

- **relativ vorteilhaft**, wenn sie den höchsten Kapitalwert aller Alternativen aufweist.

Beispiel: Kapitalwertmethode

Alternative A (Angaben in €)					
Zeitpunkt	t_0	t_1	t_2	t_3	t_4
Einzahlungen	–	20.000	16.000	16.000	16.000
Auszahlungen	36.000	12.000	8.000	4.000	2.000
Nettoeinzahlungen	– 36.000	8.000	8.000	12.000	14.000
Kalkultationszinsfuß 5 %					

Alternative B					
Zeitpunkt	t_0	t_1	t_2	t_3	t_4
Einzahlungen	–	24.000	20.000	20.000	20.000
Auszahlungen	40.000	16.000	12.000	8.000	6.000
Nettoeinzahlungen	– 40.000	8.000	8.000	14.000	16.000
Kalkultationszinsfuß 5 %					

Kapitalwert$_A$ $$K_B = \frac{-36.000}{1{,}05^0} + \frac{8.000}{1{,}05^1} + \frac{8.000}{1{,}05^2} + \frac{12.000}{1{,}05^3} + \frac{14.000}{1{,}05^4} = 759$$

Kapitalwert$_B$ $$K_B = \frac{-40.000}{1{,}05^0} + \frac{8.000}{1{,}05^1} + \frac{8.000}{1{,}05^2} + \frac{14.000}{1{,}05^3} + \frac{16.000}{1{,}05^4} = 132$$

Variante A weist den höheren Kapitalwert auf und wäre der Variante B vorzuziehen.

In der Praxis gestaltet sich die Ermittlung des Kapitalwertes jedoch – trotz des einfachen Rechenverfahrens – recht schwierig, da die zur Berechnung notwendigen Zahlungsreihen nicht problemlos aufgestellt werden können und die Bestimmung zukünftiger Zahlungsströme auf Vermutungen basiert. Ferner ist auch der Kalkulationszinsfuß nicht exakt bestimmbar, sondern kann nur geschätzt werden.

Annuitätenmethode

Die Annuitätenmethode stellt eine Sonderform der Kapitalwertmethode dar. Bei diesem Verfahren wird zunächst der Kapitalwert ermittelt, der dann in äquivalente, aquidistante und uniforme jährliche Zahlungen (Annuitäten) umgerechnet wird. Die Annuität kann als der Betrag betrachtet werden, den der Investor im Falle der Realisierung einer Alternative pro Periode entnehmen kann. Die Annuität a wird ermittelt, indem man den Kapitalwert mit dem sogenannten **Wiedergewinnungsfaktor** multipliziert.

$$a = K\frac{i}{1-(1+i)^{-n}} = K\frac{i(1+i)^n}{(1+i)^n-1}$$

***Abbildung 2-6** Ermittlung der Annuität a*

Nach der Annuitätenmethode gilt eine Investitionsalternative dann als

- **absolut vorteilhaft**, wenn ihre Annuität größer als Null ist bzw.
- **relativ vorteilhaft**, wenn die Alternative die höchste Annuität aufweist.

Beispiel: Annuitätenmethode

Gegebene Werte:	Alternative A	Alternative B
Anzahl Perioden	n = 4	n = 4
Kalkulationszinsfuß	i = 5 %	i = 5 %
Kapitalwert	K = 759	K = 132

Annuität$_a$ $a_a = 759 \frac{0{,}05\,(1 + 0{,}05)^4}{(1 + 0{,}05)^4 - 1} = 214$

Annuität$_b$ $a_b = 132 \frac{0{,}05\,(1 + 0{,}05)^4}{(1 + 0{,}05)^4 - 1} = 37$

Die Alternative A weist die höhere Annuität auf und wäre deshalb der Alternative B vorzuziehen.

Für die Anwendung der Annuitätenmethode gelten dieselben Kritikpunkte wie bei der Kapitalwertmethode. Bei der Beurteilung der absoluten Vorteilhaftigkeit sowie bei gleicher Nutzungsdauer der Investitionsobjekte auch bei der Beurteilung der relativen Vorteilhaftigkeit führt die Annuitätenmethode zum selben Ergebnis wie die Kapitalwertmethode. In diesem Fällen kann folglich auf die Ermittlung der Annuität verzichtet werden. Bei unterschiedlichen Nutzungsdauern kann es zu Fehlinterpretationen der Ergebnisse kommen (insbesondere dann, wenn das Objekt mit der kürzeren Nutzungsdauer die die höhere Annuität aufweist). Einen Vorteil gegenüber der Kapitalwertmethode stellt die leichtere Interpretierbarkeit der periodenbezogenen Annuität im Gegensatz zum auf die gesamte Nutzungsdauer bezogenen Kapitalwert dar.

Methode des internen Zinsfußes

Anhand der Methode des internen Zinsfußes wird der Zinssatz ermittelt, bei dem sich ein Kapitalwert von Null ergibt. Der interne Zinsfuß bezeichnet die Verzinsung des in der Investitionsalternative gebundenen Kapitals zu verschiedenen Zeitpunkten.

$$\sum_{t=0}^{n}(E_t - A_t)(1+r)^{-t} = 0$$

E_t =	Einzahlungen am Ende der Periode t	r =	interner Zinsfuß
A_t =	Auszahlungen am Ende der Periode t	n =	Nutzungsdauer des Objektes
t =	Periode		

***Abbildung 2-7** Ermittlung des internen Zinsfußes*

Nach der Methode des internen Zinsfußes gilt eine Investitionsalterantive dann als

- **absolut vorteilhaft**, wenn der ermittelte interne Zinsfuß über der geforderten Mindestverzinsung (dem Kalkulationszinssatz) liegt bzw.
- **relativ vorteilhaft**, wenn die Alternative den höchsten internen Zinsfuß aller Alternativen aufweist.

Ein interner Zinsfuß kann nur mit Hilfe eines Kalkulationszinsfußes beurteilt werden. Der Kalkulationszinsfuß stellt die vom Investor als gerade noch akzeptabel betrachtete Mindestverzinsung dar.

Die Ermittlung des internen Zinsfußes, d.h. die Isolierung aus obiger Formel, gestaltet sich bei mehr als zwei Perioden als äußerst schwierig und kann nur durch Näherungsverfahren (Inter-/ Extrapolation) erfolgen.

Ein Nachteil dieses Verfahrens ist, daß es bei Zahlungsreihen mit mehrmaligem Vorzeichenwechsel kein bzw. mehrere Ergebnisse geben kann. Wird die Anschaffungsauszahlung nicht in die Berechnung einbezogen, so ergibt sich ein unendlich großer interner Zinsfuß. Ebenfalls problematisch ist die Aufstellung der zur Berechnung notwendigen Zahlungsreihen und die Zuordnung der Zahlungsströme zu einzelnen Investitionen. Im Vergleich zur Kapitalwertmethode sind die Ergebnisse der Methode des internen Zinsfußes leichter intepretierbar.

2.2 Verfahren zur Prognose von Handlungskonzepten

Vom Zeitpunkt der Entscheidung aus betrachtet, liegen die Konsequenzen der Entscheidung und der damit verbundenen Handlungen stets in der Zukunft. Um die Konsequenzen ermitteln und abschätzen zu können, bedarf es eines Prognoseverfahrens. Für den Menschen ist es praktisch unmöglich, vorherzusehen, was in der Zukunft geschehen wird. Für die Investitionsplanung bedeutet dies, daß nicht die Investitionsrechnung das eigentliche Problem ist, sondern die Beschaffung des zur Rechnung notwendigen Datenmaterials.

Die nachfolgende Abbildung enthält eine Auswahl der wichtigsten Prognoseverfahren, die in den folgenden Abschnitten kurz erläutert werden sollen.

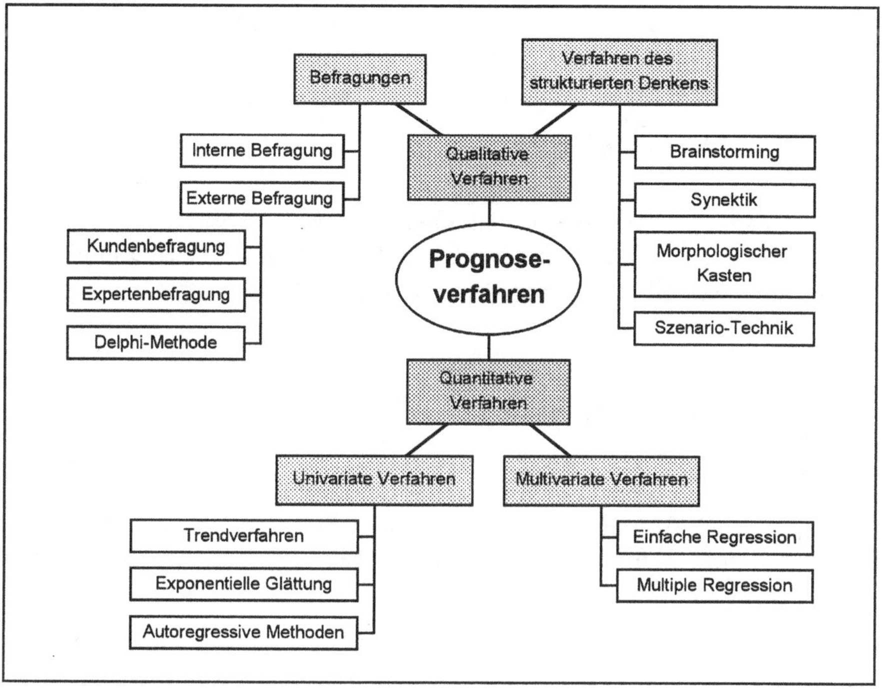

Abbildung 2-8 *Prognoseverfahren*

2.2.1 Qualitative Verfahren

Qualitative Verfahren basieren auf der subjektiven Einschätzung von Personen. Sie orientieren sich nicht an Vergangenheitswerten und bedürfen keiner mathematischen Verfahren. Qualitative Verfahren können in Befragungstechniken und Verfahren des strukturierten Nachdenkens unterschieden werden.

Befragungen

Befragungen dienen dazu, Ideen und Vorschläge von Experten zu einem speziellen Problem einzuholen bzw. deren Erfahrungsschatz auszunutzen oder die voraussichtlichen zukünftigen Verhaltensweisen, Einstellungen und Motive von Personen zu ergründen. Nach der Stellung der befragten Personen zum Unternehmen unterscheidet man zwischen internen und externen Befragungen.

(1) Interne Befragungen

Bei internen Befragungen werden Personen aus dem eigenen Unternehmen, beispielsweise die Geschäftsleitung, die Produktionsabteilung oder Verkaufsmitarbeiter, befragt. Solche Befragungen liefern relativ schnell Informationen und verursachen vergleichsweise geringe Kosten.

(2) Externe Befragungen

Bei externen Befragungen werden Personen außerhalb des eigenen Unternehmens befragt. Diese Art der Befragung ist im Vergleich zur internen Befragung teuer und verursacht einen höheren Zeitaufwand. Nach dem befragten Personenkreis unterscheidet man die Kundenbefragung und die Expertenbefragung.

- **Kundenbefragung**: Im Rahmen von Kundenbefragungen versucht ein Unternehmen, Aufschluß über zukünftige Verhaltensweisen, Einstellungen und Motive der Zielgruppen zu erlangen. Kundenbefragungen werden entweder vom Unternehmen selbst oder von einem beauftragten Marktforschungsinstitut durchgeführt.
- **Expertenbefragung**: Expertenbefragungen finden in solchen Situationen Anwendung, in denen nur wenig und/oder vorwiegend qualitatives Datenmaterial zur Verfügung steht. Expertenbefragungen finden häufig in Form der Delphi-Methode statt. Auch Expertenbefragungen können vom Unternehmen selbst oder von einem beauftragten Institut durchgeführt werden.
- **Delphi-Methode**: Die Delphi-Methode stellt eine Form der Expertenbefragung dar. Hierbei werden die Experten in mehreren Runden zu einem komplexen Problem individuell und unabhängig befragt. Die Ergebnisse jeder Runde werden allen Beteiligten vorgelegt. Nun werden die Experten werden erneut nach ihren Meinungen und Ansichten befragt. Durch die Konfrontation mit anderen Ansichten und Einschätzungen sind die Experten angehalten, ihren eigenen

Standpunkt kritisch zu überprüfen. Dieser Prozeß wird solange wiederholt, bis eine akzeptable Lösung gefunden wurde.

Verfahren des strukturierten Denkens

Die Verfahren des strukturierten Denkens versuchen, eigene Erfahrungen der Teilnehmer in den Problemlösungsprozeß einzubeziehen und Kreativität und Intuition zu fördern. Zu diesen Verfahren, die häufig der Vorbereitung von Befragungen dienen, zählen das Brainstorming, die Synektik, der morphologische Kasten und die Szenariotechnik.

(1) Brainstorming

Brainstorming ist eine Kreativitätstechnik, die der Produktion und Sammlung von Ideen, unabhängig von deren Realisierbarkeit, dient. Das zu lösende Problem muß klar definiert und allen Teilnehmern vor Beginn einer Sitzung bekannt sein. Um die freie Äußerung von Ideen und Vorschlägen nicht zu behindern, ist jegliche Kritik während der Sitzungen verboten.

(2) Synektik

Die Synektik zählt zu den Kreativitätstechniken. Dabei versucht man, über eine schrittweise Verfremdung des Problems zu dessen Lösung vorzudringen. Ziel ist, den eigentlichen Problemkreis gedanklich zu verlassen und unvoreingenommen in zunächst vielleicht auch ungeeignet erscheinenden Bereichen nach einer Problemlösung zu suchen.

(3) Morphologischer Kasten

Der morphologische Kasten stellt eine systematische Technik der Ideenfindung dar. Anhand dieser Kreativitätstechnik wird die strukturelle Zusammensetzung eines Problems untersucht. Hierbei wird das Problem in Teilprobleme zerlegt, für die jeweils Lösungen gesucht werden. Die einzelnen Lösungen werden in einem sog. morphologischen Kasten festgehalten. Die optimale Lösung des Problems ergibt sich aus Kombinationen der Teillösungen, wobei i.d.R. viele dieser Lösungen aus praktischen Gründen verworfen werden müssen.

(4) Szenariotechnik

Die Szenariotechnik soll helfen, mögliche Entwicklungen relevanter Einflußgrößen anhand mehrerer Kombinationen dieser Größen (Szenarios) aufzuzeigen. Beispielsweise könnte für ein spezifisches Projekt ein „Best-Case-", ein „Worst-Case-" und ein Durchschnittsszenario aufgestellt werden, anhand derer die gesamte Bandbreite möglicher späterer Entwicklungen abgeschätzt werden kann. Unterstützt werden kann die Szenariotechnik durch die Delphi-Methode.

2.2.2 Quantitative Verfahren

Anders als die qualitativen Verfahren bauen quantitative Prognoseverfahren auf Zeitreihen von Vergangenheitswerten auf. In Abhängigkeit von der Anzahl der herangezogenen Zeitreihen können univariate und multivariate Verfahren unterschieden werden.

Univariate Verfahren

Als univariate Verfahren bezeichnet man Prognoseverfahren, die versuchen, eine auch in der Zukunft geltende Gesetzmäßigkeit aus **einer** Zeitreihe der Vergangenheit abzuleiten. Sachliche Einflußgrößen werden hierbei nicht berücksichtigt, die vorauszusagende Größe wird als unabhängig betrachtet.

(1) Trendextrapolation

Das Trendverfahren geht davon aus, daß sich ein in der Vergangenheit gezeigter Trend auch in Zukunft so fortsetzen wird. Für die in der Vergangenheit beobachtete Entwicklung versucht man eine einfache mathematische Funktion zu finden, die der Zeitreihe möglichst genau entspricht und anhand derer Zukunftswerte errechnet werden können.

(2) Exponentielle Glättung

Die Methode der exponentiellen Glättung ist eine Weiterentwicklung der Trendextrapolation. Hierbei werden Werte der unmittelbaren Vergangenheit stärker berücksichtigt als weiter zurückliegende Werte. Individuelle Anpassungen an eine bestimmte Situation sind aufgrund des starren Schemas jedoch nicht möglich.

(3) Autoregressive Methoden

Autoregressive Methoden schließlich erlauben es – anders als bei der exponentiellen Glättung –, die Gewichtungsfaktoren individuell anzupassen.

Multivariate Verfahren

Multivariate Verfahren sind dadurch gekennzeichnet, daß sie die vorherzusagende Größe als Abhängige einer oder mehrerer Einflußgrößen betrachten. Bei diesen Verfahren werden folglich stets mindestens zwei Zeitreihen zugrunde gelegt.

(1) Einfache Regression

Bei der einfachen Regression geht man davon aus, daß die zu prognostizierende Größe von einer einzigen Einflußgröße abhängt. Man greift dabei auf die Zeitreihe der vorherzusagenden Größe und auf die Zeitreihe der (einzigen) Einflußgröße zurück und versucht, eine mathematische Funktion zu finden, die den Zusammenhang der beiden Größen möglichst genau widerspiegelt. Voraussetzung dieses Verfahrens ist, daß man die zukünftigen Werte der Einflußgröße prognostizieren kann.

(2) Multiple Regression

Bei der multiple Regression nimmt man eine Abhängigkeit der zu prognostizierenden Größe von mehreren Einflußvariablen an und versucht, diese Abhängigkeit mit Hilfe mehrerer (linearer) Funktionen zu beschreiben.

2.2.3 Spezielle Berechnungsverfahren

Nachfolgend sollen spezielle Berechnungsverfahren zur Beurteilung von Investitionsalternativen unter Unsicherheit – das Korrekturverfahren, die Sensivitätsanalyse und die Risikoanalyse – näher erläutert werden.

Korrekturverfahren

Mit Hilfe des Korrekturverfahrens (vgl. Kruschwitz 1995, 270ff, Blohm/Lüder 1991, 232ff, Perridon/Steiner 1993, 98ff) versucht man, die unsicheren Erwartungen in der Investitionsrechnung zu berücksichtigen. Dabei werden sogenannte **„Risikoabschläge“** bzw. **„Risikozuschläge“** vorgenommen, d.h., die in die Rechnung einfließenden Eingangsgrößen verändert. Zu den üblicherweise veränderten Größen gehören der kalkulatorischer Zinssatz, die Nutzungs- bzw. Lebensdauer, Rückflüsse/Gewinne und die verursachten Kosten. Nach dem Prinzip der kaufmännischen Vorsicht nimmt man dabei einen leicht erhöhten kalkulatorischen Zinssatz, eine verkürzte Nutzungsdauer, leicht verminderte Einnahmen und leicht erhöhte laufende Kosten an.

(1) Veränderung des kalkulatorischen Zinssatzes

Die Höhe des kalkulatorischen Zinssatzes hängt von der dem Investitionsprojekt zugeschriebenen Unsicherheit ab. Mit steigender Unsicherheit nimmt auch der kalkulatorische Zinssatz zu. Für den Kapitalwert einer Investition bedeutet das, daß mit steigender Unsicherheit (und folglich steigendem kalkulatorischen Zinssatz) der Kapitalwert abnimmt (unter der Annahme sonst gleichbleibender Bedingungen). In der Praxis werden dazu häufig Risikokategorien gebildet, denen unterschiedliche Kalkulationszinssätze zugeordnet werden.

		Produktionsverfahren	
		neu	bekannt
Markt	neu	25 %	20 %
	alt	15 %	10 %

Tabelle 2-2 *Kalkulationszinssätze nach Risikokategorien (vgl. Blohm/Lüder 1991, 232)*

(2) Verkürzung der Nutzungsdauer

Auch die Länge der Nutzungs- bzw. Lebensdauer eines Investitionsobjektes richtet sich nach der mit dem Projekt verbundenen Unsicherheit. Je größer die Unsicherheit, umso kürzer wird die Nutzungsdauer angesetzt. Positive Rückflüsse in den einzelnen Perioden vorausgesetzt, bedeutet dies, daß der Kapitalwert umso niedriger ist, je unsicherer die Erwartungen sind.

(3) Pessimistischere Schätzung von Einnahmen und Kosten

Ebenso wie Kalkulationszinssatz und Länge der Nutzungsdauer hängen Rückflüsse und Kosten von der mit einem Investitionsprojekt verbundenen Unsicherheit ab. Dabei gilt: je größer die Unsicherheit, umso niedriger sind die Rückflüsse bzw. umso höher sind die Kosten anzusetzen. Der Kapitalwert nimmt folglich bei steigender Unsicherheit ab.

Nachdem mit den ursprünglichen Werten bereits eine Investitionsrechnung durchgeführt wurde, wird nun erneut mit diesen „korrigierten" Werten gerechnet. Eine Investitionsalternative wird nur dann realisiert, wenn sie auch in dieser zweiten Rechnung befriedigende Werte aufweist.

Beispiel: Korrekturverfahren

Gegeben sei eine Investitionsalternative A mit folgenden Zahlungsreihen und einem Kalkulationszinsfuß von 7 %.

Investitionsalternative A (Angaben in €)					
Zeitpunkt	t_0	t_1	t_2	t_3	t_4
Einzahlungen	–	20.000	16.000	16.000	16.000
Auszahlungen	36.000	12.000	8.000	4.000	2.000
Nettoeinzahlungen	– 36.000	8.000	8.000	12.000	14.000
Kalkultationszinsfuß 5 %					

$$\text{Kapitalwert}_a \quad K_a = \frac{-36.000}{1{,}05^0} + \frac{8.000}{1{,}05^1} + \frac{8.000}{1{,}05^2} + \frac{12.000}{1{,}05^3} + \frac{14.000}{1{,}05^4} = 759$$

Es ergibt sich ein Kapitalwert von 759.

Nachfolgende Übersicht enthält die aus den korrigierten Werten resultierenden Zahlungsreihen. Aus Sicherheitsgründen wird zudem ein erhöhter Kalkulationszinsfuß von 8 % angenommen.

Investitionsalternative A (Angaben in €)					
Zeitpunkt	t_0	t_1	t_2	t_3	t_4
Einzahlungen	–	19.000	15.200	15.200	15.200
Auszahlungen	36.000	12.600	8.400	4.200	2.100
Nettoeinzahlungen	– 36.000	6.400	6.800	11.000	13.100
Kalkultationszinsfuß 8 %					

$$\text{Kapitalwert}_a \quad K_a = \frac{-36.000}{1{,}08^0} + \frac{6.400}{1{,}08^1} + \frac{6.800}{1{,}08^2} + \frac{11.000}{1{,}08^3} + \frac{13.100}{1{,}08^4} = -5883$$

Bei der Rechnung mit den korrigierten Werten ergibt sich nun ein Kapitalwert von – 5883. Aus der ehemals attraktiven Investitionsalternative ist dadurch eine unattraktive Alternative geworden. Anhand dieses Beispiels wird deutlich, daß durch genügend hohe Risikozuschläge bzw. Risikoabschläge viele Investitionsalternativen als unattraktiv dargestellt werden können.

Als **Nachteil** des Korrekturverfahrens ist zu nennen, daß lediglich das schlechteste aller möglichen zukünftigen Umweltszenarien berücksichtigt wird. Mögliche positive Entwicklungen sowie deren Eintrittswahrscheinlichkeiten werden nicht berücksichtigt. Darüber hinaus wird dem Investor vorab eine Risikoscheu unterstellt.

Die der Rechnung zugrundeliegenden Daten werden im Unternehmen an verschiedenen Stellen (z.B. Absatz, Einkauf, Produktion usw.) erhoben. Nimmt jeder der Datenlieferanten Risikozuschläge und Risikoabschläge nach eigenem Ermessen vor, ist für den Entscheidungsträger ein rational begründbares Handeln nicht mehr möglich.

Trotz der Kritik ist das Verfahren in der Praxis recht beliebt und mag z.T. auch – vorsichtige und bedachte Handhabung vorausgesetzt – z.B. zur Identifikation besonders risikoreicher Investitionsalternativen geeignet erscheinen.

Sensivitätsanalyse

Die Sensivitätsanalyse (auch Sensibilitätsanalyse, vgl. auch Kruschwitz 1995, 272f, Perridon/Steiner 1993, 100ff, Blohm/Lüder 1991, 234ff) stellt eine Ergänzung der Investitionsrechnung dar. Sie dient der Beantwortung der Fragen,

- inwieweit eine Größe (Input, z.B. Absatzmenge, Preis, Nutzungsdauer) vom ursprünglichen Wertansatz abweichen darf, ohne daß dabei das Ergebnis (Output, z.B. Kapitalwert) einen bestimmten Wert unter- oder überschreitet bzw.
- wie sich das Ergebnis bei einer vorgegebenen Abweichung einer oder mehrerer Eingangsgrößen vom ursprünglichen Wertansatz ändert.

(1) Verfahren zur Ermittlung der kritischen Werte

Nach dem Kapitalwertverfahren gilt eine Investitionsalternative dann als vorteilhaft, wenn der sich ergebende Kapitalwert nicht negativ ist. Beim Verfahren der kritischen Werte werden diejenigen Werte der unsicheren Eingangsgrößen gesucht, bei denen sich ein Kapitalwert $C_0 = 0$ ergibt. Das heißt, es wird ermittelt, wie weit die unsicheren Eingangsgrößen von den ursprünglichen Werten abweichen müssen, um einen Kapitalwert von null zu erhalten.

Wird dabei nur je eine unsichere Eingangsgröße untersucht und werden alle anderen Eingangsgrößen konstant gehalten, ergibt sich im allgemeinen für jede Eingangsgröße ein **kritischer Punkt**. Werden n ($n > 1$) Eingangsgrößen gleichzeitig verändert, ergibt sich für jedes Bündel von Eingangsgrößen eine (n-1)-dimensionale **kritische Punktmenge**.

Zunächst werden die Eingangsgrößen ausgewählt, die man als unsicher einschätzt. Dies können beispielsweise die Absatzmenge, die Produktpreise, die Materialpreise, die mit der Investition verbundenen Ausgaben, die Nutzungs- bzw. Lebensdauer oder der kalkulatorische Zinssatz sein.

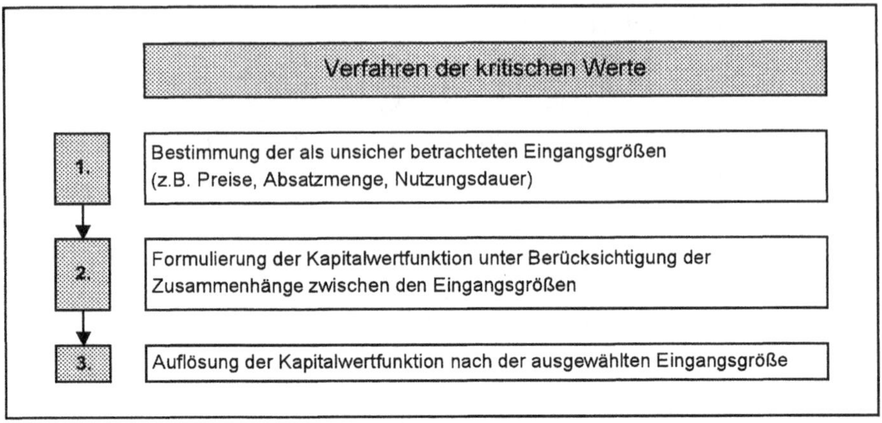

***Abbildung 2-9** Schrittfolge beim Verfahren der kritischen Werte*

Im folgenden Schritt wird die Kapitalwertfunktion formuliert. Dabei sind alle Abhängigkeiten zwischen den Eingangsgrößen zu berücksichtigen.

$$C_0 = \sum_{t=1}^{T} [X_t(v_t - k_t^v) - K_t^f + A_t] \cdot q^{-t} - \sum_{t=1}^{T} I_t \cdot q^{-t}$$

C_0 =	Kapitalwert zum Zeitpunkt t = 0	K_t^f =	fixe Kosten einschließlich Abschreibungen zum Zeitpunkt t (= fixe Kosten in Periode t)
X_t =	Absatzmenge zum Zeitpunkt t (= Absatzmenge der Periode t)		
v_t =	Produktpreis zum Zeitpunkt t (= Produktpreis in Periode t)	A_t =	Abschreibungen zum Zeitpunkt t (= Abschreibungen in Periode t)
k_t^v =	variable Stückkosten zum Zeitpunkt t (= variable Stückkosten in Periode t)	I_t =	Investitionsausgaben zum Zeitpunkt t (Investitionsausgaben in Periode t+1)
		T =	Lebensdauer

***Abbildung 2-10** Formulierung der Kapitalwertfunktion (vgl. Blohm/Lüder 1991, 235)*

Anschließend wird die Funktion nach der zu variierenden Eingangsgröße aufgelöst – üblicherweise die im konkreten Fall als am unsichersten betrachtete Größe, im folgenden Beispiel nach der kritischen Absatzmenge X (wobei gilt: $X_1 = X_2 ... = X_n$).

Die mögliche Absatzmenge gilt in der Investitionsrechnung als besonders unsichere Größe. Da die zukünftige Absatzmenge nicht nur die Investitionsentscheidung, sondern auch alle anderen betrieblichen Bereiche beeinflußt, ist diesbezüglich eine vorsichtige Schätzung angebracht.

$$C_0 = \sum_{t=1}^{T} [X_t(v_t - k_t^v) - K_t^f + A_t] \cdot q^{-t} - \sum_{t=1}^{T} I_t \cdot q^{-t}$$

$$X = \frac{\sum_{t=1}^{T} [(K_t^f + A_t) + I_t] \cdot q^{-t}}{\sum_{t=1}^{T} (v_t - k_t^v) \cdot q^{-t}}$$

C_0 = Kapitalwert zum Zeitpunkt t = 0

X_t = Absatzmenge zum Zeitpunkt t (= Absatzmenge der Periode t)

v_t = Produktpreis zum Zeitpunkt t (= Produktpreis in Periode t)

k^v_t = variable Stückkosten zum Zeitpunkt t (= variable Stückkosten in Periode t)

K^f_t = fixe Kosten einschließlich Abschreibungen zum Zeitpunkt t (= fixe Kosten in Periode t)

A_t = Abschreibungen zum Zeitpunkt t (= Abschreibungen in Periode t)

I_t = Investitionsausgaben zum Zeitpunkt t (Investitionsausgaben in Periode t+1)

T = Lebensdauer

Abbildung 2-11 *Ermittlung der kritischen Absatzmenge X (vgl. Blohm/Lüder 1991, 236)*

Da der Kapitalwert mit der Absatzmenge steigt (positive Korrelation), ist die kritische Absatzmenge dann erreicht, wenn sich ein Kapitalwert von null ergibt. Sinkt die Absatzmenge unter diesen kritischen Wert, wird der Kapitalwert negativ. Die kritische Absatzmenge bildet somit die Untergrenze, bei deren Unterschreitung die Verzinsung der Investition unter dem Kalkulationszinsfuß liegt. Darüber hinaus läßt sie – durch Vergleichen mit der angenommenen zukünftigen Absatzmenge – Aussagen über die Sicherheit eines Investitionsvorhabens zu. Ist die Differenz zwischen prognostizierter und kritischer Absatzmenge groß genug, kann mit großer Wahrscheinlichkeit von einer recht sicheren Investition (d.h. einem positiven Kapitalwert) ausgegangen werden.

Bei negativen Korrelationen (z.B. laufende Kosten) nimmt der Kapitalwert mit steigender Eingangsgröße ab. Der kritische Wert stellt dann den Wert dar, den die Eingangsgröße maximal annehmen darf, ohne daß die Investition unvorteilhaft wird.

(2) Verfahren zur Ermittlung der Outputänderung bei vorgegebener Inputänderung

Bei diesem Verfahren wird untersucht, wie stark sich der Kapitalwert einer Investition bei einer vorgegebenen Veränderung der als unsicher betrachteten Eingangsgrößen ändert. Dabei werden die Eingangsgrößen um einen bestimmten Prozentsatz (meist 10 %) vom Ausgangswert bzw. um die Differenz zu einem oberen oder unteren Grenzwert – „best case"- und „worst case"-Szenario – verändert.

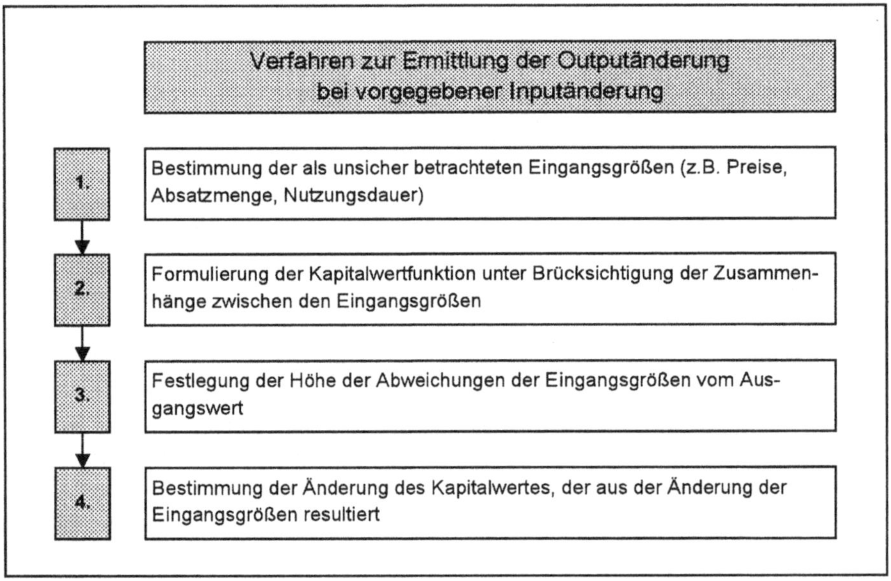

Abbildung 2-12 *Schrittfolge beim Verfahren zur Ermittlung der Outputänderung bei vorgegebener Inputänderung*

Das Problem einer Entscheidung unter Unsicherheit kann mit der Sensivitätsanalyse nicht gelöst werden. Da sie sich nur auf eine Eingangsgröße bezieht, die anderen Größen aber als konstant bzw. sicher angenommen werden, sind die Aussagen nur begrenzt in die Praxis übertragbar. Als weiterer Nachteil wäre die periodische Betrachtungsweise zu nennen. Die Sensivitätsanalyse ermöglicht jedoch Einblicke in die Struktur eines Investitionsvorhabens und zeigt, wie sich die Unsicherheit auf dieses Projekt auswirken kann. Sie läßt Aussagen über die kritischen Bereiche der Eingangsgrößen und ermöglicht die Ermittlung des Kapitalwerts für „worst case“- und „best case“-Szenarien.

Risikoanalyse

Die Risikoanalyse (vgl. Götze/Bloech 1995, 333ff, Perridon/Steiner 1993, 115ff, Blohm/Lüder 1991, 240ff) zielt darauf ab, eine Wahrscheinlichkeitsverteilung für die Zielgröße einer Investitionsrechnung (z.B. Kapitalwert, Endvermögen usw.) aus unsicheren und sicheren Daten über die maßgebenden Eingangsgrößen unter Berücksichtigung der Zusammenhänge zwischen den einzelnen Größen zu ermitteln.

Mit Hilfe der Risikoanalyse kann beispielsweise aus Absatz- und Beschaffungsschätzungen für ein bestimmtes Investitionsvorhaben die Wahrscheinlichkeitsverteilung des Kapitalwertes dieses Vorhabens ermittelt werden. Nicht ablesbar ist allerdings die Vorteilhaftigkeit des Vorhabens. Die Risikoanalyse sollte daher nur als Ergänzung anderer entscheidungsunterstützender Verfahren eingesetzt werden.

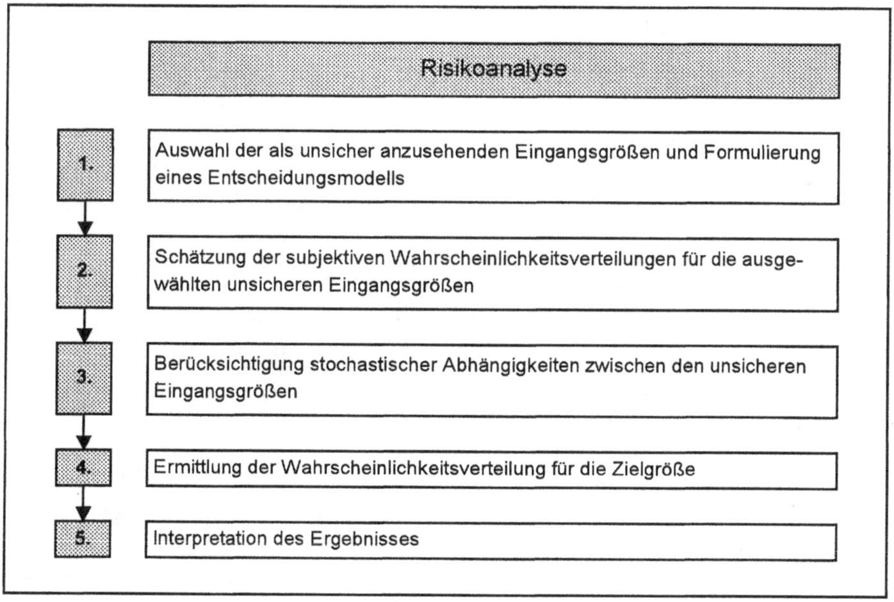

***Abbildung 2-13** Schrittfolge bei einer Risikoanalyse*

Zunächst werden die als unsicher anzusehenden Eingangsgrößen ausgewählt und davon ausgehend ein Entscheidungsmodell formuliert. Dabei muß die Zielgröße in Abhängigkeit von den Eingangsgrößen dargestellt werden, die deterministisch oder stochastisch sein können. Zudem wird in diesem Schritt das zugrundeliegende Investitionsrechnungsverfahren ausgewählt. Bei Auswahl eines statischen Investitionsrechnungsverfahrens vereinfacht sich die Rechnung aufgrund der wegfallenden zeitlichen Komponente. Es können aber auch dynamische Verfahren wie beispielsweise die Kapitalwertmethode gewählt werden.

Anschließend werden die subjektiven Wahrscheinlichkeitsverteilungen für die ausgewählten unsicheren Eingangsgrößen geschätzt. Bei den Wahrscheinlichkeitsverteilungen für die Eingangsgrößen können entweder diskrete oder kontinuierliche Verteilungen (z.B. Normalverteilung, Betaverteilung usw.) vorliegen. Die Ermittlung der Wahrscheinlichkeitsverteilungen gestaltet sich in vielen Fällen problematisch, da aufgrund der Einmaligkeit vieler Investitionen keine Vergleichswerte vorliegen und die Verteilungen subjektiv eingeschätzt werden müssen.

Stochastische Abhängigkeiten zwischen den unsicheren Eingangsgrößen können einerseits durch einen Korrelationskoeffizienten für die Entwicklungen von jeweils zwei Eingangsgrößen berücksichtigt werden. Es können auch mehrere Wahrscheinlichkeiten für Eingangsgrößen definiert werden, deren Werteverlauf von einer anderen Eingangsgröße abhängt. Bestimmte Wertebereiche der unabhängigen Eingangsgröße weisen dann eine sogenannte bedingte Verteilung der abhängigen Eingangsgröße auf (vgl. auch Blohm/Lüder 1991, 250).

Im folgenden Schritt wird die Wahrscheinlichkeitsverteilung für die Zielgröße ermittelt. Dies ist auf analytischem und auf simulativem Wege möglich.

- **Analytischer Ansatz**: Beim analytischen Ansatz wird die Verteilung der Zielfunktion rechnerisch aus den Verteilungen der Eingangsgrößen ermittelt. Solchen analytischen Berechnungen sind jedoch aufgrund der Gültigkeit restriktiver Annahmen enge Grenzen gesetzt. Die Verteilung des Zielfunktionswertes muß vorgegeben sein. Zudem kann nur eine kleine Zahl von Eingangsgrößen einbezogen werden.

- **Simulativer Ansatz**: Hierbei werden mehrere Simulationsdurchläufe durchgeführt. Mit Hilfe eines Zufallsgenerators werden Zufallszahlen bestimmt, aus deren Verteilung auf die betrachtete Wahrscheinlichkeitsverteilung geschlossen wird. Bei jedem Durchlauf wird für jede Eingangsgröße durch Zufallsauswahl ein Wert bestimmt. Aus den Ergebnissen aller Eingangsgrößen wird der Ergebniswert berechnet. Um die Wahrscheinlichkeitsverteilung und weitere Kennziffern (z.B. Varianz, Erwartungswert, Konfidenzintervalle) errechnen zu können, ist eine genügend große Anzahl von Simulationsdurchläufen erforderlich.

Im letzten Schritt wird das Ergebnis interpretiert.

Als **Vorteil** der simulativen Analyse gegenüber der analytischen Variante ist die Möglichkeit, komplexe betriebswirtschaftliche Zusammenhänge realitätsnah abbilden zu und dadurch Risiken und Chancen von Investitionsobjekten besser einschätzen zu können, zu nennen. Häufigster **Kritikpunkt** bei der Risikoanalyse ist der vergleichsweise hohe Aufwand für die Erstellung des Programms und die Simulationsdurchläufe. Allerdings sind die Computer mittlerweile so leistungsfähig, daß dieser Punkt mehr und mehr an Gewicht verliert. Ferner muß berücksichtigt werden, daß alle wichtigen Eingangsgrößen nicht unbedingt zufallsabhängig sind, da mitunter einige der Größen vom Entscheidungsträger kontrolliert und gesteuert werden können. Zudem kann nicht immer von der unterstellten stochastischen Abhängigkeit ausgegangen werden.

Kriterien zur Beurteilung von Investitionsalternativen	Gewichtung	Bewertung					Wert
		1	2	3	4	5	
Anschaffungskosten							
Laufende Kosten							
Rationalisierungpotential							
Interne Verzinsung (Rentabilität)							
Investitionsalternativen							
Vorteilhaftigkeit							

Amortisationsdauer							
Eigenfinanzierungsanteil							
Fremdfinanzierungsanteil							
Zinsniveau							
Stand der Technik							
Zuverlässigkeit							
Servicebedarf							
Qualität des Kundendienstes							
Ersatzteilverfügbarkeit							
Verfügbarkeit von Referenzen							
Herstellerimage							
Wiederverkaufswert							
Summe (Vergleichsbasis)							
Bewertungskriterien von 1 (ungünstig) bis 5 (günstig)							

Tabelle 2-3 *Checkliste zur Analyse der Vorteilhaftigkeit von Investitionsalternativen*

3 Controlling

Controlling umfaßt – im Gegensatz zum traditionellen Rechnungswesen – insbesondere die **Planung und Steuerung** des Geschehens in Organisationen sowie die diesbezügliche Berichterstattung.

Was soll im Betrieb geplant und analysiert werden?

Eine Vielzahl betrieblicher Aufgaben kann durch den Einsatz systematischer Planung und Analyse verbessert werden. Die folgende Übersicht zeigt wichtige Ansatzpunkte:

- strategische Planung
- Umfeldanalyse (Konjunktur, neue Technologien)
- Marktforschung/Kundenbefragungen
- Konkurrenzanalyse, Wettbewerbskräfte
- Sortiments- bzw. Produktionsprogrammplanung
- Marketing- und Vertriebsplanung
- Absatzmengenplanung
- Kalkulation der Verkaufspreise/Preisuntergrenzen
- Produktionsablaufplanung

- systematische Lieferantenauswahl
- Bestellmengenplanung
- Überwachung der Lagerkennzahlen
- Produktivitätsüberwachung in der Produktion
- Qualitätsüberwachung in der Produktion/Audits
- Reklamationsauswertung
- Transportplanung (Tourenplanung)
- Terminplanung (Einkauf/Verkauf)
- Investitionsplanung/Investitionsrechenverfahren
- Personalbestandsplanung/Personalbeschaffung
- Kassenhaltungsplanung
- Finanz- und Finanzierungsplanung
- regelmäßige Debitorenüberwachung
- Gewinn- und Rentabilitätsplanung
- Erfolgsrechnung nach Kundengruppen
- Erfolgsrechnung nach Produktgruppen
- Budgetplanung/Budgetkontrolle nach Abteilungen
- Bilanzanalyse/Kapitalflußrechnung
- Gemeinkostenwertanalyse/Zero-Base-Planung

(Ossola-Haring 1996, 331f)

Das Controlling umfaßt ein breites Aufgabenspektrum hinsichtlich Planung, Berichterstattung, Bewertung und Beratung, Steuerangelegenheiten, Berichterstattung an staatliche Stellen, Sicherung des Vermögens sowie volkswirtschaftliche Untersuchungen.

In Bezug auf die einzelnen Aufgabenfelder ergeben sich folgende Teilgebiete:

Aufgabenfelder	Teilgebiete
Planung	• Aufstellung, Koordinierung und Unterstützung der Gewinn-, Kosten-, Produktions-, Absatz-, Beschaffungs- und Investitionspläne • Integration der einzelnen Teilpläne.
Berichterstattung und Interpretation	• Durchführung von Soll-Ist-Vergleichen und Sonderauswertungen • Aufrechterhaltung des Informationssystems
Bewertung und Beratung	• Vorgabe von Absatzzielen und Kostenbudgets für die einzelnen Abteilungen

	• innerbetriebliche Unternehmensberatung durch Schwachstellenanalysen und Vorgabe von Maßnahmen
Steuerangelegenheiten	• Aufstellung und Anwendung von Richtlinien und Verfahren für die Bearbeitung von Steuerangelegenheiten
Berichterstattung an staatliche Stellen	• Kontrolle und Koordinierung der Erstellung von Berichten an staatliche Stellen
Sicherung des Vermögens	• innerbetriebliche Kontrolle und Revision • Überwachung des Versicherungsschutzes
Volkswirtschaftliche Untersuchungen	• Durchführung gesamtwirtschaftlicher und sozialer Analysen • Untersuchung staatlicher Handlungen und deren Auswirkungen auf das Unternehmen

***Tabelle 3-1** Aufgabenfelder und Teilbereiche des Controllings*

Im Rahmen der Aufgabe von Controlling als unterstützende Funktion des Managements ist es notwendig, gewisse Managementprinzipien in dessen Konzeption einzubeziehen. In der Praxis bedeutet dies vielfach die Notwendigkeit der Abkehr von einem – häufig vorfindbaren – Verständnis von Controlling als lediglicher Instanz der Kontrolle.

Controllerberichte sollten zumindest **folgende Bausteine** enthalten:

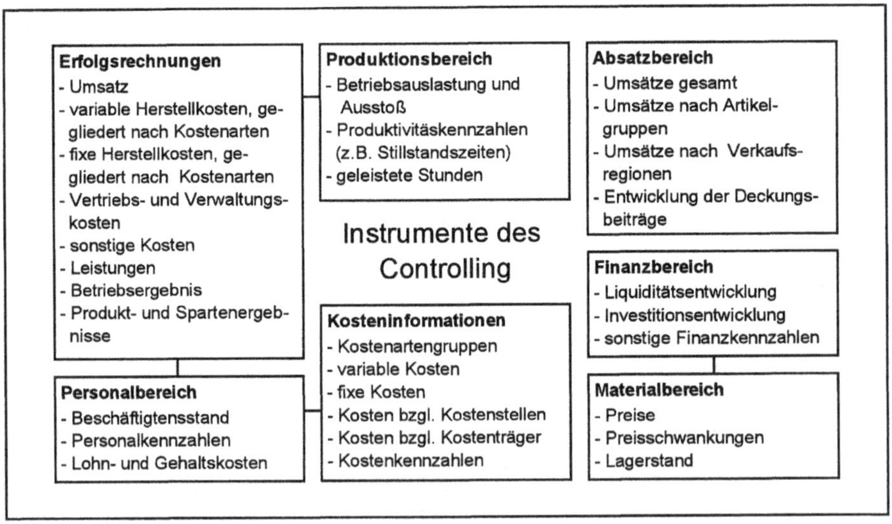

***Abbildung 3-1** Instrumente des Controlling*

	Umsatzerlöse
+/–	Bestandsveränderungen an fertigen und unfertigen Erzeugnissen
+	Andere aktivierte Eigenleistungen
+	Sonstige betriebliche Erträge
–	Materialaufwand (Roh-, Hilfs- und Betriebsstoffe, bezogene Waren/Leistungen)
	Rohertrag (Gesamterlöse – Materialaufwand)
–	Personalaufwand (Löhne, Gehälter, soziale Aufwendungen)
–	Abschreibungen (auf Anlage- und Umlaufvermögen)
–	Sonstige betriebliche Aufwendungen
	Betriebsergebnis (Gesamterlöse – Gesamtaufwand)
+	Erträge aus Beteiligungen und Wertpapieren
+	Sonstige Zinserträge
–	Abschreibungen auf Finanzanlagen und Wertpapiere
–	Zinsaufwendungen
	Finanzergebnis (Erträge – Aufwendungen aus Finanzanlagen)
	Ergebnis der gewöhnlichen Geschäftstätigkeit/EGT (Betriebsergebnis + Finanzergebnis)
+	Außerordentliche Erträge
–	Außerordentliche Aufwendungen
	Außerordentliches Ergebnis
–	Steuern vom Einkommen und vom Ertrag
	Jahresüberschuß/-fehlbetrag (EGT + Ao.-Ergebnis – Steuern)

***Tabelle 3-2** Erfolgsrechnung – GuV für Planung und Bilanzierung*

Letztlich ist auch wichtig, daß sich Controlling als Unterstützung des Managements nicht nur auf den operativen Bereich beschränkt. Darüber hinaus muß die strategische Komponente des Managements berücksichtigt werden. Dies bedeutet, daß der zunächst dominanten Komponente der koordinierenden Abstimmung kooperativer Prozesse ein weiterer Faktor hinzutritt. Dieser besteht – mit zunehmender Tendenz – in der Funktion des Controllings als visionäre Aufgabe. Operationalisiert wird dies vor allem im Rahmen der strategischen Unternehmensplanung. Dabei steht insbesondere auch die Aufgabe des **Risk Management** im Vordergrund (vgl. vorzeitiges Erkennen von Risiken und entsprechende Absicherung).

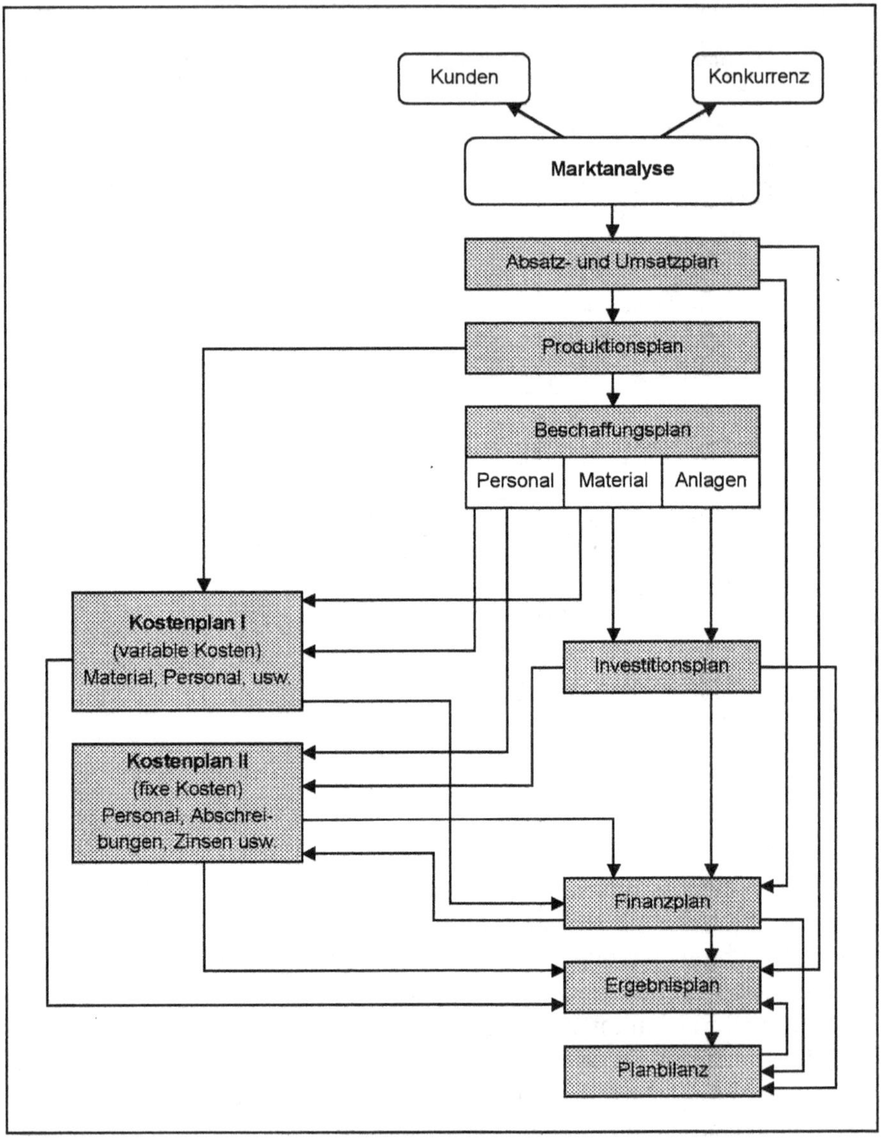

Abbildung 3-2 *Elemente der Unternehmensplanung*

Ziele	Maßnahmen
Auftragsplanung	
Gleichmäßige Auslastung	
Einhaltung der Liefertermine	
Vermeidung von Engpässen	
Arbeitsabläufe	
Geplante Arbeitsvorbereitung	
Wenig Stehzeiten	
Wenig Pannen	
Wenig Improvisationen	
Zeitbedarf von Auftragseingang bis zur Lieferung bekannt	
Qualitätskontrolle	
Vermeiden von Reklamationen	
Schaffung und Erhaltung von Kundentreue	
Betriebliches Vorschlagswesen	
Kreativität der Mitarbeiter nutzen	

Innovationspotential nutzen	
Schaffung und Erhaltung eines guten Betriebsklimas	
Organisation der Verwaltung	
Klare Kompetenzverteilung	
Klare Verantwortlichkeiten	
Angemessene technische Ausstattung	
Keine Informationsmängel	
Nachkalkulation	
Ermittlung des Gewinns/Verlustes eines Auftrags	
Zukünftige Vermeidung von Fehleinschätzungen	
Produkt- oder spartenbezogene Kosten- und Erlösermittlung	
Beurteilung von Schwachstellen	
Erfolgskontrolle	

Tabelle 3-3 *Checkliste zur Rentabilitätssteuerung (vgl. Kailer/Heimerl/Kalcher-Formeyer 1990, 46f)*

3.1 Finanzplan

Eine Form der Kapitalbedarfsrechnung ist der Finanzplan. Finanzpläne können im weitesten Sinne als Gegenüberstellungen zukünftiger Einzahlungen und Auszahlungen für einen bestimmten Planungszeitraum bezeichnet werden.

Finanzpläne enthalten vier Grundelemente:

- den Zahlungsmittel-Anfangsbestand,
- die Summe aller Einnahmen,
- die Summe aller Ausgaben und
- den Zahlungsmittel-Endbestand.

Neben den Plan-Werten werden auch die Ist-Werte erfaßt, so daß eine Analyse etwaiger Abweichungen möglich ist. Die Erstellung von Finanzplänen hat unter den Grundsätzen der Vollständigkeit, Termingenauigkeit und Betragsgenauigkeit zu erfolgen.

Finanzpläne werden im allgemeinen nach folgendem Grundschema aufgebaut:

Monat	Januar		Februar		März		April		
	Plan	Ist	Plan	Ist	Plan	Ist	Plan	Ist	
Zahlungsmittel-Anfangsbestand									
Einnahmen									
Umsatzerlöse									
Ao.-Erlöse									
...									
Summe der Einnahmen									
Ausgaben									
Material									
Personal									
...									
Summe der Ausgaben									
Zahlungsmittel-Endbestand									

Tabelle 3-4 *Grundschema eines Finanzplanes*

Beispiel: Umsatzentwicklung – Abweichungsanalyse

Nachfolgende Tabelle gibt die Umsatzplanung und die tatsächliche Entwicklung des Umsatzes eines Geschäftsjahres wieder. Aus den Soll- und den Ist-Werten wurden

- die Abweichungen der Ist-Werte des laufendes Geschäftsjahres zu den Planungswerten (Soll-Ist-Vergleich) sowie
- die Abweichungen der Ist-Werte des laufenden Geschäftsjahres zu den Ist-Werten des Vorjahres (Ist-Ist-Vergleich) ermittelt.

Umsatz	Soll	Ist	Abweichung	Soll/Ist-Abw. %	Vorjahr	Ist/Ist-Abw. %
Januar	12.000	10.517	1.483	-12,4	11.050	-4,8
Februar	12.000	11.025	975	-8,1	11.921	-7,5
März	15.000	13.909	1.091	-7,3	12.833	8,4
April	15.000	14.220	780	-5,2	14.003	1,5
Mai	17.000	17.031	-31	0,2	16.908	0,7
Juni	17.000	17.935	-935	5,5	17.202	4,3
Juli	17.000	18.011	-1.011	5,9	17.530	2,7
August	17.000	17.203	-203	1,2	17.005	1,2
September	15.000	15.937	-937	6,2	16.432	-3,0
Oktober	15.000	14.550	450	-3,0	15.799	-7,9
November	12.000	12.022	-22	0,2	13.010	-7,6
Dezember	12.000	11.973	27	-0,2	11.838	1,1
Gesamt	176.000	174.333	1.667	-0,9	175.531	-0,7

Die Abweichungsanalyse zeigt einerseits eine relativ genaue Planung für das laufende Geschäftsjahr, ebenso wie eine konstante Geschäftsentwicklung gegenüber dem Vorjahr. Tiefergreifende Steuerungsmaßnahmen sind aufgrund dieser Werte nicht notwendig.

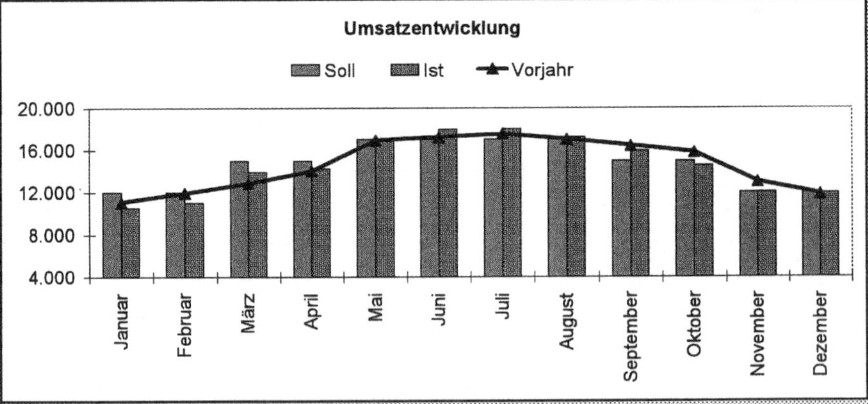

Derartige ebenso wie weiterführende Analysen können für alle betrieblichen Kennzahlen durchgeführt werden bzw. bis zu einem kompletten Management-Informationssystem (MIS) ausgebaut werden.

3.2 Liquiditätsplan

Aufgabe eines Liquiditätsplans – einer Sonderform des kurzfristigen Finanzplans – ist die Ermittlung der tagesgenauen Liquidität und deren Steuerung durch eine Gegenüberstellung der erwarteten Einzahlungen und Auszahlungen im betrachteten Zeitraum. Dadurch sollen drohende Liquiditätsdefizite rechtzeitig erkannt und die notwendigen liquiden Mittel beschafft werden können. Da es sich hierbei um eine fortlaufende Planung handelt, werden Defizite bzw. Überschüsse auf den folgenden Tag übertragen und können dort durch entsprechende Maßnahmen ausgeglichen werden. Anders als bei längerfristigen Finanzplänen werden die vier Grundelemente in Liquiditätsplänen zusätzlich aufgegliedert, so daß im Falle von Defiziten oder Überschüssen zielgerichtet eingriffen werden kann.

Tage	**1.**	**2.**	**3.**	**4.**	**...**	
Zahlungsmittel-Anfangsbestand		(EB 1.)	(EB 2.)	(EB 3.)		
Kassenbestand						
Bankguthaben						
Schecks und Wechsel						
noch nicht ausgenutzte Kreditlinie						
Einnahmen						
sicher						
relativ sicher						
unsicher						
Summe der Einnahmen						
Ausgaben						
aufschiebbare Ausgaben						
nicht aufschiebbare Ausgaben						
Summe der Ausgaben						
Zahlungsmittel-Endbestand (EB)						

***Tabelle 3-5** Liquiditätsplan*

3.3 Cash-flow-Prognoserechnung

Ein weiteres Instrument der langfristigen Finanzplanung stellt die Cash-flow-Prognoserechnung dar. Diese Rechnung gliedert sich in zwei Bestandteile – die Entstehungsrechnung und die Verwendungsrechnung. Die Entstehungsrechnung zeigt, woraus sich der erwartete Cash-flow zusammensetzt, aus der Verwendungsrechnung ist ersichtlich, wofür das zur Verfügung stehende Kapital eingesetzt werden soll.

Die Höhe des Cash-flow hängt stark vom Beschäftigungsgrad im Unternehmen ab. Dieser ist jedoch nicht ohne weiteres vorhersagbar. Aus diesem Grund führt man die Cash-flow-Prognoserechnung für mehrere mögliche Beschäftigungsgrade durch. Insbesondere bei kapitalintensiven, risikoreichen Projekten bzw. bei Projekten, die sich selbst aus dem Cash-flow finanzieren müssen (vgl. Projektfinanzierung) ist die Ermittlung des voraussichtlichen Cash-flow unter verschiedenen Beschäftigungsszenarien von besonderer Bedeutung.

	Beschäftigungsgrad				
	70 %	80 %	90 %	100 %	110 %
Entstehungsrechnung					
Zuflüsse					
Umsatzerlöse	280	320	360	400	440
Beteiligungen	100	100	100	100	100
Σ Zuflüsse	380	420	460	500	540
Abflüsse					
Variable Betriebsausgaben	140	160	180	200	220
Fixe Betriebsausgaben	100	100	100	100	100
Σ Abflüsse	240	260	280	300	320
Cash flow	140	160	180	200	220
Vewendungsrechnung					
Verfügbarer Cash-flow	140	160	180	200	220
Verwendung für					
Investition	80	90	100	100	100
Schuldentilgung	30	35	40	50	60
Gewinnausschüttung	30	35	40	50	60

Tabelle 3-6 *Cash-flow-Prognoserechnung für verschiedene Beschäftigungsgrade (vgl. Thielmann/Rollwage 1997, 57)*

Bausteine eines Management-Informationssystems (MIS)

Der Einsatz eines MIS zur regelmäßigen Aufbereitung wichtiger Informationen kann wesentlich dazu beitragen, die Qualität von Entscheidungen im Unternehmen zu erhöhen. Folgende Informationen sind üblicherweise – betriebsindividuell – in einem MIS enthalten:

- Auftragsbestand
- Auftragseingang
- Umsatz
- Cash-flow
- Gewinn
- Personalkosten
- Materialkosten
- sonstige Kosten
- Zinsen
- Mitarbeiterzahl
- offene Forderungen
- offene Forderungen über Zahlungsziel
- durchschnittliche Debitorenfrist
- offene Verbindlichkeiten
- durchschnittliche Kreditorenfrist
- Anzahl Kundenreklamationen
- beanspruchte Darlehen
- freie Kreditlinien
- Eigenkapital
- Eigenkapitalquote
- Verschuldungsgrad
- getätigte Investitionen
- Krankenstand
- Auslastung der Fertigungsanlagen
- Umsätze nach Produktgruppen
- Deckungsbeiträge nach Produktgruppen
- Stand der Bankkonten
- Lagerbestand
- Lagerreichweite

3.4 Advanced Controlling – Balanced Scorecard

Die **Balanced Scorecard** ist, ausgehend von bisherigen Kennzahlensystemen, ein weiterentwickeltes, verschiedenste Indikatoren aus allen Unternehmenbereichen einbeziehendes Managementsystem, das dadurch eine effizientere Umsetzung von Strategien ermöglicht.

Kennzahlen sind quantitative Daten, die als eine bewußte Verdichtung der komplexen Realität über zahlenmäßig erfaßbare betriebswirtschaftliche Sachverhalte informieren sollen (z.B. ROI, Cash-flow, Gewinn). Mit Hilfe von Kennzahlen lassen sich konkrete Ziele setzen und deren Einhaltung überwachen. Im Falle der Nichterreichung von Zielen können so auch entsprechende Maßnahmen eingeleitet und deren Erfolg evaluiert werden. Im Laufe der Zeit wurde kritisiert, daß rein finanzielle Kennzahlensysteme zu eindimensional sind, zu kurz greifen und damit den gestiegenen Anforderungen der Unternehmenspraxis nicht mehr gänzlich gerecht werden.

Im Konzept der Balanced Scorecard (BSC) werden demgegenüber über die traditionellen finanziellen Kennzahlen hinaus auch eine Kundenperspektive, eine interne Prozeßperspektive und eine Lern- und Entwicklungsperspektive mit einbezogen (Weber/Schäffer 2000, 3ff).

- Die **finanzielle Perspektive** zeigt, ob eine bestimmte Strategie zur Verbesserung der betriebswirtschaftlichen Ergebnisse beiträgt. Den finanziellen Kennzahlen kommt aber nach wie vor eine große Bedeutung zu. Zum einen definieren sie die finanzielle Leistung, die von einer Strategie erwartet wird. Zum anderen drücken sie auch die Ziele aus, die mit Hilfe der anderen Perspektiven der Balanced Scorecard erreicht werden sollen. Deren Kennzahlen sollen entsprechend als Ursache-Wirkungs-Beziehungen mit den finanziellen Zielen verbunden sein.

- Die **Kundenperspektive** reflektiert die strategischen Ziele des Unternehmens in bezug auf die Kunden und Märkte, in denen es tätig ist. Für die identifizierten Kunden und Marktsegmente sollen jeweils spezifische Kennzahlen (z.B. Kundentreue, Lieferzeiten), Zielvorgaben und Maßnahmen entwickelt werden.

- Die **interne Prozeßperspektive** soll diejenigen Prozesse im Unternehmen mittels Kennzahlen abbilden, die notwendig sind, um die finanziellen Ziele und jene der Kundenperspektive zu erreichen. Dabei sollte die komplette Wertschöpfungskette (von der Bestellung des Rohmaterials beim Lieferanten bis zur Bezahlung der Rechnung durch den Kunden) betrachtet werden (z.B. durch Kennzahlen wie Prozeßqualität und Prozeßdurchlaufzeit).
- Die Kennzahlen der **Lern- und Entwicklungsperspektive** beschreiben schließlich die Infrastruktur, die notwendig ist, um die Ziele der anderen Perspektiven zu erreichen: Mitarbeiterqualifikation (z.B. Fachwissen), Leistungsfähigkeit des Informationssystems sowie Motivation der Mitarbeiter.

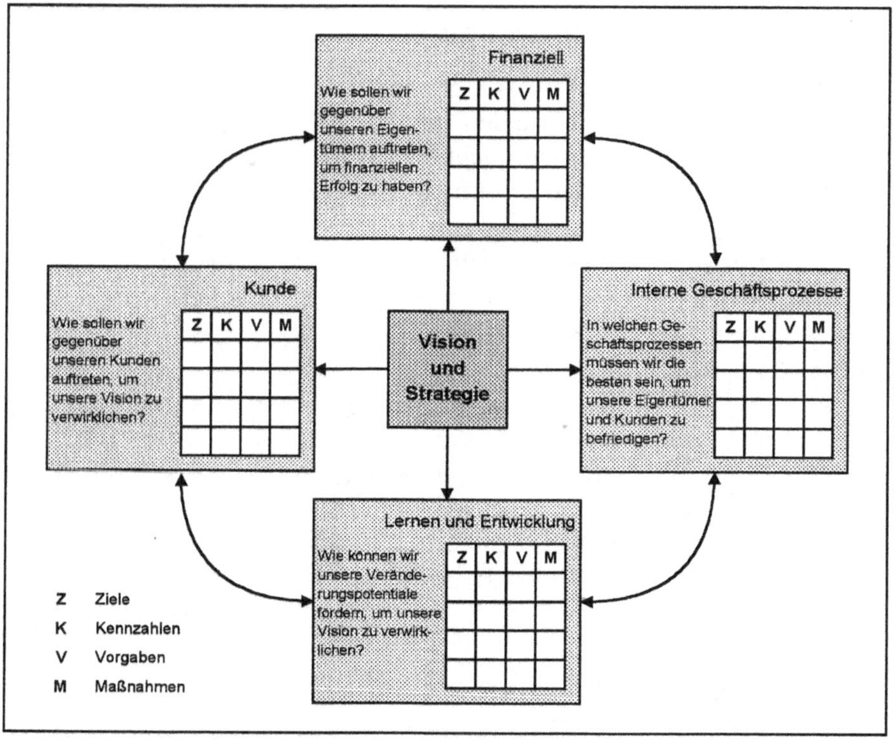

Abbildung 3-3 *Die vier Perspektiven der Balanced Scorecard (vgl. Weber/Schäffer 2000, 4)*

Nicht unproblematisch ist es, geeignete Kennzahlen für die „weichen“ Bereiche der Balanced Scorecard, etwa die Lern- und Entwicklungsperspektive, zu definieren. In diesem Fall wird man letztlich verstärkt auf Indikatoren, die auf bestimmten Kriterien beruhen, zurückgreifen müssen. Der große Vorteil der BSC ist es sicher, daß die Vorgänge im Unternehmen nicht nur eindimensional, sondern umfassender betrachtet werden und dabei gleichzeitig ein gewisses System in die oft festzustellende unübersichtliche Flut von (teilweise zudem nicht sinnvollen) Kennzahlen bringt. Die BSC könnte sich aufgrund dessen damit längerfristig gesehen durchaus als Standard etablieren, der eine leichtere Vergleichbarkeit von Unternehmen, z.B. im Rahmen von internationalen Aktienanalysen, ermöglicht (vgl. Benchmarking).

3.5 Krisen erkennen und vermeiden

Betrachtet man die Einflüsse, die auf ein Unternehmen permanent von außen zukommen, verbunden mit den vielen Möglichkeiten interner Krisenursachen, läßt sich leicht nachvollziehen, daß es sehr schnell zu einer schwerwiegenden Unternehmenskrise kommen kann.

Häufige Ursachen von Unternehmenskrisen

- Rückgang der Nachfrage (z.B. Krise in einem Exportmarkt, Sparmaßnahmen der öffentlichen Hand)
- Konjunkturschwankungen (z.B. Rezession)
- Änderung der Verbrauchergewohnheiten (z.B. stärkeres Gesundheits- oder Umweltbewußtsein)
- Wandel der Produkt- und Fertigungstechnologien (z.B. PC statt Schreibmaschine)
- Gesetzesänderungen (z.B. Verbot bestimmter Produkte)
- Preisänderungen (z.B. Rohstoffe, Transport)
- Liquiditätsengpässe (z.B. zu wenig Eigenkapital, hohe Zinsen, Zahlungsmoral)
- Uneinigkeit im Management und Nachfolgeprobleme
- Verkaufs- oder Übernahmegerüchte

- Management- und Organisationsprobleme (z.B. veraltete Methoden, schlechtes Informationswesen, Chaos, Maßnahmen werden nicht in Angriff genommen)
- schlechte Auslastung, zu hohe Lagerbestände
- unkontrolliertes Wachstum
- Personalprobleme (z.B. Qualifikationsmängel, hohe Fluktuation)
- zu hohe Fixkosten (z.B. zuviel Personal, Kreditbelastung)
- keine erkennbare Strategie bzw. fehlende Politiken
- Forderungsausfälle (Kunde zahlt gar nicht!), hohe Risiken werden schlagend

Um so wichtiger ist es, schon die kleinsten Ursachen einer Krise möglichst frühzeitig zu erkennen und umgehend zu handeln. Eine wichtige Aufgabe des strategischen Managements ist es dementsprechend auch, mögliche Krisen zu antizipieren und durch frühzeitige Weichenstellung zu „umschiffen". Der Vergleich mit einem großen Schiff liegt nahe, das schon zehn Kilometer vorher beginnen muß, auf ein bestimmtes Ziel zuzusteuern, um dann auch wirklich punktgenau zu sein. Erst kurz vorher das Ruder herumzureißen, ist stets zu spät.

Eine Unternehmenskrise oder gar eine Insolvenz tritt normalerweise nicht ganz plötzlich ein. Betriebswirtschaftlich gesehen, lassen sich regelmäßig folgende konkrete Stufen des Krisenverlaufs beobachten (Ossola-Haring 1996, 17f):

- **Strategische Krise**: Die Erfolgspotentiale des Unternehmens verschlechtern sich, zunächst noch ohne sich auf den Gewinn auszuwirken. Gründe können etwa eine Verschlechterung der Kundenorientierung oder der Verlust der technologischen Führerschaft sein.
- **Rentabilitätskrise**: Der Gewinn ist nachhaltig zu gering und sinkt tendenziell. Dennoch treten keine Verluste auf.
- **Ertragskrise**: Erstmals treten Verluste auf. Oft wird eine Krise erst in dieser Phase wirklich erkannt.
- **Liquiditätskrise**: Die Verlustsituation führt zu Liquiditätsengpässen. Die Überziehungsrahmen der Konten sind weitgehend ausge-

schöpft, Verbindlichkeiten können nur mehr mühsam bedient werden.

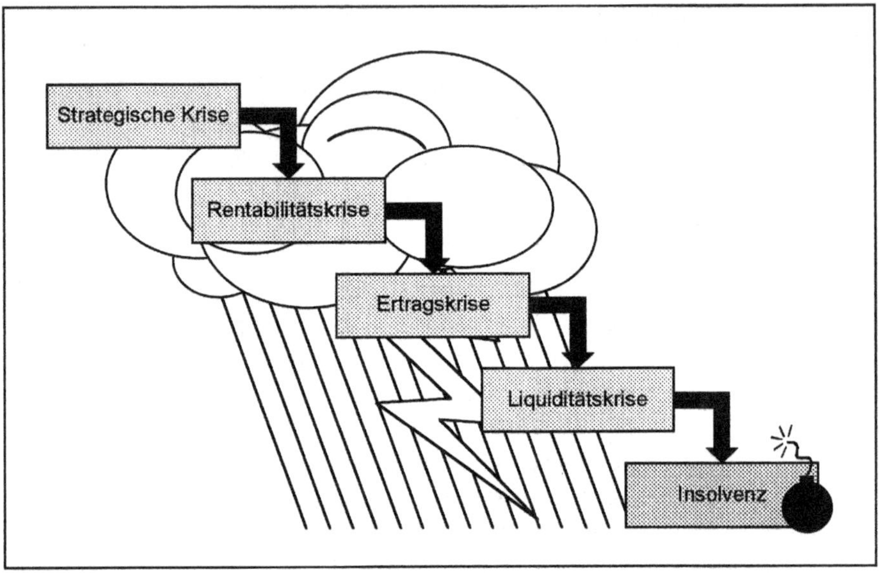

***Abbildung 3-4** Der Weg in die Insolvenz*

In menschlicher Hinsicht ist ein Krisenverlauf (mit positivem Ausgang) üblicherweise von folgenden Verhaltensmustern und Reaktionen begleitet (Heimerl-Wagner 1996, 549f):

1. **Krisensignale nicht sehen**: selektive Wahrnehmung, „Kopf in den Sand stecken", z.B.: „Das haben wir schon immer so gemacht"
2. **Die Krise nicht wahrhaben wollen**: Abwehrstrategien, z.B.: „Ich glaube nur, was ich sehe", Suche nach „Schuldigen"
3. **Hektisches Agieren, Aggression**: „jetzt muß gehandelt werden", Aktionismus geht aber vor Kalkül (Entscheidungskompetenzen werden zentralisiert, Sparprogramme erlassen, „Köpfe rollen")
4. **Depression**: die Kräfte erlahmen, man agiert nicht mehr („alles hat sich gegen uns gerichtet"); bleibt diese Stimmung, ist der Untergang nahe

5. **Einsicht**: eigene Verhaltensweisen werden in Frage gestellt; Loslassen der alten Muster ist die Vorbedingung für das Erkennen neuer Chancen

6. **Zuversicht**: Ist das Ärgste überstanden, setzt sich Aufbruchstimmung, oft verbunden mit neuem „Pioniergeist" durch. Das Klima verbessert sich, Konturen der künftigen Entwicklung zeichnen sich ab.

Um Unternehmenskrisen rechtzeitig zu erkennen, hilft ein betriebliches **Frühwarnsystem**. Dies richtet sich zum einen auf das Unternehmensumfeld, andererseits auf die betrieblichen Vorgänge aus. Die Grundstruktur eines Frühwarnsystems kann man ähnlich wie die Analyse der Chancen und Risiken sowie der Stärken und Schwächen des Unternehmens (siehe oben „Formulierung von Strategien") aufbauen. Zur laufenden Beobachtung der Entwicklungen werden für die Firma relevante Indikatoren definiert.

Externe Frühwarnindikatoren			
Rang	Einflußbereich	Indikator (Einflußfaktor)	„grüner Bereich"
1	Marktentwicklung	Marktanteil Auftragseingang	17-22% 1 Mio. €/Monat
2	Technologie	eigene Patentanmeldungen (Vorjahr) F&E-Investitionen der Branche	2-5 8-10% vom Umsatz
3	Wirtschafts-entwicklung	Verhältnis Euro/USD Arbeitslosigkeit BNP	1 : 1, ± 10% rund 8% 18.000-20.000 €/EW.
4	Soziales	Altersstruktur Einkommen	10% < 10 J., 10% < 10-20 J., 20% > 60 J. 1.200-1.500 € (netto p. M./Haushalt)
5	Staat und Politik	Steuern Gesetzgebung	ø Steuersatz rd. 30% Anzahl der Novellen von Wirtschaftsgesetzen
Interne Frühwarnindikatoren			
Rang	Einflußbereich	Indikator (Einflußfaktor)	„grüner Bereich"
1	Finanzen	Rentabilität Eigenkapital	10-12% > 50%

2	Produktion	Auslastung Ausschußrate	> 90% < 5%
3	Kunden	Werbung Reklamationsrate	rd. 10% vom Umsatz < 10%
4	Personal	Fluktuation Krankenstände	< 10% < 5 %./p.a.

***Tabelle 3-7** Elemente eines Frühwarnsystems*

Das Frühwarnsystem muß – am besten im Rahmen des Controllings – ständig gewartet werden. Es sollte regelmäßig für strategische Entscheidungen, im Zuge der Planungsprozesse und für verschiedene Vergleiche (z.B. Benchmarking) zur Gewinnung von Erkenntnissen herangezogen werden.

Häufige Widerstände gegen Rationalisierungs- und Kostensenkungsprogramme

- Angst um den Arbeitsplatz und vor möglicher Mehrarbeit
- Angst, daß die persönliche Leistungskapazität transparent wird
- Skepsis gegenüber Neuerungen
- Angst vor Veränderungen (Bequemlichkeit)
- Transparentwerden von Fehlern
- Angst vor Kritik
- Angst vor Abbau von Privilegien/Prestige-/Machtverlust
- Zeit- und Arbeitsbelastung durch Kostensenkungsprogramme
- Sicherheitsdenken (Angst vor Verlust von Reserven für die Zukunft)
- Völlige Verständnislosigkeit für die Notwendigkeit von Kostensenkungen
- Unwilligkeit, eigenes Versagen bzw. Unfähigkeit einzugestehen
- Angst, daß der Kostenbewußte bestraft wird (weil er weniger Kosten als andere Kostenstellen senken kann)

(Quelle: Ossola-Haring 1996, 747)

Der erfolgreiche Umgang mit derartigen Widerständen ist selbstredend ein heikles Thema. Motivation, Perspektiven für die Zukunft und letztlich auch ein gewisses Vertrauen in die Glaubwürdigkeit und Fähigkeiten des Managements sind dabei wichtige Aspekte. Eine sensible Aufgabe beim Umgang mit Widerständen gegen Veränderungen ist zweifellos die Einschätzung des tatsächlichen Widerstandspotentials sowie der zu erwarteten unmittelbaren Reaktionen. Ein Instrument zur Ermittlung derartiger Befindlichkeiten ist die Veränderungsbereitschaftsanalyse, die in der Praxis der Unternehmensberatung – vor allem im Rahmen von Change-Management-Projekten – zum Einsatz kommt. Vorauszuschicken ist dabei allerdings die unbedingte Notwendigkeit eines Vorgehens mit entsprechendem „Fingerspitzengefühl", um mit dem Einsatz dieses Instruments nicht noch das berühmte Öl ins Feuer zu gießen.

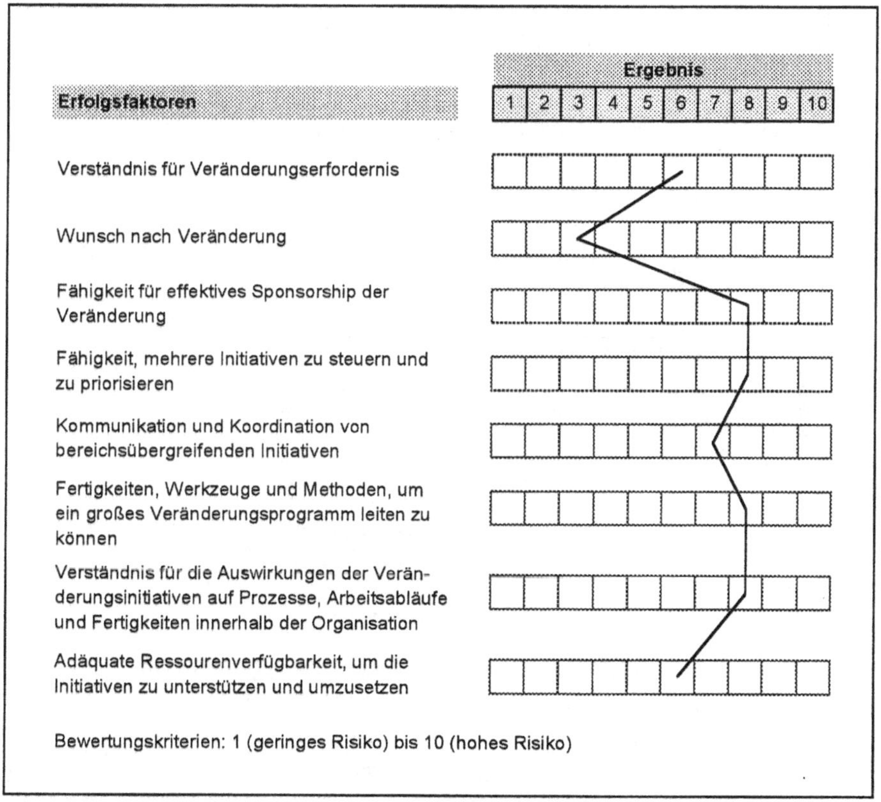

***Abbildung 3-5** Beispiel einer Veränderungsbereitschaftsanalyse (Al-Ani/Gattermeyer 2001, 19)*

3.6 Kennzahlen zur Finanzanalyse (Übersicht)

Kennzahlen des Internationalisierungsgrades	
Internationaler Umsatzanteil	$= \frac{\text{Auslandsumsatz}}{\text{Gesamtumsatz}} \times 100$
Relativer Marktanteil (im Ausland)	$= \frac{\text{Marktanteil im Auslandsmarkt}}{\text{Marktanteil im Inlandsmarkt}} \times 100$
Internationaler Beschaffungsanteil	$= \frac{\text{Wert/Menge der im Ausland beschafften Güter}}{\text{Wert/Menge des Gesamt-Beschaffungsvolumens}} \times 100$
Internationaler Gewinnanteil	$= \frac{\text{Gewinn im Ausland}}{\text{Gesamtgewinn}} \times 100$
Internationaler Investitionsanteil	$= \frac{\text{Investitionsvolumen im Ausland}}{\text{Gesamt-Investitionsvolumen}} \times 100$
Internationaler Beschäftigungsgrad	$= \frac{\text{Beschäftigte im Ausland}}{\text{Gesamt-Beschäftigtenzahl}} \times 100$
Internationaler Wertschöpfungsgrad	$= \frac{\text{Wertschöpfung im Ausland}}{\text{Gesamtwertschöpfung des Unternehmens}} \times 100$
Internationaler Produktionsanteil	$= \frac{\text{mengen-/wertmäßige Produktion im Ausland}}{\text{Gesamt-Produktionsvolumen}} \times 100$

Finanzwirtschaftliche Analyse			
Investitionsanalyse	Analyse der Vermögensstruktur	Vermögenskonstitution	$= \frac{\text{Anlagevermögen}}{\text{Umlaufvermögen}} \times 100$
		Anlageintensität	$= \frac{\text{Anlagevermögen}}{\text{Gesamtvermögen}} \times 100$
		Umlaufintensität	$= \frac{\text{Umlaufvermögen}}{\text{Gesamtvermögen}} \times 100$
	Analyse der Investitionspolitik	Investitionsquote	$= \frac{\text{Nettoinvestition bei Sachanlagen}}{\text{Anfangsbestand der Sachanlagen}} \times 100$
		Investitionsdeckung	$= \frac{\text{Abschreibungen auf Sachanlagen}}{\text{Zugänge an Sachanlagen}} \times 100$
		Abschreibungsquote	$= \frac{\text{Abschreibungen auf Sachanlagen}}{\text{Endbestand an Sachanlagen}} \times 100$

Investitionspolitik	Umsatzbezogene Investitionsanalyse	Anlagennutzung	$= \frac{\text{Umsatz}}{\text{Sachanlagen}} \times 100$
		Vorratshaltung	$= \frac{\text{Vorräte}}{\text{Umsatz}} \times 100$
		Umschlagshäufigkeit des Anlagevermögens	$= \frac{\text{Abschreibungen des Anlagevermögens} + \text{Abgänge}}{\text{Ø Bestand des Anlagevermögens}} \times 100$
		Umschlagshäufigkeit des Umlaufvermögens	$= \frac{\text{Umsatz}}{\text{Ø Bestand des Umlaufvermögens}} \times 100$
		Umschlagshäufigkeit des Gesamtvermögens	$= \frac{\text{Umsatz}}{\text{Gesamtvermögen}} \times 100$
		Laufzeit der Forderungen	$= \frac{\text{Ø Bestand an Warenforderung}}{\text{Umsatz}} \times 100$
Finanzierungsanalyse	Analyse der Finanzierungsstruktur	Eigenkapitalanteil	$= \frac{\text{Eigenkapital}}{\text{Gesamtkapital}} \times 100$
		Fremdkapitalanteil	$= \frac{\text{Fremdkapital}}{\text{Gesamtkapital}} \times 100$
		Verschuldungskoeffizient	$= \frac{\text{Fremdkapital}}{\text{Eigenkapital}} \times 100$
	Analyse der Finanizerungsdauer	Lieferantenkreditdauer	$= \frac{\text{Ø Kreditorenbestand}}{\text{Wareneingang}} \times 360$
		Wechselkreditdauer	$= \frac{\text{Ø Schuldwechselbestand}}{\text{Wareneingang}} \times 360$
		Bankreditdauer	$= \frac{\text{Ø Geschäftskontenbestand}}{\text{Wareneingang}} \times 360$
	Sonstige Analysen	Bilanzkurs	$= \frac{\text{Eigenkapital}}{\text{Gezeichnetes Kapital}} \times 100$
		Kreditspannung	$= \frac{\text{Wechselverbindlichkeiten}}{\text{Warenschulden}} \times 100$

Liquiditätsanalyse	Statische Liquiditätsanalyse	langfristige Liquiditätsanalyse	Deckungsgrad A	$= \frac{\text{Eigenkapital}}{\text{Anlagevermögen}} \times 100$
			Deckungsgrad B	$= \frac{\text{Eigenkapital + langfristiges Fremdkapital}}{\text{Anlagevermögen}} \times 100$
			Deckungsgrad C	$= \frac{\text{Eigenkapital + langfristiges Fremdkapital}}{\text{Anlagevermögen + langfristig gebundenes Umlaufvermögen}} \times 100$
		kurzfristige Liquiditätsanalyse	Liquidität 1. Grades	$= \frac{\text{Zahlungsmittel}}{\text{Kurzfristige Verbindlichkeiten}} \times 100$
			Liquidität 2. Grades	$= \frac{\text{Zahlungsmittel + kurzfristige Forderungen}}{\text{Kurzfristige Verbindlichkeiten}} \times 100$
			Liquidität 3. Grades	$= \frac{\text{Zahlungsmittel + kurzfristige Forderungen + Vorräte}}{\text{Kurzfristige Verbindlichkeiten}} \times 100$
	Dynamische Liquiditätsanalyse			Cash-flow-Analyse Bewegungsbilanz Kapitalflußrechnung

Ertragswirtschaftliche Analyse			
Ergebnisanalyse	Betragsmäßige Ergebnisanalyse	Jahresüberschuß	= Betriebsertrag – Betriebsaufwand + Betriebsfremder Ertrag – Betriebsfremder Aufwand + außerordentlicher Ertrag – außerordentlicher Aufwand – Steuern
		Bilanzgewinn	= Jahresüberschuß + Gewinnvortrag (– Verlustvortrag) + Entnahmen aus den Gewinnrücklagen – Einstellung in die Gewinnrücklagen
		Firmenwert	$= \left(\text{Börsenkurs} - \frac{\text{bilanzielles Eigenkapital}}{\text{Anzahl der Aktien}}\right) \times \text{Anzahl der Aktien}$
		Steuerbilanzgewinn	
	Strukturelle Ergebnisanalyse	Anteil des Betriebsergebnisses	$= \frac{\text{Betriebsergebnis}}{\text{Gesamtergebnis vor Steuern}} \times 100$
		Anteil des Finanzergebnisses	$= \frac{\text{Finanzergebnis}}{\text{Gesamtergebnis vor Steuern}} \times 100$
		Anteil des außerordentlichen Ergebnisses	$= \frac{\text{außerordentliches Ergebnis}}{\text{Gesamtergebnis vor Steuern}} \times 100$

Ergebnisanalyse	Strukturelle Ergebnisanalyse	Personalintensität	$= \frac{\text{Personalaufwand}}{\text{Gesamtaufwand}} \times 100$
		Materialintensität	$= \frac{\text{Materialaufwand}}{\text{Gesamtaufwand}} \times 100$
		Abschreibungsintensität	$= \frac{\text{Abschreibungsaufwand}}{\text{Gesamtaufwand}} \times 100$
		Umsatzdominanz	$= \frac{\text{Umsatz}}{\text{Gesamtertrag}} \times 100$
		Exportquote	$= \frac{\text{Auslandsumsatz}}{\text{Umsatz}} \times 100$
		Spartenanteil	$= \frac{\text{Startenumsatz}}{\text{Umsatz}} \times 100$
Rentabilitätsanalyse	Gewinnorientierte Rentabilitätsanalyse	Gesamtkapitalrentabilität	$= \frac{\text{Gewinn + Fremdkapitalzinsen}}{\text{Gesamtaufwand}} \times 100$
		Umsatzrentabilität	$= \frac{\text{Gewinn}}{\text{Umsatz}} \times 100$
		Umsatzrentabilität	$= \frac{\text{Ordentliches Betriebsergebnis}}{\text{Umsatz}} \times 100$
	Cash-flow orientierte Rentabilitätsanalyse	Eigenkapitalrentabilität	$= \frac{\text{Cash-flow}}{\text{Eigenkapital}} \times 100$
		Gesamtkapitalrentabilität	$= \frac{\text{Cash-flow}}{\text{Gesamtkapital}} \times 100$
		Umsatzrentabilität	$= \frac{\text{Cash-flow}}{\text{Umsatz}} \times 100$
	Return on Investment (ROI)	Return on Investment	$= \frac{\text{Gewinn}}{\text{Investiertes Kapital}} \times 100$
		Return on Investment	$= \frac{\text{Gewinn}}{\text{Umsatz}} \times \frac{\text{Umsatz}}{\text{Investiertes Kapital}} \times 100$
		Return on Investment	= Umsatzrentabilität x Umschlaghäufigkeit des investierten Kapitals

Ein bekanntes **Kennzahlensystem**, in dem die Kennzahl Return on Investment eine Schlüsselgröße darstellt, ist das **DuPont-System**. Hierbei wird ausgehend von der Eigenkapitalrentabilität der Return on Investment in seine Vermögens-, Erlös- und Kostenbestandteile zerlegt (siehe nachfolgende Abbildung).

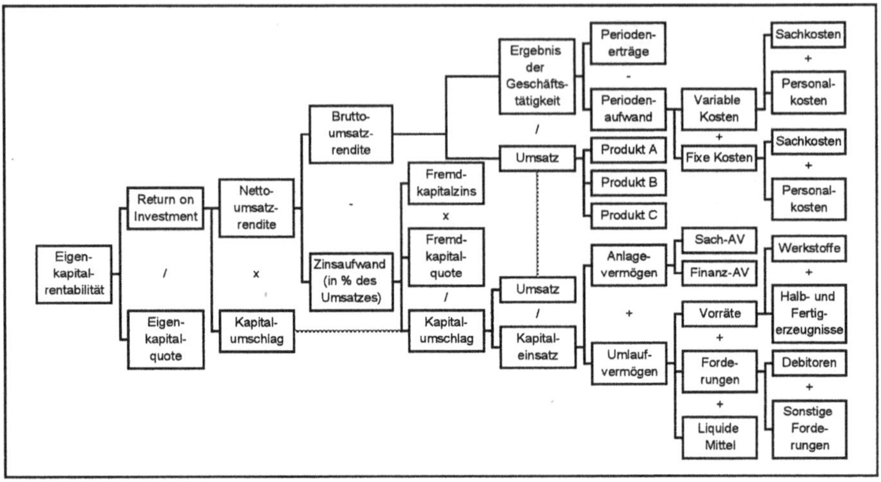

***Abbildung 3-6** DuPont-System (vgl. Förschle/Kropp/Huss 1993, 143)*

Mit Hilfe des DuPont-Systems, das auch als erweiterte Return-on-Investment-Analyse bezeichnet wird, können durch die Aufschlüsselung in Teilkomponenten wichtige Hinweise auf Ansatzpunkte für Eingriffe zur Verbesserung der Rentabilitätssituation gewonnen werden.

4 Absicherung

Grundsätzlich können zur Finanzierung von Geschäften im internationalen Kontext ähnliche Instrumente wie im Inland genutzt werden. Aufgrund unterschiedlicher rechtlicher und steuerrechtlicher Rahmenbedingungen und mitunter schwer erhältlicher Informationen über die Abnehmer ist die Tätigkeit auf einem ausländischen Markt jedoch mit speziellen finanziellen Risiken verbunden. Zur Minimierung dieser Risiken bedarf es besonderer Absicherungsmaßnahmen, wobei Banken und Versicherungsunternehmen behilflich sind. Einige Finanzierungsvarianten stehen speziell im Sinne der Förderung von Exporten zur Verfügung. Besondere Beachtung sollte auch der Vereinbarung möglichst „sicherer" Zahlungsmodalitäten sowie der Absicherung des Fremdwährungsrisikos gewidmet werden.

4.1 Risiken im internationalen Geschäft

Internationale Aktivitäten bergen stets ein höheres Risikopotential als eine auf den inländischen Markt begrenzte Geschäftstätigkeit. Im Ausland gegebene Risiken sind auf dem Heimatmarkt häufig gar nicht oder nur in abgeschwächter Form vorhanden und weisen im Inland meist eine wesentlich geringere Eintrittswahrscheinlichkeit auf. Die Einschätzung potentieller Risiken im Ausland wird häufig durch fehlende Informationen erschwert. **Risiko** bezeichnet die aufgrund von Ungewißheit über zukünftige Entwicklungen bestehende Gefahr ökonomischer Verluste.

Im Auslandsgeschäft kann grundsätzlich zwischen zwei Risikogruppen unterschieden werden:

Abbildung 4-1 *Risiken im internationalen Geschäft*

Rating und Bonität

Zur Bewertung ihrer Leistung und in Folge ihrer Bonität werden Länder und wichtige Unternehmen von Rating-Agenturen in regelmäßigen Abständen evaluiert und die Ergebnisse veröffentlicht. Diese Ratings spielen eine wichtige Rolle als **Entscheidungshilfen** auf den internationalen Finanzmärkten, etwa im Zusammenhang mit Kreditaufnahmen und Investitionen. Die wichtigsten bzw. einflußreichsten Rating-Agenturen sind **Moody's** und **Standard & Poor's** (beide New York).

Beim **Länderrating** fließen wirtschaftliche, politische und soziale Indikatoren ein, die zur Beurteilung des *country risk* herangezogen werden. Diesbezügliche Daten fließen auch in die von der **Economist Intelligence Unit** (EIU) herausgegebenen *Country (Risk) Reports* ein, die regelmäßig für alle Länder der Welt erscheinen und eine gute Informationsbasis für die Bearbeitung von Ländermärkten bieten.

Das **Unternehmensrating** bezieht insbesondere zahlreiche betriebswirtschaftliche Kennzahlen in die Betrachtung ein. Bei der unternehmensseitig durchzuführenden **Bonitätsprüfung** eines Geschäftspartners wird versucht, ein möglichst verläßliches Bild über dessen wirtschaftliche Lage und Zahlungsfähigkeit zu gewinnen. Insbesondere bei ausländischen Firmen ist dies in Ermangelung einer ausreichenden Datenlage häufig schwierig. Professionelle Hilfe bieten dabei Handelsauskunfteien, wie z.B. **Dun & Bradstreet**, gewisse Unterstützung kann üblicherweise auch die Hausbank geben.

Vor dem Abschluß von Verträgen mit ausländischen Geschäftspartnern sollte eine umfassende Risikoanalyse durchgeführt werden. Daran schließen sich Überlegungen an, wie diesen Risiken am besten begegnet werden kann. Grundsätzlich können Risiken anhand folgender Möglichkeiten minimiert werden (vgl. Stepic 1996, 23):

- **Vorbeugung**: Gewinnung von Informationen über Kunden (bezüglich Zahlungsmoral, Zahlungsfähigkeit, Ruf usw.) vor einer vertraglichen Bindung;
- **Selbsttragung**: Einkalkulierung des Risikos bzw. eines Teils des Risikos in den Exportpreis;
- **Überwälzung**: Überwälzung des Risikos auf Kunden durch vertragliche Regelungen bzw. gegen Entgelt auf Banken, Versicherungsgesellschaften, Spediteure oder den Staat;
- **Teilung**: vertragliche Vereinbarung der Risikoteilung zwischen Verkäufer und Käufer;
- **Kompensation**: Abschluß von Termin- oder Gegengeschäften.

Welche Form der Risikoreduzierung gewählt wird, hängt letztendlich vor allem von den dadurch entstehenden Kosten ab.

4.2 Absicherung von Transportrisiken

Bei jedem Transport besteht die Gefahr der Beschädigung oder des Untergangs der Ware. Im internationalen Geschäft ist eine Risikoaufteilung zwischen Verkäufer und Käufer üblich (geregelt durch Incoterms). Je nachdem, ob die Beschädigung oder der Verlust vor oder nach dem Gefahrenübergang eingetreten ist, werden Transportschäden/-verluste vom Verkäufer bzw. Käufer getragen. Bis zum Gefahrenübergang ist der Verkäufer verpflichtet, kostenlos Ersatz zu liefern; ab Gefahrenübergang muß der Käufer den Kaufpreis der Ware zahlen, auch dann, wenn er die Ware beschädigt oder überhaupt nicht erhalten hat. Hat der Verkäufer bzw. Käufer eine Transportversicherung abgeschlossen, übernimmt die Versicherung die Schadensregulierung. Auch wenn für entstandene Schäden Dritte haftbar gemacht werden können, ist aufgrund der Haftungsbeschränkungen ein ausreichender Schadenersatz allerdings oft nicht gewährleistet (vgl. Sachs/Kamphausen 1996, 77). Die Transportversicherung unterteilt sich in See-, Binnen- und Lufttransportversicherung:

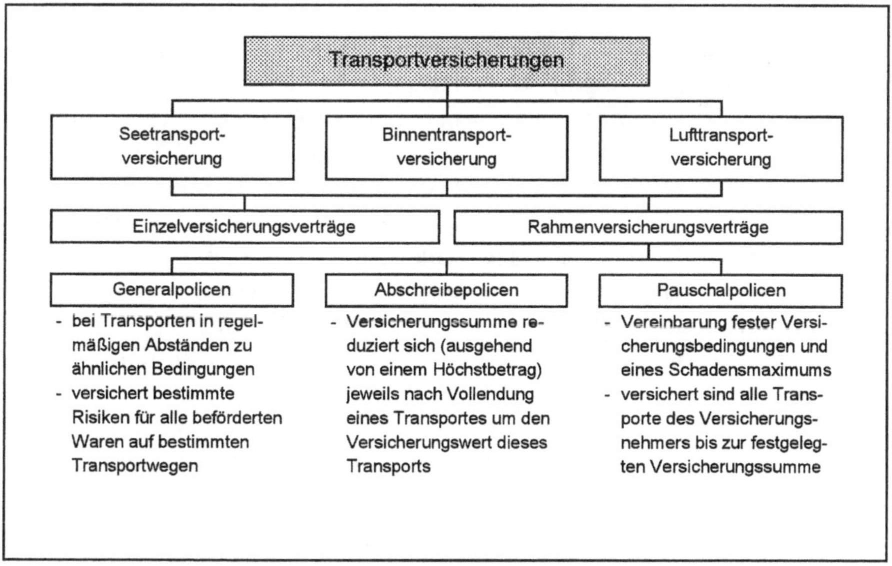

***Abbildung 4-2** Formen von Transportversicherungen*

4.3 Absicherung von Wechselkurs- und Preisrisiken

Da im Auslandsgeschäft Wechselkursschwankungen zum täglichen Unternehmerrisiko gehören, sollte ein Währungsrisiko möglichst ausgeschlossen werden. Über **Devisentermingeschäfte** sind Wechselkursveränderungen begrenzbar. Allerdings ist dies nur für gängige Währungen, für eine begrenzte Laufzeit und ein begrenztes Volumen vollziehbar. Für Geschäfte dieser Art fallen Sicherungskosten an, die beim (wünschenswerten) Nichteintritt des Risikos allerdings umsonst gezahlt wurden. Eine Devisenabsicherung ist dann sinnvoll, wenn das Geschäft abgeschlossen ist bzw. in einem überschaubaren Zeitraum getätigt wird. Ansonsten birgt der spekulative Effekt zusätzliche Risiken).

Zur Absicherung von **Preis- und Kostenrisiken** können ebenfalls verschiedene Methoden genutzt werden. Das wichtigste Instrument in diesem Rahmen ist der **Preisvorbehalt**, der die Möglichkeit gibt, bei Kostenänderungen mit den Kunden Gespräche über eine Preisangleichung zu führen. Die Höhe der Preisänderung muß im Einzelfall ausgehandelt werden.

Die **Preise** vieler auf dem Weltmarkt gehandelter **Rohstoffe** und Lebensmittel unterliegen starken Schwankungen; Festpreise lassen sich auf den Warenbörsen (New York, Chicago, London) vertraglich selten durchsetzen. Ein Importeur, der mit solchen Rohstoffen oder Lebensmitteln handelt bzw. sie weiterverarbeitet, ist somit einem erheblichen Preisrisiko ausgesetzt. Dieses Preisrisiko kann durch den Abschluß von **Warentermingeschäften** reduziert werden. Bei Warentermingeschäften wird eine Warengattung zu einem festen Kurs angekauft oder verkauft, die Ware aber erst zu einem späteren Zeitpunkt geliefert. Warentermingeschäfte werden häufig auch zu Spekulationszwecken abgeschlossen. Im Gegensatz zu Warentermingeschäften, die nach Ablauf der Laufzeit zu erfüllen sind, steht es dem Käufer einer **Warenterminoption** frei, diese innerhalb des Gültigkeitszeitraumes auszuüben oder verfallen zu lassen (analog dem Wesen der Optionen auf Devisengeschäfte).

4.4 Exportkreditversicherung

Exportkreditversicherungen dienen der Absicherung von Forderungsausfällen aufgrund nicht erfüllter Zahlungsverpflichtungen durch ausländische Abnehmer (vgl. Kreditrisiko). Die internationale Wettbewerbslage zwingt viele Exporteure, insbesondere auch im geschäftlichen Verkehr mit Entwicklungsländern, längerfristige Lieferantenkredite einzuräumen. Die sich daraus ergebenden recht langen Kreditlaufzeiten erhöhen das Kreditrisiko wesentlich.

In den meisten Industriestaaten dient die Exportkreditversicherung auch der Exportförderung, wobei sich Versicherungsumfang, Schadensdeckung und Selbstbehalt von Land zu Land stark unterscheiden können.

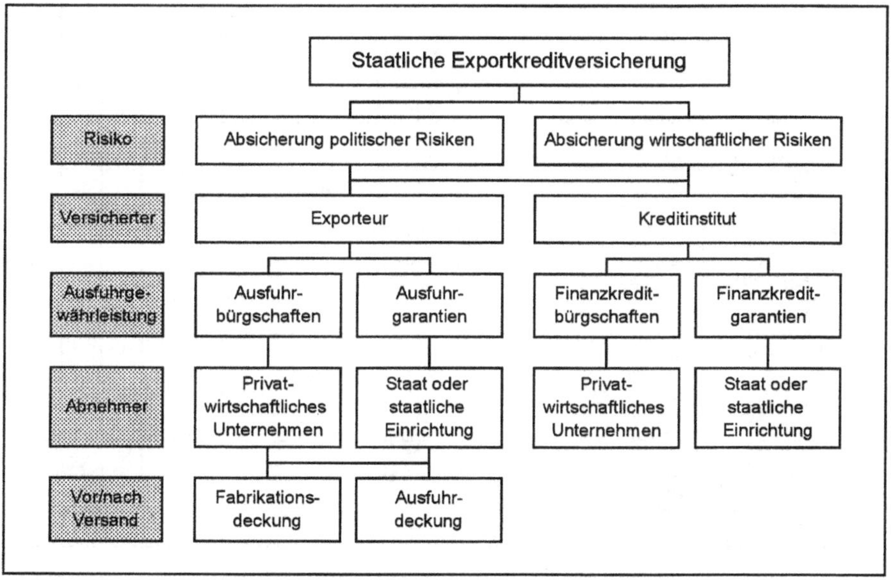

Abbildung 4-3 *Möglichkeiten der staatlichen Exportkreditversicherung*

Im Rahmen der privaten Exportkreditversicherung können ausschließlich wirtschaftliche Risiken abgesichert werden. Abgesichert werden beispielsweise Forderungsausfälle durch

- Konkurse,
- gerichtliche und außergerichtliche Verfahren,
- fruchtlose Zwangsvollstreckung und
- nachgewiesene Uneinbringlichkeit der Forderung (BMWi 1999, 31).

Kriterien zur Beurteilung der Absicherungsnotwendigkeiten	**Gewichtung**	**Bewertung**					**Wert**
		1	**2**	**3**	**4**	**5**	
Risiken							
Politische Risiken							
Politisches Risiko i.e.S. (z.B. Krieg, Boykotte)							
Zahlungsverbots- und Moratoriumsrisiko							
Transfer- und Konvertierungsrisiko							
Risiko von Gesetzesänderungen							
Ökonomische Risiken							
Marktrisiko							
Preisrisiko							
Kreditrisiko (Zahlungsausfall)							
Lieferungs- und Annahmerisiko							
Kursrisiko							
Transportrisiko							
Standortrisiko							
Transportversicherung							
Seetransport							
Binnentransport							
Lufttransport							
Exportkreditversicherung							
Staatlich							
Privat							
Summe (Vergleichsbasis)							
Bewertungskriterien von 1 (problematisch) bis 5 (nicht problematisch)							

Tabelle 4-1 *Checkliste zur Analyse der Absicherungsnotwendigkeiten*

Teil D:
Personal

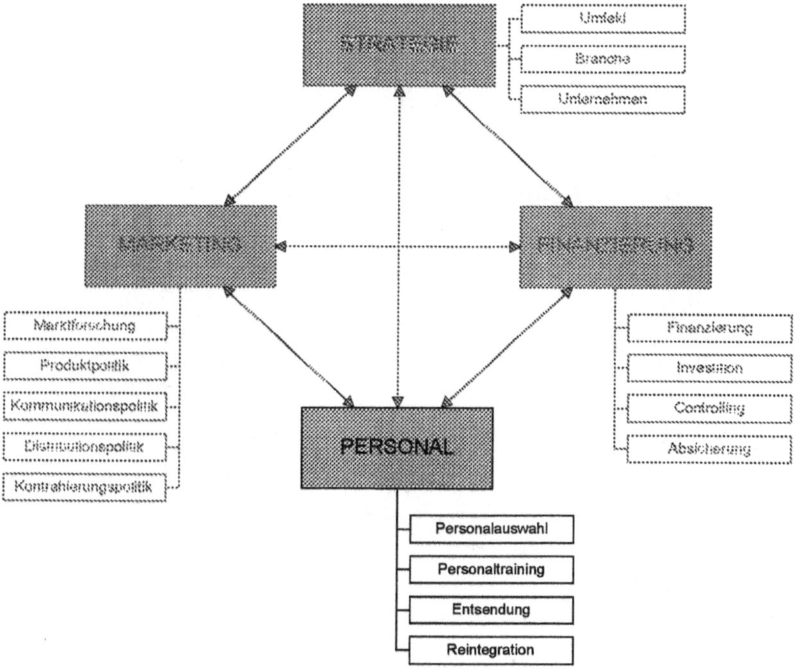

Leitfragen – Personal im internationalen Kontext

Personalauswahl

- Welche Personalauswahlinstrumente eignen sich für den spezifischen Einsatz im Unternehmen?
- Welche Anforderungen stellen sich an Mitarbeiter im Stammhaus und jene im internationalen Einsatz?
- Nach welchen Gesichtspunkten werden lokale Vertreter ausgewählt?
- Wie wird bei der Auswahl derartiger Mitarbeiter/Partner vorgegangen?

Training

- Welche Maßnahmen zur Personalentwicklung kommen zur Anwendung?
- Welche Maßnahmen des interkulturellen Trainings kommen im Unternehmen zur Anwendung?
- Wie werden Entsendungen von Mitarbeitern ins Ausland vorbereitet?

Entsendung

- Welche internationalen Besetzungsstrategien verfolgt das Unternehmen?
- Welche Erfahrungen wurden bisher damit gewonnen?
- Nach welchen Gesichtspunkten wird das Vergütungs- und Anreizsystem für Mitarbeiter im Auslandseinsatz gestaltet?
- Wie geht das Unternehmen mit Problemen bei Mitarbeitern im Auslandseinsatz um?

Reintegration

- Welche Maßnahmen zur Reintegration von aus dem Ausland ins Stammhaus zurückkehrenden Mitarbeitern werden getroffen?

Instrumente zur Erfolgssicherung im internationalen Geschäft IV – Personal		
Instrumente	**Zweck***	**Seite**
Kriterien im Personalbereich	A/P	338
Anforderungsprofil für eine Position „Geschäftsführer“ eines mittelständischen Unternehmens	A/P	344
Vergleichende Bewertung verschiedener Bewerber	A	345
Checkliste für die Auswahl eines lokalen Vertreters, der ein Unternehmen vor Ort repräsentiert	A/P	346
On-the-Job-Training	T	348f
Job Rotation	T	348
Job Enlargement	T	348f
Job Enrichment	T	349
Bildung von Projektgruppen	T	349
Mentoring, Coaching	T	348
Bildung teilautonomer Arbeitsgruppen	T	348
Off-the-Job-Training	T	348ff
Seminare	T	349
Fallstudien	T	349
Planspiele	T	348
Workshops	T	348
Qualitätszirkel	T	348
Erfahrungsaustauschgruppen	T	348
Erhebung der psychischen Distanz	A/P	355ff
Checkliste für die Entsendung eines Mitarbeiters ins Ausland – Erfordernisse	A/P	357f
* A – als Analyseinstrument (besondere Eignung); P – als Prognoseinstrument (besondere Eignung); T – als Technik		

Tabelle 0-1 *Übersicht der Instrumente zur Erfolgssicherung im internationalen Geschäft IV – Personal*

1 Interkulturelles Bewußtsein im Auslandsgeschäft

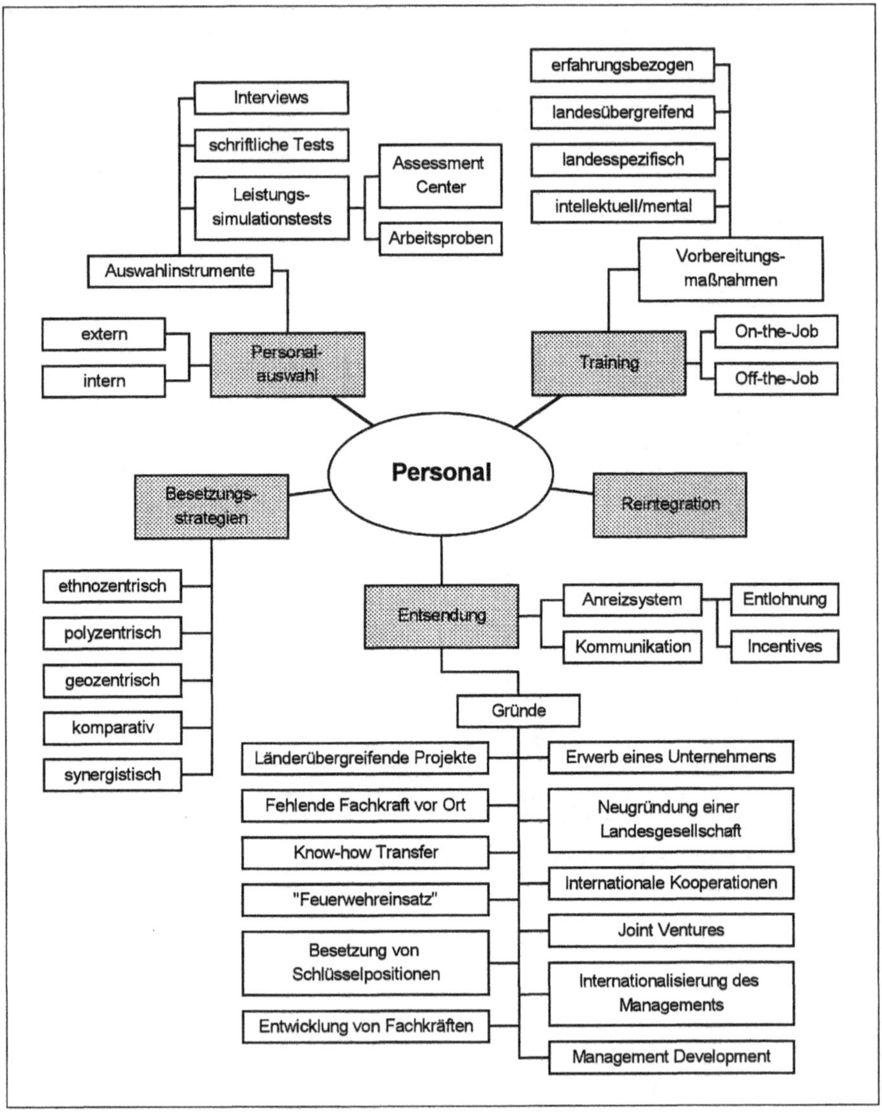

Abbildung 1-1 *Kriterien im Personalbereich*

Menschen werden in ihrem Denken und Handeln von ihrer Kultur beeinflußt und agieren in Übereinstimmung mit den in ihrem Land vorherrschenden Werten und Normen. Sofern jemand die Wahl zwischen mehreren potentiellen Geschäftspartnern hat, wird er denjenigen auswählen, der ihm am sympathischsten erscheint, dem er glaubt, vertrauen zu können, zu dem er eine Beziehung aufbauen kann. Geschäfte werden demgemäß auch in wesentlich größerem Ausmaß zwischen einzelnen Menschen abgeschlossen, als man dies auf den ersten Blick vermuten mag.

Geschäftsverhandlungen auf internationalen Märkten erfordern weit mehr Toleranz, Aufmerksamkeit, Einfühlungsvermögen und Flexibilität als auf dem Heimatmarkt. Wenn ein zu Verhandlungen ins Ausland entsandter Mitarbeiter nicht gleichzeitig auf geschäftlichem **und** sozialem Niveau kommunizieren kann, die verschiedenen Auffassungen von Geschäftstätigkeit nicht toleriert und gesellschaftliche Unterschiede nicht akzeptiert, wird er höchstwahrscheinlich keinen Erfolg haben.

Ob eine Geschäftsbeziehung bei Eintreten unvorhergesehener Umstände – wie z.B. Streiks, Rohstoffknappheit oder Ölkrisen – aufrechterhalten wird, hängt ebenfalls wesentlich von der persönlichen Beziehung zwischen Lieferant und Abnehmer ab.

Ländergrenzen überschreitende Joint-Ventures, Übernahmen und Unternehmenszusammenschlüsse gehören heute zur Regel. Allerdings sind nicht wenige dieser Vereinigungen zum Scheitern verurteilt, weil die Partner unfähig sind, auf kulturbedingte Unterschiede angemessen einzugehen. Bevor ein Geschäftspartner oder Fusionskandidat ausgewählt wird, sollte man sich deshalb unbedingt auch mit seinem kulturellen Hintergrund beschäftigen.

	Kulturelle Differenzen
Export	• Fehler in der Anbahnung, nicht adäquater Marktauftritt (z.B. Prospektgestaltung, Korrespondenzen usw.) • Mißverständnisse in Verhandlungssituationen (z.B. Mißinterpretationen von Unterschieden in der verbalen und nonverbalen Kommunikation)

	• unzulängliche Produktgestaltung (z.B. hinsichtlich Anwendung, Design, Farbe, Verpackung, Warnhinweisen usw.) • unterschiedliche Standpunkte, Praktiken und Erwartungen hinsichtlich der Vertragserfüllung (z.B. hinsichtlich der „Dehnbarkeit" einer Bestimmung usw.)
Lizenzen	• obige und zusätzlich insbesondere: • unterschiedliche Standpunkte, Praktiken und Erwartungen hinsichtlich Produktions- und Absatzpolitik (z.B. unterschiedliche Auffassung über die Produktqualität, die verfolgte Kommunikationsstrategie usw.)
Franchising	• obige und zusätzlich insbesondere: • unterschiedliche Standpunkte, Praktiken und Erwartungen hinsichtlich der Serviceorientierung und Regelgenauigkeit (z.B. hinsichtlich Hygiene, Freundlichkeit usw.)
Joint Ventures und Niederlassungsgründung	• obige und zusätzlich insbesondere: • unterschiedliche Organisationsformen, Vereinbarung von weltweiter Zentralisierung und Lokalisierung, divergierende Standpunkte, Praktiken und Erwartungen hinsichtlich Management und Personalpolitik (z.B. betreffend Einstellungen und Entlassungen, Umgang mit Mitarbeitern, praktizierter Managementstil usw.)

Tabelle 1-1 *Internationale Unternehmenstätigkeit und kulturelle Unterschiede (Apfelthaler 1999, 13)*

Flexibel genug zu sein, um sich anderen Handlungsweisen und Auffassungen anpassen zu können, gleichzeitig aber die eigene Identität zu wahren, erfordert eine gehörige Portion Geschick und Gespür.

In der Folge wird ein Überblick zum Geschäftsleben und zur kulturellen Orientierung in ausgewählten Ländern gegeben. Die enthaltenen Informationen sollen für die angemessenen Verhaltensweisen im jeweiligen Land sensibilisieren. Die Strukturierung folgt in jedem Fall dem gleichen Schema (vgl. dazu auch Wirtschaftskammer Österreich 1998 und Morrison/Conaway/Borden 1994): zum Land, kulturelle Orientierung in Gesellschaft und Alltag, Geschäftsleben – Geschäftsbeziehungen, Verhandeln, Protokoll, Pünktlichkeit, Geschenke, Tabus. Die Auswahl der dargestellten Länder wurde schwerpunktartig so getroffen, daß möglichst unterschiedliche Länder und Kulturen erfaßt werden und gleichzeitig auch namhafte internationale Märkte Berücksichtigung finden.

Dabei gibt es verschiedene Dinge, die in allen Kulturen gleichermaßen von besonderer Wichtigkeit sind, wenn auch in länderspezifischen Formen (vgl. Wirtschaftskammer Österreich 1999):

- Status (Lebensalter, Geschlecht, Position im Unternehmen),
- die Art der Begrüßung (vgl. „*kiss, bow or shake hands*"),
- die Anrede,
- Visitenkarten bzw. der Umgang mit ihnen,
- die Wahl der Kleidung,
- das Verhalten bei Essen und Trinken,
- Gesprächsthemen (vgl. Tabus),
- Geschenke,
- Pünktlichkeit.

Dieser gewissermaßen kulturübergreifenden Agenda ist dementsprechend hohe Bedeutung einzuräumen. Das sei an dieser Stelle besonders betont. Die obigen Punkte zu negieren oder auch nur zu unterschätzen, kann sich schnell als großer Fehler mit fatalen Wirkungen auf den Geschäftserfolg erweisen.

Nochmals: Die umfassende Beschäftigung mit den Umgangsformen, Gewohnheiten und Bräuchen eines Landes ist unabdingbar (und sehr lohnend), sobald man mit diesem Land – sei es geschäftlich oder auch auf andere Art – in näheren Kontakt kommt.

2 Personalauswahl

Die Anforderungen an die Humanressourcen, die sich aus den unterschiedlichen Kulturen ergeben, sind beträchtlich. Für Unternehmen, die Mitarbeiter für diverse Aufgaben ins Ausland entsenden wollen, bedeutet das ebenso wie für die Betroffenen selbst die Notwendigkeit, zahlreiche Vorkehrungen zu treffen. Mit ihrer Hilfe soll gewährleistet werden, daß die Aufgaben im Ausland optimal wahrgenommen werden können und man auch in bezug auf die Begleitumstände eines Einsatzes im Ausland bestmöglich gerüstet ist.

Die Anforderungen, die an einen zu entsendenden Mitarbeiter gestellt werden, sind stark vom Entsendungsgrund abhängig und variieren auch je nach Einsatzgebiet. Die Entsendungsgründe wirken sich damit auch auf den Auswahlmodus und die Auswahlinstrumente aus. Die Personalauswahl für Auslandstätigkeiten gestaltet sich weitaus schwieriger als die Personalbeschaffung für Aufgaben im Inland, da die Bewerber nicht nur fachliche, sondern auch interkulturelle Kompetenz wie auch die Bereitschaft, schwierige Aufgaben in einem nicht vertrauten Umfeld wahrzunehmen, aufweisen müssen. Die beiden grundsätzlichen Möglichkeiten der Personalbeschaffung sind die unternehmensinterne und die unternehmensexterne Personalbeschaffung.

	Interne Personalauswahl	Externe Personalauswahl
Vorteile	• Motivationspotential durch Aufstiegsmöglichkeiten • stärkere Bindung an die Organisation • gute Kenntnis der Qualifikation • schnelle Nachbesetzung • geringe Beschaffungskosten • Einsatzmöglichkeiten für Nachwuchskräfte werden frei • Einhaltung des betrieblichen Entgeltniveaus, da sich der Mitarbeiter am betrieblichen Lohnniveau orientiert	• breite Auswahlmöglichkeiten • neue Impulse durch den neuen Mitarbeiter • kein Folgebedarf • weniger Vorurteile dem Externen gegenüber • gute Kenntnis der Qualifikation des Mitarbeiters
Nachteile	• weniger Auswahlmöglichkeiten • Beförderung ist oft nur mit aufwendiger Weiterbildung möglich, ggf. hohe Weiterbildungskosten • Enttäuschung von Kollegen, die beim Aufrücken in Vorgesetztenpositionen nicht berücksichtigt wurden, evtl. Spannungen und Rivalitäten • zu starke kollegiale Bindungen, Sachentscheidungen werden „verkumpelt" • Versetzung löst den Bedarf quantitativ nicht, da nachbesetzt werden muß	• höhere Beschaffungskosten • Stellenbesetzung aufwendiger • negative Auswirkung auf Betriebsklima • bei Stellenwechsel höhere Gehaltsvorstellungen als bei innerbetrieblichem Aufstieg • hohe externe Einstellungsquote wirkt fluktuationsfördernd • Blockierung von Aufstiegsmöglichkeiten • Fähigkeiten des Externen weniger gut bekannt als die eines internen Mitarbeiters • keine Betriebskenntnis • soziale Integration des neuen Mitarbeiters notwendig

Tabelle 2-1 *Vorteile und Nachteile interner und externer Personalbeschaffung (vgl. Lueger 1996, 357f)*

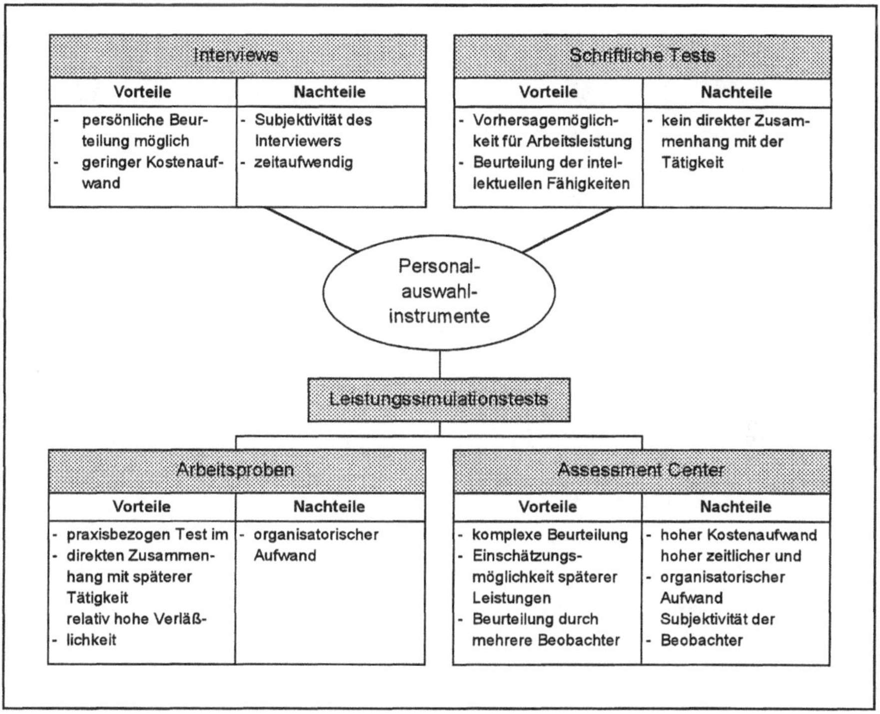

Abbildung 2-1 *Personalauswahlinstrumente*

Über die **Fachqualifikation** hinaus ist die internationale Tätigkeit mit Aufgaben verbunden, die eine intensive Auseinandersetzung mit fremden Kulturen und Menschen mit sich bringen und letztlich eine entsprechende Anpassung des Verhaltens erfordern. Daraus resultieren hohe Anforderungen an die **persönlichen Eigenschaften** wie etwa physische und psychische Belastbarkeit, Geduld, Improvisationsgabe, Vorurteilsfreiheit bzw. Toleranz und schließlich allgemein Mobilität, d.h. auch die Bereitschaft zu häufigen und längeren Auslandsaufenthalten. Darüber hinaus sind spezielle **interkulturelle Fähigkeiten** gefordert, so z.B. die Kenntnis fremder Kulturen, Sensibilität und Einfühlungsvermögen in bezug auf eine andersartige Umwelt, Anpassungswille und -fähigkeit, Sprachkenntnisse sowie Kommunikationsfähigkeit.

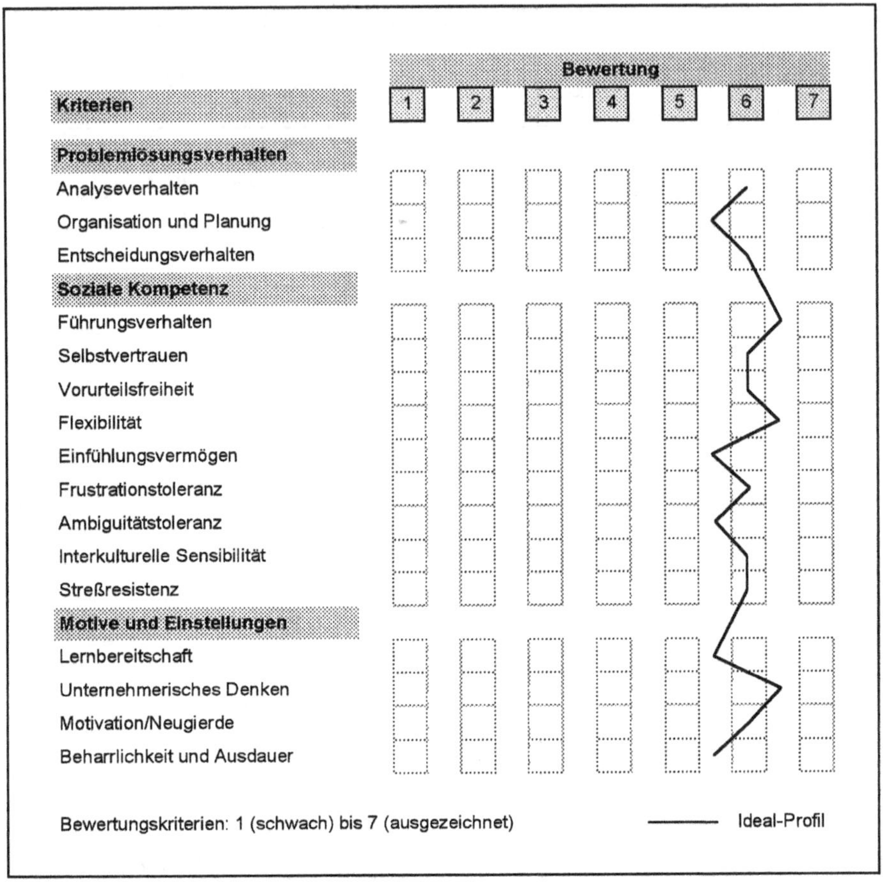

***Abbildung 2-2** Anforderungsprofil für eine Position „Geschäftsführer" eines mittelständischen Unternehmens in Südamerika (Niermeyer 2000, 337)*

Neben diesen Kriterien sollte eine Reihe weiterer Faktoren, die den Erfolg einer Entsendung ins Ausland beeinflussen können, überprüft werden. Insbesondere die stets zahlreichen *Pros* und *Contras* sind sorgfältig – vor dem jeweiligen persönlichen Hintergrund – abzuwägen. Dabei geht es vor allem auch darum, die dem Auswahlprozeß zugrunde liegenden Kriterien und die persönlichen Motive und Vorbehalte des Kandidaten abzustimmen.

Kriterien	Bewerber						
	Gewichtung	1	2	3	4	...	Ideal
Problemlösungsverhalten							
Analyseverhalten							
Organisation und Planung							
Entscheidungsverhalten							
Summe I							
Soziale Kompetenz							
Führungsverhalten							
Selbstvertrauen							
Vorurteilsfreiheit							
Flexibilität							
Einfühlungsvermögen							
Frustrationstoleranz							
Ambiguitätstoleranz							
Interkulturelle Sensibilität							
Streßresistenz							
Summe II							
Motive und Einstellungen							
Lernbereitschaft							
Unternehmerisches Denken							
Motivation/Neugierde							
Beharrlichkeit und Ausdauer							
Summe III							
Gesamt							

Bewertungskriterien: 1 (schwach) bis 7 (ausgezeichnet)

Abbildung 2-3 *Vergleichende Bewertung verschiedener Bewerber*

Kriterien für die Auswahl eines lokalen Vertreters	Gewichtung	Bewertung					Wert
		1	2	3	4	5	
Kenntnis der Verhältnisse vor Ort							
Kontakte vor Ort							
Fähigkeit, ein Unternehmen zu repräsentieren							
Selbständigkeit							
Verkaufsgeschick							
Verhandlungssicherheit							
Vermittlungsfähigkeit (interkulturell)							
Auftreten							
Loyalität							
Ehrlichkeit							
Zuverlässigkeit							
Termintreue							
Technisches Know-how/Produkt							
Kaufmännisches Verständnis							
Lernbereitschaft							
Kostengünstigkeit							
Summe (Vergleichsbasis)							
Bewertungskriterien von 1 (schlecht) bis 5 (ausgezeichnet)							

Tabelle 2-2 *Checkliste für die Auswahl eines lokalen Vertreters, der ein Unternehmen vor Ort repräsentiert*

3 Training und Entwicklung von Mitarbeitern

Als es noch üblich war, oft die gesamte Lebensarbeitszeit bei einem Unternehmen zu verbringen, engagierten sich die meisten Organisationen stärker für die Karriereentwicklung der Mitarbeiter. Es wurden innerbetriebliche Karriereprogramme entwickelt, um potentielle Führungskräfte und Beförderungskandidaten auf eine neue, verantwortungsvollere Position vorzubereiten. Die Organisationen boten Weiterbildungsmaßnahmen und Aufstiegschancen, die Mitarbeiter honorierten dies mit Loyalität und Engagement. Heute haben viele Organisationen die Verantwortung für die Karriereplanung weitgehend auf die Mitarbeiter übertragen. Die Unternehmen sind zunehmend weniger bereit, in aufwendige Entwicklungsprogramme für möglicherweise nur kurzfristig im Unternehmen Beschäftigte zu investieren. Die Mitarbeiter wiederum sind nicht bereit, sich organisationsspezifische Fähigkeiten anzueignen, die sie woanders nicht einsetzen können. Dennoch sollte fortschrittliche Karriereentwicklung den Mitarbeitern Unterstützung bieten und eine kontinuierliche Weiterbildung ihrer Fähigkeiten und Kenntnisse ermöglichen. Jeder Mitarbeiter sollte sich jedoch bewußt sein, daß in erster Linie er selbst für seine Entwicklung verantwortlich ist und daß eine erfolgreiche berufliche Laufbahn hauptsächlich auf Flexibilität und steter Lernbereitschaft basiert. Denn: Auch ein fähiger und fachkundiger Mitarbeiter bleibt nicht ewig kompetent (vgl. Halbwertszeit des Wissens). Konkret sind laufend Maßnahmen zur Entwicklung erforderlich, speziell von:

- **Fachkompetenz**: Aufgrund neuer Technologien und verbesserter Verfahren und Methoden unterliegen Arbeitsaufgaben einer fortwährenden Veränderung. Folglich müssen die Mitarbeiter ständig geschult und auf die neuen Anforderungen vorbereitet werden. Die meisten Trainingsaktivitäten zielen darauf, die technischen Fähigkeiten der Mitarbeiter – sowohl im ausführenden als auch im leitenden Bereich – zu verbessern.

- **Soziale Kompetenz**: Vorgesetzte und Mitarbeiter in nichtstandardisierten Tätigkeiten müssen Probleme lösen und Entscheidungen treffen können. Durch Training kann nicht nur eine Schulung der Kooperations- und Konfliktfähigkeit, sondern auch eine Verbesserung der Fähigkeiten zur Definition von Problemen, zur Einschätzung von Ursachen, zur Entwicklung von Alternativen sowie zur Auswahl von Lösungen erreicht werden.

Als Trainingsmethoden kommen verschiedene Formen des Trainings „On-the-Job" und „Off-the-Job" zur Anwendung:

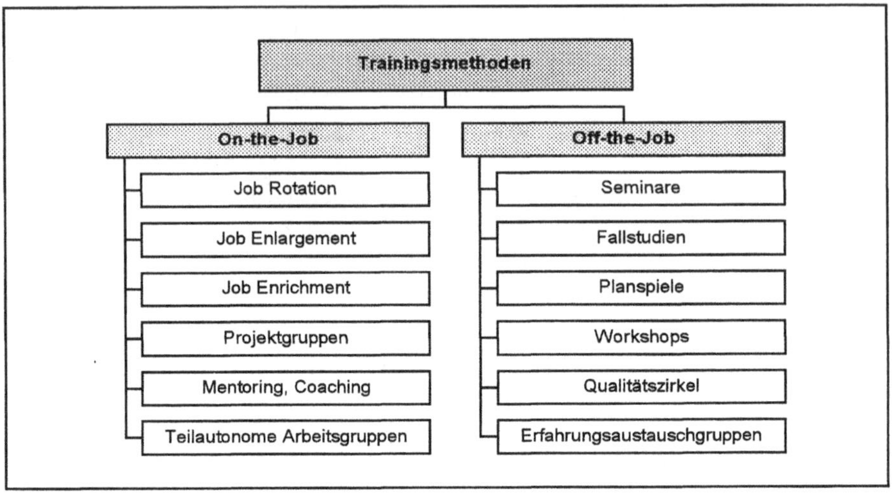

***Abbildung 3-1** Trainingsmethoden*

- **Training „On-the-Job“:** Aufgrund der Einfachheit und der vergleichsweise geringen Kosten finden die meisten Trainingsaktivitäten am Arbeitsplatz statt. Bei **Job Rotation** durchläuft ein Mitarbeiter nacheinander verschiedene Tätigkeiten und mitunter auch verschiedene Abteilungen, um einen besseren Einblick in die Art der Organisationsaktivitäten und das Zusammenspiel der verschiedenen Tätigkeiten zu bekommen. Neue Mitarbeiter erlernen ihre Tätigkeit häufig unter Anleitung eines erfahrenen Mitarbeiters (vgl. *mentoring, coaching*). Über die Erweiterung des Erfahrungsspektrums hinaus trägt dieses Instrument zu einer umfassenden Schulung der Mitarbeiter bei, die dann sehr flexibel im Unternehmen eingesetzt werden können. Allerdings entstehen durch Job Rotation erhöhte Schulungs- und Trainingskosten. Auf dem Prinzip der Job Rotation beruhen auch die sehr beliebten Trainee-Programme für Berufsanfänger, wie z.B. Hochschulabsolventen. Diese geben den jungen Mitarbeitern die Möglichkeit, etwa ein Jahr lang verschiedene Abteilungen, z.B. einer Bank, kennenzulernen und so einen Einblick in das gesamte Bankgeschäft zu bekommen, bevor sie an ihrem eigentlichen künftigen Arbeitsplatz eingesetzt werden. **Job Enlargement** bedeutet, daß der Mitarbeiter mit der Zeit immer wieder zusätzliche Aufgaben übernimmt, um auf diese Weise nicht nur besser eingesetzt, sondern auch leistungsfähiger zu werden. Während hier quantitative Aspekte im Vordergrund stehen, zielt **Job Enrichment** auf eine qualitative Verbesserung der Tätigkeit ab. Der Mitarbeiter übernimmt hier nach und nach nicht nur mehr Aufgaben, sondern insbesondere solche, für deren Ausführung auch mehr Qualifikation und Erfahrung notwendig ist. Diese Maßnahme wirkt sich jedoch nur bedingt in Hinblick auf erhöhte Motivation und Produktivität aus und dient zudem oft als Instrument im Zusammenhang mit der Realisierung von Sparmaßnahmen. Eine Weiterführung von Job Enrichment stellen **(teil-)autonome Arbeitsgruppen** dar. Durch deren Bildung erlangen die beteiligten Mitarbeiter eine höhere Selbständigkeit und Eigenverantwortung für ihre Tätigkeit. Die Gruppen sind verantwortlich für die Festlegung der Ziele, die Verteilung der Arbeitsaufgaben, für die Durchführung der zur Erfüllung notwendigen Tätigkeiten sowie für die Kontrolle bzw. Auswertung. Dieses Modell praktizierte vor Jahrzehnten bereits Volvo in Schweden, in jüngster Zeit beruht Lean Management wesentlich darauf.

- **Training „Off-the-Job“:** Bestimmte Tätigkeiten sind zu komplex, um sie ausschließlich im normalen Arbeitsprozeß zu erlernen. In solchen Fällen bietet sich eine Weiterbildung außerhalb des Unternehmens an. Off-the-Job-Training findet üblicherweise in Form von **Seminaren** statt, bei denen verschiedene didaktische Methoden eingesetzt werden (vgl. jüngst etwa Outdoor-Trainings, bei denen der Teamgeist durch diverse Übungen im Gelände gestärkt werden soll). **Vorträge** etwa eignen sich, um spezifische Informationen zu übermitteln, technische und problemlösungsbezogene Fähigkeiten zu schulen. Anhand von **Videos** können spezielle Verfahren demonstriert werden, die sich durch andere Methoden nur schwer zeigen lassen. Interpersonelle und Problemlösungsfähigkeiten lassen sich am besten in **Simulationsübungen** (Fallstudien, Experimente, Rollenspiele und interaktive Gruppenübungen) trainieren. Auch Computersimulationsmodelle (z.B. Unternehmensplanspiele) können zur Schulung eingesetzt werden. Schließlich besteht die Möglichkeit, neue Mitarbeiter zunächst in einer Art

Lehrwerkstätte arbeiten zu lassen, damit sie sich die notwendigen Fähigkeiten aneignen können.

Angesichts der hohen Anforderungen kommt der **Personalentwicklung** ein bedeutender Stellenwert zu. Wichtigster Ansatzpunkt ist hier die permanente Förderung der Fähigkeit zur Anpassung des Verhaltens an fremde bzw. ungewohnte Gegebenheiten. Spezielles interkulturelles **Training** zielt auf die Entwicklung der Sensibilität für fremde Mentalitäten und deren Kenntnis sowie auf eine bessere Integrationsfähigkeit international tätiger Mitarbeiter im allgemeinen ab. Eine wirkungsvolle, praktikable und auch häufig angewendete Maßnahme ist in diesem Zusammenhang **Job Rotation**. Dabei ist vorgesehen, daß ein Mitarbeiter bzw. eine (künftige) Führungskraft innerhalb des Unternehmens im Rahmen internationaler Einsätze verschiedene Funktionen, Bereiche und Länder kennenlernt.

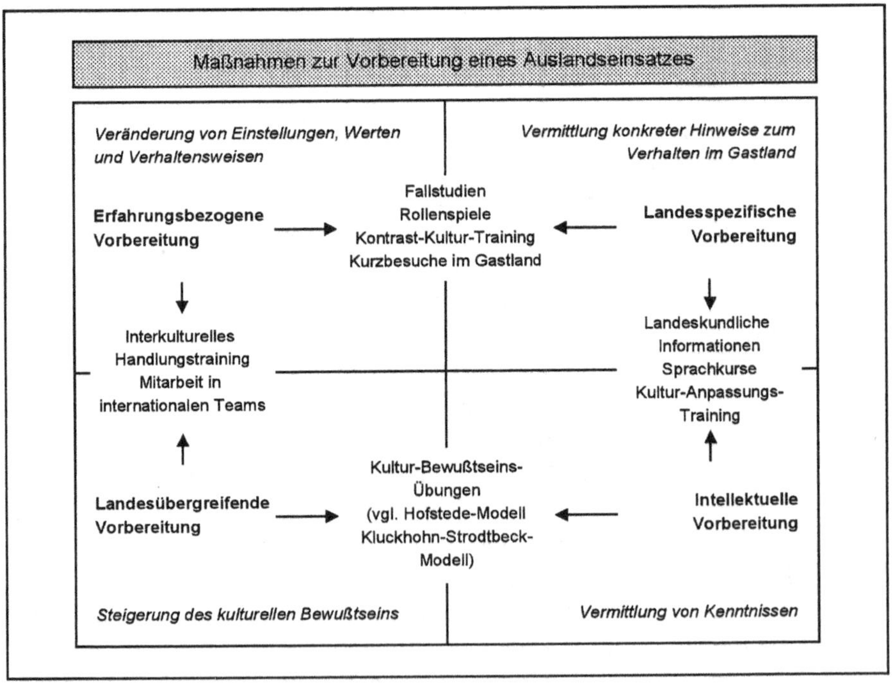

***Abbildung 3-2** Maßnahmen zur Vorbereitung eines Auslandseinsatzes (vgl. Welge/Holtbrügge 1998, 200)*

4 Entsendung und Reintegration von Mitarbeitern

Insbesondere auch mit den personalpolitischen Fragestellungen, die sich im Zusammenhang mit der Etablierung von ständigen Einrichtungen vor Ort (z.B. Niederlassung) stellen, spielen drei strategische Optionen – der ethnozentrische, der polyzentrische und der geozentrische Ansatz – eine Rolle.

Entsendungen und Besetzungen werden letztlich vor dem Hintergrund dieser Ansätze bzw. deren Anforderungen entschieden. Dabei geht der **ethnozentrische Ansatz** von der Überlegenheit der Managementmethoden des Stammlandes aus und zielt darauf ab, diese in fremden Kulturen unverändert anzuwenden. Der **polyzentrische Ansatz** anerkennt demgegenüber vorurteilsfrei das Potential kulturspezifischer Methoden, ein bestimmtes Ziel zu erreichen; keine der anzuwendenden Methoden wird primär effizienter gesehen als eine andere. Dieser Sichtweise liegt die Annahme zugrunde, daß Management nur im Kontext seines spezifischen kulturellen Umfeldes zu verstehen ist. Der **geozentrische Ansatz** setzt sich mit Management vor dem Hintergrund der Tätigkeit internationaler Unternehmen auseinander, die in zahlreichen Ländern und Kulturen mit eigenen Organisationen vertreten sind. Im Blickpunkt steht eine einheitliche, vom Stammhaus geprägte Unternehmenskultur, die weltweit implementiert ist und durch die Vereinheitlichung der Aktivitäten erzielbare ökonomische Vorteile.

Darüber hinaus beschäftigt sich der **komparative Ansatz** mit der Identifizierung interkultureller Ähnlichkeiten und deren Auswirkungen bei der Führung von Unternehmen. Dabei wird angenommen, daß manche Aspekte des Managements universell, andere hingegen kulturspezifisch sind. Schließlich untersucht der **synergistische Ansatz** die Beziehungen und Interaktionen von Menschen unterschiedlicher Kulturzugehörigkeiten und nimmt dabei besonders auf berufliche Situationen Bezug. Gegenseitige Sozialisation und Lernprozesse annehmend, zielt dieser Ansatz auf möglichst konfliktfreie Muster interkultureller Kooperation ab.

Internationale Besetzungsstrategien			
	Ethnozentrisch	**Polyzentrisch**	**Geozentrisch**
Wesen	inländische Unternehmenskultur wird identisch ins Ausland übernommen hohe Anzahl an Stammhausmitarbeitern wird in ausländischer Niederlassung eingesetzt	Führungstil wird den lokalen Gegebenheiten angepaßt auf Entsendung von Stammhausmitarbeitern wird weitgehend verzichtet, statt dessen Einsatz lokaler Mitarbeiter	Schaffung einer einheitlichen, globalen Unternehmenskultur, die von Werten des Unternehmens und des Gastlandes geprägt ist
Vorteile	Vereinfachung der Durchsetzung einer einheitlichen Unternehmenspolitik Vereinfachung der Kommunikation zwischen Stammhaus und Tochtergesellschaften Vereinfachung des Know-how-Transfers Erweiterung des Erfahrungsschatzes der Stammhausmitarbeiter	i.d.R. geringere Personalkosten vereinfachte Integration der Tochtergesellschaft im Gastland motivationssteigernde Wirkung auf Gastland-Mitarbeiter Imagegewinn für die Tochtergesellschaft im Gastland	hohe Flexibilität und größere Auswahl bei der Personalbeschaffung neue Impulse durch hohe Zahl von Entsendungen
Nachteile	demotivierende Wirkung auf Gastland-Mitarbeiter durch hohen Anteil von Stammhausmitarbeitern Schwierigkeiten bei der Anpassung des Führungsstils an lokale Gegebenheiten häufiger Wechsel von Stammhausmitarbeitern gefährdet Kontinuität und Betriebsklima	Schwierigkeiten bei Abstimmung zwischen Stammhaus und Tochtergesellschaften komplizierte und teure Kommunikation Schwierigkeiten beim Know-how-Transfer geringere Loyalität gegenüber dem Stammhaus Zielkonflikte	sehr hohe Entsendungs- und Reintegrationskosten fehlende Vertrautheit der Entsendeten mit den Bedingungen im Gastland an internationale Manager werden sehr hohe Anforderungen gestellt Schwierigkeiten beim Aufbau einer corporate Identity durch Fehlen eines gemeinsamen kulturellen Hintergrundes

Abbildung 4-1 *Internationale Besetzungsstrategien (nach Welge/Holtbrügge 1998, 196)*

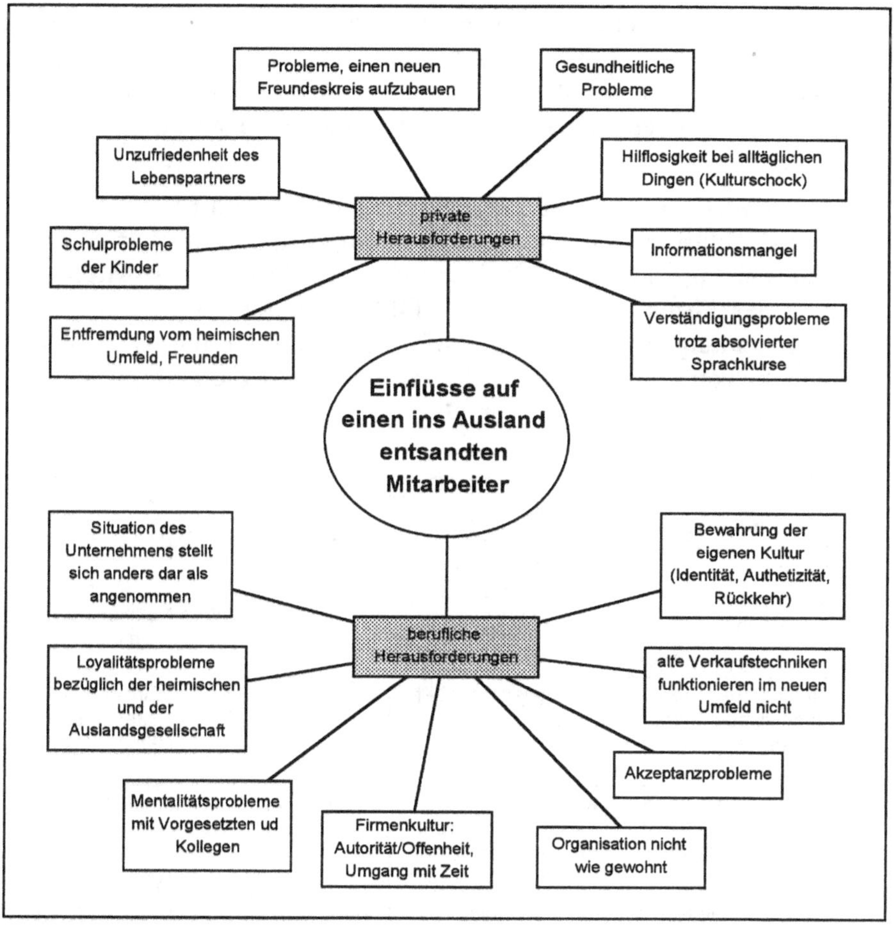

Abbildung 4-2 *Einflüsse auf einen Expatriate (nach Niermeyer 2000, 330)*

Ein nicht unproblematisches Gebiet ist die **Gestaltung des Anreizsystems** für den internationalen Einsatz von Mitarbeitern. Bei der **Entlohnung** gilt es primär, einen angemessenen Ausgleich zwischen Inlands- und Auslandsentgelt zu finden. Dabei sind unterschiedliche Lebenshaltungskosten (vgl. Ausgleichszulagen), die Lebensbedingungen vor Ort, der Schwierigkeitsgrad der Aufgabe (vgl. erfolgsabhängige Gehaltsbestandteile), nationale Regelungen (vgl. Steuersystem) sowie die familiäre Situation des Mitarbeiters (vgl. Übersiedlungskosten,

Trennungsentschädigungen, Heimreisekosten, Versicherungsprämien, Schulgeld) zu berücksichtigen. Über die monetäre Vergütung hinaus ist im Rahmen des Anreizsystems auch die **nichtmonetäre Vergütung** (z.B. Dienstfahrzeug, Dienstwohnung im Ausland) von großer Bedeutung.

Für die **Motivation** und nicht zuletzt auch für den Leistungserfolg äußerst wichtig ist die Möglichkeit ständiger **Kommunikation** mit dem Stammhaus und Feedback. Der Entsandte darf sich im Ausland nicht von der Firma „abgeschnitten" fühlen, sondern sollte über wichtige Entwicklungen „zu Hause" informiert werden und stets auch die Möglichkeit zu Aufenthalten im Stammhaus haben, um in Kontakt zu bleiben, Entscheidungen vorzubereiten bzw. zu berichten.

	Phase der Internationalisierung		
Auswahlkriterien	**Entschluß**	**Aufbau**	**Betrieb**
Nationalität • Stammhausmitarbeiter • lokale Mitarbeiter	es kommen nur Stammhausmitarbeiter in Frage	gleiche Eignung und Auswahl in ausgewogenem Verhältnis	gleiche Eignung, wobei der Anteil lokaler Mitarbeiter zunimmt
tätigkeitsbezogenes Fachwissen, Management, Know-how (Spezialisten)	ist notwendig, aber mehr Generalisten verlangt	Generalisten übergeben an Spezialisten	Einsatz von Spezialisten in ihren jeweiligen Feldern
personenbezogene Kriterien wie Belastbarkeit und Geduld	weniger ausgeprägt, da mehr oder weniger Stammhausroutine (Planungsarbeit)	zunehmend, da häufiger Situaitonswechsel	sehr wichtig zur Erfüllung aller gestellten Anforderungen
interkulturelle Fähigkeiten, z.B. Sensibilität für andere Kulturen, Sprach- und Kommunikationsfähigkeiten	nicht unbedingt erforderlich	notwendig, um aufeinander zuzugehen	sehr wichtig für die internationale Zusammenarbeit und interkulturelle Verständigung, Problemerfassung und -lösung
internationale Mobilität, z.B. familiäre Unterstützung	nicht nötig, da Stammhausmitarbeiter	wichtig, da Bereitschaft zu befristetem Auslandsaufenthalt	unbedingt notwendig, da Bereitschaft zu längerfristigem, dauerndem Auslandsaufenthalt

***Tabelle 4-1** Entsendungskriterien in unterschiedlichen Internationalisierungsphasen*

Psychische Distanz zu Auslandsmärkten

Ein interessantes Instrument zur Untersuchung der Vertrautheit eines Auslandsmarktes für ist die psychische Distanz. Verglichen mit dem Heimmarkt eines Exportunternehmens unterliegen Märkte im Ausland – u.U. stark – abweichenden generellen Bedingungen politischer, wirtschaftspolitischer, wirtschaftlicher, rechtlicher, sozialer, technischer und geographischer Natur. Diese länderweise unterschiedlichen Restriktionen führen zu einer unterschiedlichen Vertrautheit mit den entsprechenden Ländern. Ausgangspunkt ist die Annahme, „daß unter den sonst gleichgehaltenen Bedingungen die Neigung, mit einem distanziert wahrgenommenen Land Geschäftsbeziehungen aufzunehmen, geringer ist, als wenn Gefühle der Nähe, Gleichartigkeit, Vertrautheit etc. vorliegen" (Holzmüller/Kasper 1988, 74).

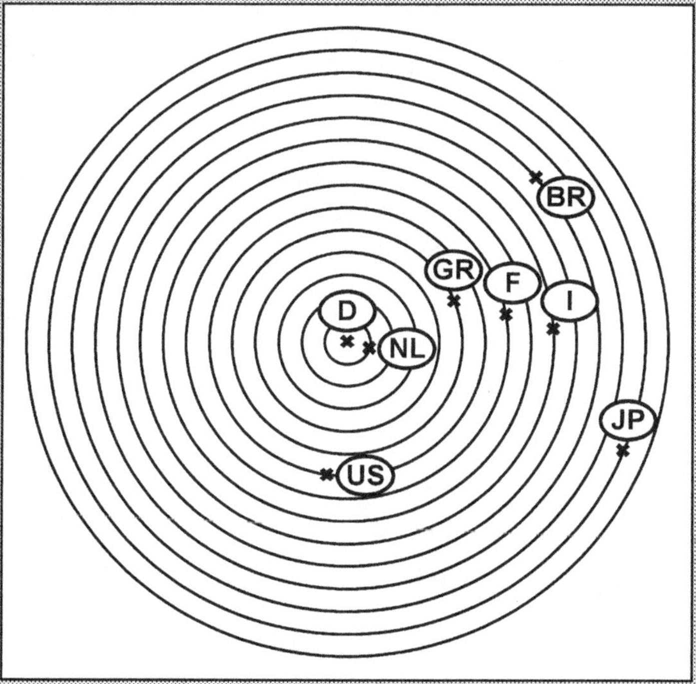

Abbildung 4-3 *Schema zur Erhebung der psychischen Distanz (Müller/Kögimayr 1986, 791). Die im Schema eingetragenen Länder beziehen sich auf das exemplarische Antwortmuster eines deutschen Managers aus der empirischen Untersuchung.*

Operationalisiert wurde das Instrument von Müller und Köglmayr (1986), wobei sie von gestalt- und gedächtnispsychologischen Ansätzen – insbesondere von „cognitive mapping" – ausgingen. Ziel der Erhebung ist die Ermittlung eines subjektiven Abbildes räumlicher Beziehungen und sein Verhältnis zu den objektiven Gegebenheiten in Form der tatsächlichen Entfernungen. Weichen nun die Bilder der Befragten von der Realität in Hinblick auf ein bestimmtes Land ab, so können daraus Rückschlüsse auf die Beurteilung dieses Landes als Markt gezogen werden.

Beispiel

Die Vorgangsweise wurde auch in der Studie „Österreichisch-arabische Wirtschaftsbeziehungen" (Al-Ani/Gneisz/Kaufmann/Kostner/Palme/Strunz 1995) angewandt: Die Entfernung zwischen den Längengraden 0 und 180 wurde auf das Reaktionsspektrum der Befragten in Form von 15 Bewertungseinheiten bzw. 14 konzentrischen Kreisen um den Mittelpunkt Österreich umgelegt. Als Orientierung wurde Deutschland in das Befragungsbild eingezeichnet. Aus dem Vergleich der mit Hilfe der Einheitslängen in Kilometer umgerechneten subjektiven Distanzangaben und den realen Entfernungen konnten dann Über- oder Unterschätzungen der psychischen Distanz abgelesen werden. Der Vergleich von subjektiv eingeschätzten Distanzen und realen Entfernungen zu den einzelnen Ländern zeigt ein interessantes Bild:

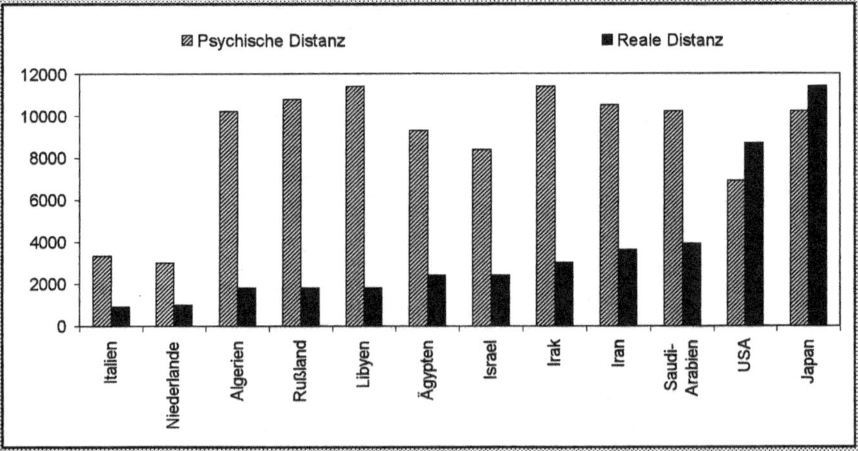

Abbildung 4-4 *Vergleich psychischer und realer Distanzen (Al-Ani/Gneisz/Kaufmann/Kostner/Palme/Strunz 1995, 109)*

Die Befragung erbrachte auffallend hohe Fehlschätzungen (Abweichungen der psychischen Distanz von der jeweiligen realen Entfernung). Die höchste Abweichung war in der Einschätzung Libyens zu verzeichnen (647 %), die geringste Überschätzung bei Saudi-Arabien (259 %). Nur bei zwei Ländern kam es zu einer Unterschätzung der realen Distanzen: Japan (90 %) und die USA (64 %).

Besonders interessant ist die geringe Vertrautheit (bzw. große Überschätzung der Distanz) mit den arabischen Ländern. An sich sollten Länder, mit denen man in Geschäftsbeziehung steht bzw. eine solche aufnehmen möchte, doch einen höheren Grad von Vertrautheit aufweisen, was offenbar aber nicht der Fall ist ...

Kriterien für die Entsendung eines Mitarbeiters ins Ausland	**Gewichtung**	**Bewertung**					**Wert**
		1	**2**	**3**	**4**	**5**	
Interkulturelle Kompetenz							
Interesse an fremden Kulturen generell							
Verständnis für fremde Kulturen							
Toleranz							
Weltoffenheit							
Interkulturelles Wissen							
Interesse für das Zielland							
Sprachkenntnisse							
Abenteuerlust							
Soziale Kompetenz							
Kontaktfreudigkeit							
Kommunikationsfähigkeit							
Verhandlungsfähigkeit							
Lernbereitschaft							
Mobilität							
Flexibilität							
Engagement							
Zielstrebigkeit							
Improvisationsvermögen							
Problemlösungskompetenz							
Bereitschaft, auch unter schwierigen Bedingungen zu arbeiten							

Fachkompetenz							
Management Skills							
Analytisches Problemlösungsvermögen							
Kreativität							
Kundenorientierung							
Marketingkenntnisse							
Vertriebskompetenz							
Finanzielles Know-how							
Motivation							
Vergütung monetär							
Attraktives Gehalt							
Zulagen							
Fringe Benefits							
Anreize nicht-monetär							
Status							
Übertragene Verantwortung							
Nicht-monetäre Vergünstigungen							
Karriereperspektiven							
Im Ausland							
Nach der Rückkehr							
Familiärer Kontext							
Familiäre Widerstände							
Bereitschaft der Familie mitzureisen							
Bereitschaft, die Abwesenheit des Partners zu akzeptieren							
Hilfestellung des Unternehmens bei sozialer Integration im Gastland							
Unterstützung bei der Integration der Familie (Schule, Beruf)							
Hilfestellung bei der Reintegration							
Summe (Vergleichsbasis)							
Bewertungskriterien von 1 (schlecht) bis 5 (ausgezeichnet)							

Tabelle 4-2 *Checkliste für die Entsendung eines Mitarbeiters ins Ausland – Erfordernisse*

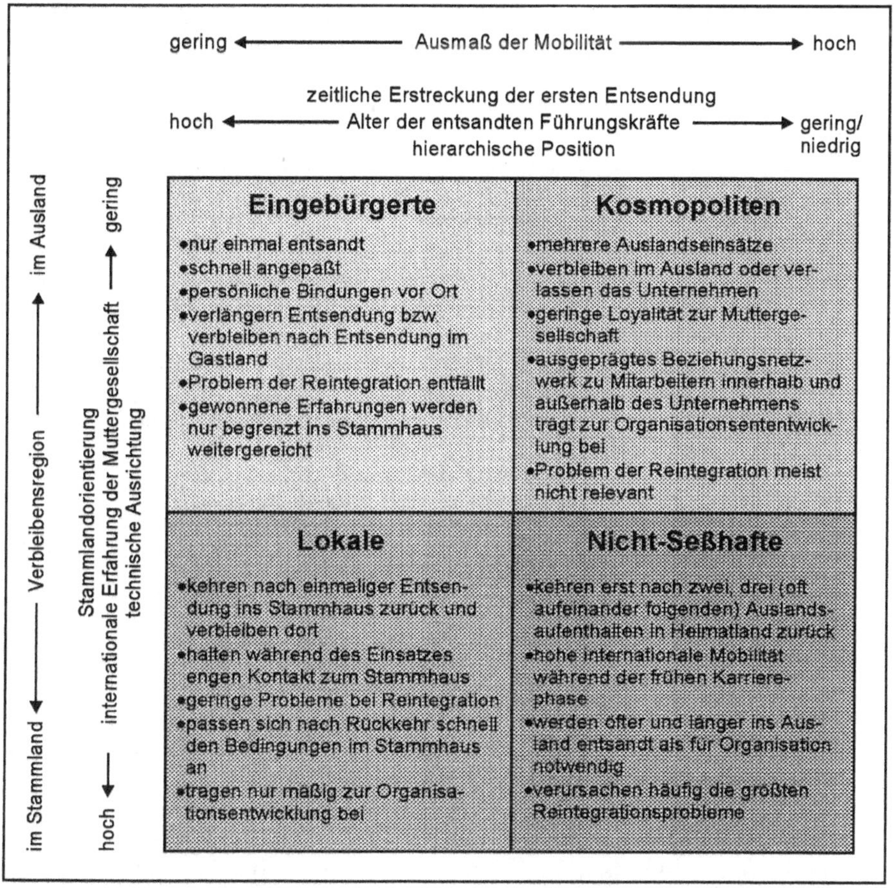

Abbildung 4-5 *Typologie von ins Ausland entsandten Mitarbeitern (vgl. Borg/Harzing 1996, 289)*

Auch die Bedeutung der **Reintegration von im Ausland tätigen Mitarbeitern** sollte keinesfalls unterschätzt werden. Die Heimat, das gesellschaftliche und private Umfeld werden bei der Rückkehr nicht mehr so erlebt wie vor dem Auslandseinsatz. Ebenso wird das Unternehmen mit anderen Augen gesehen. Oft wird die Rückkehr als eine Reise in ein fremdes Land empfunden. Wurde jemand zu Beginn seiner Tätigkeit im Ausland als „Fremder“ betrachtet und lebte sich dort nach und nach ein, so steht er nach der Rückkehr vor einer ähnlichen Situation.

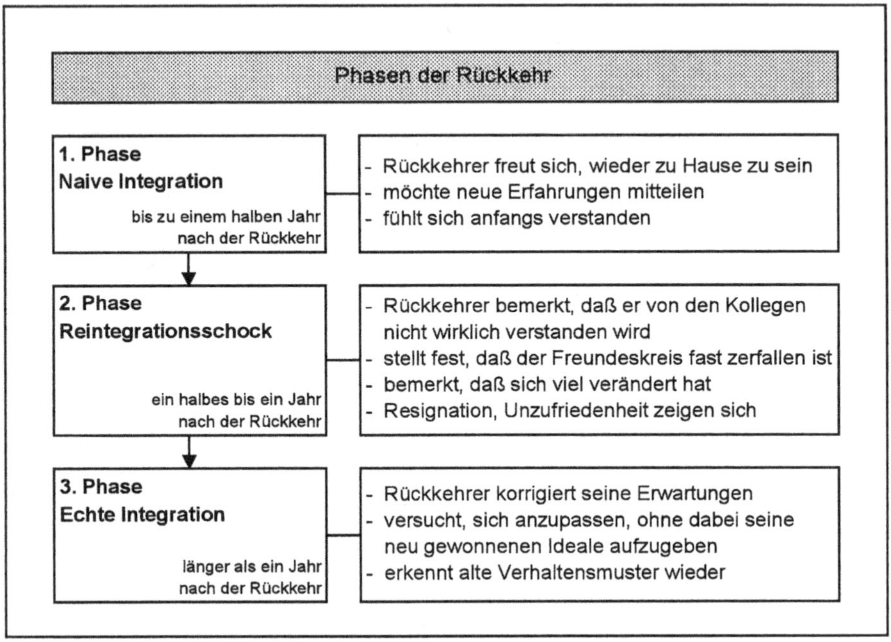

Abbildung 4-6 *Phasen der Rückkehr (nach Hirsch 1992, 291)*

Das Problem der Rückkehr darf nicht erst dann an Bedeutung gewinnen, wenn ein entsandter Mitarbeiter unmittelbar vor der Rückkehr ins Heimatland steht bzw. bereits zurückgekehrt ist, sondern sollte schon vor der Entsendung Bestandteil der Überlegungen sein. Kehrt jemand aus dem Ausland zurück, bringt er zahlreiche, auch für das Unternehmen bedeutsame Erfahrungen mit und kann wichtige Impulse vielfältiger Art, insbesondere aber in bezug auf den Umgang mit anderen Kulturen, geben. Lerneffekte im Unternehmen bzw. eine erfolgreiche Eingliederung des Mitarbeiters können aber nur dann wirklich gelingen, wenn der „Rückkehrer“ mit seinem Hintergrund akzeptiert bzw. angehört wird und seine Erfahrungen auch auf Interesse und Beachtung stoßen.

Exportorientierung und Personalmanagement – Empirische Ergebnisse

Inwieweit sich die internationale Orientierung von Unternehmen auf ihr Personalmanagement im allgemeinen auswirkt, zeigen auch die Ergebnisse der im europäischen Vergleich durchgeführten Studie von Mayrhofer/Erten-Buch/Strunk (2000). Die wichtigsten Erkenntnisse stellen sich wie folgt dar:

- Hinsichtlich der Aus- und Weiterbildung der Mitarbeiter zeigen sich keine wesentlichen Unterschiede zwischen exportorientierten und nicht exportorientierten Organisationen.
- Systematische Auslandseinsätze für Führungskräfte werden von exportorientierten Organisationen häufiger genutzt.
- Die Weiterbildungsinhalte „Strategieentwicklung" und „Marketing und Vertrieb" werden in exportorientierten und nicht exportorientierten Organisationen im gleichen Umfang vermittelt.
- Die Größe der Personalabteilung in Relation zur Organisationsgröße wird nicht von der Marktorientierung beeinflußt.
- Eine Zunahme der Verantwortlichkeit des direkten Vorgesetzten ist dort zu verzeichnen, wo es zu Veränderungen gekommen ist.
- In exportorientierten Organisationen werden mehr personalwirtschaftliche Strategien schriftlich festgelegt.
- In exportorientierten Organisationen werden Personalleiter bereits zu Beginn in die Strategieentwicklung miteinbezogen.
- In exportorientierten Organisationen werden mehr Mitarbeiter im Ausland rekrutiert.
- Die Exportorientierung führt zu keinen Unterschieden hinsichtlich der Nutzung von Personalmarketing und Imagewerbung zur Personalbeschaffung.
- Die Exportorientierung führt zu keinen Unterschieden hinsichtlich der Vergabe von Zusatz- und Sozialleistungen.
- Die Exportorientierung hat keinen Einfluß auf die Vergabe von individuellen Vergütungen für Führungskräfte.
- Sprachkenntnisse und Fachwissen sind die wichtigsten Kriterien bei der Auswahl von Mitarbeitern für Auslandseinsätze.

- Die familiäre Situation spielt die geringste Rolle bei der Rekrutierung von Mitarbeitern für Auslandseinsätze.
- Auch umfangreiche Vorbereitungsmaßnahmen auf Auslandseinsätze führen nicht zu größeren Personalabteilungen.
- Als Vorbereitung auf Auslandseinsätze kommen vornehmlich Sprachkurse und Look-and-See-Trips zur Anwendung.

Abbildungen & Tabellen

Teil A: Strategie

Tab. 0-1	Übersicht über die Instrumente zur Erfolgssicherung im internationalen Geschäft I – Strategie	18ff
Abb. 1-1	Das Unternehmen und sein Umfeld	21
Tab. 1-1	Unterschiede zwischen mittelständischen und großen Unternehmen bei internationaler Geschäftstätigkeit	21f
Abb. 1-2	Gründe für eine Internationalisierung und deren möglicher Prozeßverlauf	25
Tab. 1-2	Rangordnung der Motive deutscher Unternehmen im Ausland	26
Tab. 1-3	Kurz-Diagnose zur Aufnahme einer internationalen Geschäftstätigkeit	26f
Abb. 1-3	Aufzeigen der Wirkungszusammenhänge zwischen den Funktionsbereichen im Rahmen der internationalen Geschäftstätigkeit	28
Tab. 1-4	Analyse der Wirkungszusammenhänge	29
Tab. 1-5	Analyse der Wirkungsstärken	30
Tab. 1-6	Analyse der Wirkungsstärken – Übersicht	31
Abb. 1-4	Intensitätsportfolio	32
Tab. 1-7	Strategietypen	33
Abb. 1-5	Ablauf eines strategischen Entscheidungsprozesses	37
Abb. 1-6	Kriterien der Umfeldanalyse	39
Abb. 1-7	Das Unternehmen und die an ihm interessierten Gruppen	40
Abb. 1-8	Typen der Einkommensverteilung	41
Abb. 1-9	Ausgewählte ökonomische Indikatoren	42
Tab. 1-8	Slowenien – Ökonomische Indikatoren	43f
Abb. 1-10	Ausgewählte ökonomische Indikatoren – wichtige Zusammenhänge	45
Tab. 1-9	Trendanalyse – Ökonomische Entwicklungen	46f
Abb. 1-11	Bereiche der Gesellschaft – Gestaltungsfelder der Politik I	49
Abb. 1-12	Bereiche der Gesellschaft – Gestaltungsfelder der Politik II	50
Tab. 1-10	Trendanalyse – Entwicklungen in Gesellschaft und Politik	51ff
Tab. 1-11	Soziale Indikatoren – Beispiel Libyen: Human Development	54
Abb. 1-13	Bevölkerungsverteilung Liberia – Deutschland im Vergleich	54
Tab. 1-12	Checkliste zur Beurteilung der Attraktivität eines Standortes	56f

Abb. 1-14	Bedrohungsfaktoren der Markt- und Standortsicherheit	58
Tab. 1-13	Checkliste zur Bewertung von Gefahrenpotentialen und Bedrohungen der Markt- und Standortsicherheit	59f
Abb. 1-15	Risikoprofil Libyens	61
Tab. 1-14	Szenarien am Beispiel Libyens	63ff
Tab. 1-15	Tableau zur Entwicklung von Szenarien	66f
Tab. 1-16	Bereiche, aus denen krisenhafte Entwicklungen resultieren können	68
Tab. 1-17	Checkliste zur Evaluierung des politischen Länderrisikos	69ff
Abb. 1-16	Kriterien zur Analyse einer Branche	73
Tab. 1-18	Trendanalyse – Branchenentwicklung	74
Tab. 1-19	Checkliste zur Branchenanalyse	76f
Tab. 1-20	Prognose der Chancen und Risiken einer Branche	78
Abb. 1-17	Kriterien der Wettbewerbssituation	79
Tab. 1-21	Checkliste zur Konkurrenzanalyse	80f
Tab. 1-22	Checkliste für die Bewertung des Potentials eines Kunden	89f
Tab. 1-23	Beispiel zur Analyse der Umwelteinflüsse	90
Abb. 1-18	Kriterien der Unternehmensanalyse	92
Tab. 1-24	Checkliste zur Unternehmensanalyse (Beurteilung von Stärken, Schwächen und Wettbewerbsvorteilen)	93
Tab. 1-25	Künftige Entwicklung der Stärken und Schwächen nach Unternehmensbereichen – Kritische Erfolgsfaktoren	94
Tab. 1-26	Maßnahmen zur Erfolgssicherung nach Unternehmensbereichen	95
Abb. 1-19	Beispiel eines Stärken-Schwächen-Profils	96
Abb. 1-20	Hauptkriterien der Marktattraktivität	97
Abb. 1-21	Wie kann sich ein (potentieller) Markt oder Standort darstellen?	98
Tab. 1-27	Checkliste zur Beurteilung der Attraktivität eines Marktes	99f
Abb. 1-22	Markteintrittsbarrieren	101
Abb. 1-23	Marktattraktivität und Wettbewerbsvorteile	103
Abb. 1-24	Marktanteils-Wachstums-Matrix	105
Abb. 1-25	Erstellung des „Ist-Portfolios“ für Geschäftsbereiche, Produkte oder Märkte	106
Abb. 1-26	Vergleich des „Ist-Portfolios“ mit dem eines unmittelbaren Konkurrenten	107
Abb. 1-27	Wie verhalten wir uns strategisch richtig?	108
Tab. 1-28	Möglichkeiten der Gewichtung von Bewertungskriterien	110
Tab. 1-29	Kriterien und deren Bewertung	111
Tab. 1-30	Bewertung der relativen Wettbewerbsvorteile	112f
Tab. 1-31	Bewertung der Marktattraktivität	113ff
Tab. 1-32	Vergleich der Marktpositionen	115f
Abb. 1-28	Ergebnis der SWOT-Analyse Automobilbranche	116

Tab. 1-33	Elementare Fragen zur Durchführung von Analysen und Prognosen	117
Abb. 2-1	Methoden des Markteintritts	118
Abb. 2-2-	Problemstellungen beim Export I – Unternehmensinterne Risiken	122
Abb. 2-3	Problemstellungen beim Export II – Unternehmensexterne Risiken	123
Tab. 2-1	Checkliste zu möglichen Problemen beim Export I (Unternehmensinterne Risiken)	124f
Tab. 2-2	Prognose der Entwicklung der Stärken und Schwächen beim Export	126
Tab. 2-3	Maßnahmen zur Erfolgssicherung beim Export	127
Tab. 2-4	Checkliste zu möglichen Problemen beim Export II (Unternehmensexterne Risiken)	128f
Tab. 2-5	Prognose der kurz-, mittel- und langfristigen Entwicklung beim Export	129
Tab. 2-6	Checkliste zur Messung des Exporterfolgs	130
Tab. 2-7	Exportprobleme und Wünsche von kleineren und mittelständischen Unternehmen	131f
Tab. 2-8	Kriterien einer Feasibility-Study	134ff
Abb. 2-4	Mögliche Probleme bei einer Investition im Ausland	139
Tab. 2-9	Checkliste für eine Direktinvestition im Ausland	140
Tab. 2-10	Prognose der Chancen und Risiken einer Direktinvestition im Ausland	141
Tab. 2-11	Maßnahmen zur Erfolgssicherung bei einer Direktinvestition im Ausland	142

Teil B: Marketing

Tab. 0-1	Übersicht der Instrumente zur Erfolgssicherung im internationalen Geschäft II – Marketing	146ff
Abb. 1-1	Kriterien der Marktforschung	150
Abb. 1-2	Formen der Befragung	152
Tab. 1-1	Beispiele für Kriterien zur Marktsegmentierung	155f
Tab. 1-2	Checkliste für die Beurteilung der Marktforschung	156
Tab. 1-3	Beurteilung der Einsatzmöglichkeiten verschiedener Marktforschungsmethoden	157
Abb. 1-3	Aufgaben des Marketing als Managementprozeß	158
Abb. 1-4	Prozeß der Marketingplanung	159
Abb. 1-5	Mit den Augen des Kunden	160
Tab. 1-4	Kundenorientierte und mitarbeiterorientierte Maßnahmen bei Globus	161

Abb. 1-6	„Die Woche der Rose“ bei Globus als Instrument der Kundenorientierung	162
Abb. 2-1	Kriterien der Produktpolitik	163
Tab. 2-1	F & E – Begriffe und Abgrenzungen	164
Abb. 2-2	Projektablauf	166
Tab. 2-2	Grundstruktur eines Entwicklungsablaufs	167
Abb. 2-3	Fünf-Phasen-Modell eines Produktlebenszyklus (Beispiel)	177
Tab. 2-3	Charakterisierung der einzelnen Phasen eines Produktlebenszyklus	178
Tab. 2-4	Mögliche Entwicklungsphasen der Produkte 1, 2 und 3 in drei verschiedenen Ländermärkten	179
Tab. 2-5	Checkliste für die Analyse der Produktpolitik im internationalen Kontext	182f
Tab. 2-6	Ausblick auf die künftige Entwicklung der Stärken und Schwächen in der Produktpolitik	183f
Tab. 2-7	Prognose der Chancen und Risiken in der Produktpolitik	185
Tab. 2-8	Maßnahmen zur Erfolgssicherung im Bereich der Produktpolitik	186
Abb. 3-1	Kriterien der Kommunikationspolitik	187
Abb. 3-2	Prozyklische vs. antizyklische Werbung	191
Abb. 3-3	Zyklusfreie Werbung	192
Abb. 3-4	Praxisorientierte Werbung	192
Tab. 3-1	Preise ausgewählter Werbeträger	193
Tab. 3-2	Überblick über die Kreativitätstechniken	198f
Tab. 3-3	Checkliste für die Analyse der Kommunikationspolitik im internationalen Kontext	200f
Tab. 3-4	Ausblick auf die künftige Entwicklung der Stärken und Schwächen in der Kommunikationspolitik	201f
Tab. 3-5	Prognose der Chancen und Risiken in der Kommunikationspolitik	203
Tab. 3-6	Maßnahmen zur Erfolgssicherung im Bereich der Kommunikationspolitik	204
Abb. 4-1	Kriterien der Kommunikationspolitik	205
Tab. 4-1	Checkliste zur Lieferantenauswahl	206
Abb. 4-2	Gestaltungsmöglichkeit des betrieblichen Leistungsumfanges	209
Abb. 4-3	Kostenfaktoren im Logistikbereich	210
Tab. 4-2	Checkliste zur Vorbereitung von Logistikentscheidungen	210ff
Tab. 4-3	Hauptaufgaben der Mitarbeiter im Verkauf	214
Abb. 4-4	Ablaufschema für die Planung und Führung einer Verkaufsorganisation	215
Abb. 4-5	Ermittlung des kritischen Umsatzes	217
Tab. 4-4	Argumente, wenn der Kunde zum Abschluß noch nicht bereit ist	255

Tab. 4-5	Checkliste für die Analyse der Distributionspolitik im internationalen Kontext	227ff
Tab. 4-6	Ausblick auf die künftige Entwicklung der Stärken und Schwächen in der Distributionspolitik	229
Tab. 4-7	Prognose der Chancen und Risiken in der Distributionspolitik	230
Tab. 4-8	Maßnahmen zur Erfolgssicherung im Bereich der Distributionspolitik	231
Abb. 5-1	Kriterien der Kontrahierungspolitik	232
Abb. 5-2	Zuschlagskalkulation	233
Abb. 5-3	Grafische Darstellung des Break-Even-Point	234
Tab. 5-1	Grundlegende Preisstrategien im Überblick	237
Tab. 5-2	Incoterms 2000	241
Abb. 5-4	Kalkulation unter Einbeziehung der Incoterms	243
Abb. 5-5	Zahlungsbedingungen und damit verbundene Risiken	244
Tab. 5-3	Checkliste für die Analyse der Kontrahierungspolitik im internationalen Kontext	245
Tab. 5-4	Ausblick auf die künftige Entwicklung der Stärken und Schwächen in der Kontrahierungspolitik	246
Tab. 5-5	Prognose der Chancen und Risiken in der Kontrahierungspolitik	247
Tab. 5-6	Maßnahmen zur Erfolgssicherung im Bereich der Kontrahierungspolitik	248

Teil C: Finanzen

Tab. 0-1	Übersicht der Instrumente zur Erfolgssicherung im internationalen Geschäft III – Finanzen	251ff
Abb. 1-1	Kriterien im Finanzbereich	255
Abb. 1-2	Avalkredit	262
Abb. 1-3	Ablauf eines Dokumenteninkassos	267f
Abb. 1-4	Abwicklung eines Akkreditivgeschäfts	269
Tab. 1-1	Checkliste zur Erfolgssicherung im Bereich Finanzierung	270
Tab. 1-2	Maßnahmen zur Erfolgssicherung im Bereich Finanzierung	271
Tab. 2-1	Abwägung von Investitionsstrategien	272
Abb. 2-1	Investitionsrechnungsverfahren	274
Abb. 2-2	Ermittlung der durchschnittlichen Kapitalbindung	276
Abb. 2-3	Aufzinsung vs. Abzinsung	283
Abb. 2-4	Berücksichtigung der Zahlungszeitpunkte bei der Kapitalwertmethode	284
Abb. 2-5	Ermittlung des Kapitalwertes	284
Abb. 2-6	Ermittlung der Annuität	286
Abb. 2-7	Ermittlung des internen Zinsfußes	287

Abb. 2-8	Prognoseverfahren	289
Tab. 2-2	Kalkulationszinssätze nach Risikokategorien	294
Abb. 2-9	Schrittfolge beim Verfahren der kritischen Werte	298
Abb. 2-10	Formulierung der Kapitalwertfunktion	298
Abb. 2-11	Ermittlung der kritischen Absatzmenge	299
Abb. 2-12	Schrittfolge beim Verfahren zur Ermittlung der Outputänderung bei vorgegebener Inputänderung	300
Abb. 2-13	Schrittfolge bei einer Risikoanalyse	301
Tab. 2-3	Checkliste zur Analyse der Vorteilhaftigkeit von Investitionsalternativen	303f
Tab. 3-1	Aufgabenfelder und Teilbereiche des Controllings	305f
Abb. 3-1	Instrumente des Controlling	306
Tab. 3-2	Erfolgsrechnung – GuV für Planung und Bilanzierung	307
Abb. 3-2	Elemente der Unternehmensplanung	308
Tab. 3-3	Checkliste zur Rentabilitätssteuerung	309f
Tab. 3-4	Grundschema eines Finanzplanes	311
Tab. 3-5	Liquiditätsplan	313
Tab. 3-6	Cash-flow-Prognoserechnung für verschiedene Beschäftigungsgrade	314
Abb. 3-3	Die vier Perspektiven der Balanced Scorecard	317
Abb. 3-4	Der Weg in die Insolvenz	320
Tab. 3-7	Elemente eines Frühwarnsystems	321f
Abb. 3-5	Beispiel einer Veränderungsbereitschaftsanalyse	323
Abb. 3-6	DuPont-System	328
Abb. 4-1	Risiken im internationalen Geschäft	329
Abb. 4-2	Formen von Transportversicherungen	331
Abb. 4-3	Möglichkeiten der staatlichen Exportkreditversicherung	333
Tab. 4-1	Checkliste zur Analyse der Absicherungsnotwendigkeiten	334

Teil D: Personal

Tab. 0-1	Übersicht der Instrumente zur Erfolgssicherung im internationalen Geschäft IV – Personal	337
Abb. 1-1	Kriterien im Personalbereich	338
Tab. 1-1	Internationale Unternehmenstätigkeit und kulturelle Unterschiede	339f
Tab. 2-1	Vorteile und Nachteile interner und externer Personalbeschaffung	342
Abb. 2-1	Personalauswahlinstrumente	343
Abb. 2-2	Anforderungsprofil für eine Position „Geschäftsführer“ eines mittelständischen Unternehmens in Südamerika	344
Abb. 2-3	Vergleichende Bewertung verschiedener Bewerber	345

Tab. 2-2	Checkliste für die Auswahl eines lokalen Vertreters, der ein Unternehmen vor Ort repräsentiert	346
Abb. 3-1	Trainingsmethoden	348
Abb. 3-2	Maßnahmen zur Vorbereitung eines Auslandseinsatzes	350
Abb. 4-1	Internationale Besetzungsstrategien	352
Abb. 4-2	Einflüsse auf einen Expatriate	353
Tab. 4-1	Entsendungskriterien in unterschiedlichen Internationalisierungsphasen	354
Abb. 4-3	Schema zur Erhebung der psychischen Distanz	355
Abb. 4-4	Vergleich psychischer und realer Distanzen	356
Tab. 4-2	Checkliste für die Entsendung eines Mitarbeiters ins Ausland – Erfordernisse	357f
Abb. 4-5	Typologie von ins Ausland entsandten Mitarbeitern	359
Abb. 4-6	Phasen der Rückkehr	360

Literatur & Quellen

Al-Ani, A.; Gattermeyer, W.: Entwicklung und Umsetzung von Change Management-Programmen, in: Gattermeyer, W.; Al-Ani, A. (Hrsg.): Change Management und Unternehmenserfolg, Wiesbaden 2001, 13-40

Al-Ani, A.; Gneisz, B.; Kaufmann, A.; Kostner, M.; Palme, H.; Strunz, H.: Österreichisch-arabische Wirtschaftsbeziehungen, Berlin 1995

Altmann, J.: Wirtschaftspolitik, Stuttgart/Jena 1995

Altvater, E.; Mahnkopf, B.: Grenzen der Globalisierung, Münster 1999

Apfelthaler, G.: Interkulturelles Management, Wien 1999

Arnold, K.: Wirtschaftsgeographie in Stichworten, Berlin/Stuttgart 1992

Arbeitsgruppe Soziologie: Denkweisen und Grundbegriffe der Soziologie, Frankfurt/M./New York 1998

Atteslander, P.: Methoden der empirischen Sozialforschung, Berlin/New York 2000

Backhaus, K.; Erichson, B.; Plinke, W.; Weiber, R.: Multivariate Analysemethoden, Berlin u.a. 2000

Ball, D. A.; McCulloch, W. H.: International Business, Chicago/Ill. u.a. 1996

Baßeler, U.; Heinrich, J.: Grundlagen und Probleme der Volkswirtschaft, Stuttgart 2001

Behrens, W.; Hawranek, P. M.: Manual for the Preparation of Industrial Feasibility Studies, Wien 1991

Beike, R.; Schlütz, J.: Finanznachrichten lesen, verstehen, nutzen, Stuttgart 1999

Berger, V.: Österreichische Direktinvestitionen in den neuen deutschen Bundesländern, Wien 1996

Beyfuß, J.; Kitterer, B.: Deutsche Direktinvestitionen im Ausland, Köln 1990

Blohm, H.; Lüder, K.: Investition, München 1991

Borg, M.; Harzing, A.-W.: Karrierepfade und Effektivität internationaler Führungskräfte, in: Macharzina, K.; Wolf, J. (Hrsg.): Handbuch Internationales Führungskräfte-Management, Stuttgart u.a. 1996, S. 279-297

Brenner, H.; Lorber, B.: Erfolgreich exportieren, Köln 1996, 2000

Breuss, F.: Benchmarks für den österreichischen Export, in: WIFO-Monatsberichte, 2/1998, 91-106

Brill, B.: Vom Besten lernen, in: Absatzwirtschaft 8/1998, S. 48-55

Bruckmann, G.; Fleissner, P.: Am Steuerrad der Wirtschaft, Wien/New York 1989

Buckley, P.; Chapman, M.: Theory and Method in International Business Research, in: International Business Review, 3/1996, 233-245

Bühler, W.; Hofmann, M.; Malinsky, A. H.; Reber, G.; Pernsteiner, A. (Hrsg.): Die ganzheitlich-verstehende Betrachtung der sozialen Leistungsordnung, Wien/New York 1985

Bundesministerium für Wirtschaft und Technologie – BMWi (Hrsg.): Weltweit aktiv, Berlin 1999

Bundesstelle für Außenhandelsinformation – BfAI (Hrsg.): Geschäftspartner Griechenland, Köln/Berlin 1996

Czinkota, M. R.; Ronkainen, I. A.: International Marketing, Fort Worth/Tx. u.a. 1998

Clausius, E.: Betriebswirtschaftslehre II – Grundlagen des Finanzwesens, München/Wien 2000

Clement, R.; Terlau, W.: Grundlagen der Angewandten Makroökonomie, München 1998

Coviello, N. E.; McAuley A.: Internationalisation and the Smaller Firm: A Review of Contemporary Empirical Research, in: Management International Review, 3/1999, 223-256

Creditanstalt (Hrsg.): Central European Quarterly IV/2000

Creditanstalt-Bankverein/CA-BV (Hrsg.): Erfolg im Dokumentengeschäft (3 Teile), Wien 1996

Dahl, D.: Volkswirtschaftslehre, Wiesbaden 1989

Dichtl, E.; Leibold, M.; Köglmayr, H.-G.; Müller, S.: The Export-decision of Small and Medium-Sized firms – A Review, in: Management International Review, 2/1984, 49-60

Dierichs, J.; Berthold, H.; Schrader, E.; Straub, W. G.: Workbook – Ein Methodenangebot als Anleitung zum aktiven Gestalten von Lern- und Arbeitsprozessen, Hamburg 1992

Ederer, G.; Seiwert, L. J.: Der Kunde ist König, Offenbach 2000

European Bank for Reconstruction and Development – EBRD: Transition report 1995, London 1995

Egger, P.: European Exports and Outward Foreign Direct Investment – A dynamic Panel Data Approach, unter: http://www.wifo.ac.at, 2000

Feichtinger, W.; Jureković, P.; Riemer, A.: Fallstudie „FYROM/Mazedonien" im Rahmen der Projektkooperation „Anwendung eines Early Warning Systems", in: Gustenau, G. (Hrsg.): Konfliktentwicklung auf dem südlichen Balkan I, Informationen zur Sicherheitspolitik 17/1999, 7-61

Flick, U.: Qualitative Forschung, Reinbek 1998

Förschle, G.; Kropp, M.; Huß, J.: Unternehmensfinanzierung: Finanzierungsformen, Finanzanalyse und Finanzplanung, Bonn 1993

Foerster, G.: Studienmaterial „Unternehmensführung 1", Wien 2000

Fröhlich, E. A.; Hawranek, P. M.; Lettmayr, C. F.; Pichler, J. H.: Manual for Small Industrial Businesses, Wien 1994

Gesellschaft für Österreichisch-Arabische Beziehungen (Hrsg.): Die wirtschaftliche Relevanz der österreichisch-arabischen Beziehungen auf dem Gesundheitssektor, Wien 2000

Giddens, A.: Soziologie, Graz/Wien 1999

Götze, U.; Bloech, J.: Investitionsrechnung: Modelle und Analysen zur Beurteilung von Investitionsvorhaben, Berlin u.a. 1995

Grabner-Kräuter, S.: Diskussionsansätze zur Erforschung von Erfolgsfaktoren, in: Journal für Betriebswirtschaft, 6/1993, 278-300

Gutmann, J.; Kabst, R.: Internationalisierung im Mittelstand, Wiesbaden 2000

Härdler, J.: Studienmaterial „Materialwirtschaft", Zwickau 2000

Härdler, J. (Hrsg.): Betriebswirtschaftslehre für Ingenieure, München/Wien 2001

Hartmann, M.; Rieger, M.; Pajonk, B.: Zielgerichtet moderieren, Weinheim/Basel 1997

Haverkamp, C.: Ein Scoring-Modell zur Einschätzung des politischen Länderrisikos, Wien 1997

Heimerl-Wagner, P.: Veränderung und Organisationsentwicklung, in: Kasper, H.; Mayrhofer, W. (Hrsg.): Personalmanagement – Führung – Organisation, Wien 1996, 541-567

Herder-Dorneich, P.: Ökonomische Systemtheorie, Baden-Baden 1993

Herder-Dorneich, P.: Vernetzte Strukturen, Baden-Baden 1992

Hering, E. (Hrsg.): Taschenbuch für Wirtschaftsingenieure, München/Wien 1999

Hering, E.; Rieg, R.: Prozessorientiertes Management, München/Wien 2001

Hesse, J.; Schrader, H.-C.: Assessment Center für Hochschulabsolventen, Frankfurt/M. 1998

Hinterhuber, H. H.: Strategische Unternehmungsführung I, Strategisches Denken, Berlin/New York 1996

Hinterhuber, H. H.: Strategische Unternehmungsführung II, Strategisches Handeln, Berlin/New York 1997

Hinz, K. J.; Karrenberg, F. H.: Handbuch Berufsplanung, Stuttgart 1997

Hirsch, K.: Reintegration von Auslandsmitarbeitern, in: Bergemann, N.; Sourisseaux, A. L. J. (Hrsg.): Interkulturelles Management, Heidelberg 1992, 285-298

Holzmüller, H. H.; Kasper, H.: Die Auslandsorientierung österreichischer Manager im internationalen Vergleich, in: Zeitschrift für betriebswirtschaftliche Forschung, 3/1990, 242-262

Holzmüller, H. H.; Kasper, H.: Empirische Analyse personaler und organisationaler Einfluß-Größen zur Erklärung des Exporterfolgs österreichischer Unternehmungen, Wien 1988

Holzmüller, H. H.; Kasper, H.: Psychstrukturelle Merkmale von Exportmanagern, Organisationskultur und Exporterfolg, in: Zeitschrift für Betriebswirtschaft, 12/1989, 1297-1323

Holzmüller, H. H.; Maier, G.: Die Vorhersage des Exporterfolges von Unternehmen als Problem der Selbst-Selektion, in: Zeitschrift für betriebswirtschaftliche Forschung, 11/1990, 915-930

Internationale Handelskammer/International Chamber of Commerce (Hrsg.): Einheitliche Richtlinien für Inkassi, Köln 1995

Internationale Handelskammer/International Chamber of Commerce, unter: http://www.iccwbo.org, 22.09.2000

Jahrmann, F.-U.: Außenhandel, Ludwigshafen/Rh. 1998

Kailer, N.; Heimerl, P.; Kalcher-Formayer, W.: Unternehmer unternehmen, Wien 1990

Karbach, R.; Dorsch, M.: Instrumente zum Management komplexer Problemsituationen, Hamburg 1999

Karbach, R.; Dorsch, M.: Innovation und Qualität – Kreativitätstechniken, Hamburg 2000

Keller, E. v.: Management in fremden Kulturen, Bern/Stuttgart 1992

Kemmetmüller, W.; Sertl, W. (Hrsg.): Klein- und Mittelbetriebe, Wien 1981

Klebert, K.; Schrader, E.; Straub, W. G.: Kurzmoderation, Hamburg 1996

Kotler, P.; Bliemel, F.: Marketing-Management, Stuttgart 1999, 2001

Kreditanstalt für Wiederaufbau, unter: http://www.kfw.de, 27.06.2001

Kriz, J.; Nohlen, D.; Schultze, R.-O. (Hrsg.): Politikwissenschaftliche Methoden (Lexikon der Politik, hrsgg. v. D. Nohlen, Bd. 2), München 1994

Kruschwitz, L.: Investitionsrechnung, Berlin/New York 1995

Krystek, U.; Zur, E. (Hrsg.): Handbuch Internationalisierung, Berlin u.a. 2001

Kulhavy, E.; Nöhmayer, K.; Schadenhofer, L.; Schelling, H. J.: Exportprobleme von Klein- und Mittelbetrieben, Linz 1982

Kumar, B. N.; Wagner, D. (Hrsg.): Handbuch des internationalen Personalmanagements, München 1998

Lueger, G.: Beschaffung und Auswahl von Mitarbeitern, in: Kasper, H.; Mayrhofer, W. (Hrsg.): Personalmanagement – Führung – Organisation, Wien 1996, 337-387

Macharzina, K.; Oesterle, M.-J. (Hrsg.): Handbuch Internationales Management, Wiesbaden 1997

Mayrhofer, W.; Erten-Buch, C.; Strunk, G.: Exportorientierung und Personalmanagement im europäischen Vergleich, Wien 2000

Meffert, H.; Bruhn, M.: Dienstleistungsmarketing, Wiesbaden 1997

Meffert, H.: Marketing: Grundlagen der Absatzpolitik, Wiesbaden 1998, 2000

Miesenböck, K.: Der Weg zum Export – Chancen für Klein- und Mittelbetriebe, Wien 1988

Morrison, T.; Conaway, W. A.; Borden, G. A.: Kiss, Bow or Shake Hands, Holbrook/Ma. 1994

Mugler, J.: Betriebswirtschaftslehre der Klein- und Mittelbetriebe, Wien/New York 1998 (Bd. 1), 1999 (Bd. 2)

Müller, S.; Köglmayr, H.-G.: Die psychische Distanz zu Auslandsmärkten, in: Zeitschrift für betriebswirtschaftliche Forschung, 9/1986, 788-804

Münch, R.: Die Struktur der Moderne, Frankfurt/M. 1992

Nagel, K.: Praktische Unternehmensführung, Landsberg/L. 1992

Nagel, K.; Stalder, J.: Unternehmensanalyse: schnell und punktgenau, Landsberg/L. 2001

Niehoff, W.; Reitz, G. (Hrsg.): Going Global, Berlin u.a. 2001

Niermeyer, R.: Kriterien der Personalauswahl, in: Gutmann, J.; Kabst, R.: Internationalisierung im Mittelstand, Wiesbaden 2000, 327-343

Nührich, K. P.: Unternehmensdiagnose, Berlin u.a. 2001

Oesterreichische Kontrollbank (Hrsg.): Exportservice-Handbuch, Wien 1999 (mit Nachträgen)

Ossola-Haring, C. (Hrsg.): Die 499 besten Checklisten für Ihr Unternehmen, Landsberg/L. 1996

Ostendorf, T.: Das Internationalisierungsverhalten von Handwerksbetrieben, Duderstadt 1997

Pahud de Mortanges, C.; Allers, V.: Political Risk Assessment – Theory and the Experience of Dutch Firms, in: International Business Review, 3/1996, 303-318

Paltauf, A. M.; Lorenz, N. C.: Erfolgsfaktoren im Exportgeschäft – Eine empirische Untersuchung österreichischer und deutscher Klein- und Mittelbetriebe, Wien 2000

Pascha, W.; Storz, C. (Hrsg.): Klein- und Mittelunternehmen in Japan, Baden-Baden 2000

Perridon, L.; Steiner, M.: Finanzwirtschaft der Unternehmung, München 1993

Pfaffermayr, M.: Export Orientation, Foreign Production, and the Growth of Medium Sized and Large Manufacturing Firms, unter: http://www.wifo.ac.at, 2000

Pichler, J. H.; Pleitner, H. J.; Schmidt, K.-H. (Hrsg.): Management in KMU, Bern/Stuttgart 2000

Porter, M. E.: Wettbewerbsstrategie, Frankfurt/M./New York 1999

Punnett, B. J.; Ricks D. A.: International Business, Boston/Ma. 1992

Punnett, B. J.; Ricks D. A.: International Business, Malden/Ma./Oxford 1997 (reprinted 1998)

Ricks, D. A.: How to Avoid Business Blunders Abroad, in: Lähde, F. (Hrsg.): International Marketing – Managerial Perspectives, Boston/Ma. 1980, 107-121

Robbins, S. P.: Managing Today, Upper Saddle River/N. J. 2000

Runer, H.: Die Bestimmung der Standortanforderungen bei Standortentscheidungen, Frankfurt/M. u.a. 1999

Sachs, R.; Kamphausen, R. E.: Leitfaden Außenwirtschaft, Wiesbaden 1996

Schätzl, L.: Wirtschaftsgeographie 1 – Theorie, Paderborn u.a. 1996

Schätzl, L.: Wirtschaftsgeographie 2 – Empirie, Paderborn u.a. 1981

Schätzl, L.: Wirtschaftsgeographie 3 – Politik, Paderborn u.a. 1991

Schanz, G.: Methodologie für Betriebswirte, Stuttgart 1988

Schneider, D. J. G.: Ansatzpunkte für internationale Marketingkonzepte österreichischer Mittelbetriebe, in: Journal für Betriebswirtschaft, 4-5/1989, 204-219

Schoppe, S. (Hrsg.): Kompendium der Internationalen Betriebswirtschaftslehre, München/Wien 1998

Schuh, A.; Klausegger, C.; Schreiber, M. F.: Aktuelle Problemfelder und Strategien österreichischer Unternehmen bei der Marktbearbeitung in Mittel-Osteuropa, in: Der Markt, 4/1994, 178-190

Schumpeter, J. A.: Theorie der wirtschaftlichen Entwicklung, München/Leipzig 1926

Staehle, W. H.: Funktionen des Managements, Bern/Stuttgart 1989

Stepic, H. (Hrsg.): Handbuch der Exportabwicklung, Wien 1996

Steyrer, J.: Theorien der Führung, in: Kasper, H.; Mayrhofer, W. (Hrsg.): Personalmanagement – Führung – Organisation, Wien 1996, 153-223

Stiftung für Entwicklung und Frieden (Hrsg.): Globale Trends 2002, Frankfurt/M. 2001

Stocker, F.: Moderne Volkswirtschaftslehre, Bd. 1 – Logik der Marktwirtschaft, München/Wien 1994

Strunz, H.: Managementinstrumente für kleine und mittelständische Unternehmen, in: Tichy, G. E.; Matis, H.; Scheuch, F. (Hrsg.): Wege zur Ganzheit, Berlin 1996, 1074-1088

Strunz, H.; Dorsch, M.: Internationale Märkte, München/Wien 2001a

Strunz, H.; Dorsch, M.: Libyen – Zurück auf der Weltbühne, Frankfurt/M. u.a. 2000

Strunz, H.; Dorsch, M.: Management, München/Wien 2001b

Sunder, D. L.; Kamalanabhan, T. J.: Entrepreneurial Risk Taking, in: SEDME, 3/1997, 1-9

Thielmann, K.-H.; Rollwage, N.: Finanzierung, Köln 1997

Unicon Management Systeme GmbH: Unternehmensplanspiel TOPSIM – Euro, Meersburg 2000

Unicon Management Systeme GmbH: Unternehmensplanspiel TOPSIM – Manager, Meersburg 1996

United Nations Development Program – UNDP: Bericht über die menschliche Entwicklung 2000, Bonn 2000

Vereinigte Motor-Verlage (Hrsg.): Auto Katalog 98/99, Nr. 42: Modelljahr 1999, Stuttgart 1998

Vester, F.: Die Kunst, vernetzt zu denken, München 2000

Vester, F.: Unsere Welt – ein vernetztes System, München 1999

Vester, F.; Hesler, A. v.: Sensivitätsmodell, Frankfurt 1980

Vroom, V. H.; Yetton, P. W.: Leadership and Decision-Making, Pittsburgh/Pa. 1973

Wack, O. G.; Detlinger, G.; Grothoff, H.: Kreativ sein kann jeder, Hamburg 1993

Wagner, B.: Bedürfnisorientierte Unternehmenspolitik, Bern/Stuttgart 1990

Weber, H. (Hrsg.): Literatur für die Aus- und Weiterbildung in Organisationen, Hamburg 1993

Weber, J.; Schäffer, U.: Balanced Scorecard & Controlling, Wiesbaden 2000

Weber, M.: Bilanzen lesen, Planegg 1997

Weber, W.; Kabst, R.: Internationalisierung mittelständischer Unternehmen: Organisationsform und Personalmanagement, in: Gutmann, J.; Kabst, R.: Internationalisierung im Mittelstand, Wiesbaden 2000, 3-89

Weis, H.-C.: Marketing, Ludwigshafen/Rh. 1993, 1999

Welge, M. K.; Holtbrügge, D.: Internationales Management, Landsberg/L. 1998

Winkelmann, P.: Marketing und Vertrieb, München/Wien 2000

Wirtschaftskammer Österreich (Hrsg.): Achtung, Kultur! Ein praktischer Wegweiser für internationale Geschäftsreisen, Wien 1998

Wirtschaftskammer Österreich (Hrsg.): Cross-Cultural Communication, Wien 1999

Wirtschaftskammer Österreich (Hrsg.): Lieferungen über die Grenze, Wien 1998

Wöhe, G.: Einführung in die Allgemeine Betriebswirtschaftslehre, München 2000

Wollenberg, K.(Hrsg.): Taschenbuch der Betriebswirtschaft, München/Wien 2000

World Populations Prospects der UNO, in: Encarta Weltatlas 1999, Microsoft Corporation

Stichwortverzeichnis

1.000-Kontakt-Preis 194
7-W-Analyse 84
ABC-Analyse 84
Abnehmerbefragung 152
Abschlußsignale 223f
Abschreibungsintensität 327
  -quote 324
Absicherung 250, 328ff
  Checkliste 334
Abweichungsanalyse 312
Administration 250, 270
AKA-Kredite 258
Akkreditiv 268ff
Akzeptkredit 256
All-you-can-afford-Method 190
Altersstrukturanalyse 180
Amortisationsrechnung 171
Analytische Verfahren 153
Anforderungsprofil 344
Angebot 75
Anlageintensität 324
  -nutzung 325
Annuitätenmethode 286f
Anreizsystem 353f
Anschlußfinanzierung 256
Anti-Verkaufs-Ausdrücke 218f
Anzahlung 265f
Anzahlungsgarantie 263
Auslandsbeteiligung 136f
  -einsatz 350
  -entsendung 87ff
Auslandsinvestition (FDI) 136ff, 139ff
  Checkliste 140
  Erfolgssicherung 142
  Probleme 139
  Prognose der Chancen und Risiken 141
Außendienstmitarbeiter 215ff
  Ermittlung der optimalen Anzahl 216
  Vorteilhaftigkeitsvergleich 216f
Außenhandelsfinanzierung
  kurzfristige 256ff
  mittel- und langfristige 258ff
Außerordentliches Ergebnis 326
Ausweichmöglichkeiten 21
Automobilbranche 109ff
Autoregressive Methoden 293
Avalkredit 262

Balanced Scorecard 316ff
Bankgarantien 262ff
  -kreditdauer 325
Befragungen 152, 289ff
Benchmarking 82
Beschaffungsanteil 324
Beschäftigungsgrad 324
Besetzungsstrategien 351f
  ethnozentrisch 351f
  geozentrisch 351f
  komparativ 351
  polyzentrisch 351
  synergistisch 351
Bestellung unter Bezugnahme auf das Werbemittel 197
Betriebsergebnis 326
Bewegungsbilanz 326
Bewerbervergleich 345
Bewertungsverfahren 84

Bietungsgarantie 263
Bilanzgewinn 326
  -kurs 325
Bisoziation 199
Bonität 329f
Bonitätsprüfung 330
BOT-Contracts 133
Boykotte 58ff
Brainstorming 84, 198, 291
Branchenanalyse 72ff
  Checkliste 76f
  Prognose der Chancen und Risiken 78
Break-Even-Analyse 171, 234
Build-operate-transfer 133, 260

Cash against documents (CAD) 266ff
Cash Cows 104ff
Cash-flow
  -Analyse 326
  -Prognoserechnung 314
Change-Management 318ff
Checklistentechnik 84
Clusteranalyse 154
Coaching 348
Competitive-Parity-Method 190
Conjoint-Analyse 154
Controllerbericht 306
Controlling 250, 304ff
  -instrumente 306
Country risk 330

Datenauswertung 154
Deckungsbeitragsanalyse 181
  -rechnung, mehrstufige 235
Deckungsgrad A/B/C 326
Defensivstrategie 105
Delphi-Methode 84, 168, 290
Desinvestitionsstrategie 105
Desk Research 151
Deskriptive Verfahren 153
Devisentermingeschäft 332
Direct Costing 235
Direktinvestitionen 136ff, 139ff
Diskriminanzanalyse 154
Distributionspartner 206ff
Distributionspolitik 145, 205ff
  Checkliste 227ff
  Erfolgssicherung 231
  Prognose der Chancen und Risiken 230
  Prognose der Stärken und Schwächen 229
Dokumente gegen Akzept 266
Dokumentenakkreditiv 268ff
  -inkasso 266ff
DuPont-System 328

E-commerce 213
Eigenkapitalanteil 325
  -rentabilität 327
Eigentumsverlagerung ins Ausland 118
Einfache Regression 293
Einkaufsrichtlinien 207
Einkommensverteilung 41
Entscheidung 84ff
Entscheidungsbaumverfahren 84
  -bilanz 84
  -modell von Vroom und Yetton 86ff
Entsendung 336, 357f
  Checkliste 357f
Entsendungskriterien 354
Entwicklungsablauf 167
Erfahrungsaustauschgruppen 348
Erinnerungsverfahren 197
Erfolgsrechnung 307
Ertragskrise 319f
  -wirtschaftliche Analyse 326f
Euro-Geldmarkt-Kredite 257
Expatriate 353
Experimente 153
Expertenbefragungen 152, 290
Exponentielle Glättung 293
Export 119ff

Checkliste 124
-dokumente 120ff
Erfolgssicherung 127
-factoring 257
-kalkulation 243
-kreditversicherung 333f
-liefervertrag 224f
Messung des Exporterfolgs 130
-probleme 122, 128f, 131f
Prognose der Stärken und Schwächen 126
Prognose der kurz-, mittel- und langfristigen Entwicklung 129
-quote 327
unternehmensexterne Risiken 122
unternehmensinterne Risiken 122

F & E 48, 164ff
Fachkompetenz 347, 358
Faktoren
-analyse 154
aktive 31f
kritische 31f
reaktive 31f
träge 31f
Fallstudien 349
Familie 358
Feasibility-Study 133ff
Festgeld-Kredite 257
Field Research 152
Finanzanalyse 324ff
Finanzen 249ff, 255ff
Finanzierung 250, 255ff
Erfolgssicherung 270f
Finanzplan 311ff
-wirtschaftliche Analyse 324ff
Firmenwert 326
Flop 173
Foreign direct investment (FDI) 136ff
Forfaitierung 258f
Franchising 132f
Fremdbezug 208f
-kapitalanteil 325
Frühwarnindikatoren 321f
-system 321f

GAP-Analyse 84f
Garantien 263f
Gebietsverkaufstest 197
Gefahrenpotentiale der Markt- und Standortsicherheit
Checkliste 59f
Gesamtkapitalrentabilität 327
Geschäftsreisen 222
Gesellschaft 49f
Grundfragen zur Analyse und Prognose der Entwicklung 117
Gewährleistungsgarantie 263
Gewinnanteil 324
-schwelle 234
-vergleichsrechnung 278f
-chancen 21
Global Sourcing 207
Globalisierung 21
Grenzplankostenrechnung 235
Grundlagenanalyse 85

Haftrücklaßgarantie 264
Handelsvertreter 216f
Hochpreispolitik 237

Ideensammlung 168
Import 119ff
Incoterms 240ff
Kalkulation 243
Indirekte Kontrolle 85
Innovation 163f
Innovationsmöglichkeiten 48
Insourcing 208f
Instrumente
Finanzen 251ff
Marketing 146ff
Personal 337
Strategie 18ff

Intensitätsportfolio 31f
Internationalisierung
Motive 26
Internationalisierungsgründe 25
-prozeß 25
Intuitiv-kreative Verfahren 168
Investition 250, 272ff
Investitionsanteil 324
-deckung 324
-quote 324
Investitionsbewertung 273
-rechnungsverfahren 274ff

Jahresüberschußrechnung 326
Job Rotation 348
Enlargement 348f
Enrichment 349
Joint Venture 137f
Just-in-time 209, 212

Kapitalflußrechnung 326
-wertmethode 171, 283ff
Kaufkraft 41
Kennzahlen 324ff
Kennzahlensysten 327f
Kepner-Tregoe/Hoshin-Kanri 85
KfW-Kredite 258
Kommunikationspolitik 144f, 187ff
Checkliste 200f
Erfolgssicherung 204
Prognose der Chancen und Risiken 203
Prognose der Stärken und Schwächen 201f
Kompetenz
interkulturelle 357
Konditionenpolitik 240ff
Konjunktur 43
Konkurrenzanalyse 79ff
Checkliste 80f
Konsumenten-Panels 153
-typologien 153
Kontaktmessungsverfahren 197
Kontrahierungspolitik 145, 232ff
Checkliste 245
Erfolgssicherung 248
Prognose der Chancen und Risiken 247
Prognose der Stärken und Schwächen 246
Korrekturverfahren 294ff
Korrelationsanalyse 154
Kostensenkungsprogramme 322
-vergleichsrechnung 85, 275ff
Kreativitätstechniken 198f
Kreditgarantie 264
-spannung 325
Kriminalität 58f
Krisenpotentiale 68ff
-signale 69ff
Kritische Erfolgsfaktoren 91f, 94f
Kundenbefragungen 290
-strukturanalyse 181
-kontakt 161
-orientierung 160ff, 227
-potential 89f
Kündigungsgeld 257

Lagerhaltungsentscheidungen 211
Länderrating 330
Länderrisiko
politisches 69ff
Checkliste zur Evaluierung 69ff
Laufzeit der Forderungen 325
Leasing 259
Lebenshaltungskosten 41, 43
Leitfragen
Finanzen 250
Marketing 144ff
Personal 336
Strategie 14ff
Letter of credit (L/C) 268ff
Liberia 54
Libyen 54, 60ff
Lieferantenauswahl 206f
Checkliste 206

-kreditdauer 325
-verhalten 76
Lieferbedingungen 240ff
Lieferungs- und Leistungsgarantie 263
Liquidität 1./2./3. Grades 326
Liquiditätskrise 319f
-plan 313
Lizenzen 132f
Logistikentscheidungen 210ff
Checkliste 210ff
Logistikkosten 210
Lokaler Vertreter 346
Checkliste 346
Lombardkredit 257

Make-or-Buy-Analyse 209
Makroumfeld 38
Management 93
interkulturelles 338
-Informationssystem (MIS) 315
-simulation 85
Markenartikel 173 f
-name 174f
-politik 173ff
Marketing 143ff
-logistik 209ff
-Mix 158
-planung 159
Markierung 174
Markt- und Standortsicherheit
Bedrohungsfaktoren 58
Marktanteil
relativer 324
Marktattraktivität 97
Checkliste 99f
Marktbearbeitung 131f
-beurteilung 99f
-eintritt 118ff
-eintrittsbarrieren 100ff
-erprobung 171
Marktforschung 144, 150ff
Checkliste 156
Einsatzmöglichkeiten 157
Marktgröße 72
-position 93
-preispolitik 238
-segmentierung 154ff
Materialintensität 327
Mentoring 348
Methode
6-3-5 198
der Direktbefragung 197
des internen Zinsfußes 287f
Minderheitsbeteiligung 137
Mind-Mapping 85, 198
Mittelständische Wirtschaft 21f
Morphologische Methode 85
Morphologischer Kasten 199, 291f
Motivation 358
Multiple Regression 293
Multivariate Verfahren 154
Musical-Technik 188

Nachfrage 75
-volumen 72
Naturkatastrophen 58f
Negoziationskredit 256
Netzplantechnik 85
Niedrigpreispolitik 237

Objective-and-Task-Method 190
Offensivstrategie 104f
Off-the-Job-Training 348ff
ökonomische Indikatoren 42ff, 45
On-the-Job-Training 348f
Optimierungsmodelle 85
Osborn-Checkliste 199
Outsourcing 207, 209

Paarvergleich 195
Pay-off-Rechnung 171
Penetrationsstrategie 238
Percentage-of-Method 190

Personal 335ff
-auswahl 336, 341ff
-auswahlinstrumente 343
-bereich 338ff
-intensität 327
-entwicklung 346ff, 350
-management 361
Persönlicher Verkauf 214
Persönlichkeit als Symbolfigur 188
Pflichtenheft 169f
Pilottests 171
Planspiele 348
Planung 304f, 308ff
Polaritätsprofil 182
Politik
Grundfragen zur Analyse und Prognose der Entwicklung 117
Poor Dogs 105ff
Portfolio-Analyse 86, 102, 182
Prämienpreisstrategie 237
Preisbildung 232ff
auf Vollkostenbasis 233
Kostenorientiert 233ff
Zuschlagskalkulation 233
Preisempfehlungen 239f
-politik 232ff
-strategie 236ff
-untergrenzen 236
Primärforschung 152
Produkt- und Programmanalysen 176ff
-einzelanalyse 181f
-entwicklung 171ff
Produktionsanteil 324
-potential 93
Produktlebenszyklusanalyse 177ff
Produktpolitik 144, 163ff
Checkliste 182f
Erfolgssicherung 186
Prognose der Stärken und Schwächen 183f
Prognose der Chancen und Risiken 185
Produkttests 171
Projektfinanzierung 259
-gruppen 349
-management 166
Proliferation 58, 60
Promotionspreisstrategie 238
Prototypen 171
Prüf-Matrix 86
Psychische Distanz 355ff
Psychogalvanometerverfahren 195
Psychologische Preisgestaltung 238ff
Punktbewertungs-/Scoring-Modelle 170
Pupillenveränderungsmeßverfahren 196
Purchasing-Policy 207

Qualitätszirkel 348
Question Marks 104ff

Rangfolgeverfahren 195
Rating 329f
Rationalisierung 322
Recall-Verfahren 197
Recognition-Verfahren 196
Regressionsanalyse 154
Reintegration 336, 359f
Reizwort-Analyse 198
Rembourskredit 256
Rentabilitätskrise 319f
Rentabilitätsrechnung/ROI 279ff
Rentabilitätssteuerung 309f
Checkliste 309f
Ressourcenverfügbarkeit 75
Return on Investment 327
Risiken 329ff
Risikoanalyse 86, 301ff
-profil 61

Schwachstellenanalyse 86
Scoring-Modelle 182
Sekundärforschung 151
Seminare 349

Sensivitätsanalyse 297ff
Simulationsverfahren 86
Simultaneous Engineering 172
Single Sourcing 207
Skalentest 195
Skimmingstrategie 237
Slice-of-Life-Technik 188
Slowakei 83
Slowenien 43f
Sourcing-Strategie 209
Soziale Indikatoren 54
Sozialkompetenz 347, 357
Sozio-demographische Faktoren 48
Sozio-kulturelle Faktoren 55
Sparneigung 43
Spartenanteil 327
Speichelflußmessungen 196
Spezielle Berechnungsverfahren 294ff
Staatliche Eingriffe 40
Standortattraktivität 56f, 97
  Checkliste 56f
Standortfaktoren 56f, 97ff
  -sicherheit 58
Stärken-Schwächen
  -Analyse 79, 82, 91ff
  -Profil 96
Stars 104ff
Statische Amortisationstechnung 281f
Steuerbilanzgewinn 326
Steuern 38
Steuerung 304
Strategie 13
  -typen 33
Strategische Ausgangsposition 37
Strategischer Entscheidungsprozeß 37
Supply chain 207
SWOT-Analyse 102ff
Synektik 168, 199, 291
Szenarien
  Entwicklung 63ff
  -Tableau 63ff
Szenariotechnik 86, 292

Tachistoskopverfahren 195
Tagesgeld 257
Technische Komptenz 188
Teilautonome Arbeitsgruppen 348
Teilkostenrechnung 234
Testimonial Werbung 188
Testmarktverfahren 172
Testverfahren 154
Training 336
Transformation 44
Transportrisiko 331
  -versicherung 331
Trendanalyse
  Branchenentwicklung 74
  Gesellschaft 51ff
  ökonomische Indikatoren 46f
  Strategie 46f
Trends 23f
Trendverfahren 292
Turn-key-Projekte 133, 259f

Übersetzung 189
Umfeld
  gesellschaftliches 48ff, 57, 64
  natürliches 55, 57, 65
  ökonomisches 40ff, 56, 63f
  politisch-rechtliches 38, 56, 63
  technologisches 48, 56f, 64
Umfeldanalyse 38ff
Umlaufintensität 324
Umsatzanteil 324
  -dominanz 327
  -rentabilität 327
  -rentabilität 327
  -strukturanalyse 180
Umschlagshäufigkeit
  des Anlagevermögens 325
  des Gesamtvermögens 325
  des Umlaufvermögens 325
Umwelteinflüsse 90
  Analyse 90

Unternehmensanalyse 91ff
Checkliste 93
Entwicklung der Stärken und Schwächen 94
Kritische Erfolgsfaktoren 94
Erfolgssicherung 95
Unternehmenskrisen 318ff
-interne Variablen 38
-rating 330

Varianzanalyse 154
Veränderungsbereitschaftsanalyse 323
Verfahren
bivariate 153
der kritischen Werte 297ff
des strukturierten Denkens 291f
dynamische 283
multivariate 293
qualitative 289ff
quantitative 292ff
statische 274ff
univariate 153, 292f
zur Ermittlung der Outputänderung 300f
zur Prognose von Handlungskonzepten 288ff
Verhandlungsfehler 226
Verkaufsabschluß 223ff
-gespräch 218ff
-organisation 215
-prozeß 220ff
Vermögenskonstitution 324
Verpackung 211
Verschuldungskoeffizient 325
Versuchspanels 172
Vertriebsrepräsentant 216f
Vollkostenkalkulation 233
Vorauszahlung 265f
Vorfinanzierung 256
Vorratshaltung 325
Vorteilhaftigkeit
von Investitionsalternativen 303f

Warentermingeschäft 332
-terminoption 332
Wechseldiskontkredit 256
-kreditdauer 325
Werbebotschaft 188
-erfolgskontrolle 196f
-etat 190
-mittel 193f
-pretest 194f
-streuplan 194
-Timing 191ff
-träger 193f
Wertanalyse 86
Wertschöpfungsgrad 324
Wettbewerbsposition 80, 83
-situation 73, 79
Kriterien 79
-vorteile 91ff
Widerstand 322f
Wiedererkennungsverfahren 196
Wirkungsbeziehungen 28f
Analyse 28
Wirkungsmatrix 30f, 90
Wirkungsstärken 30f
Analyse 30f
Wirkungszusammenhänge 28f
Analyse 29
Wirtschaft
Grundfragen zur Analyse und Prognose der Entwicklung 117
Wirtschaftsspionage 58, 60
Workshops 348

Zahlungsbedingungen 243f
-formen 265ff
-garantie 264
-ziele 266
Zero-Base-Budgeting 86
Zessionskredit 257
Zollgarantie 264
Zulieferkette 207
Zuschlagskalkulation 232

Internationale Märkte

Herausgegeben von Prof. Dr. Herbert Strunz

Die Schriftenreihe „Internationale Märkte" veröffentlicht Monographien und Sammelbände, die sich der marktbezogenen Analyse von Ländern, Branchen und entsprechenden Aspekten des internationalen Managements widmen und wendet sich an ein am aktuellen Geschehen auf verschiedenen Märkten interessiertes Publikum. Autoren, die an einer Veröffentlichung interessiert sind, werden gebeten, sich mit dem Herausgeber der Reihe oder dem Verlag in Verbindung zu setzen.

Band 1 Herbert Strunz: Irak. Wirtschaft zwischen Embargo und Zukunft. 1998.

Band 2 Diana Kowalski: Die Erschließung des Marktes in der Tschechischen Republik. Instrumente, Probleme, Perspektiven. 1999.

Band 3 Herbert Strunz / Monique Dorsch: Libyen. Zurück auf der Weltbühne. 2000.

Band 4 Herbert Strunz / Monique Dorsch: Internationalisierung der mittelständischen Wirtschaft. Instrumente zur Erfolgssicherung. 2001.

Angelika Hilger

Erfolgsfaktoren für Internationalisierungsstrategien

Dargestellt am Beispiel des Engagements deutscher Unternehmen in der VR China

Frankfurt/M., Berlin, Bern, Bruxelles, New York, Oxford, Wien, 2001.
XXIX, 553 S., 154 Abb.
Europäische Hochschulschriften: Reihe 5, Volks- und Betriebswirtschaft. Bd. 2722
ISBN 3-631-37415-1 · br. DM 148.–*

Da sich in der VR China einer *der* Wachstumsmärkte der Weltwirtschaft befindet, haben viele Unternehmen ihr Engagement auf dem chinesischen Binnenmarkt intensiviert. Dabei werden sie mit der Frage konfrontiert, wie sie auf diesem lukrativen, aber schwer zu bearbeitenden Markt erfolgreich tätig sein können. Um hier zu einer wissenschaftlich fundierten Antwort zu gelangen, bereitet die Autorin die bisherigen Erkenntnisse über Internationalisierungsstrategien und die Erfolgsfaktorenforschung auf und führt im Rahmen ihrer Erfolgsfaktorenstudie eine standardisierte Befragung unter deutschen Unternehmen mit China-Engagement durch. Auf Basis der erhobenen Daten nimmt die Verfasserin eine vergleichende Bewertung von Internationalisierungsstrategien für die VR China vor und extrahiert die jeweils relevanten Erfolgsfaktoren. Hieraus resultiert eine Entscheidungshilfe, die der Unternehmenspraxis die Auswahl und Ausgestaltung einer adäquaten China-Strategie ermöglicht.
Die Arbeit wurde mit dem Rudi-Häussler-Förderpreis und dem Südwestmetall-Preis des Verbandes der Metall- und Elektroindustrie Baden-Württemberg e. V. ausgezeichnet.

Aus dem Inhalt: Aufbereitung bestehender Forschungserkenntnisse über Internationalisierungsstrategien (Exporte, Repräsentanzen, Lizenzvergaben, Joint Ventures, 100%-Töchter) und die Erfolgsfaktorenfor-schung · Erfolgsfaktorenstudie zur Internationalisierung deutscher Unternehmen in der VR China · Erfolg alternativer Internationalisierungsstrategien in der VR China: Erfolgsmessung über Globalurteile und ziel-basierte Beurteilung des China-Erfolgs · Erfolgsfaktoren für alternative Internationalisierungsstrategien in der VR China: Erfolgsfaktoren im Bereich des Makroumfelds, des Wettbewerbs, der Marktpartner, der extern ausgerichteten und intern bedingten Marketing-Maßnahmen und ggf. des unternehmenseigenen Stützpunktes in China

Frankfurt/M · Berlin · Bern · Bruxelles · New York · Oxford · Wien
Auslieferung: Verlag Peter Lang AG
Jupiterstr. 15, CH-3000 Bern 15
Telefax (004131) 9402131

*inklusive Mehrwertsteuer
Preisänderungen vorbehalten

Homepage http://www.peterlang.de

FSC
www.fsc.org
MIX
Papier | Fördert
gute Waldnutzung
FSC® C083411

Kolibri 360 GmbH
Ferdinand-Jühlke-Straße 7
99095 Erfurt, Deutschland
produktsicherheit@kolibri360.de

Druck:
CPI Druckdienstleistungen GmbH
im Auftrag der
Kolibri 360 GmbH
Ferdinand-Jühlke-Str. 7
99095 Erfurt